U0585900

为你钻取
智慧之火
Get the fire of wisdom for you

东莞市文化精品专项资金扶持项目

東莞傳

DONGGUAN

詹谷丰　李炳球　著

燧人氏
SUI REN SHI

SPM 南方传媒 | 广东人民出版社
·广州·

图书在版编目（CIP）数据

东莞传 / 詹谷丰，李炳球著. -- 广州 ：广东人民出版社，2024. 8. -- ISBN 978-7-218-17893-6

Ⅰ. K296.53

中国国家版本馆CIP数据核字第2024KU4786号

DONGGUAN ZHUAN

东莞传

詹谷丰　李炳球　著

出 版 人：肖风华

选题策划：汪　泉
责任编辑：汪　泉　李幼萍
图片提供：王晓强
责任技编：吴彦斌

出版发行：广东人民出版社
地　　址：广州市越秀区大沙头四马路10号（邮政编码：510199）
电　　话：（020）85716809（总编室）
传　　真：（020）83289585
网　　址：http://www.gdpph.com
印　　刷：广东鹏腾宇文化创新有限公司
开　　本：787mm × 1092mm　1/32
印　　张：23.25　　字　　数：470千
版　　次：2024年8月第1版
印　　次：2024年8月第1次印刷
定　　价：98.00元

如发现印装质量问题，影响阅读，请与出版社（020-85716849）联系调换。
售书热线：（020）87716172

东莞县城图（选自民国《东莞县全属地图》）

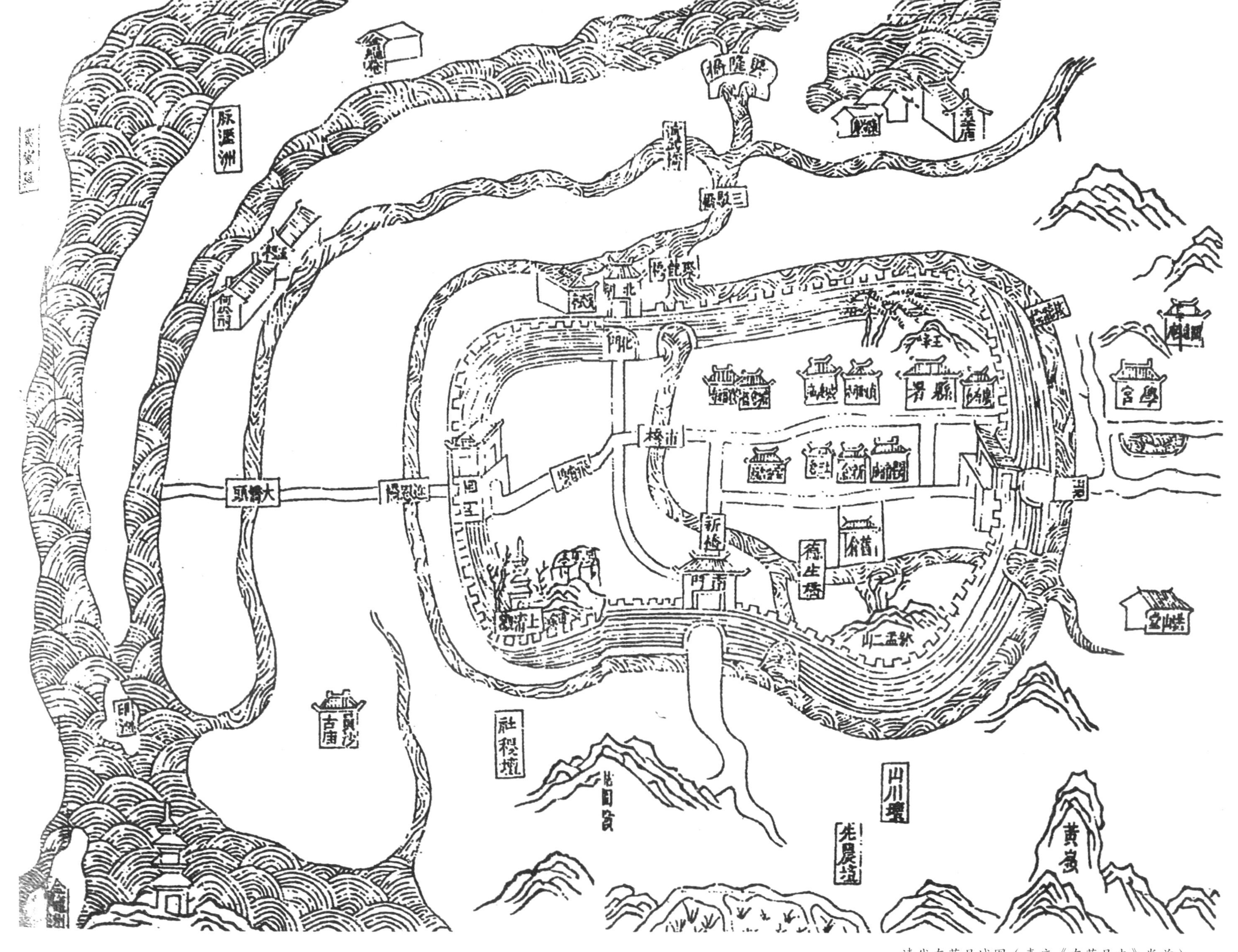

清代东莞县城图（嘉庆《东莞县志》卷首）

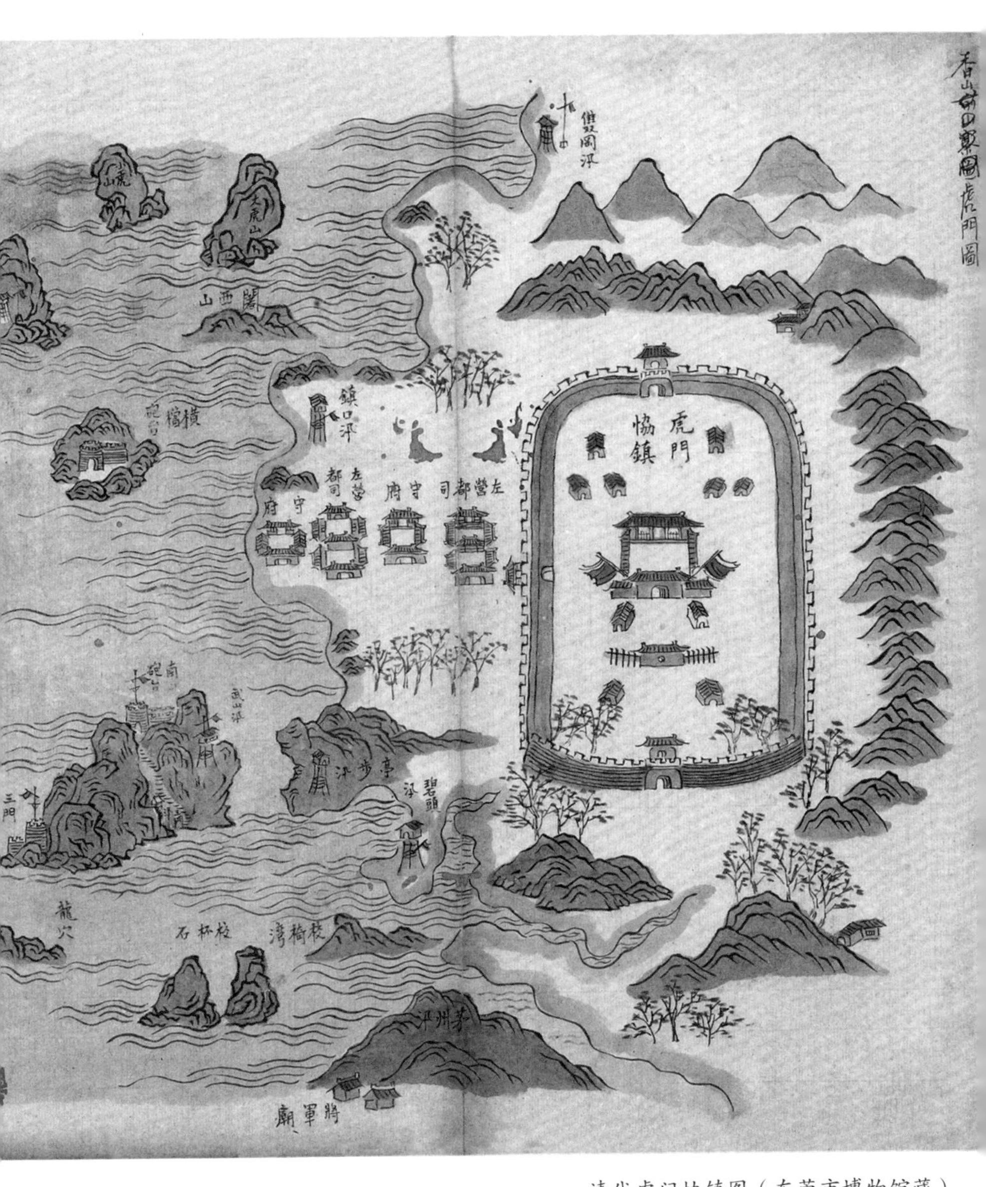

清代虎门协镇图（东莞市博物馆藏）

东莞镇象塔（八角石经幢）拓本（选自民国《东莞县全属地图》附录）

东莞却金亭碑记拓本（嘉靖二十一年，东莞知县蔡存微立石）

南汉大宝五年东莞镇象塔（石经幢）（东莞市博物馆藏）

东莞千角灯

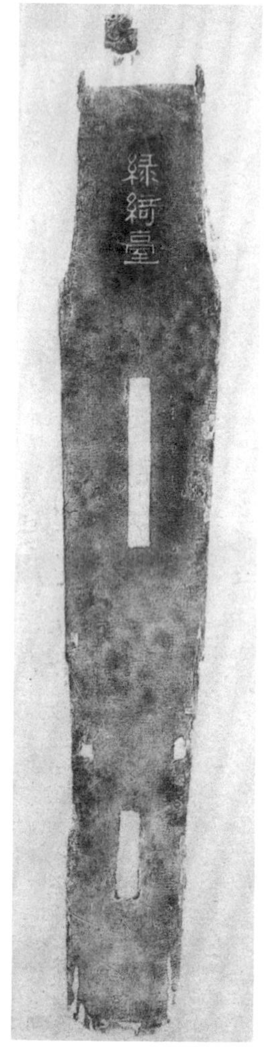

邓尔雅珍藏唐绿绮台琴朱拓

明代东莞张穆《水墨芦石匹马图页》
（东莞市博物馆藏）

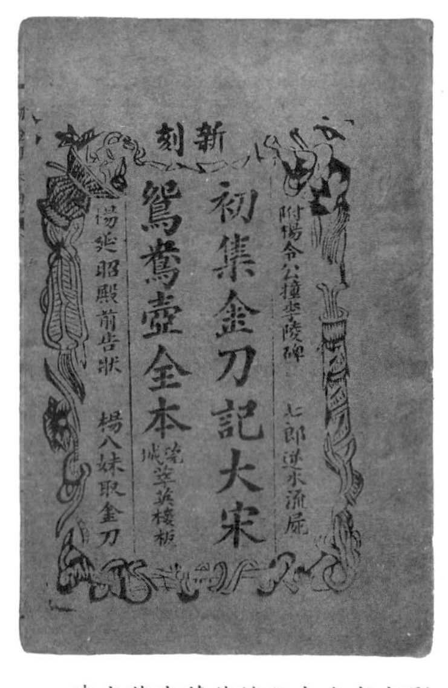

清代莞城萃英楼版木鱼书书影（莞城图书馆藏）

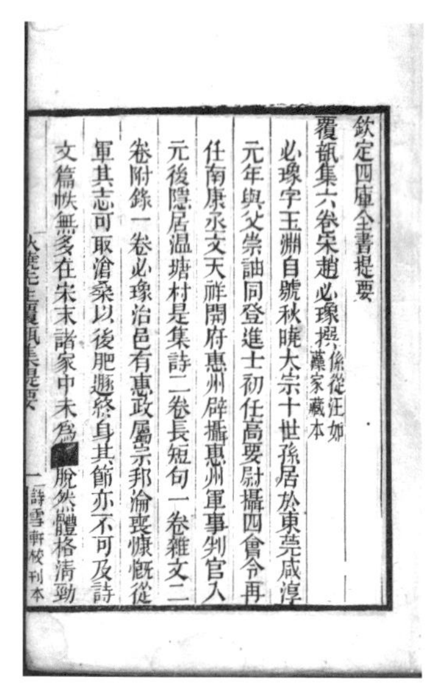

欽定四庫全書提要

覆瓿集六卷宋趙必瑑撰係從汪如藻家藏本

必瑑字玉淵自號秋曉太宗十世孫居於東莞咸淳元年與父崇詘同登進士初任高要尉攝四會令再任南康丞文天祥開府惠州辟攝惠州軍事判官入元後隱居温塘村是集詩二卷長短句一卷雜文二卷附錄一卷必瑑治邑有惠政屬宗邦淪喪慷慨從軍其志可取滄桑以後肥遯終身其節亦不可及詩文篇帙無多在宋末諸家中未為[illegible]脫然體格清勁

秋曉先生覆瓿集提要 一 詩雪軒校刊本

《覆瓿集》书影

1907 年东莞莞草编织旧影

（德国人拍摄，香港画报明信片公司出版）

东莞何真像

东莞李用像

东莞林光像

东莞陈建像

东莞袁崇焕像

（选自民国《袁督师遗集》）

东莞张家玉（文烈）像

（选自民国《张文烈遗集》）

东莞张敬修画像（邓尔雅绘，东莞市可园博物馆藏）

东莞陈伯陶像

东莞张其淦像

五十万卷楼主人东莞莫天一（莫伯骥）画像

（黄般若绘，竹平安馆藏，录自《东莞历代书画选·续集》）

1932年十九路军总指挥蒋光鼐将军画像（上海环球画片公司印行）

东莞王作尧像

东莞伦明像

东莞容庚像

虎门大虎岛和小虎岛（1842 年，英国画家托马斯·阿洛姆绘）

20 世纪初东莞东江脉沥洲河段（今珊洲河）旧影
（德国柏林贝尔出版社出版）

北京东莞会馆（伦志清绘）

民国东莞石龙铁桥画片

东莞蚝岗贝丘遗址

中国番薯的滥觞之地（虎门陈益家族墓）

1904 年东莞可园旧影（法国人拍摄）

1902 年东莞普济医院旧影
（德国人拍摄）

20世纪30年代东莞太平墟镇风景旧影

20 世纪30 年代东莞石龙风景（选自1935 年上海《申报》图画特刊，石万里拍摄）

东莞榴花塔

（周敏强拍摄）

目录

沧海桑田

- 大地的年轮
- “珠三角之父”
- 三千年前的猪
- 蝴蝶岭古尸

大地的年轮

史前时代，是文字之前的光阴，是人类出现之前的岁月。在“蚝岗”“珠三角之父”这些自带远古气息的词尚未在《东莞传》中现身之前，笔者只有去求助于古树，以期在大地上找到东莞这座城市的年轮。

李君明的《东莞文人年表》[①]，将东莞历史的原始刻度定在了六千万年前的白垩纪时代。在一个恐龙出没、造山运动剧烈的远古时代，李君明用一棵古树作了东莞文明史的滥觞，他用简短的文字，描述了那棵以文物形式珍藏在东莞市博物馆里的古树之形貌：“出土于今东莞市东城区上桥村沙岗岭之东莞云杉型木古树化石，产生于距今约六千万年的晚白垩纪时代，长二点四米，

① 李君明编：《东莞文人年表》，广东人民出版社，2015。

围约二米，活树期间高度可达二十五米，属乔木。”六千万年前的时光，被古树一寸一寸捕捉，古树的年轮，如同漫长的光阴。

以成了化石的古树印证一个地方的历史，是考古学的方法，是最可信的物证。自然界中，比古树更悠久的物质比比皆是，比如石头、泥土和山川河流，但那些物质没有生命，无法用生死去验证一座城市的沧海桑田。石头冰凉，它的面孔，千篇一律，只有古树，即使死去，却依然残留着余温，它用那些密集的年轮，向后人展示岁月沧桑。东莞市博物馆里那棵云杉古树，是远古时期一片苍茫大地的舍利子。

对古树有很深研究的日籍美国学者阿南史代认为，某个村庄的某棵大树，不仅是村里人的“公共活动场所”，而且是这个村庄历史久远的一个最形象的指代。某个地方有棵大树，那么这大树的周围，一定飘荡过无数的历史风云，上演过无数的人间悲欢；如石头般坚硬的树体上，如被雕刻过的树皮上，如果你细心地对之进行分离，一定会提纯出许多哲理。

东莞市林业局曾经编过一本《东莞古树名木神韵》[①]，那本装帧精美的图册，用镜头记录了东莞大地上的所有古树名木，但是，书中的古树名木，都是活着的样板，是它们生姿活泼的形态。它们和漫长的东莞文明史，隔着从生到死的遥远距离。倒是座落在观音山国家森林公园的古树博物馆，为笔者打开了考证的思路，笔者想在那里为东莞市博物馆里的六千万年前的古树化

---

① 东莞市林业局编：《东莞古树名木神韵》，岭南美术出版社，2021。

石，找到它的兄弟。笔者在古树博物馆里仔细地察看每一棵古树的出身和籍贯，确认了它们与东莞的古树化石没有亲族血缘，它们曾经扎根的故土，都在离东莞遥远的异乡，而且，年轮显示，相比东莞的古树化石，它们只是晚辈。东莞市观音山古树博物馆，用一段简短的文字，让游客看到了每棵古树背后的历史：在科学家眼里，这些地下埋藏的古树，是一部历史书。科学家通过这些古树的年轮，可以获得一部古代气候变化、环境变迁的编年史。

『珠三角之父』

人类取代树木成为时代的主角，并没有一条鲜明的时间分界线。东莞东城区上桥村沙岗岭上的那棵云杉古树，在与人类交接的时间点上，并没有清晰的刻度。最早出现在东莞大地上的人类，并不会去刻意朝拜一棵古树，生存的需求，让他们更愿意见到一堆裹腹的生蚝。所以，考古学家对于首先亮相于珠江三角洲的古人，并没有刻意描述他们对一棵史前古树的膜拜，而是对他们渴求食物的劳动用文字进行了描述和复原。

东莞大地上人类的第一缕曙光，生现在一个名叫蚝岗的地方。在一个没有地名的原始时代，大海，就是珠江三角洲人类寻找食物的最佳去处，而最适合人类生存的地方，也一定与水产生密切关联。作为东莞一处地名的蚝岗，有新石器时代晚期的蚝岗贝丘遗址，在繁华的东莞市中心，在高楼大厦群中，人们无法眺望到新石器时代的汪洋。是那些厚厚的蚝壳、远古人类遗骸的物证和考古学的结论，复原了远古时代的大海、礁石和波涛。

远古的历史，都是通过考古的方式，以遗址的形式出现在后人眼里。在笔者的推测中，东莞最早的人类，比“蚝岗”这个地名，更早到达海边，后人命名的“蚝岗”，直接建立在东莞最早人类的生存状态、生存方式之上，后人从古人食物链的关键处着眼，准确地用他们最重要的食物，命名了东莞最重要的一处遗址。

“沧海桑田”这则成语，让时光倒回，为后人展示了史前人类生存的图景。在文字没有到达的地方，壁画和雕塑用栩栩如生的形象，为后人再现了史前人类在东莞劳动生存的场面。东莞蚝岗遗址博物馆展览大厅里的雕塑，复活了东莞人熟练地使用火和炊煮工具，取蚝裹腹的情景。在直观形象的雕塑中，原始人类赤裸上身，树皮围腰，披头散发，皮肤闪耀着古铜的光泽，他们的健康姿态，隐含了对劳动和自然生态的赞美。

新石器时代的东莞人，使用的劳动工具原始简单，面对海里自由游动的鱼虾，似无太多的办法，只有依靠附着物而不能自行移动的生蚝，才是他们手到擒来的重要食物。

蚝壳坚硬，可以不朽，所以，远古时代的蚝壳，成了后人探寻历史的线索和指引。蚝岗遗址的发现，始于20世纪90年代初。广东省文物考古研究所和东莞市博物馆的文物工作者，在胜和村一座堆积了许许多多蚝壳的山岗上，采集到了彩绘陶片和石头打制的工具，最后断定此地为一处远古时代的人类居住地。专家们用“蚝岗”这个词，命名了这处遗址。

蚝岗遗址的存在，具有很大的偶然性。在笔者的理解中，新石器时代以蚝为食物的人类，应该是海岸线一带独有的风景，数千年之后，曾遍布整个珠江三角洲的其他人类生活古遗址都已消失，为何唯独蚝岗遗址能够留存下来？

2009年7月，《南方都市报》记者就此疑问采访了蚝岗遗址博物馆馆长吴孝斌，吴馆长专业的解释让人信服：

> 蚝岗遗址位置比较特殊，遗骸在一个土堆上面，就不会有太多的雨水侵入到地层深处。而且在遗骸的上面还有一层层厚厚的蚝壳，也阻碍了各种有腐蚀性的液体对遗骸的侵蚀。所以即使在岭南的酸性土壤里，由于蚝岗的特殊构造，也能保存下五千年前的人体骨架，其他地方就不行。

在馆长的介绍下，那些与古人生活息息相关的生蚝，也以食物的形态浮出水面：

> 当时的蚝岗地理位置跟现在不同，处于海陆交界处，当时的虎门和长安还在海平面以下，有蚝这种生物的出现是一个咸淡水过渡的标志。蚝岗人就是住在海岸线上。所谓“靠山吃山，靠水吃水”，古蚝岗人就是最早的渔民，他们就是靠这种唾手可得的海鲜解决一日三餐。经过专家考证，可以推断，当年的蚝比现在的还大，都有碗口般大小，应该比现在更可口吧。

蚝是一种美味的海鲜，喜蚝的食客，未必知道蚝的特性，更无从了解野生蚝和人工养殖蚝的区别。蚝岗时代的古人，是最原始的渔民，他们没有掌握养殖蚝的技术，他们裹腹的食物，都是野生属性。只须从出土的蚝壳上，即可比较出古代蚝和现代蚝的大小。

馆长还介绍，这里出土的一具古人遗骸，成为蚝岗遗址最重要的实证和价值所在。在考古学家的手中，白骨复原了生前的相貌。这个壮硕的男人，被考古学家称为“珠三角之父”。

“珠三角之父”以一具骸骨的形式留存于世，但是，在考古学的地图上，他并不是孤立的，蚝岗人作为一个群体，他们在这片土地上繁衍生息。在笔者的理解中，蚝岗人的后代，没有灭绝，也没有迁徙，他们就生活在如今的东莞大地上。他们与外来移民融合交汇之后，就彻底隐去了祖先颧骨高耸、大嘴突出、鼻梁塌陷，皮肤偏黑、身体偏瘦的生理特征。考古挖掘发现，蚝岗的地层中，第一、二层就发现了唐宋明清的遗物，来自中原的移民们用厚实的土层，严密地覆盖了新石器时代的时光。

没有姓名的“珠三角之父”和蚝岗人的日常生活，在生蚝之外，可以通过考古学家的发掘展开穿着、居住方式、生活用具、与外来移民融合等方面的解密。

蚝岗遗址第六文化层出土的红白相间的彩陶与同一时期的黄河流域仰韶文化的彩陶极为相似，第四、第五文化层出土的夹砂灰陶则与浙江一带同时期的良渚文化中的黑陶接近，据此及其他出土的石拍、陶饼、网坠等文物判断，考古学家否定了蚝岗人为外来移民的可能，作出了蚝岗人属于土生土长的古百越人的一支的结论，而且，在南宋以后中原几次大的南下移民潮中，古蚝岗人就“泯然众人矣”。

在一个生产力极端低下，还未发明布匹纺织的远古时代，蚝岗人穿的衣服，只是一些树皮，而不是兽皮。因为兽皮取材不易，而且蚝岗时代正处于气候的温暖期，穿着兽皮不易散热，于是蚝岗人就从树上取材，他们将剥下的树皮浸入水中泡软，然后用石头捶松，再慢慢用石拍拍去渣滓，最后形成了最原始的树皮布。

考古学家还为古蚝岗人描绘了一幅居住的图画，并且用“盖房”这个词，瞬间拉近了五千年的时空距离。《南方都市报》记者张远，用现代文字复原了新石器时代的情景：

据推测，古蚝岗人盖房子先以七八米宽的间距，挖好墙脚，然后实施房屋建造。先将两排一米半左右的树杆插向天空，接着与对面倾斜的树杆交叉扎好，用黄泥和着贝壳、芦苇等物做基础，再用芦苇和着细泥做面壁。当屋子的遮挡部分都完工之后，再挖排水沟。最后将房屋周围的园子土地夯实，用火烧一遍，让它变硬变滑，不会那么容易被水浸、被风吹，也利于清洁。古蚝岗人的房子像现在露营用的帐篷，而从建筑规划来看，除了户与户之间的排水沟让人惊诧外，那时候甚至还有倾倒垃圾的堆积物，除了地板，房子周围的泥土也都用火烧过，算是“地板砖”，更平滑，更卫生。

蚝岗遗址，为后人展示了一幅完整的古人类生活图景，作为日常生活的重要一环，陶器也成了蚝岗考古的重要发现。蚝岗的陶器，隐藏在第六文化层，它们以碎片的形状，呈现出白粉彩和褚红的颜色，复原之后，一件带有粉彩花纹的陶罐出现在参观者眼前。以至正在现场的著名考古学家麦英豪先生用粤语连呼：“正、靓。”

蚝岗贝丘遗址是珠江三角洲为数不多的出土彩陶的贝丘遗址。在考古资料的记录中，广东彩陶“因为烧造温度不高，加上岭南地区气候湿热，酸性土壤为主，腐蚀性大，器表彩绘易脱落，珠江三角洲迄今所发现的彩陶遗存不多，且大多为沙丘遗址，出土彩陶的贝丘遗址只有4处，距今5000年左右，东莞占2处”。[①]“其中蚝岗贝丘遗址出土了彩陶圈足盘残片，年代也相对较早，是研究岭南地区彩陶文化不可多得的实物资料。”[②]

《东莞城市历史文化特色与价值研究》[③]一书，从考古学意

① 邱立诚：《史前时期珠江三角洲地区的彩陶器》，载东莞城市历史文化特色与价值研究课题组编著《东莞城市历史文化特色与价值研究》，上海古籍出版社，2015。

② 李岩、李子文：《广东东莞市三处贝丘遗址调查》，《考古》1991年第3期，第193—197页。

③ 东莞城市历史文化特色与价值研究课题组编著：《东莞城市历史文化特色与价值研究》，上海古籍出版社，2015。

义上作出了蚝岗贝丘遗址为“广东目前发现年代最早的人类聚落遗址”的定性。考古学家麦英豪从蚝岗贝丘遗址发掘的灰坑、墓葬、排水沟、房址、红烧土活动面等遗迹的人类定居要素保存完整的状态中，断言蚝岗贝丘遗址是广东目前发现年代最早的人类聚落遗存，并将之誉为“珠三角第一村”。[①]墓葬中出土两具距今五千多年的人类遗骸，是目前珠三角地区发现年代最早、保存最完整的人类骨架。[②]

多种文献均记录着蚝岗贝丘遗址出土了两具人类遗骸，但现实中在蚝岗遗址博物馆，笔者看到的只有一具遗骸。笔者相信文献的记录，因为目前的蚝岗贝丘遗址，仅仅发掘了三分之一，而另一具遗骸，也许因为技术的原因未能进入参观者的视野。目前呈现在人们眼前的遗骸，被碳十四测年法鉴定为距今五千多年，他的死亡年龄在40—50岁。这个结论的作出，源于他的牙齿。“珠三角之父”的三颗臼齿的齿冠，已经部分磨去，牙本质几乎完全暴露。

笔者猜想“珠三角之父”，应该是两个男人的组合。这两个共用一个称呼的古人，无人知道他们之间的关系；没有文字记载的历史，让“珠三角之父”的身份成为一个永远的谜。

---

① 麦英豪：《文物保护的范例》，载广东省文物局等编《东莞蚝岗遗址博物馆》，岭南美术出版社，2007，第10页。

② 冯孟钦：《蚝岗遗址发掘的主要收获》，载广东省文物局等编《东莞蚝岗遗址博物馆》，岭南美术出版社，2007，第76—91页。

最新的资料推翻了笔者的想象。2016年广东人民出版社出版的《东莞古代史》，立体地描述了“珠三角之父”的历史状况：“蚝岗遗址出土的骨骸，是目前广东省境内发现的保存最完整的古人类遗骸，被誉作‘珠三角之父’。它的发现为研究新石器时代人类体质和珠三角早期居民的经济生活等提供了重要信息。遗骸仰身直肢葬式，头向35°，骨骸保存完好，牙齿齐全无脱落，四肢长骨干保存较好。经鉴定为男性，年龄40—45岁，身高166厘米。颅骨为中长颅型，低脸、低眶、扁阔鼻，人种鉴定为蒙古人种南亚类型。与该具保存完好的遗骸并排分布且相距仅60厘米的另一座墓葬，同样出土一具人类遗骸，保存状态较差，不具备性别、年龄鉴定条件，但从地层、墓向和葬式看，可能是夫妻合葬。”

三千年前的猪

如果没有广深高速公路的修建，村头贝丘遗址就不可能重见天日。

在考古学文献中，位于虎门镇村头村的遗址，被定性为“珠江三角洲先秦聚落遗存的典型代表”。从时间上比较，村头贝丘遗址与蚝岗贝丘遗址相隔了二千年的时光距离，但前者文化考古的意义，并不逊色于其他遗址。

由于没有建博物馆，村头遗址依然埋在厚厚的土层之下，1989年和1993年的两期发掘，丝毫没有改变遗址的状貌。《南方都市报》记者描述了这片遗址：“村委会工作人员在路边一座简陋的土地庙旁停了下来。这里就是遗址？疑惑最终在看到于杂草丛中寻找的那块‘广东省文物保护单位’石碑后解开。原以为只是路边平常所见的小山丘，竟是已有3000多年历史的遗址。小山丘只能算是斜坡，大概三米高，沿着铺好的石板路走上，右边就是刚才所见的土地庙，从香炉插着烧制的香来看，这里的香火挺旺盛的，据村民介绍，这里在遗址被发现后，村民知道原来是最早的祖先居住的地方，于是建了土地庙来烧香拜祭。”

笔者多次来到村头贝丘遗址，见到的不是历史，而是村头村民在遗址上建起的土地庙。土地庙里那些杂乱的彩瓷塑像，显然与土层下的历史无关，人类的肉眼，无法看见三千年前的图景。幸好考古学家为后人复制了一幅青铜时代的人类生活画面。

有人认为，如果说蚝岗是珠江三角洲地区贝丘遗址的序曲，那么村头则是其尾声中响亮的乐章。村头贝丘遗址印证了东莞距今三千五百年前后发展的历史，填补了蚝岗遗址和石排圆洲遗址年代之后商代这个时期的空白，与东江、珠江口发现的古人遗址连成人类的一系列发展印记。这些先民活动区的发现，说明了当时的经济是依托水运发展的。村头遗址研究的成果是显示东莞历史进步的一个亮点。

村头遗址以贝丘命名，是考古学的定性，由于它出土的遗存中，出现了大量的贝类介壳，所以呈现了和蚝岗遗址相同的形态。

村头人的居住方式，沿袭了蚝岗人的智慧。在村头贝丘遗址清理之后近300平方米的居住面上，后人复原了村头最早的房屋。村头人用树干作为支撑，顶盖上覆盖有植物茎叶和草拌泥之类，以防日晒和雨水，最后形成外观为圆形和近方形的房屋。

村头贝丘遗址出土的文物，被考古专家鉴定为商代遗存，共有房址19座、灰坑220个、墓葬7座、壕沟9条，陶质小口折肩罐、釜、豆、器座等生活用器，以及有段石锛、有肩石铲、石斧、石凿、网坠、砺石、石戈、石戚、骨戚、牙璋等遗物2000余件。

村头贝丘遗址出土的文物，以“丰富”这个形容词区别于蚝岗，隐藏在这个词背后的内容，却是“丰富”所无法涵盖的。厚重的土层揭开之后，考古学家们惊喜地看到古人生活中出现了“饲养区”这种更高文明形态的形式。

饲养区的出现说明村头人的食物已经超越了贝类的范围，狩猎成了食物的另一个来源，当捕获的猎物太多，村头人便将它们圈养起来；驯化，就是圈养的结果。三千年过去，后人在遗址中看不到鹿、猴、兔、熊、豹、虎等动物的遗骸，它们野性太强，拒绝在人类面前俯首帖耳，终生野性不改，只有猪和狗，臣服于棍棒，最终成为人类的奴隶。考古学家从猪、狗的遗骸上，看到了三千多年前人类的努力，确定了猪、狗家养的属性。上海古籍出版社2015年出版的《东莞城市历史文化特色与价值研究》一书，对此有具体的描述：

> 在村头村遗址的商中期（约3000年前）文化层中，发现大量猪骨骼遗存，经鉴定，可完整拼对辨别的最少有89头。根据猪的牙齿磨蚀和线性釉质发育程度判定，其中相当部分为人工饲养。除村头外，岭南至今未发现其他饲养猪的商时期文化遗址。可以说，村头村遗址是目前所发现的最早饲养猪的商时期文化遗存。

村头村遗址，最终没有成为蚝岗的模样，那些被深挖的泥土，重新覆盖回去，一场雨水之后，大地泛绿，不知内情的人，永远不会想到，厚厚的泥土之下，覆盖着三千多年前的历史。博物馆没有成为村头村遗址的标志，虎门人只是将一座休闲公园盖在历史之上。这座只有几条小径的公园，只是为了村头遗址的保护而建。地下尚有三分之二的遗址，没有开挖，如果在遗址上面兴建现代建筑以及永久性的博物馆，反而会对遗址造成破坏。所以，村头村的贝丘遗址，游人稀少，小径寂寞，只有村民们兴建的简易土地庙里的菩萨，在冷寂的烟火中打发着漫长的时光。

在《东莞城市历史文化特色与价值研究》一书中，有一张表格展示了东莞史前及先秦遗址考古发掘。在这张序齿排班的表格中，村头村遗址仅仅名列第四。表格用一句“在东莞已经发掘的史前及先秦遗址中，蚝岗贝丘遗址和村头村遗址较具代表性”作了东莞史前文化的结论。[①]

东莞史前及先秦遗址考古发掘一览表

名称	地点	年代	调查、发掘时间
蚝岗贝丘遗址	南城街道	距今约5000年	1990年、2003年
万福庵贝丘遗址	企石镇	距今约5000年	1961—2001年 4次发掘
圆洲贝丘遗址	石排镇	距今4000—3500年	1998年

① 东莞城市历史文化特色与价值研究课题组编著：《东莞城市历史文化特色与价值研究》，上海古籍出版社，2015，第4页。

（续上表）

名称	地点	年代	调查、发掘时间
村头村遗址	虎门镇	距今3650—3000年	1989年、1993年
榕树岭遗址	谢岗镇	距今约3500年（商早期）	2005年
竹头角遗址	谢岗镇	距今3000—2500年（西周至春秋）	2005年
打鼓岭遗址	谢岗镇	距今约2500年（战国时期）	2005年
柏洲边遗址	东城街道	战国晚期至秦汉初	2001年、2006年
峡口遗址	东城街道	距今约2500年（战国时期）	1990年

蝴蝶岭古尸

考古学为与龙山文化同期的古代东莞描绘了一幅人类的生存图画：蚝岗时期的珠江三角洲，是一片气候温暖的水乡泽国，海边、河湖两岸长满芦苇、水草，鱼类、贝类丰盛，陆地上覆盖着茂密的森林，野兽成群出没。

考古学家前后用了四十五年的时间，发掘出了东莞文明史的起源。被厚厚土层掩盖的历史沉静缓慢，没有悲欢离合，平淡如水，离当下越远的历史，越少有人关注。东莞考古的唯一一场轰动，没有被《东莞城市历史文化特色与价值研究》写下，却被一个作家记录在案。

蝴蝶岭，是东莞桥头镇朗厦村的一处地名。蝴蝶岭在字面上高耸，其实只是丘陵地带的一个低矮山坡。由于它拦住了正在修建中的公路，所以需要将它推平。1993年2月21日，一具灰砂棺材露出地面，出现在大型施工机械粗暴的钢铁长臂之下。幸好，操纵机械的师傅有敬畏和恐惧之心，他压下操纵杆，长臂转向。灰砂棺材打开之后，人们发现里面套着一具木棺材。木棺开启，过往的历史，以一个骷髅头、几根白骨和一团破布的面目出现。

莫树材的《蝴蝶岭古尸出土记》描述了接下来的情形：

> 当杵工们把骷髅头拿起来的时候，从骷窝里滚出了几颗白花花的像锡点的东西，在地上闪闪发光。杵工们以为是珍珠，忙捡起来在手掌上掂着。见过世面的老人说，这不是珍珠，是水银。杵工在掀开那几块烂布时，里面也滚出一长串水银来。人们从水银联想到那几根白布绳索，认为这是一个被灌水银的冤死者。又从头骨较小、大骨较短的情况分析，死者最多十五六岁，这是不是陪葬的丫环妹子或童男童女呢？后来听市博物馆的同志说，水银起防腐和定型作用，在其他地方古墓里都曾经发现过水银。
>
> 骸骨在人们的议论声中装进了金塔。给人们留下了一个谜。[①]

莫树材先生的《蝴蝶岭古尸出土记》还来不及发表，就用

---

① 莫树材：《蝴蝶岭古尸出土记》，载《小城故事》，四川民族出版社，1997，第134页。

大字报的形式抄写张贴在公共场所。一时观者里外三层，络绎不绝。天色暗下来之后，许多人打着手电，一个字一个字地抠着白纸上的文字。这个奇观，至今还被桥头人津津乐道。

莫树材用一个伏笔，为蝴蝶岭留下了悬念。2月21日出土的骸骨，仅仅是此地发现的前奏，更大的发现，其实还在后头。一天之后，又有一具灰砂馆材在旁边出土。灰砂棺材里面，装满了液体，一具木质棺材，浸泡在散发出刺鼻药水味的液体中。由于开棺不便，大家便在绳索的帮助下，将木质棺材抬了出来。

接下来的情景，依然出现在《蝴蝶岭古尸出土记》中：

> 棺材像一个长方盒子，黑黑实实，四平八隐。长2米（内长1.88米），宽和高分别是0.6米和0.4米。杵工们在棺盖两边找到了6个木榫，用锄仔顺着棺盖缝把木榫撬下来。然后几个人一齐用力，把棺盖揭开了，顿时人们给惊得目瞪口呆。只见棺内也装满了液体，液体面上浮着一块像古戏服那样又红又黄的布，就像在商店里买回的陈年腐乳上面漂着的那层“衣”。由于棺材是斜放的，棺内液体向一头流淌，红黄色布也随着液体的流动而逐渐褪色、变黑，一杵工触摸那红黄色的布，虽颜色鲜艳，但已腐朽如丝，揭开这层布，竟露出人头，面色苍白，闭眼，抿嘴，眉毛清晰可数，头发白如银丝。卫生站医生阿洪，拿小棒触那脸皮，竟有弹性。古尸全身浸在液体中，用重重丝绸缠裹着。这是一具保存完好的

尸体，在场的管理区主任李桂林，即吩咐大家不要动古尸，立即到轮窑办公室给镇府打电话，报告这一重大发现。主任打完电话回来，只见一杵工举起古尸的手臂，想看看有没有戴着玉扼[①]、戒指等珍宝，结果一无所获，把古尸手臂放回棺里时，不小心碰掉一块手指甲，指甲竟有两公分长。[②]

古尸的身份，在中山大学、广东医药学院专家的考证下，水落石出。这具名为陈氏的古尸，封太恭人，出生于明朝嘉靖丁亥年（1527年），死于明朝万历三十四年（1606年），享年80岁，1607年8月葬于蝴蝶岭的长岗山。四百多年前的蝴蝶岭，一片荒芜，那个时候，桥头墟还没有出现，建于清朝康熙六十年（1721年）的桥头古墟，比这座古墓迟到了一百多年。

考古学家、人类社会学家和医学专家们的结论，建立在对另一个人物的生平经历的考证上。陈氏的出土，让林烈浮出了水面。

林烈以嘉靖二十八年（1549年）进士和福建盐运司同知的身份出现在《广东历史人物辞典》[③]中，词条用了“革除陋规，公平贸易，盐政大兴。又毁淫祠，创建社学，亲身讲课。卒于官，

---

① 扼，粤语词，指镯子。——编者注。

② 莫树材：《蝴蝶岭古尸出土记》，载《小城故事》，四川民族出版社，1997，第136页。

③ 管林主编：《广东历史人物辞典》，广东高等教育出版社，2001。

遗银不足十两”等惜墨如金的语言陈述，不知省略了多少情节。

林烈是东莞历史上绕不过去的一个人物。陈伯陶纂的民国《东莞县志》[1]卷五十八《人物略五·林烈》，记述了他的行状。《东莞历史人物》一书，用白话文转录了林烈在户部员外郎任上的话：“当好官，就是为了磨炼好自己的品德修养。”[2]嘉靖三十九年（1560年），林烈到江西监督赋税的征收工作，他挑选好贤良的部下，分派工作时知人善任，结果政事不烦扰而赋税又能如数收缴。

林烈出任福建盐运司同知分司水口的时候，并没有任何获得肥缺的得意。而在别人眼里，历任此职的官员，均财富暴涨，富贵无边。一个让官员捞得盆满钵满的地方，必定是一个风俗败坏、治安恶劣的场所。由于强盗出没，林烈之前的官员，都不会携妻扶子来此上任，而是捞够即走。只有林烈，上任之时，拖家带口，不惧家人或会沦为黑道的人质。上任之后，林烈革除陋规，实施公平交易，杜绝盘剥私吞现象，从此商至如归，盐政得以振兴。林烈的功绩，在他死后得以彰显。林烈病逝于福建盐运司同知任上，家中钱财，不满十金，当地百姓知道林烈廉洁，其家属无资财操办丧事，于是筹集了很多钱，送给林烈的家属。林烈的儿子林培，遗传了父亲的性格，他坚拒了百姓的好意，说：

---

① 叶觉迈修，陈伯陶纂：［民国］《东莞县志》卷五十八《人物略五·林烈》，民国十六年（1927年）东莞县养和书局铅印本。

② 中共东莞市委宣传部、东莞市文学艺术界联合会编：《东莞人物丛书·东莞历史人物》，广东教育出版社，2008，第608页。

“收下了这些钱，就是侮辱了先人！”这笔被林培拒收的钱，被当地百姓用来建了祠堂，以纪念一个有作为的清官。而福州的百姓，则将林烈列入了名宦的榜单。

来自《东莞人物丛书·东莞历史人物》中的历史，似乎都是男性的碑传，笔者查阅过的多种文献，均无林烈妻室的记载。男尊女卑时代，蝴蝶岭上的陈氏难以进入正史。

《蝴蝶岭古尸出土记》的作者莫树材，为陈氏的身份作了注释。陈氏是林烈的正室，生育四子，四子皆存，都有功名。笔者在《广东历史人物辞典》中，轻而易举就找到了林烈长子林培、三子林坦的名字。东莞文史专家杨宝霖，在《林蒲封及其家族》①的文章中，罗列了福建盐运司同知林烈、直言敢谏的南京御史林培、抗清殉国的张家玉业师林洊、清乾隆帝的侍读学士林蒲封、主讲东莞龙溪书院的林茂封、主讲东莞宝安书院的林荣璜等东莞水北林氏家族的一众精英。

蝴蝶岭上沉睡了四百多年的陈氏，通过杨宝霖先生的文章，第一次出现在后人眼里：“林烈原配卢氏，生子林增，为庠生，娶妻祁氏后卒。继室陈氏（即出土女尸），生林培、林坦、林诚（后改名垂）。妾章氏，生林塾。”

在杨宝霖文章的停顿处，莫树材用文章接续了陈氏生活的情

---

① 杨宝霖：《林蒲封及其家族》，载中共东莞市委宣传部、东莞市文学艺术界联合会编《东莞人物丛书·东莞历史人物》，广东教育出版社，2008，第738—748页。

节。陈氏死前，已有曾孙林溶、林泗英。“林溶为张家玉老师，同张家玉起兵，兵败，被捕入狱，被杀时47岁。临刑前林溶有诗留下：愿续当年李侍郎，遗言谢世报高皇。独怜一片忠贞骨，不死沙场死法场。他以不能与张家玉驰骋沙场而深表遗憾。”①

陈氏的功绩和后人，在《蝴蝶岭古尸出土记》中有如下记载：陈氏香灯繁衍，家族显赫。据《东莞县志》记载，光长子长房，就有多人中举或进士及第，陈氏第五代林贻熊，清朝康熙癸酉（1693年）中举，授山西长治知县，后任河南临颍县令。林贻熊有三子，长子林华封，任岐山县令，二子林蒲封，雍正癸卯（1723年）中举，庚戌（1730年）进士，乾隆辛酉（1741年）入京任国史馆纂修。林蒲封多有诗文传世，其咏东莞八景之一凤凰台诗脍炙人口：一年几见双重九？乘兴还寻古凤台。碧甲江声兼海涌，黄旗山色半天来。骚坛风雅犹当日，我辈登临始此回。欲采寒花酹前哲，西风残照莫相催！（《闰九日登凤凰台》）林蒲封之子林锡龄，乾隆庚辰（1760年）中举，在福建任知县。古时候，中举是要立功绩碑的（围杵），单陈氏家族，先后有七人中举，一人进士及第，这是十分难得的。

陈氏既是四品官的妻子，又是三位举人的母亲，夫荣妻贵，子荣母贵，被封为“太恭人”。虽然明朝时提倡简葬，但这样尊贵的老母亲死了，当举人的儿子当然要厚葬之，以生人陪葬也就

---

① 莫树材：《蝴蝶岭古尸出土记》，载《小城故事》，四川民族出版社，1997。

不奇怪了。

蝴蝶岭古尸的出土，只是一次偶然的考古发现，它并不能像蚝岗贝丘遗址那样，使后人得以用“珠三角之父”的证据，推断人类生存的最早轨迹，也不能改变东莞历史的起源时间。它曾经的轰动，只是后人对历史的猎奇。

五千年，似乎是所有城市的时间上限，考古学用“新石器时代”这个名词为人类设定了一个时间区段，为人类社会的文明进步确定了一个起点。东莞的历史，也没有超越这个规律，所有的遗迹都证明，新石器时代，就是后人能够用肉眼看到的祖先生活的时代。

皇权下的版图

- 立县之始
- 东莞的边界
- 城池的历史
- 建筑的秩序

立县之始

从东莞市博物馆里的古树化石到东晋咸和六年（331年）的东官郡，中间相隔了数千万年的时间距离。东莞立县，既是一个时间的刻度，更是一座城市分娩的哭声。

广东人民出版社1995年9月出版的《东莞市志》，《大事记》中的头条，便是东莞建县的记录：

> 咸和六年（331年），分南海郡，置东官郡，同时置宝安县。东官郡领宝安、安怀、兴宁、海丰、海安、欣乐6县。唐至德二年（757年）宝安更名东莞。故东莞立县自咸和六年始。[①]

① 东莞市地方志编纂委员会编：《东莞市志》，广东人民出版社，1995，第7页。

立县之前的东莞，并不是地图上的空白。“东莞”这个潜在的名词，只是以别的方式，隐藏在了文献里的其他地名中：

春秋战国时代（公元前3世纪），东莞属“百粤”地。

秦始皇三十三年（公元前214年），属南海郡。西南属番禺县地，东北属博罗县地。东汉顺帝时，分番禺立增城，东莞属增城。

三国吴黄武（222年—228年）中，分增城另立东官郡。吴甘露元年（265年），在莞地置司盐都尉于东官场。

晋初，废东官郡，其地分属番禺、增城。

在东莞立县之前的五百多年中，东莞似乎是一块变动游移之地，博罗、番禺、增城，都先后成为它的宗主。在非战争的环境中，东莞上演了合久必分、分久必合的天下大势。

东官郡是东莞立县的开始，这个历史结论已经成为共识，在领宝安、安怀、兴宁、海丰、海安、欣乐六县的时候，如今的东莞莞城，却不是东官郡的郡治所在地。东晋咸和六年（331年）东官郡的郡治，在如今的深圳宝安南头。

一个地名的消失，必然有一个相应的名词来代替或者置换，一个县治的迁移，必然有一个固定的地点来安置。东晋义熙九年（413年）之后的一千五百多年里，“东莞”这个名词不断变化，县治所在地也多次变更，幸好有文献，东莞的变迁轨迹因而不致消失在漫漫的岁月时光里。

东晋义熙九年（413年），析东官郡东部地区设义安郡（今潮州、梅州一带）。

南朝齐（479年—502年），东官郡徙郡治于安怀（传今东莞大朗镇东），辖宝安、安怀、兴宁、海安、欣乐、海丰、齐昌、陆安八县。

南朝梁天监二年（503年），设梁化郡，兴宁、海丰等县析出。

南朝梁天监六年（507年），改东官郡为东莞郡。南朝陈祯明二年（588年），复改东莞郡为东官郡。

隋统一后，废东官郡，其地隶属南海郡。

隋开皇十年（590年），废郡置州，宝安县隶广州。

唐武德四年（621年），置广州总管府，宝安属之。

唐至德二年（757年）九月，将宝安改名东莞，县治移至到涌（今东莞莞城）。因境内盛产莞草，又在广州之东而以东莞为县名。

唐乾元元年（758年），南海郡复归广州，东莞属之。

唐咸通三年（862年），分岭南为东、西道，赐岭南东道为清海军节度使。唐末，东莞县隶清海军节度。

五代越乾亨元年（917年），以广州为兴王府，东莞属之。

北宋开宝五年（972年），改兴王府为广州中都督府，废东莞县入增城县，隶广州中都督府。北宋开宝六年（973年）复置东莞县。

> 南宋绍兴二十二年（1152年），分东莞香山镇立香山县（含今中山、珠海、澳门）。
>
> 元代设广州路总管府，东莞属之。
>
> 明洪武元年（1368年），置广州府，东莞属之。洪武十四年（1381年）八月，于东莞置守御千户所。万历元年（1573年），将东莞守御千户所编户五十六里立新安县（1914年改称宝安县），今深圳、香港从东莞分出。
>
> 清沿明制，东莞县仍隶广州府。
>
> 民国二年（1913年），东莞县隶广东省粤海道。民国十四年（1925年），东莞县隶粤中行政区。民国二十一年（1932年），东莞县属中区绥靖公署。民国二十五年（1936年），东莞县属第一行政督察区。民国二十七年至民国三十四年（1938年—1945年），东莞县属第四行政督察区。民国三十四年（1945年），又归属第一行政督察区。

这些引自《东莞城市历史文化特色与价值研究》[1]的文字，浓缩了一千五百多年间东莞的变迁史，这段变迁让后人在地名间频繁转换，在岁月里无所适从。

① 东莞城市历史文化特色与价值研究课题组编著：《东莞城市历史文化特色与价值研究》，上海古籍出版社，2015。

东莞的边界

在一个没有经纬度地理概念的时代，人们只是将东莞定位于一块濒临南海的陆地。在《东莞市志》的记载中，“东莞位于广东省南部，珠江三角洲东北部的东江下游，地处东经113° 31′ —114° 15′，北纬22° 39′ —23° 09′。东与惠阳县接壤，南与宝安县相连，西与番禺隔海相望，北与增城县、博罗县隔东江相邻”。[①]东莞版图的变化，并未越过经纬线标示的这一范围。

《东莞城市历史文化特色与价值研究》中，用“古代东莞辖境广阔”隐约划定了东莞的边界。深圳、中山、珠海、香港、澳门和惠州的部分地区，都曾是“东莞”这个名词的组成部分：

---

① 东莞市地方志编纂委员会编：《东莞市志》，广东人民出版社，1995，第69页。

> 古代东莞行政管辖几经变化。主要以今东莞、深圳及香港特别行政区为核心，一度涵括今珠江三角洲地区中山、珠海、惠州部分、澳门特别行政区，以及粤东潮汕一带，辖境广阔。东莞作为一个县级单位，析分出若干后来在历史上有着重要地位的行政区划，并最终形成今天珠江三角洲城市分布格局，在珠江三角洲城市群形成和发展进程中影响重大。①

古人的笔下，没有平方公里的数字概念，文字描述的疆域，缺少界碑证明，幸好有城市地名，为东莞的辽阔作证，从这个意义来说，“古代东莞辖境广阔”“在珠江三角洲城市群形成和发展进程中影响重大”的评价，当是客观准确的定性。古代的东莞，在一个后人的想象中，几乎就是一个庞大的版图帝国。

古人曾经用“肩背罗浮，门户海澳，要据惠潮，以接漳闽”②描述东莞的版图辽阔。东官郡（郡治在今深圳宝安南头）时期的东莞，是粤东南地区最早增设的郡。这块版图，直到413年义安郡、503年梁化郡设立，粤东一带、惠州析出后才缩小。

东官郡这个名词于隋朝废止之后，东莞成了隶属广州的县级

---

① 李晓龙、陈萍：《珠江三角洲盐业、城市与地方社会发展》，载东莞展览馆、中山大学历史系编《珠江三角洲盐业史料汇编——盐业、城市与地方社会发展》，广东人民出版社，2012，第26页。

② ［明］张二果、曾起莘著，杨宝霖点校：［崇祯］《东莞县志》卷一《地舆志·形势》，东莞市人民政府办公室，1995，第21页。

建制。至南宋绍兴二十二年（1152年）之前，东莞的辖地，依然包括如今的深圳、中山、珠海、广州南沙以及香港、澳门两个特别行政区。

明万历元年（1573年），深圳、香港分出。

对于东莞的边界，《东莞城市历史文化特色与价值研究》一书，作了如下结论：

> 可以说，古代东莞无论是作为郡的建置，还是县的建置，在相当长历史时期内，管辖范围十分广阔，是古代珠江三角洲地区特别是珠江口东岸重要的行政、经济、文化中心，对深圳、香港、中山、珠海、澳门等珠江三角洲城市的孕育和发展影响重大。[①]

后人用简明直观的表格，清晰地画出了东莞古代的版图变化。

朝代	郡县建置	管辖范围	涵括城市
东晋	咸和六年（331年），立东官郡，置宝安县	领宝安、安怀、兴宁、海丰、欣乐六县	包括今东莞、潮州、汕头、惠州、深圳、中山、珠海、香港、澳门等
	义熙九年（413年），析东官郡，东部地区设义安郡	现潮州、汕头一带从东莞析出	包括今东莞、惠州、深圳、中山、珠海、香港、澳门等

① 东莞城市历史文化特色与价值研究课题组编著：《东莞城市历史文化特色与价值研究》，上海古籍出版社，2015，第8页。

（续上表）

朝代	郡县建置	管辖范围	涵括城市
南朝	齐（479年—502年），东官郡徙郡治于安怀（今东莞大朗镇东）	辖宝安、安怀、兴宁、海安、欣乐、海丰、齐昌、陆安八县	包括今东莞、惠州、深圳、中山、珠海、香港、澳门等
	梁天监二年（503年），设梁化郡，兴宁、海丰等县析出	辖宝安、安怀、齐昌、陆安等县	包括今东莞、深圳、中山、珠海、香港、澳门等
唐	至德二年（757年），改宝安为东莞，县治移至到涌（今莞城）		包括今东莞、深圳、中山、珠海、香港、澳门等
宋	南宋绍兴二十二年（1152年），分东莞香山镇立香山县	含今中山、珠海、澳门	包括今东莞、深圳、香港等
明	万历元年（1573年），将东莞守御千户所编户五十六里立新安县	今深圳、香港析出	东莞

城池的历史

如果以东晋咸和六年（331年）立县作为东莞城市的起点，那么，以石头为主体垒砌的城墙，则是东莞作为城市的显著标志。

漫长的冷兵器时代，孕育了有效防御的坚固城墙。由城墙和护城河组成的城防，是东莞抵御敌人的工事。

东莞的城墙，出现在《东莞市志》中："东莞县城始设于唐至德二年（757年）9月。城区东起东城街、下水，北至东壁一甲、二甲、溪田坊，以城墙为界，西南以到涌（市桥河）为界，约0.49平方公里。"①

一座城市的发展，是一个缓慢的过程，农耕时代的东莞，那

---

① 东莞市地方志编纂委员会编：《东莞市志》，广东人民出版社，1995，第96页。

些街道和房屋，只是以蚁行的速度，在狭小的土地上逐渐生长。即使王朝更叠，那些砖瓦，也固守着旧时的风景。

从唐至德二年（757年）至民国时期的一千一百多年中，东莞县城的扩张，仅仅是3.12平方公里：

> 宋元时代，县城逐步向西南发展，扩大0.31平方公里，南至钵盂山、南城下、道家山，西至紫霞坊、西城下。
>
> 明清时代，随着经济的发展，城镇人口逐步增多，县城分别向东、西北方向发展，扩大约1.2平方公里，东至步步高、近圣里，与罗村、堑头交界；西至上栏塘，濒临东江南支流；北至鸭㽹埗，以珊洲河为界。建成区总面积约2.01平方公里。
>
> 民国时期，城址逐步向西南、西北方向发展，扩大1.6平方公里。西南至博厦、洲面坊；西北至黄屋沙、细村、新沙坊，以东江南支流为界；东北与梨川交界。建成区总面积3.61平方公里。

这些历史的记录，始终隐去了“城墙”二字，这并不是记录者的有意疏忽，而是城墙变幻莫定的结果。城市的扩展，同时也是城墙的迁移。

城墙，只是城市历史的一个组成部分。寻找东莞的城墙，必须从唐肃宗至德二年（757年）九月开始，从宝安县治迁至“到涌”（今莞城）之后，东莞正式开始了一千二百五十余年的建城史。在《旧唐书》中，有“东莞，中。本宝安，至德二载更名”的记录，《新唐书》亦有相同的记载：“东莞，隋宝安县。至德二年九月，改为东莞。”崇祯《东莞县志》也没有回避东莞城市史的起源：“唐至德二年（757年）（宝安县）更名东莞，县治移至‘到涌’（今莞城）。”[①]

“到涌”成为东莞的县治，一定是古人深思熟虑后作出的选择。《管子·乘马》中，有关于城市选址的必备要素：“凡立国都，非于大山之下，必于广川之上。高勿近旱而水用足，下勿近水而沟防省；因天材，就地利。”目光炯炯的古人，看到了奔流不绝的东江流水，看到了苍翠秀美的黄岭（今黄旗山），在这块背山面水的风水宝地上，将有一座城池，破土生长。

《明清东莞城市形态及其内部结构的演变》[②]一文认为：“东莞县城位于东江、黄岭之间，背水面山，且东江南支流经其西北，护城河环绕莞城之东、南、西三面。山水环绕的地理环境，既省去了沟防之劳役，又保证了城内居民的日常生活用水，一举两得。另外，南方多水，古代‘南舟北车’的交通方式也大大影响着城市的选址，且水路运输又具运量大、效率高的特点，东莞县城位于东江南支流江畔，增强了其交通的通达性，方便了

---

① ［明］张二果、曾起莘著，杨宝霖点校：［崇祯］《东莞县志》，东莞市人民政府办公室，1995。

② 吴宏岐、张伟龙：《明清东莞城市形态及其内部结构的演变》，载东莞市政协、暨南大学历史系主编《明清时期珠江三角洲区域史研究》，广东人民出版社，2011，第268—292页。

与外界的联系和交流。”

城址确定之后，城墙的出现便顺理成章。

东莞城墙的起点，文献中只能追溯到宋朝。而且，宋朝的城墙，也没有具体的文字描述，仅仅只是在介绍明初旧城时一带而过：明初东莞旧城即为宋元东莞县城之遗存，城市规模不大，仅“东南循到涌为城”，面积约为0.8平方公里。据明崇祯《东莞县志》记载：“邑之旧城，砖砌。东南循到涌为城，即今放生桥壕是也（放生桥，即德生桥）。”[①]清康熙《东莞县志》亦载：“东莞旧城，宋时置，至明洪武十四年设南海卫，以旧城狭隘，十六年指挥李胜改砌石城，包道家、钵盂二山在内，故址今为南海卫。”[②]

图表的出现，让东莞城池从明代初年开始，呈现了新的格局。《永乐大典》和崇祯《东莞县志》，都用地图的形式，记录了东莞县城的发展扩张。

明朝初年，在宋元县城的基础上增筑新城，扩大了规模。崇祯《东莞县志》用具体数据形象地描述了洪武年间的情景：

> 洪武十四年，开设南海卫。明洪武十七年，指挥常懿始筑新城，包钵盂、道家二山于内。外砌以石，城周一千二百九十九丈，高二丈五尺，上阔二丈，下

---

① ［明］张二果、曾起莘著，杨宝霖点校：［崇祯］《东莞县志》，东莞市人民政府办公室，1995。

② ［清］郭文炳修：［康熙］《东莞县志》。

> 阔三丈五尺。门四，东曰和阳，西曰迎恩，南曰崇德，北曰镇海。城门楼四，警铺四十，水关二，水门一，雉堞二千三十一，吊桥三，石桥一，城濠长一千三百五十丈，阔三丈，深三丈五尺，随时缺坏补治。①

明朝，是东莞县城和城墙的活跃时期，战乱、水灾，成了推动东莞城建最活跃的因素。在破坏和修葺之间，城墙不断变化。崇祯《东莞县志》，记录了这些片段："天顺年间，增筑谯楼"；"嘉靖间，知县孙学古加葺，舒应龙因叛兵后，议增筑月城，杨守仁继成之"；"隆庆末，惠寇倭氛其恶，万历元年，知县董裕营修凡四百三十二丈"；"崇祯三年，邑遭水灾，冲毁城垣百余丈，知县李模请各绅捐资分督修完"；崇祯"十一年，知县汪运光增饰新城楼，坏者新之，北关旧以木架易折，易之以石，名保章关"。后人用一张表格，按时间顺序排列了城墙的变化。

朝代	时间	修治情况
明代	洪武十七年（1384年）	指挥常懿始筑新城，包钵盂、道家二山于内。外砌以石，城周一千二百九十九丈，高二丈五尺，上阔二丈，下阔三丈五尺
	天顺年间（1457年—1464年）	增筑谯楼

① ［明］张二果、曾起莘著，杨宝霖点校：［崇祯］《东莞县志》，东莞市人民政府办公室，1995。

（续上表）

朝代	时间	修治情况
	嘉靖年间（1522年—1566年）	知县孙学古加葺，后议增筑月城，杨守仁继成之
	万历元年（1573年）	知县董裕营修四百三十二丈
	崇祯三年（1630年）	大水毁城百余丈，知县李模重修
	崇祯十一年（1638年）	知县汪运光增饰新城楼，坏者新之。北关旧以木架易折，易之以石，名保章关
清代	雍正三年（1725年）	城圮，知县于梓重修，公未竣，后周天成继完
	乾隆二年（1737年）	再次修葺
	乾隆八年（1743年）	再次修葺
	乾隆三十七年（1772年）	飓风毁四门城楼，重修
	乾隆五十五年（1790年）	知县宣通重修西楼
	乾隆五十七年（1792年）	知县史藻修东、南、北三门城楼，浚到涌及西北两濠
	嘉庆二年（1797年）、六年（1801年）	飓风毁东、南、北三门城楼，并左右炮城及城墙百余处
	嘉庆七年（1802年）	知县朱振瀚修复七段
	嘉庆八年（1803年）	新修七段内复塌两段。是年知县田文焘修复之
	嘉庆十九年（1814年）	知县陈兆熙接龙桥城垣一段
	嘉庆二十一年（1816年）	知县仲振履修东、南、西 、北四城楼，并各处城垣
	嘉庆二十三年（1818年）	知县吉安修复东北角城垣一段
	同治三年（1864年）五月	连降下雨，北城倒塌二十余丈，当年修复
	同治十二年（1873年）	再修

入清以来，东莞县城的修葺可以用“频繁”二字形容。造成频繁修葺的原因，一是古代城墙和附属设施多归土木材料，年久易坏；二是东莞县城受亚热带季风气候的影响，容易被雨水台风侵蚀破坏，城防易倾；三是明清时期珠江三角洲地区战乱频繁，东莞城池多有毁于兵燹。

建筑的秩序

用坚硬的城墙包裹的房屋，是一个县的心脏，城墙之内有序排列的房屋，组成了街道闾巷。

明初新城的修建，将东莞县城城墙所围面积，扩大了近一倍。在崇祯《东莞县志》卷一《地舆志·坊都街巷》的记载中，东莞县城的街巷，已经溢出了城墙的范围。房屋的生命，如同雨后的春笋，悄悄地突破了城墙的禁锢，这从另外一个角度说明，东莞城内的房屋街巷，已经到了拥挤的程度。

崇祯《东莞县志》记载了43条东莞县城的街巷：

登庸巷、溪田坊、东北街、县前街、卫前街、东门街、西门街、南门街、北门街、市桥、德生桥、新桥、集德街、龙泉街、北街、松柏街、仓前街、凤台街、寺前街、象塔街、北城街、东城街、和阳街、兴贤街、河泊所前街、驿前街、旨亭街、水头街、新街、演武街、水北岸、紫泥街、高地街、南街巷、石涌巷、福德巷、宝积巷、永宁巷、彭家巷、莲花巷、平定巷、里仁坊、紫泥巷。

上述43条街巷，只是东莞县城城墙之内的建筑，这个时候的城外街巷，只有10条。县城城外街道的出现和扩展，是商品经济繁荣的结果。

各朝《东莞县志》中，均留下了街道分布和县城内部功能分区的地图，从这些图表上可以看到，明代后期的东莞县城，政府行政机构主要分布在位于县城东北部，以县署为中心的相对集中的官署区，另外在城西南道家山、城外等处也有零星分布；学校等文化教育机构主要分布于东门外与西门内；庙、祠等宗教祭祀场所广泛分布于城内外，但以城东北较为集中，在临近官署区一带分布较多，这说明宗教祭祀场所与官署区的分布有一定相关性；居民区主要分布于城西，墟、市等商业场所主要分布于城西交通中心的市桥以及各城门附近，成点状分布。

清代，是东莞县城急剧膨胀的时期，城墙的修建已经赶不上街道发展的脚步。数字对比，已经到了让人惊讶的地步。在嘉庆《东莞县志》[①]的记载中，清代中期的东莞县城，街巷数量已经上升到了77条，城内街巷和城外街巷，分别是43条和34条。

城内街巷43条：

县前街、宣化街、东正街、仁和坊、卫前街、聚秀坊、榜

---

① ［清］彭人杰等修、［清］黄时沛等纂：［嘉庆］《东莞县志》。

眼坊、莫家洞、象牙街、万寿里、县后街、石涌巷、龙泉街、解元坊、文顺坊、西正街、上清观街、仓前街、凤来里、凤台街、宝积巷、马齿巷、松柏高街、市桥街、兴贤里、桂华坊、南正街、新桥街、新分街、德生桥街、南街巷、同德街、集德街、迈豪街、北正街、北街、溪田坊、积盛里、新兴巷、永宁巷、登桂里、登云里、仁和里。

城外街巷34条：

先登社、河塘朗、学前乡、兴贤街、石龙头、河唇、洞田、安靖乡、高低街、紫桂坊、水头街、迎恩街、平定里、驿前街、旨亭街、墩头街、校场街、兴文街、阮涌口、阮涌、河泊所前、圆沙坊、坐沙、镇海街、永和街、客村、文兴街、演武桥街、校场头街、龙湾洞、新涌、东洲铺、新沙、竹排街。

晚清时期，东莞城内外街巷野蛮生长，城墙，已经无法包裹那些雨后春笋一般的建筑，城池的概念，不断被地名蚕食。226条街巷的名字，被民国《东莞县志》[①]用繁体竖排的汉字，记录在古旧的宣纸上。

城内街巷97条：

东门正街、东城街、东城横街、县前正街、横巷梓、上水巷、崇文坊、县后坊、县后横街、烂大园、石涌一甲、石涌二甲、石涌三甲、石涌四甲、龙泉一甲、龙泉二甲、龙泉三甲、杨

---

① 叶觉迈修，陈伯陶纂：［民国］《东莞县志》卷三《舆地略二·坊都》，民国十六年（1927年）东莞县养和书局铅印本。

君庙道、东壁一甲、东壁二甲、文顺坊中街、文顺坊、解元坊、万寿里、洞口、寺前街、西门正街、西城下、紫霞坊、杨屋坊、紫霞里、凤来里、仓前街、松柏街、松柏高街、松柏下街、稳靖街、宝积巷、积德新街、上清观街、黄堂旧址、张屋大巷、凤台街、积德街、里仁坊、迈豪街、南门正街、南城下、新桥街、仁寿里、果昭街、同德街、同德一巷、同德二巷、同德三巷、同德四巷、新芬街、榜眼坊、南街巷、德生三甲、德生四甲、德生桥街、钵盂山下、下水巷、仁和坊（分三甲）、卫前街、北门正街、北城下、小横巷、第三巷、高坡、积盛里、西北城、仁厚里、张屋巷、马齿巷、赐归巷、兴贤里、市桥、桂花坊、三角市、柳屋巷、富贵巷、永宁一甲、仁和里、半边井、新兴坊、溪田坊、河唇、河唇横巷、永宁四甲、北厚街、百岁坊、邓耘坊、木巷、登桂里、木石居。

城外街巷129条：

步步高、找玉巷、洞天、兴贤街、聚魁里、聚贤坊、学左、近圣里（即学前乡）、迎恩街（即鞋街）、打锡街、高第街、塘头坊、牛骨巷、西河古道、水头街、星聚坊、平定巷（又名窄巷）、平定里、旨亭街、驿前街、德厚里、圆沙坊、大荒园、花闸门、锁前街（河泊所前街）、澳口街、登云坊、登俊坊、可园、竞船涌、高桥坊、滑石街、饿蛇迩、水围、沙涌口、清河旧址、韶奏堂、瓦埗坊、杉排街、高楼坊、高屋巷、珠玑巷、杰灵巷、华祝巷、鸣珂巷、道富巷、下关、阮涌、阮涌口、下市街、迈贤街、建古街、铁镢街、义渡头、咸扒栏、孝友坊、大巷、虾玉巷、水仙庙、德馨坊、观澜里、序齿约、塘面坊、宝树流芳、芽菜巷、卖麻街（即兴文里，彭志[①]作兴文街）、卖麻街口、幽巷、元宝街、纸扎街、叶屋巷、丛桂坊、秀富巷、猪仔墟、道教巷、皮鞋巷、孖庙前、钉屐巷、荣昌巷、茱萸街、豆豉街、五云亭、菱角埗、云集街、果街、校场正街、六家村、卖鸡市、千祥街、床街、竹排街、鸭鬻埗、却金桥、卖饭街、兴隆桥、炉街、榕树角、新沙坊（分八甲）、田背涌、威福坊、新涌、光石（即东洲铺）、北门市、镇海街、永和街、新陈、星耀坊、蠔篱贝、平乐坊、墩头四甲、墩头三甲、墩头街、葵衣街、文教区、芹菜塘、土桥头、横街、河唇坊、光明街、文兴街、三驳桥、花粉街、永宁梓、灶君庙、深水湾、卖草埗、聚龙三甲、龙湾洞、安靖乡。

朝代更叠，东莞县城街巷数量的增加和街巷名称的变化，是世世代代生活在东莞城墙内外的粤语人士经久不衰的话题。几百年过去，一些地名保留了，一些地名消失了，时代的变迁，隐藏在地名的细节中。那些古老的街巷，沿袭了数百年的时光，至今不朽，东莞城墙之外街巷的数量，其时第一次超过了城内，在县城的无限扩张面前，城墙显得无能为力。

县城的扩张，本质上是人口的增加；人口的增加，推动了城市的发展；城市的发展，必然导致居民区和商业区的扩张。人口，成了衡量城市发展的一项重要指标。

① 指［清］彭人杰等修、［清］黄时沛等纂的［嘉庆］《东莞县志》。

洪武二十四年（1391年），东莞只有24968户人家，76364人，至天顺六年（1462年）的时候，人口上升到了151378人，24453户。成化八年（1472年），全县人口141455人，24677户；弘治五年（1492年），户籍 24875户，人口141962人。此后至隆庆六年（1572年）八十年间，全县户籍、人口数量均无太大变化。由于东莞南部划归新安县，万历元年（1573年），东莞人口减至33971人，户籍减至7608户。万历十年之后，东莞人口、户籍数量才有所增长，至万历三十年（1602年），户籍与人口数分别达到了18842和106666。但是，明末的战乱，又让这两个数字分别下降为13768和85730。

人口、户籍数量的增长，与朝廷的政策有密切关联。康熙五十二年（1713年），国家颁布了“嗣后续生，永不加赋”的诏令，刺激了人口的增长，东莞的人口，从康熙年间的41198猛增到了乾隆五十一年（1786年）的465570，七十年间，增加了11倍。

大地上的标记

- 野象出没
- 苏东坡与资福寺
- 为一棵草命名
- 城池里的纪念碑

野象出没

当东莞的城墙还在时光中孕育的时候，广袤的郊野里，体型巨大的象群，正在横冲直撞，它们所到之处，庄稼损毁，人畜遭害。

文献粗疏简略，笔者只能在宣纸背后想象，这群因为气候变化、栖息地生态环境变迁而往南迁徙的亚洲象，遇到了气候温和、水草丰茂的珠江三角洲，东莞便成了它们的乐园。大象食谱较广，不仅取食禾本科、芭蕉科植物，亦喜欢其他粮食和经济作物。一头成年大象，一日进食可达一百五十至三百公斤。

这场发生在五代南汉962年的灾害，记录在《东莞市志》的《大事记》中："五年（962年），象群践害庄稼，后主命官捕杀。莞人邵廷琄聚骨建石塔以镇之，俗称镇象塔。"[①]

---

① 东莞市地方志编纂委员会编：《东莞市志》，广东人民出版社，1995，第7页。

作为陆地上最大的动物，野象性情暴躁，力大无比。人类捕杀大象，必借以工思，施以心计。由于文献失传，后人无法看到东莞人以群体的优势捕杀大象的激烈场面。那些惊心动魄的情节，永远消失在时光深处。在《东莞文人年表》中，还有“有《镇象塔记》，刻碑立于象塔街，今佚”[①]的说明。

“镇象塔”和“象塔街”，是两个千年前的名词，邵廷琄，是这两个词的创造者。

在杨宝霖先生的《古寺遗痕》[②]一文中，东莞篁村人邵廷琄以南汉宫中太监的身份出现在南汉亡国之君刘鋹的身边。光天元年（942年）刘玢袭位，邵廷琄升任内府局令，总理禁军军务。邵廷琄重视人才的引进和任用，对于前来求见的人才，他必定接见，在经济上给予帮助，然后引荐给南汉朝廷。

乾和十六年（958年）八月刘鋹即位之后，邵廷琄改任内常侍，仍带兵职。对于刘鋹的荒淫享乐，不问稼穑，邵廷琄多次上谏：“宗社安危，系于陛下，愿加检慎。”960年，赵匡胤称帝立国，改元建隆。邵廷琄献计于刘鋹说：“汉承唐乱，居此五十年，幸中国有故，干戈不及，而汉益骄于无辜，今兵不识旗鼓，而人主不知存亡。夫天下乱久矣，乱久而治，自然之势也。今闻真主已出，必将尽有海内，其势非一天下不能已。”[③]

---

① 李君明编：《东莞文人年表》，广东人民出版社，2015，第43页。

② 杨宝霖：《古寺遗痕》，载莞城千年文化编辑委员会编《莞城千年文化》，中国大百科全书出版社，2006。

③ ［宋］欧阳修撰：《新五代史》卷六十五《南汉世家第五》，中华书局，1974。

刘鋹加封邵廷琄为开府仪同三司、东南面招讨使，邵廷琄以舟师屯洸口，刘鋹听信谗言，赐死邵廷琄，都是后话，邵廷琄与镇象塔的故事，成了本节的核心内容。

镇象塔的滥觞，源于邵廷琄奉朝廷之命，捕杀为害东莞的野象。“南汉时，每年秋天都有野象走入东莞，踏食庄稼，邵廷琄奉南汉主命捕杀野象，以象肉赡军，将象骨聚之埋于东莞，上建经幢以镇之。这就是后世凡谈到广东古迹，必提到的镇象塔。”[①]

由于文献失传，杨宝霖笔下的文字，无法展开情节——野象捕杀的方法，野象以肉赡军的数量，那些巨大的象骨，如何为一座庄严的砖塔奠基？一千多年之后，后人从零散的古籍中，穿越时光，依稀看到了那些历史的碎片。

元吴莱《南海古迹记》云：“镇象塔在东莞（县治）西，南汉禹馀宫使邵廷琄造。”[②]

明卢祥天顺《东莞县志》[③]卷三《塔》载：“镇象塔，在资福寺前，以石甃成，刻曰：‘大宝五年壬戌禹馀宫使邵廷琄买地起创廨院，甃砌宝塔五层，伏以所崇妙善。’”

镇象塔，区别于佛塔和风水塔，在《古寺遗痕》的记载中，

---

① 杨宝霖：《古寺遗痕》，载莞城千年文化编辑委员会编《莞城千年文化》，中国大百科全书出版社，2006，第173页。

② ［元］吴莱：《南海古迹记》，载［明］陶宗仪编纂《说郛》卷六十七，上海古籍出版社，2018。

③ ［明］吴中修，［明］卢祥纂：［天顺］《重刻卢中丞东莞旧志》，《东莞历史文献丛书》，广东人民出版社，2017。

镇象塔用东莞生产的红粉石建造，八角形，八面，高3.4公尺，每面宽0.2公尺，周长1.52公尺，底座周长2.72公尺。“每面上端刻佛像，其下，第一面刻邵廷琄造镇象塔记，其余七面刻陀罗尼经。红粉石最易风化，何况已历千年。至明崇祯年间（1628年—1644年），已剥落严重，故崇祯《东莞县志》卷八《外志·寺》所录邵廷琄造镇象塔记已不全。民国《东莞县志》卷八十九《金台略一》有拓本影印插页，字迹漫漶。东莞市博物馆藏有二十多年前所拓之本，漫漶更甚。现仅存字302个。字为楷书与行书相混，参有魏碑笔意。每字大3厘米×3厘米。实物今存在东莞市博物馆。”①

细心的杨宝霖先生，根据崇祯《东莞县志》所录，参阅民国《东莞县志》影印本插页所载，整理了一份可供后人借鉴的邵廷琄造镇象塔记：

> 大宝五年壬戌十一月乙卯朔，六月庚申，东南面招讨使、内侍监、上国柱邵廷琄买地一段，起创寺院僧房，镌造佛顶尊胜，大白衣观世音菩萨尊相，甃砌宝塔五层四面龛室，装严佛像，又舍田差僧延嗣住持焚修，伏以所崇妙善。至秋有群象踏食百姓田禾，奉敕遣人采捕，驱括入栏，烹肉赡军。然戴甲披毛，俱是负来之

① 杨宝霖：《古寺遗痕》，载莞城千年文化编辑委员会编《莞城千年文化》，中国大百科全书出版社，2006，第174页。

> 命；遗骸滞魄，难超舍去之魂，仰赖良因，免涉幽扃之苦；速承济度，永辞异类之徒。[①]

镇象塔和资福寺，在南汉大宝五年成了一个整体。直到1968年，兴建民房，镇象塔被移走，从而改变了寺、塔为邻的格局。

象塔街，因邵廷琄建镇象塔而得名。象塔街西起新芬路，东至寺前街，长150米，宽3.5米，东西走向。《广东省东莞市地名志》除在“象塔街”的词条中引用了清末探花陈伯陶所记“南汉大宝五年即宋建隆三年秋天，群象踏食百姓田禾，当时县治派人捕杀，百姓还怕象魂作怪，县治派禹馀官使买地将象骨埋在地下，并建象塔镇之，以安民心”的史实之外，还叙述了一个并不被东莞人广泛所知的故事：

> 传说宋朝有一和尚从印度骑一白马，带一大象来到资福寺（现莞城中心小学）建一简陋小佛寺，以传佛教。当时尚未建成，附近是一片荒凉地带。那头大象食量极大，因饲料不足，晚上大象逃到现在罗村地方，吃田中禾苗，次日农民发现田里禾苗失去，甚感惊奇，第二天照样发现田里禾苗失去，心中愤怒，于是到田中窥视，半夜发现一只庞然大物在田里吃禾苗（那时农民

---

① 杨宝霖：《古寺遗痕》，载莞城千年文化编辑委员会编《莞城千年文化》，中国大百科全书出版社，2006，第174页。

> 未看见过大象，不知是何物），以为是妖怪作祟，便向县治报告。县治召集绅士讨论如何捉妖，那印度和尚也参加讨论，假称那是象精作怪，并说自己有法术降伏象精。县官信以为真，并表示如果能降服象精，就捐款重建那间佛寺。印度和尚把大象密藏起来，并假作佛法，从此田里禾苗无损。县官就发动捐款，扩建那间佛寺。那大象因缺乏饲料，结果饿死。印度和尚把大象埋在离佛寺不远的地下（即现在象塔街）。过了段时间，印度和尚为了传佛教需要，放出声气，说什么象精虽被收在地下，它还会钻出来作祟，需建一座石塔和一座亭子，并用铁杆围起来，压住象精，它才不会钻出来害人。群众因有害怕心理，遂捐钱给印度和尚。印度和尚请石匠造一座有佛像的石柱塔，安装在埋葬象的地面上，同时建了亭子，围上铁栏杆，成为莞城历史名迹。[①]

这是一个经不起推敲的民间故事。文献中的野生群象，被故事编造者篡改为一头人工驯养的独象，“群众”“农民”“县官”这些不属于那个时代的词，露出了故事的马脚。密藏大象需要的条件如何达到，大象死后如何凭一己之力埋葬？种种破绽，让一个粗糙的故事永远走不出故纸。

---

① 广东省东莞市地名委员会编:《广东省东莞市地名志》，广东高等教育出版社，1987，第45页。

苏东坡与资福寺

镇象塔和资福寺，是南汉时代东莞城内建筑的双胞胎。

资福寺破土的时候，东莞县治已经从宝安移到了到涌。崇祯《东莞县志》卷八《外志・寺》记载：“资福寺在县治西一百五十步，南汉禹馀宫使邵廷琄以居宅为之。周围四至，凿四井为界。”[①]《东莞市志》的记录稍详：“东莞资福寺在莞城万寿路（今莞城中心小学校舍内）。寺始建于南汉大宝五年（962年），南汉禹余宫使邵廷琄，以私人住宅建寺，在周围四至凿四井为界，设殿造像供奉。宋元符三年（1100年），祖堂禅师在寺内建罗汉阁（即灵源阁），时居官惠州的苏东坡特意将佛脑舍利

① ［明］张二果、曾起莘著，杨宝霖点校：［崇祯］《东莞县志》卷八《外志・寺》，东莞市人民政府办公室，1995。

供奉于阁中，并作了《广州东莞县资福禅寺罗汉阁记》。元至正六年（1346年），寺僧圆进募铸大铜钟，重6000斤。清光绪二年（1876）建东坡阁。”①

从资福寺始建的南汉大宝五年（962年）至祖堂禅师在寺内建罗汉阁的宋元符三年（1100年）的一百三十多年间，文献一片空白。罗汉阁的兴建，接续了资福寺的香火和信仰。

罗汉阁又称灵源阁，建在大雄宝殿的后面。后人用“极为壮丽”描述这座建筑。南宋淳熙十三年（1186年），琼州军安抚都监谢图南在《重修资福寺罗汉阁记》中说：“东莞杰然一阁，立于资福刹中，鳞瓦浮空，翠甍插汉。晨钟夕磬，创始于僧祖堂之手。”

罗汉阁的建成，不仅是资福寺的大事，而且也成了当时东莞县引人注目的事件，文人墨客将罗汉阁写进了自己的诗文。

宋朝方信孺在《南海百咏》的《资福寺罗汉阁》中，记下了当时的盛况：

> 东莞县市中，僧祖堂始营此阁，规制巨丽，东坡为之记。且以犀带所易佛脑骨荐以白璧施之。见东坡塔铭并吴幵所跋记语，东坡亦有赞，今犹存壁间。
>
> 千柱依然跨宝坊，庭前柏子久荒凉。
>
> 明珠白壁无人识，赖有斯文万丈光。②

---

① 东莞市地方志编纂委员会编：《东莞市志》，广东人民出版社，1995，第1152页。

② ［宋］方信孺撰：《宛委别藏·南海百咏》，江苏古籍出版社，1988。

罗汉阁的舍利塔，出现在元代吴莱的《南海古迹记》中：

> 苏文忠公古舍利塔，在东莞（县治）西资福寺罗汉阁，状若覆盂，纹理类芭蕉，五色备具，盖古佛脑骨也。比丘祖堂夜梦赤蛇吐珠白壁上，旦，果得舍制。建塔。公自作铭以实之。[①]

资福寺罗汉阁，连接了东莞与苏东坡的缘分。

罗汉阁兴建和竣工之时，大文豪苏东坡正以贬谪之身居于惠州。东坡居士有佛缘，他一生的足迹和写下的诗词文章，在人间烟火和禅心佛法中自由穿行。苏东坡用一记、一铭、一赞为东莞资福寺留下了不朽的文字。这些文字的来龙去脉，就是苏东坡与东莞的佛缘。

收录在中华书局点校本《苏轼文集》卷十二中的《广州东莞县资福禅寺罗汉阁记》，其实是一篇碑文，《名人笔下的东莞》一书收录时，用了《资福寺罗汉阁碑》作为标题：

> 众生以爱，故入生死。由于爱境，有逆有顺，而生喜怒，造种种业，展转六趣，至千万劫。本所从来，唯有一爱，更无余病。佛大医王，对病为药，唯有一舍，更无余药。常以此药，而治此病，如水救火，应手当

---

① ［元］吴莱：《南海古迹记》，载［明］陶宗仪编纂《说郛》卷六十七，上海古籍出版社，2018。

灭。云何众生，不灭此病。是导师过，非众生咎。此何以故？……

东莞古邑，资福禅寺，有老比丘，祖堂其名。未尝戒也，而律自严；未尝求也，而人自施。人之施堂，如物在衡，损益铢黍，了然觉知。堂之受施，如水涵影，虽千万过，无一留者。堂以是故，创作五百，大阿罗汉。严净宝阁，涌地千柱，浮空三成，壮丽之极，实冠南越。东坡居士，见闻随喜，而说偈言：

五百大士栖此城，南珠大贝皆东倾。
众心回春柏再荣，铁林东来阁乃成。
宝骨未到先通灵，赤蛇白璧珠夜明。
三十袭吉谁敢争？层檐飞空俯日星。
海波不摇飓无声，天风徐来韵流铃。
一洗瘴雾冰雪清，人无南北寿且宁。①

在《广州东莞县资福寺舍利塔铭并叙》中，后人看到了文字之外的情节。苏东坡文中“适有东莞资福长老祖堂来惠州，见而请之，曰：‘吾方建五百罗汉阁，壮丽甲于南海，舍利当栖我阁上。’则以犀带易之”的表白，展开了文字的来龙去脉。

一个被文人士众“仰慕东坡，莫不仰若日星，尊如山斗”的

① 东莞图书馆编：《名人笔下的东莞》，人民日报出版社，2010，第93—94页。

文豪，在以贬谪之身乘船到达惠州之前，途经东莞，被资福寺方丈祖堂邀请上岸。后人无从知道苏东坡在资福寺下榻的夜晚，与祖堂知尚是否聊过诗词、书法的话题，但在与“方丈僧祖堂、邑人夏侯生从之游”的时候，资福寺、罗汉阁，一定会是集体关注的话题，为即将落成的罗汉阁作记，一定是祖堂和尚的请求。苏东坡的爽快承诺，为罗汉阁落成之后祖堂和尚专门到惠州求其写记，奠定了基础。

祖堂和尚的惠州之行，出乎意料地顺利。东坡居士不仅满口答应了他为罗汉阁作记的要求，而且还找到一个珍藏了佛脑舍利的人家，劝他献出舍利，由资福寺供养。为了达到目的，东坡居士拿出了自己久藏的犀带作为交换。正在此时，有友人从遥远的京城送来了一块古代玉璧，苏东坡用它作了舍利子的垫子，竟然天衣无缝，珠联璧合。苏东坡用《广州东莞县资福寺舍利塔铭并叙》，为舍利、犀带和古玉璧，做了流传千古的广告：

> 予在惠州，或示予以古舍利，状若覆盂，圆径五寸，高二寸，重二斤二两，外密而中疏，其理如芭蕉，舍利生其中无数，五色具备，意必真人大士之遗体，盖脑在颅中，颅亡而脑存者。予曰：“是当以施僧，与众共之，藏私家非是。”其人难之。……有自京师至者，得古玉璧，试取以荐舍利，若合符契，堂喜，遂并璧持去，曰：“吾当以金银琉璃窣堵坡，置阁上。”其铭曰：真人大士何所修，心精妙明舍九州。此身性海一浮

沤，委蜕如遗不自收。戒光定力相烝休，结为宝珠散若旒。流行四方独此留，带犀微矣何足酬。璧来万里端相投，我非与堂堂非求，共作佛事知谁由，瑞光一起三千秋。永照南海通罗浮。

祖堂和尚和资福寺，让苏东坡留下了《广州东莞县资福禅寺罗汉阁记》《广州东莞县资福寺舍利塔铭并叙》《东莞资福寺再生柏赞》和《祖堂白长老赞》四篇文章。所以，曾授翰林院编修的东莞人邓蓉镜评价说："寺虽创于南汉，实赖东坡而益彰。"①

资福寺为广东四大名刹之一。全盛时期，资福寺建有大雄宝殿、钟鼓楼、山门、照壁、后楼、方丈禅堂、客堂、斋堂和廊房数十间。塑有释迦牟尼佛、弥勒佛与护法金刚诸神，殿后有观音菩萨、十八罗汉。

资福寺的灾难，降临于元至元十六年（1279年），降元宋将张弘范攻陷东莞，他来到佛门净地，夺走了舍利，将这个镇寺之宝带去了京城。四年之后的元至元二十年（1283年），喘息中的资福寺雪上加霜，又遭到了海盗的抢掠焚毁，东坡居士所赠玉璧，不知所踪，直到元至正二十三年（1363年），玉璧突然出现，一个未在文献中留下姓名的巨商，来到资福寺，归还了这个

① 温应昌：《资福寺及其千古之谜》，《潇湘文化》2015年第4期，A4版。

失踪了八十年的宝物。海盗抢走的玉璧，如何落入巨商之手？其中的故事，文献没有记载，但是足够后人想象。

脑舍利被张弘范劫走，此后的下落与行踪，成了一个无人破解的谜。因为无人见过舍利，所以，清光绪二年（1876年）东莞人邓蓉镜捐资建造云石舍利塔，让人怀疑舍利已经秘密回归，藏于塔下地宫之中。

邓蓉镜捐资建造的舍利塔，《广东古塔》[①]中有如下描述：该塔用材考究，全部以精美白色云石块砌筑。平面六角形，边长2.1米，仿木构楼阁式七层塔，高4.8米。塔基为方形须弥座，束腰处四面镌刻建塔缘由铭文，转角处精雕细刻柱础和竹节状柱。上枋镌刻规整的几何形夔纹图案，下枭浮雕有精美别致的云纹。下枋雕饰出手法细腻、造型生动的卷草浮雕图案。塔身各面辟拱门，均排列在同一直线上，出檐平缓。塔顶雕饰出瓦垄状，上承九层相轮露盘宝珠刹。

供奉舍利，是天下所有舍利塔的建造逻辑。所以，后人在分析邓蓉镜捐建舍利塔的动机和出发点时认为："邓蓉镜是个治学严谨的学者，如果该塔无舍利安放，怎敢冠以'舍利塔'之名？故可推测邓蓉镜此时确知寺内已保有舍利，故建该塔。舍利今在何处？我们估计藏在塔下地宫中。据有关部门探测，塔下确有地宫。一旦条件成熟，地宫揭开，此堪称'巨无霸'

① 广东省文物考古研究所编：《广东古塔》，广东省地图出版社，1999。

的脑舍利将重见天日，在宗教界将大放异彩，影响无限!”[①]

资福寺消失于民国二十三年（1934年），东莞县立第一高等小学的进入，宣告了佛门净地的退却。此后的数十年里，大雄宝殿被拆除，僧房成为废墟，苏东坡笔下的资福古寺，大部分只剩纸上的文字。

---

① 温应昌:《资福寺及其千古之谜》,《潇湘文化》2015年第4期，A4版。

为一棵草命名

“东莞”，是一座城市的名字。一千多年之后，命名者已经被人淡忘，但是，一个名字的来由和命名依据，却依然历历在目。

东莞位于广东省中南部，东与惠州市惠阳区、南与深圳市宝安区相连，西与广州市番禺区隔海相望，北与广州市增城区、东北与惠州市博罗县隔河相邻。地处北纬22° 39′ —23° 09′ ，东经113° 31′ —114° 15′ 。面积为2463平方公里。人口119万，几乎全是汉族。市政府驻地莞城。另有华侨、港澳同胞60多万。

关于东莞地名的由来，《广东省东莞市地名志》[①]《莞城千

① 广东省东莞市地名委员会编：《广东省东莞市地名志》，广东高等教育出版社，1987。

年文化》[①]《东莞市情手册》《东莞市民手册》等多种文献，均异口同声，认定东莞因地处广州市之东，境内盛产莞草而得名。只是，有些文献，在这个认定之前，加了一个“相传”的定语。

莞草，它的历史和日月一样古老。《诗经》中“下莞上簟，乃安斯寝。乃寝乃兴，乃占我梦”的记录，正是东莞的名字阐述。元代，用莞草编织的莞席已深受波斯等国人民的喜爱，在国内更是宫廷珍品；明代，莞席大量销往东南亚各地。

“东莞”，是唐至德二年（757年）的命名，这是一座城市历史上最大的名字，而遍布在县城里的街巷，星散在城乡角落的村庄，它们的名字则是“东莞”之下的小名、乳名和字号。象塔街、寺前街、宝积巷、王屋街、庙前街、鱼关街、旨亭街、教场街、紫霞里、解元坊、赐归巷、天水养芹，这些可以顾名思义的地名，每一个都有人物和故事。

“戙船澳”这个地名，即使在《广东省东莞市地名志》中，也是一个难以破译的谜。此书用“宋代，此地濒临东江南岸，有河汊通此，是舟楫停泊之地，帆樯聚集，故名戙船澳（‘戙’字为东莞方言，意为竖起，谓以竹篙插河中，以固定木船的位置）”[②]解释这个冷僻的地名，却忽视了故事和人物。五代王周《志峡船具·小序》说，戙与篙，状殊而用一也。戙，名词用作

---

① 莞城千年文化编辑委员会编：《莞城千年文化》，中国大百科全书出版社，2006。

② 广东省东莞市地名委员会编：《广东省东莞市地名志》，广东高等教育出版社，1987，第53页。

动词，以戙撑船也。澳，海边弯曲可以停船之处也。戙船澳者，撑船停船之处也。南宋，已有戙船澳之名。

宋代的时候，东莞人外出，多在廉泉坐船，后来河道变浅，码头移到了戙船澳。明代天顺四年（1460年），进士祁顺在此处为胞弟送行，并作《与舍弟辈别于戙船澳》二首：

未别先愁别转悲，南船开速北船迟。
五羊城外无情水，不管愁人两路思。

瞬息分携粤水干，转头相忆已漫漫。
欲将送别徘徊意，写出新图久远看。

战场，这个血腥残忍的名词，也曾经和戙船澳这个地名连在一起。记载在《东莞市志》的《大事记》中的战争，翻开了戙船澳的一页：

正统十三年（1448年），南海黄萧养起义，聚众十余万人，称东阳王，势及东莞。明都指挥使王清从高州率兵来援，四月十八日，到东莞沙角尾地方，为起义军所擒杀。总兵安乡伯张安亦率水师来攻，在东莞戙船澳与义军相遇，为义军击败，追至沙角尾，官军溃败，张安溺死。[1]

① 东莞市地方志编纂委员会编：《东莞市志》，广东人民出版社，1995，第8页。

戙船澳的故事，还和一个名叫梁惠生的人有关。家住戙船澳的梁惠生在崇祯《东莞县志》出场的时候，他的哥哥梁惠养因犯重罪被处死刑。因为兄长承担了祖宗祭祀的重担，梁惠生便决心替哥哥就死。即解京师，就刑于市，义士无不伤感。替死之前，梁惠生作绝命诗一首。此诗现存《东莞诗录》。“文星耿耿恶星缠，虚度韶光十八年。只望曾参养曾皙，岂知颜路哭颜渊。白头老母身犹在，红粉佳人分未完。待得血书归报日，一声儿子二声天。”

街巷，是一座城市的经络血管，地名，则是城市街巷建筑的乳名。街巷地名，是时光的证明，在漫长的岁月里，有些地名死去了，有些地名新生了。无论是死亡还是新生，每一个地名背后，都像戙船澳一样，有故事情节，有人物命运。

崔紫霞，是民国《东莞县志》中的一个人物。后人对这个罗浮山道士的了解，都来自东莞县城西正街的紫霞坊和紫霞里。这两个因为崔紫霞而产生的地名，都与西正街关联，它们是一对连体的双胞胎。紫霞坊与迎恩门城楼相连，紫霞里与紫霞坊并列，中间有一条名为杨屋的巷子相通。

崔紫霞并非东莞人，后人记载他为宋朝唐州人氏，原在京城当禁军和小吏，因为不满官场黑暗愤而南行，落脚于邻近东莞的道教圣地罗浮山学道修炼。罗浮山的仙气，成就了崔紫霞。成为名道士之后，他经常游东莞大岭山七仙坛，往返惠州罗浮山和东莞道家山。道家山的酥醪别院和罗浮山的酥醪观，用一个共同的名字，串连起了一个名道士的足迹。大岭山的马山和道家山，均有名为紫霞泉的井，均为紫霞道人所凿。

崔紫霞选择了道家山作为他的羽化之地。在民间传说中，他死后化作了一只大蝴蝶，腾云而去，魂归罗浮山。途经榴花渡口时，他对人说遗了一只鞋在道家山。人们到了道家山，才知道他已经羽化，那只布鞋，化作了一块大石。“崔霞仙遗履亭”，就是后人对他的纪念。崔紫霞身后，梁佩兰、吴濂等人，都有诗记录他的事迹。清代诗人丁玉藻也作有《道家山崔真人祠》：

真人遗履处，水竹有清芬。
初地即丹穴，远天空白云。
风尘疏蹻道，岁月几炉薰。
余亦辽东鹤，芝田傥可耘。

民国《东莞县志》记录了崔紫霞一句三个字的格言：依本分。后人从这三个字的背后，读出了不妄求、不多占、不做非分之事、不贪非分之财的内涵。

崔紫霞在道家山修炼的时候，道家山那道名为“凤台秋霁”的美丽风景尚未被命名，但每日迎着朝阳婉转鸣唱的凤凰，则是这里每日呈现的独特景观。“耆旧相传云：昔有凤凰翔集于此，因名凤凰冈，建台其上。”[1]这个记载，化成了“凤凰台上金鸡叫”的民谣在民间广泛传播。

---

① ［明］黄佐撰：［嘉靖］《广东通志》卷十九《舆地》（七）《古迹·广州府·凤凰台》。

由于凤凰的出现，紧邻道家山的那条深巷，被冠以了“凤来里”的名字。

东莞，是源于一棵草的命名，走出《诗经》之后，莞草又在秦汉时期出现。咸淡水交织地带，莞草繁茂，因而此地形成了相当规模的草织业。“东莞以莞草编织成席，在南朝已为岭南官府钟爱。”[①] 莞草之后，那些繁星一般遍布在东莞大地上的地名，则大多与人物相关。

榜眼坊，在晚清东莞的地图上，与道家山仅有一箭距离，它用新芬路，连接起了榜眼坊的故事。

先有榜眼，后有榜眼坊。刘存业出现在崇祯《东莞县志》中，他以弘治庚戌（1490年）进士一甲第二名的成绩，被朝廷授翰林编修，简充经筵官。“癸丑（1493年）疏乞归养，时功令非六年不得请，孝宗以其至孝，特诏许焉。丁巳（1497年），以母命趋朝。戊午（1498年），复上述乞归。言：‘臣父早背，禄养弗逮。今臣母年逾七秩，夕照西飞，臣前勉来，妻留侍养，近闻妻故，菽水奚将？臣一念至，不觉五内摧裂，夫圣恩就可再酬，而母命不可多续……’书上，孝宗改容，复许之。丙寅（1506年）五月，卒于官，年四十七。”[②]这些至今尚存的文字，让一条古老的街巷，以故事的形式留存下来。

---

① 叶觉迈修，陈伯陶纂：[民国]《东莞县志》卷十四《舆地略十二·物产中·草类·莞》，民国十六年（1927年）东莞县养和书局铅印本。

② ［明］张二果、曾起莘著，杨宝霖点校：［崇祯］《东莞县志》，东莞市人民政府办公室，1995，第240页。

离榜眼坊不远的彭屋街也不例外，其名也与人物相关，是因为以右副都御史的官职巡抚辽东的彭谊而留名。

与莞城紧密相连的今东城街道的梨川，其名字则因为文字美化的原因，经历了从“塘泥涌”到“棠梨涌”再到“梨川”的演变。梨川人祁顺，则由于官至江西左布政使和自注为棠梨涌人的缘故，使得这个地名增色。

类似的地名，在文献中比比皆是。如今的东城雅园，其名字也经历了从粗俗的“鸭屎岭”到“雅元岭”再至“雅园”的美化。走遍东莞大地，那些一眼就可以看到故事、充满想象的地名，成了一座城市隐秘的历史。石龙、小捷滘、南栅、弹花街、蟹地、鸬鹚涡、拔蛟窝、火炼树、石鼓、蛤地、鳌台、函谷、凤翀、漳澎、冼沙、瓮窑、佛子凹、圣堂、鸡啼岗、鹿湖坝、牛眠布、小捷山、铜岭、道滘大坟等许多地名,都是故事的发源地。

城池里的纪念碑

牌坊是纯粹石造的建筑，是一个人的墓志铭，是一座城池的纪念碑。

关于牌坊，康熙《东莞县志》[①]卷十一《坊牌》有如下说明："莞虽一邑然元勋鼎甲，世爵忠臣以洎达人显宦，不可仆数。""表而出之，岂曰示荣，盖将为劝云尔。"建造牌坊的工匠，都是时光的过客，没有人记得他们的名字和精湛手艺，只有石头的旌表对象，留下了或深或浅的足迹。

石头虽然坚硬，也只有寄生在柔软的纸上，才能不朽。幸运存世的六种《东莞县志》，分别是天顺《东莞县志》、崇祯《东莞县志》、康熙《东莞县志》、雍正《东莞县志》[②]、嘉庆《东

---

① ［清］郭文炳修：［康熙］《东莞县志》。

② ［清］邓廷喆、陈之遇纂：［雍正］《东莞县志》。

莞县志》、民国《东莞县志》。六种《东莞县志》，记载了78座牌坊。

对于东莞一千六百多年的建县史来说，东莞的牌坊，历史并不悠久，在文献的记载中，最早的牌坊，只有一千八百多年的历史。

就历史朝代而言，东莞的牌坊，并没有平均分布。在现存的六种《东莞县志》中，78座牌坊，只属于宋、明两个朝代，没有一座牌坊是在元朝或清朝所建。而且，就宋、明两个朝代而言，牌坊的数量，也极不平衡。对于宋代9座牌坊和明代69座牌坊的数据，没有文献可以解答。

由于牌坊的纪念旌表性质，这种属于政府行为的石头建筑，不可能成为钱财和权势的私人表彰。后人在分析元、清两朝为何没有建造牌坊时认为："如果元朝有，成书于明朝的天顺《东莞县志》、崇祯《东莞县志》不可能不记；如果清朝有，康熙、雍正、嘉庆、民国四种《东莞县志》也不可能不记。大概元、清两朝，没有当地政府为获得功名人士立牌坊的政策。"[①]

东莞最早的牌坊，在杨宝霖先生的排列中，列城内之首的，是为进士梁文奎立的崇桂牌坊。在管林主编的《广东历史人物辞典》中，有如下介绍：

---

① 杨宝霖：《莞城的牌坊》，载莞城千年文化编辑委员会编《莞城千年文化》，中国大百科全书出版社，2006，第237页。

> 梁文奎，号钝庵，南宋东莞人。开禧元年（1205年）进士。廷对时批评韩侂胄、史弥远之政策，抑置乙科。官朝散郎监左藏。十余年后辞官，筑迎翠楼以讲学。著有《正论模楷》。①

仅凭《广东历史人物辞典》中的寥寥数语，不足以让梁文奎成为牌坊上的人物。《东莞人物丛书·东莞历史人物》一书为后人提供了更为翔实的证据：

> 梁文奎（生卒年不详），号钝庵，祖籍三山（今福建省福州市），南宋孝宗时丞相梁克家，是梁文奎的堂伯父。文奎之父梁克登的祖父梁学熙迁居韶州。梁克登后任增城掌教，生文奎。克登致仕居东莞板石（今常平镇板石村），文奎博闻强记，登开禧元年（1205年）进士，授朝散郎，官至监左藏（管理国家金库）。因梁文奎直言敢谏，得罪权贵，十余年不调。致仕归，于板石筑迎翠楼，自号翠楼居士。②

《东莞人物丛书·东莞历史人物》从诗的角度和时间顺序排

---

① 管林主编：《广东历史人物辞典》，广东高等教育出版社，2001，第709页。

② 中共东莞市委宣传部、东莞市文学艺术界联合会编：《东莞人物丛书·东莞历史人物》，广东教育出版社，2008，第539页。

名，确定了梁文奎东莞第三的地位，认为“梁文奎的《迎翠楼自赋》诗，虽非东莞最早的诗，但东莞诗风，实梁文奎为首倡”。[①] 作为证据，文章引录了梁文奎的《迎翠楼自赋》诗：

江山诗兴动，宇宙画图开。
风卷软红去，云迎霏翠来。
行藏身老矣，临眺意悠哉。
遍倚栏杆曲，残阳入酒杯。

《东莞人物丛书·东莞历史人物》用文字还原了梁文奎写《迎翠楼自赋》诗时的情景：“迎翠楼遥对宝山，层峦叠翠，掩映于窗牖间。文奎居楼中，研经论道，讲学其中，四方之士，就学其中，多所造就。暇则与宾朋觞咏，以乐余年。”[②]

文章从艺术的角度，对梁文奎的《迎翠楼自赋》诗进行了分析评价：

“风卷软红”“云迎霏翠”，登楼所见。“软红”，落花也；“霏翠”，微雨也。落花飘动，故用“软红”字；微雨映山，故用“霏翠”字。“行藏身老矣，临眺意

① 中共东莞市委宣传部、东莞市文学艺术界联合会编：《东莞人物丛书·东莞历史人物》，广东教育出版社，2008，第540页。

② 中共东莞市委宣传部、东莞市文学艺术界联合会编：《东莞人物丛书·东莞历史人物》，广东教育出版社，2008，第540页。

悠哉”两句，登楼所感。倚遍栏杆，披襟岸帻，斜阳夕照，把酒临风，尾联“遍倚栏杆曲，残阳入酒杯”两句，写出诗人活动情状。日落西山的余光，映入潋滟的杯中之酒，景与事高度结合，形象鲜明。“残阳”竟能入酒杯，尖新之至，凝练之至。作者归休后怡然自得之情，洋溢于整首诗的字里行间，无怪前人评之曰“有‘浴乎沂，风乎舞雩’之趣”。[①]

牌坊上的人物，未必是丰功伟绩的创造者。后人用“文奎晚书，讲学于迎翠楼中，来板石跟文奎学诗者，裹粮影从，开一邑诗咏之风”[②]的评价，作了主人公名入牌坊的理由。

梁文奎的牌坊，以“崇桂”命名，立于东莞城内的县前街（今县正路）。梁文奎之后，有为进士钱益立的高桂牌坊，为进士尹耕立的攀桂牌坊，为进士叶三得立的联桂牌坊，为进士卢祥、卢宽兄弟立的双桂牌坊，还有为卢宽长子、次子和季子卢皞、卢昀、卢晭三举人立的三桂牌坊。

那些化身牌坊的巨型石头，分布于城内和城外。城内的牌坊，又分散在县前街（今县正路）、县后街（今县后坊）、宣化街、东正街、城东街、城东北街、卫前街、榜眼坊、南门直

① 中共东莞市委宣传部、东莞市文学艺术界联合会编：《东莞人物丛书·东莞历史人物》，广东教育出版社，2008，第540页。

② 中共东莞市委宣传部、东莞市文学艺术界联合会编：《东莞人物丛书·东莞历史人物》，广东教育出版社，2008，第541页。

街、新桥、西门直街（今西正路）、北街（今北正路）、石崇街（今石涌路）、市桥等多处地方。城外的牌坊则分散于兴贤街、迎恩厢、驿前街、高第街、圆沙坊、北门外街、墩头街、教场等地方。

东莞的牌坊，名称多样，纪念和表彰的人物众多，内容多为功德坊和德政坊。东莞的牌坊，超越了“个人纪念碑”的局限，出现了多人同坊的景观。卢皞、卢昉、卢皭的三桂坊，从时间上开了多人同坊的先河。之后出现的父子科第牌坊和为都魁李宋英，同朝举人李谧、李钺、李中、李元弼五人竖立的奕世流芳牌坊，在多人同坊上又进了一步。

五人同坊的登俊牌坊，记录了举人彭谊、彭恂、彭絅、彭绘和彭芹的名字，而以“文林”（后改为“世科”）命名的牌坊，又用任光、任效、任璩、任球、任千之和任桂六个举人的名字，打破了人数的记录。

东正街上父子进士兄弟世科的牌坊，用了九个人名，创下了东莞牌坊多人同坊的最高记录。由于名字拥挤，牌坊巧妙地将九个人名，分列于石头的正反两面。祁顺、祁敏、祁敕和祁顺、祁颐、祁敏、祁政、祁敕、祁孜的名字，出现在牌坊的正面和背面。九人牌坊，其实只有六人，祁顺、祁敏、祁敕的名字为重复出现：

祁顺字致和，号巽川，棠梨涌人。明天顺四年（1460年）进士，官至福建、江西布政使。曾出使朝鲜，朝鲜君臣赠以金银珍宝，不受，朝鲜建却金亭以为纪念（却金亭今尚存）。

祁敏字惟学，号存真，棠梨涌人，祁顺之子。明弘治十五年（1502年）进士，官至户部员外郎中。

祁敕字惟允，棠梨涌人，祁顺之子。明正德十二年（1517年）进士，官至饶州知府。

祁颐字致中，棠梨涌人，祁顺弟。明成化十年（1474年）举人。

祁政字惟举，棠梨涌人，祁顺之子。明正德十一年（1516年）举人。

祁孜字惟勤，棠梨涌人，祁顺之子。明弘治十一年（1498年）举人。

祁氏家族，另有一个不见于牌坊的倜傥之士祁衍曾。在祁氏家谱上，这个万历四年（1576年）的举人，系祁顺之曾孙。

祁衍曾德行过人，却科场失意，功名欲望消失之后，以追寻名人足迹、饱览各地风光为兴趣。他的足迹到达江西南昌之后，盘缠用尽，身无分文。在一个举目无亲的异乡，祁衍曾作文乞食，不料被汤显祖看见。这段记录在陈伯陶的《东莞县志》中的情节，被今人周松芳演绎于《汤显祖的岭南行》一书中：

他岭南最好的朋友，就是住在罗浮山间的东莞人祁衍曾。据方志的介绍，祁衍曾，字羡仲，个性通脱不

> 羁。年二十三始折节读书。万历四年举于乡，但屡蹶春闱，而好游益甚；为了迎接挚友叶春及，曾专门在罗浮建造了一座迟叶庵，其至情至性可以想见。尝欲纵观四方名胜山水，任意所之。曾在游武夷山、白鹿洞后，困于南昌，作乞食文，汤显祖见而奇之，遂订交。[①]

从南昌开始，祁衍曾同汤显祖，开始了一生的交往和友谊，而伟大的剧作家汤显祖，则开始了《牡丹亭》的酝酿和构思。

> 他们的交往应早于万历四年（汤显祖时年二十七岁，尚未出仕），因为万历五年，汤显祖作有《红泉卧病怀罗浮祁衍曾》，写到上一年他赶赴山东与正在浏览泰山的祁衍曾会合的事："忆在彭城西，同为冰雪颜。东行游岱宗，飙轮邈难攀。风云不可期，追君齐鲁间……"祁衍曾住在罗浮山区，罗浮山是道教名山，也是汤显祖梦寐神往的地方。

祁衍曾生前，不可能穿越时光看到后来的《牡丹亭》，更无法预见自己会成为《牡丹亭》中柳梦梅的原型。

不朽的戏曲《牡丹亭》，它的灵感和构思，始于汤显祖贬谪之后的岭南之行。它的起因，很可能源于汤显祖与东莞的因缘。

---

① 周松芳：《汤显祖的岭南行》，南方日报出版社，2016，第22页。

好友祁衍曾因为母丧哀毁过度不幸去世，汤显祖便在贬谪湛江徐闻的路上，转向来到东莞，抚慰祁衍曾的遗孤。应人之请，汤显祖在此作《东莞县晋黄孝子特祠碑》，表彰祁衍曾的“读书而豪”，又作诗《惜东莞祁生》：“谁能意气浅，偶尔烟花生。今日罗浮子，来伤江海心。”

汤显祖将中国戏剧史上第一位光辉灿烂的岭南人物形象，寄托在东莞人祁衍曾身上，后人从祁衍曾至情至性、行事不羁和生前种种醇酒美人的轶事，看到了其与柳梦梅因痴情而不惧杀头罪，为杜丽娘掘墓还魂的举动之间的异曲同工。

所有的牌坊，惜墨如金，它们将人物和故事藏在坚硬的石头深处。祁顺与他的胞弟和儿子的情节，沉默的牌坊无法展示，后人只能从文献中寻找。然而，细心之人，亦可以通过坚硬的石头，在不同的人物身上，找到相同的情节。为纪念举人余禧而立的鸣凤牌坊和纪念陈安竖立的解元牌坊，分立在城东街和市桥两处地方，却记录了同一个悲剧。余禧和陈安，都是明朝天顺三年（1459年）的举人， 两个人相逢在天顺七年（1463年）的会试考场，一场突如其来的大火，将两个人活活烧死在考场中，88个没有留下姓名的举人，成了余禧、陈安的陪葬。

南宋的悲歌

- 最后的晚餐
- 死不葬元土
- 铜岭死节

最后的晚餐

熊飞的起兵抗元，从李用浮海之前的家宴开始。

所有的文献，均无这顿晚餐的时间、菜肴的记录。在后人的推测中，这顿不同寻常的家宴，是李用在东莞乃至在中国的最后晚餐。

动员女婿熊飞起兵，是这顿晚餐的主题之一。李用的劝说、激励，李用的长辈口吻，没有在文献中留下片言只语。陈伯陶的《宋东莞遗民录·李用传》中“德祐二年（1276年），用使其婿熊飞起兵勤王”，杨宝霖先生《李用遗事考》一文中“李用动员女婿榴花村人熊飞起兵抗元”[①]，都语焉不详，匆忙带过。李用

① 杨宝霖：《李用遗事考》，载中共东莞市委宣传部、东莞市文学艺术界联合会编《东莞人物丛书·东莞历史人物》，广东教育出版社，2008，第16页。

浮海东洋，与家人的告别和亲人的送行，是晚宴的另一个主题，这些情感化、生活化的情节和细节，都被历史忽略了。

在大势已去的形势下，起兵抗元，无异于以卵击石。在敌强我弱的绝对劣势下起兵，几乎等同于走向绝路。李用、熊飞和所有的亲人，都想到过“送死”这个凶词，但熊飞用“义无反顾”这个成语，回报了岳父的信任。

熊飞的起兵，正式始于宋恭帝德祐二年（1276年）。是年七月，文天祥经略江西，熊飞率兵前往。起程之日，李用长子李春叟作诗一首，为妹夫送行：

送熊飞将军赴文丞相麾下

龙泉出匣鬼神惊，猎猎霜风送客程。
白发垂堂千里别，丹心报国一身轻。
划开云路冲牛斗，挽落天河洗甲兵。
马革裹尸真壮士，阳关莫作断肠声。[①]

后世的读者，在这首诗中，看到了一个男儿与亲人的生离死别，看到了东莞子弟在滂沱大雨中奔赴沙场的悲壮，看到了一生讲究吉利、文字处处避讳的岭南诗人，竟然用“马革裹尸”这样的凶词，为自己的亲人送行。

---

① 李春叟：《送熊飞将军赴文丞相麾下》，载［明］张二果、曾起莘著，杨宝霖点校：［崇祯］《东莞县志》卷七《艺文志二》，东莞市人民政府办公室，1995，第16页。

这场东莞历史上唯一记录下来的家庭晚宴，充满了悲情色彩，李用将自己“浮海扶桑，请兵勤王”的决定作了郑重宣告，一个家庭的悲壮，在醇香的烈酒中，达到了高潮。

李用的请兵勤王，是一个爱国者的宏大志向。在李用的设想中，这是一个可以实现的计划。

南宋末期的日本，是中国的友好近邻。作为友邦，日本政府对宋主持正义，拒绝承认元朝政权。日本的对宋姿态，让朝廷大臣张士杰、陈宜中、沈敬之产生了向海外求援的想法。作为民间人士和读书人，李用向日本请兵勤王的动机并非异想天开。被后世的研究者定义为“学者”和“理学家”的李用，毫无疑问知道中日交往的现状。罗晃潮研究员的文章，描述了当年中日贸易交往的景象：

当年李用浮海至日本，正是镰仓幕府时代，处于封建社会中期，封建制度日益完善，农业、手工业和商业得到发展，日宋之间商贸往来频繁，而南京时期比北宋更为活跃，他们与日本商人、领主所进行的日中民间贸易更因幕府的统治放松而越发兴旺。通过这种贸易和交流，一个商业城市的雏形——博多开始形成，并在现今的福冈市博多区吴服町十字路口附近修筑起日本第一个人工港——袖凑，成为当年日宋贸易的中心，一直延续到14、15世纪，许多宋商也定居在附近的祇园町和管崎宫前一带。据史载，到12世纪中叶在博多地区居留的宋人就有1600余家，还形成了一条唐人街，一些富商巨贾，拥有管崎宫的领地竟达26公顷之多，其中如谢国明便拥有在玄海的一个小吕岛，还与当地豪族结为姻亲，这些宋商和工匠还在祇国町唐人街兴建了许多中国式的祠堂，被称为“宋人百堂”。[①]

以请兵勤王为目的的东渡，没有出现李用期待的结果，却呈现了另外一种气象。

① 罗晃潮：《宋末东莞学者李用东渡日本传播理学事略》，载中共东莞市委宣传部、东莞市文学艺术界联合会编《东莞人物丛书·东莞历史人物》，广东教育出版社，2008，第8—9页。

死不葬元土

“生不食元粟，死不葬元土”，是李用在最后一次家宴上的表白和明志。这句石破天惊的豪言壮语，让人联想起伯夷、叔齐的故事。

伯夷和叔齐，一般的史书，都将他们定性为隐士。而从来没有一个研究者，将入世的李用，划入许由、巢父的行列。能够将一个抗元的死节之士同两个拒绝新朝的遗民关联起来的，只有那个千年不朽的成语：不食周粟。

伯夷和叔齐，是商末孤竹国国君的儿子。伯夷为长，叔齐为季，国君临终之前，用遗嘱立叔齐继位。叔齐以长子继位的传统作为理由拒绝，而伯夷则以违背父亲遗愿为不孝的逻辑坚辞。两兄弟以离家逃避的方式，坚决拒绝继承王位，商朝灭亡之后，伯夷、叔齐以周朝臣民为耻，躲进了首阳山中，决心不食周粟，只以山里的野菜、野果和溪水充饥解渴，最终饿死于首阳山中。

后世之人，都将伯夷、叔齐放在德行、品行、志行的仰望高地，用“行若夷齐”这个词语，表彰那些道德高洁人士。

李用在开往日本的商船上，并没有想过绝食饿死的志行，请兵勤王，不需要伯夷、叔齐那样的孤傲和清高；李用更没有预料到的是，一个读书人的抱负和现实之间的距离，比东莞到日本的水路还更遥远。

李用一生的行迹和努力，冥冥之中为他赴日起兵勤王的失败作了准备和铺垫。异国他乡的生存，是活着的头等大事。

一个读书人的行踪，在屈大均的《广东新语》和《广东历史人物辞典》[①]中都有记载。“潜心研究周程理学近三十年，人称竹隐先生。用濂洛之学教育学生，注意循序渐进，培养不少人才。”而在东莞探花陈伯陶的《宋东莞遗民录·李用传》中，则有情节和人物行为的描述。

李用以放弃科举的非功利方式，在周敦颐、程颐、程颢的理学著作中刻苦钻研了近三十年，“非亲友婚丧，足不出户”，所以，师从李用者众多，“馆无虚日”。李用的名声，传到了李昴英的耳朵里，这个理宗宝庆二年（1226年）进士，官至龙图阁待制、吏部侍郎的番禺人，不畏路途艰辛，专程来到东莞，拜见李用。文献省略了所有的礼节和客套，直接用“座谈终日，未尝有倦容”形容两个人的会见、深谈和喜悦。李昴英走后，逢人便用

① 管林主编：《广东历史人物辞典》，广东高等教育出版社，2001。

“今日才见到有道君子”夸赞李用。

临别之时，李用赠送《论语解》一书给李昴英，纪念两个人的相见。李用没有料到的是，李昴英将《论语解》献与了朝廷，所以，宋理宗的召见和授校书郎让李用措手不及。在世俗的逻辑中，饱读诗书的李用，应该感恩戴德，三呼万岁，然而，李用坚辞不受，让人大失所望。幸好朝廷开明，并没有因为李用的“著书岂为干禄计哉”而恼怒，而且颁旨刻印《论语解》，发行天下，广为传播。理宗皇帝御书“竹隐精舍”，赐匾李用。

李用在异国他乡请兵勤王的失败，其实是命中的注定。罗晃潮认为：“他以满腔热血和悲忿出现在博多的华侨社会，胸藏为大宋请兵勤王的死节之志，可惜他终究只是‘一介儒士’，俗语所谓‘秀才造反，三年不成’，更何况他身处异域，虽有客观的有利环境，但势单力孤，也就回天乏术。”[①]

开馆授徒，传播理学，是李用请兵勤王失败之后的谋生转向，即使无奈，也不会让一个发誓不食元粟的人回到元朝的土地。

李用以自己最擅长的方式，在异国的土地上生存。七百多年过去，已经没有人知道李用开馆的地点、数量、规模，收授过多少弟子，产生过多大影响。许多年的心血，化成了《宋东莞遗民

① 罗晃潮：《宋末东莞学者李用东渡日本传播理学事略》，载中共东莞市委宣传部、东莞市文学艺术界联合会编《东莞人物丛书·东莞历史人物》，广东教育出版社，2008，第11页。

录·李用传》中的寥寥数语："以诗书教授，日本人多被其化，称曰'夫子'。"

李用在日本的深入人心，数百年之后竟然创造了奇迹。1937年，日本已经成了中国的敌人，第二次世界大战中的侵华日军，用烧光、抢光、杀光的焦土政策，在苦难的中国大地上大肆作恶。自1938年10月12日日军从惠阳大亚湾登陆之后，东莞就成了一片血腥之地。

侵略军占领东莞之后，李用的家乡篁村白马，也没有被铁蹄遗漏。一队日军进入白马村之后，立即杀气腾腾地冲进了一幢祠堂。这幢大门两边挂着"人心怀教德治遍百万生灵；天下想高峰志论三千事业"对联的祠堂，由于建筑显赫，自然首当其冲。

就在日军士兵点火准备焚烧的时候，为首的军官突然看见了祠堂正中挂着的一幅人物画像，他近前观看，突然大惊失色，叫了一声夫子。

六百多年之后的李用，用一幅遗像让日本军人暂停了罪恶。这幅广东提刑官刘叔子令画师创作的画像，栩栩如生。当这队日军最终确认了画像中是这个在日本有口皆碑的理学家，确认了白马就是夫子的家乡之后，他们整齐列队，向李用鞠躬，然后退出了李氏宗祠，退出了白马和篁村。

除了鲜血和死亡之外，战场上也有人性的传奇。发生在李用家乡东莞篁村白马的意外，无疑得益于李用的荫庇。那些未经抵抗侵入白马村的日军士兵不会想到，这里是在日本传播理学影响深广的夫子李用的家乡。恶贯满盈的日本军人，手上沾满了中国人的鲜血，但李用的遗像，让他们回到了理学的课堂。

这个最早见于《东莞乡情》杂志1995年4月刊的故事，被罗晃潮研究员在《宋末东莞学者李用东渡日本传播理学事略》中引用。所有的文献，都用生卒年不详这句话遮蔽了李用的生卒年月，“卒年八十一岁”，成了李用留在世间的时日。虽然没有记载李用故世的原因，但81岁，已经是那个年代的高寿了。李用东渡扶桑之后娶的第二任夫人，家乡在遥远的交趾，李用去世之后，她忠实地遵循了丈夫“生不食元粟，死不葬元土”的遗愿，将李用的遗体，运到了异国安葬。

李用的日本门生和两支各穿红袍和白袍的仪仗队，用日本最隆重、最流行的“过洋乐”，将李用护送到了交趾。这场漂洋过海的丧葬仪式，后来传入了东莞，形成了东莞独特的风俗：

> 李用卒后，于今七百年，至今莞人送丧，所用“鼓手”，乐人与乐曲，与他处大异。富有之家，雇用“鼓手”两队，一红袍，一白袍，各八人。乐人均戴花帽，帽以麦草编制，直径约60厘米，上饰以红花绿叶，绢制。红白两队，花帽同而袍色异。“鼓手”为专业，人死，雇用。吹打于丧家门前，相当于报丧，吹打一番之后，即停，有亲友祭吊，即起乐，与祭吊相终始。出殡，“鼓手”前导，如两队，先红后白，直至坟场。葬

毕，前导而归，谓之“番丧”，直至丧家门口而止。送丧之曲、番丧之曲，各自不同。时至今日，其风未泯，不过，多因陋就简，用红袍数人而已。[①]

① 杨宝霖：《李用遗事考》，载中共东莞市委宣传部、东莞市文学艺术界联合会编《东莞人物丛书·东莞历史人物》，广东教育出版社，2008，第17页。

铜岭死节

熊飞那个年代，所有的东莞地图上，并没有一个叫榴花公园的地方。只有铜岭，以坚硬的姿态，立在东江边。如今的地名，虽然用“公园”这个时髦的现代名词取代了“铜岭”，但公园山上的熊飞铜像，依然是这里最美的风景，是最真实的历史。

熊飞是在妻兄李春叟《送熊飞将军赴文丞相麾下》的诗中出发前往江西的。出征时刻的倾盆大雨和誓死报国的壮烈情怀，全部浓缩在一首只有八句的送行诗中。

江西，并不是抗元的福地，首次出兵的熊飞，败于元将黄世雄的兵马之下，只好退回东莞，以图东山再起。当他再度起兵向百姓征收财谷的时候，隐居在温塘的诗人赵必瑑，用家资三千缗和米五百石为他化解难题，平息了百姓的惊恐和慌乱。

熊飞同元将招讨使黄世雄的第二次较量，换了一个战场，谁知广州也是他的滑铁卢，他再次退回东莞。不料黄世雄将他当成穷寇，派部将姚文虎乘胜追击。这一次，家乡的铜岭，成了熊飞的福地，姚文虎的追兵，在铜岭被熊飞所部包围，骄横的姚文虎，死于乱军之中。

冷兵器时代，战争的胜负往往只在一役之间，姚文虎被杀，乘胜追击者，就变成了熊飞，与东莞相邻的广州，就成了熊飞剑指的目标。在接下来的进攻中，黄世雄力不能支，被迫撤出了广州，熊飞则在广州城头上，竖起了胜利的旗帜。

熊飞攻占广州的时间，《广东通志》和《东莞县志》均有意无意遗漏了具体的记录，只有《永乐大典》卷一中的《南海志・取广州始末》，为后人寻找历史提供了根据。

敌强我弱下的胜别，只能提供短暂的喜悦。元兵元帅吕师夔、张荣实兵至梅岭，直指广州之后，宋制置使赵溍，命令熊飞和夏正炎领兵北上御敌。南雄一战，熊飞未能取胜，只好率兵退守韶州。元兵围城，突围无策，熊飞昼夜督兵，登城拒敌。

古代历史上失败的守城之战，往往败于叛徒或者内奸资敌。熊飞的韶州城保卫战，也由于部将刘自立的叛变而导致失败。当城门大开，元兵蜂拥入城，熊飞就知道大势已去。不屈的熊飞，用民间的木制几案作屏障，与元兵展开巷战，最后寡不敌众，壮烈而死。

杨宝霖先生的文章中，记录了一批跟随熊飞抗元的东莞子弟：

许之鉴，莞城人，集义兵千余，助熊飞铜岭之战，随熊飞北上南雄。熊飞战死，许之鉴走从文天祥于江西汀州，随文天祥屯潮阳，五坡岭之战，文天祥被擒，许之鉴不屈而死。

伍凤，石碣人，有膂力，从熊飞起兵，随至江西。在攻城野战中率敢死士冲锋陷阵。第一次攻广州，失手为黄世雄所擒，世雄爱其骁勇劝降，伍凤睁目大骂，跃进绳断，为世雄部下拥向前乱刀砍死。

姚凤，善游泳，以勇力为熊飞卫士，铜岭之战，姚凤立功最多。熊飞战死，姚凤从浈江潜水逃回东莞，元兵元帅张弘范叫署东莞县事张元吉招之，姚凤说："我鲁莽，不能降。"饮酒大醉，哭熊飞三日而死。

叶刚，字永青，熊飞妹夫。熊飞起兵，刚与两弟叶判、叶钊一同参加，败元兵于铜岭。随熊飞驻兵南雄，韶州破，叶判战死，叶刚、叶钊化装逃回。景炎二年（1277年）二月随文天祥恢复江西，会昌之捷，叶刚立功。八月，元将李恒袭兴国，叶刚随文天祥出走，至空坑，为保护文天祥力战而死，年五十二。叶钊觅其尸归葬京山，墓今尚在。①

① 杨宝霖：《熊飞》，载中共东莞市委宣传部、东莞市文学艺术界联合会编《东莞人物丛书·东莞历史人物》，广东教育出版社，2008，第554页。

七百多年之后，铜岭依然坚固，只是，满山苍翠，英雄无觅。幸好，铜岭之战三百年之后，茶山人袁昌祚和温塘人袁应文集资，在铜岭的最高海拔处，兴建起30米高的八角七层榴花塔，依稀让后人记起熊飞抗元的铜岭之战。

岭南学者屈大均写于南明永历十三年（1659年）的《文烈张公行状》一文，为东莞留下了悲壮的文字：

> 东官为忠义之乡，宋末有将军熊飞、许之鉴，以布衣起兵于花溪银塘之间，从文丞相大破元兵，复韶、广二州，失机以死；国朝有都督陈策、镇抚关镇明，以五千之兵，遮满洲数万于浑河口，血战数日，杀伤相当，绝援以死。四君者，皆英人之杰，义不与强胡并立，煌煌忠烈，载在史书。中兴之初，则复有张文烈公其人焉。
>
> 自熊飞起于东莞，终元之世，粤人所在横戈舞干，怒气凌云，无一日不思为宋复仇者。计元八十年间，与粤人力战，盖无虚岁，元可以得志于中原，而不能加威于吾粤，粤人之为元患也，久矣，而东莞为甚。东莞豪杰，在皇明开国，则有何真；在中兴，则有张文烈。呜呼！讵不伟哉？

文字的风骨

- 父子同榜
- 《覆瓿集》与《四库全书》
- 东莞诗歌的长河（一）
- 东莞诗歌的长河（二）

父子同榜

赵崇訕和赵必瑑，是“桥梓联芳”牌坊上的两个人名。“桥梓联芳”牌坊，并非为了彰显赵崇訕和赵必瑑的父子亲缘，而是为了旌表他们父子同榜的佳话。

在牌坊的记录中，赵崇訕是宋朝的宗室，是宋太宗孙濮安懿王之后，是赵氏迁徙东莞的第二代。关于赵必瑑，只在牌坊上留下了“字玉渊，号秋晓，赵崇訕之子”的寥寥数语。《广东历史人物辞典》补充了其事迹：“官高要县簿、署四会县令。时乡民斗殴，令争斗双方各自收尸，以免连累乡民。以南安军南康县丞归家。劝熊飞起兵拥戴宋室抗元，捐助钱财充当军费。追从文天祥，任惠州军事判官，力图恢复。入元不仕，隐居温塘村。”[①]

① 管林主编：《广东历史人物辞典》，广东高等教育出版社，2001，第555页。

而《东莞人物丛书·东莞历史人物》一书，则赋予了赵必𤩪“宋季爱国诗人”的评价。[①]

“桥梓联芳”牌坊，远离赵必𤩪抗元恢复宋室的现场。坚硬的石头，讲述的仅仅是他们父子俩科举功名的故事。文史专家杨宝霖先生认为：“赵必𤩪咸淳元年（1265年），与父崇鉮同榜进士。在广东，有科举以来，父子同榜进士的，仅有这一次。赵崇鉮任南安司户参军，有政声。崇鉮以为：父子同榜，一同为官，用尽阴德，天公不佑，就辞官归。”[②]

父子同榜的罕见，被赵崇鉮用“用尽阴德，天公不佑”的理由轻易掩盖。

赵必𤩪与东莞的缘分，始于他的祖父赵汝梌。赵汝梌上任广东盐干，其子赵崇鉮也随之来广，落籍东莞。赵必𤩪作为皇孙公子，本应坐享荣华富贵，然而却生不逢时。其时不仅兵荒马乱，而且，赵家的天下， 被异族敲响了丧钟。赵必𤩪少年时期的宝祐五年至开庆元年（1257—1259年），蒙古大举南侵。动荡的生活，一直延伸。咸淳三年至九年（1267—1273年）的襄樊大战，两地军民坚守五年，最后相继陷落，战争的失败，在赵必𤩪心里留下了不能愈合的创伤。由于父亲赵崇鉮自愿弃官归居东莞栅

① 中共东莞市委宣传部、东莞市文学艺术界联合会编：《东莞人物丛书·东莞历史人物》，广东教育出版社，2008，第23页。

② 杨宝霖：《天潢贵胄，丽句清词》，载中共东莞市委宣传部、东莞市文学艺术界联合会编《东莞人物丛书·东莞历史人物》，广东教育出版社，2008，第36页。

口，赵必瑑随之以父亲老病的理由，辞去官职，归里奉亲，读书教子。

赵必瑑的乡间隐居，并未持久，赵昰、赵昺二王漂流海上的刺激和惠州太守文壁的邀请，成了他挺身而出的理由。但在父亲的病重之下，仅仅一个月，他又回到了东莞。

以布衣起兵勤王兵败遁还东莞的榴花村人熊飞，就是在这个时候遇到了赵必瑑。赵必瑑看到了熊飞的沮丧，他以忠言激励熊飞再度起兵："师出无名，是为盗也。吾闻宋主舟在海上，将遣赵溍、方兴制置安抚东广，不若建宋号，通二使，尊宋主，然后起兵。事成，则可雄一方；不成，亦足垂不朽。"① 这段有力的说辞，记载在宋陈纪《故宋朝散郎签书惠州军事判官兼知录事秋晓赵公行状》中。

赵必瑑的语辞简洁，却收到了效果。"熊飞听从，即日竖宋旗，举兵向城，梁雄飞遁走。熊飞迎赵、方二使入广。"②

赵必瑑对熊飞抗元的支持，并未到此结束。

兵马未动，粮草先行。缺乏粮草和兵饷的熊飞，立即派人征收摊派，东莞城里，一时人心慌乱。文献用了"人情汹汹"来

---

① ［宋］陈纪：《故宋朝散郎签书惠州军事判官兼知录事秋晓赵公行状》，载［宋］赵必瑑撰《秋晓赵先生覆瓿集》，《东莞历史文献丛书》，广东人民出版社，2017。

② 杨宝霖：《天潢贵胄，丽句清词》，载中共东莞市委宣传部、东莞市文学艺术界联合会编《东莞人物丛书·东莞历史人物》，广东教育出版社，2008，第36页。

形容民众的抗拒和紧张局势。赵必瑑及时出现，“愿以家资3000缗、米500石赡军，乞宽莞人之力，熊飞依从。就请赵必瑑负责筹集军饷之事。赵必瑑依照莞人家庭的能力，定出赡军的高低。莞人乐于支援。”[①]

赵必瑑不在熊飞的军中，却来到了抗元的队伍里。景炎三年（1278年）三月，文天祥督府于惠州。文天祥之弟文璧再度以书相召，赵必瑑慨然前往。在同文天祥相论时事的时候，赵必瑑慷慨泣下，文天祥感慨其大义，将朝散郎、签书惠州军事判官和录事官职授予他。赵必瑑不负其望，竭尽全力。然而大势已去，文天祥被执海丰五坡岭之后，赵必瑑觉察文璧并无坚守抵抗之意，便毅然离去，回归东莞。

赵必瑑的目光，看透了世事风云和人心。他在东莞以一个隐居者的身份，看到了文璧的投降，感受到了国破人亡的痛楚。

宋亡之后，元朝的文书追踪而至，赵必瑑拒绝了将仕郎和象州儒学教授的官职，他选择了偏僻的温塘村，作为隐居的深山，他用“诗人只合住茅屋，天下未尝无菜羹”的门联，当作拒绝仕元的宣言。从此之后，赵必瑑的脚步，不再踏入城郭，他画了一副文天祥的像，挂在厅墙上，朝夕泣拜。每当他望向幼帝跳海南宋覆亡的崖山方向时，总是忍不住伏地痛哭。

---

① 杨宝霖：《天潢贵胄，丽句清词》，载中共东莞市委宣传部、东莞市文学艺术界联合会编《东莞人物丛书·东莞历史人物》，广东教育出版社，2008，第36页。

“隐居”，是赵必瑑选择温塘的全部理由。当人们在巢父、许由、伯夷和叔齐之间寻找赵必瑑与之的精神关联时，他们看到的却是一个面对文天祥画像朝夕泣拜的不屈形象。这与陶渊明之后的愤世之隐、玩世之隐、避世之隐有着本质区别。赵必瑑用家财对熊飞抗元的支持和用诗文对时势的观望，远离了遁世之类的行为艺术，这是一个亡国丧家之人的锥心之痛。

《覆瓿集》与《四库全书》

温塘，是东莞元初最为僻静的乡间，赵必瑑隐居的那个时代，诗歌，无意中成了温塘最美的风景。

赵必瑑与温塘，只有十五年的缘分。十五年虽然短暂，但足以让诗歌繁盛，让文人骚客曲水流觞，让《覆瓿集》通往《四库全书》。

赵必瑑十五年的茅屋菜羹生活，被陈纪的《故宋朝散郎签书惠州军事判官兼知录事秋晓赵公行状》概括在文字中：

> 惟以诗酒自娱，仰俯林壑，欣然会心，朋侪二三，更唱迭和，歌笑竟日，将以遗世事而阅余龄。[①]

① ［宋］陈纪：《故宋朝散郎签书惠州军事判官兼知录事秋晓赵公行状》，载［宋］赵必瑑撰《秋晓赵先生覆瓿集》，《东莞历史文献丛书》，广东人民出版社，2017。

七百多年之后，后人在黄脆的故纸中，找到了与赵必瑑“更唱迭和”的朋侪：梅水村、陈匝峰、赵竹涧、李梅南、张恕斋、小山……。这些人被陈纪称为赵必瑑的晚岁之交，年长者，赵必瑑以父事之，年相若则以兄事之。

杨芷华的《宋季爱国诗人赵必瑑》[①]一文，列举了赵必瑑晚年归隐期间广结的患难之交，通过当时东莞四大著名家族作了论证：

1．亭头陈氏，自陈侻以来，子孙蕃盛，衣冠人物为邑中之最。玄孙陈益新，精于理学，宋末隐居东湖，人尊称东湖先生。宋亡不复出，唯与赵必瑑诸遗老相游宴。必瑑有《挽陈东湖》诗四首悼其卒。益新长子庚，字南金，号月桥，咸淳三年（1267年）以《书经》举乡贡，南省罢归，隐居东湖家塾，研心理学，师之者众，称月桥先生。宋亡，与赵必瑑相往还。必瑑以次女妻其季子师善。益新次子季，字景元，号淡交，咸淳九年（1273年）以《周礼》中乡举，官至通直郎。宋亡，与兄庚同隐东湖，时称淡交先生，一时遗老俱与之唱和，与必瑑尤雅相敬爱。著有《越斐吟稿》《秋江欸乃》。

2．栅口张氏乃世代书香望族，系出张九龄弟张九皋。后人张元吉，字仲甫，淳祐六年（1246年）进士。宋末为邑尉、邑宰，卫护乡邦有功。弟登辰，字规甫，号恕斋，举咸淳九年

① 杨芷华：《宋季爱国诗人赵必瑑》，载中共东莞市委宣传部、东莞市文学艺术界联合会编《东莞人物丛书·东莞历史人物》，广东教育出版社，2008，第23—35页。

（1273年）乡贡，试南省归，宋季助兄卫护乡邦。宋亡不仕，与赵必瑑尤相契。必瑑以长女妻其次子合德，他亦以女妻必瑑长子良麟。弟迓衡，一名衡，号小山，有诗名，著有《小山吟稿》《敲月集》。

3．白马乡（一作獭步）李氏亦为邑中望族。李用，字叔大，号竹隐。初业科举，后杜门潜心理学三十年，士从学者众，称竹隐先生，尝著《论语解》。德祐二年（1276年）命婿熊飞起兵勤王。亲身渡海至日本，以诗教化东洋。宋亡，栖身异域，年八十一卒，日人以鼓吹一部送丧返里。长子春叟，字子先，号梅外。春叟于嘉熙四年（1240年）以《春秋》举乡贡，开庆元年（1259年）试入选，任官有贤能声。宋季东莞屡遭劫乱；春叟亦曾多方维护，邑人绘其像于竹隐祠与李用同祀。宋亡，隐居乡里，赵必瑑师事之，有诗《题竹隐、梅外二先生祠堂》赞颂春叟父子。必瑑卒，春叟有挽诗七首。撰有《咏归集》。李用次子得朋，号梅边，善《易》，淳祐六年（1246年）特奏进士，官从事郎、南恩州司法。宋亡归隐乡里，与赵必瑑有交谊，必瑑有《挽李梅边》诗。李用季子松叟，号梅际，有文声，早夭。李用诸孙有治《易》《春秋》者，春叟子同文尝著《易说》。白马乡李氏三代皆以治经闻于世。

4．东莞翟氏为宋季著名长寿家族，翟侃夫妇同登百岁；子景先，享寿九十八岁；孙龛，享寿九十一岁。翟龛号遁庵，景定二年（1261年）以《书经》领乡荐，咸淳六年（1270年）再举都魁，官本邑主簿。宋季与春叟、必瑑、元吉谋策卫护乡邦，宋亡，杜门不出，建聚秀楼，讲学其间，学者称遁庵先生。

四大家族之外，赵必瑑还同本邑人赵时清、赵北山、黎友龙、黎献和及永嘉人梅时举、江西人陈匝峰等人交往密切，诗词酬唱。后人归纳了赵必瑑交往友人的共同点：

1．多为同邑同里，或世代之交，或通家之好。

2．多为诗人、学者，有功名并已从宦，皆因宋季动乱而归聚东莞。

3．宋季时势危殆，张元吉兄弟、翟鑫、赵时清、赵必瑑相继任职本邑，同心协力卫护乡邦有功。

4．宋亡皆不仕，同邑隐居，或诗酒酬唱，或教授生徒，或有著述及诗文集。

东莞诗歌源远流长，涓涓细流，至宋季之时，已经汇成了江河，而赵必瑑，则成为了此时东莞诗坛的领袖和文化圈里的中心人物。

在东莞诗歌的长河中，赵必瑑是一个幸运者，在政治条件有限制、印刷传播和保存手段落后的古代，赵必瑑有诗106首、词31阕和文60篇留存下来。这些诗文，以集子的形式集中呈现，赵必瑑用“覆瓿”这个生僻的词，命名了他唯一的著作。在古代汉语中，瓿为小瓮。“覆瓿”，典出《汉书·扬雄传赞》引刘歆语：“吾恐后人用覆酱瓿也！”后世因以“覆瓿”谦称著述之无足轻重。赵必瑑命名的用心，除了自谦，还有自嘲，愤世嫉俗之情，溢于言表。

故国之思，是一个山河破碎的亡国文人诗歌的主题，清新的诗风和婉约的词格，掩盖不住赵必瑑心中的悲痛，陈纪的《故宋朝散郎签书惠州军事判官兼知录事秋晓赵公行状》，成了他的知音：

> 其好饮也，非取其昏酣，盖以清世虑；其吟诗也，非欲流连光景，盖以畅幽怀。[①]

郑之琮在《粤十三家集·覆瓿集》卷首中的《叙》，也是一针见血：

> 而愤懑不平之气，每欲尽不敢、欲掩不能。见于言外，读之者莫不惜其遇、悲其志。

钟卿在《重修覆瓿集序》中，亦有相似评价：

> 先生诗文甚富，尤工于小词，有《覆瓿集》四卷。虽随事应酬，略不经意，而愤懑不平之气，每欲尽而不敢，欲掩而不能。见于言外，人莫不悲其志。

《覆瓿集》的传世，不能说是奇迹，但绝对是幸运。民国

---

① ［宋］陈纪：《故宋朝散郎签书惠州军事判官兼知录事秋晓赵公行状》，载［宋］赵必瑑撰《秋晓赵先生覆瓿集》，《东莞历史文献丛书》，广东人民出版社，2017。

《东莞县志》卷八十七《艺文略》载，东莞宋人集共13种，世易时移，今可见者，仅赵必瑑的《覆瓿集》一种而已。《覆瓿集》的更大幸运，是被中国历史上最大的丛书《四库全书》看中，进入了乾隆皇帝的视野。宏大的《四库全书》，将《集部四·别集类三》中的一个位置，留给了赵必瑑。囊括了3461种图书的《四库全书》中，《覆瓿集》是东莞人著作的唯一代表。

钱锺书在《宋诗选注》[①]中评价文天祥的早期作品，“可以说全部都草率平庸”，国破以后，起兵抗元，向死之心，将他的创作提高到一个新境界，才产生了“极沉痛的好作品”。赵必瑑的诗作，也许在钱论之中。

① 钱锺书：《宋诗选注》，人民文学出版社，1958。

东莞诗歌的长河（一）

一个地方诗歌的繁荣，常常以诗人群体的面貌出现，而诗人群体，则以社团的力量展示。

赵必瑑写《覆瓿集》的时候，虽有朋友切磋，诗文酬唱，但没有人想到结伙振威，啸聚山林。

东莞诗歌的滥觞，后人认为距今八百余年，这个观点，在清初“岭南三大家”之首的番禺诗人屈大均笔下得到了印证：“东莞自宋嘉定（1208—1224年）间，竹隐李先生父子出，东莞始有诗，明兴，东莞伯罗山何公真继之。三百年来，洋洋乎家风户雅。为古体者，以两汉为正朔；今体者，以三唐为大宗。固广东诗之渊薮也。”①

① ［清］屈大均撰：《翁山文钞》卷一《东莞诗集序》，《清代诗文集汇编》，上海古籍出版社，2010。

“诗社”这个名词，在众多文献中反复出现。现存的数种《东莞县志》，均有东莞凤台诗社的记录：[①]

> 天顺（1457—1464年）间，邑人何潜渊、夏侯恭等十五人，结诗社于此，后继者时有人，至今如昔。（崇祯《东莞县志》卷三《学校志·前贤附古迹·凤凰台》）
>
> 天顺间，邑人何潜渊、夏侯恭等十五人，结诗社于此，继作者代有人。（康熙《东莞县志》卷十一《古迹·凤凰台》）
>
> 明天顺间，邑人何潜渊、夏侯恭等十五人，结诗社于此，继作者代不乏人。（雍正《东莞县志》卷十一之一《古迹·凤凰台》）
>
> 万历戊申（万历三十六年，1608年），何俭等重修，邓云霄有记。崇祯丁丑（崇祯十年，1637年），林钺等十二人复修，陈象明有记。（民国《东莞县志》卷三十八《古迹略·前贤遗迹·凤台诗社》）

凤台诗社以凤凰台命名，自明初至抗日战争前夕，繁盛了五百余年，是东莞历史最悠久、影响最深远的一个文学团体。前赴后继的东莞诗人，延续诗歌香火，将一个地方的文化，上升到

① 转引自杨宝霖：《凤台诗社源流考》（署名：玉雨），载杨宝霖编《东莞诗词俗曲研究》，东莞诗词学会印行，2002。

了“往往闯唐而逼汉，海滨邹鲁，地以人重”的高度。而官至江西布政使的东莞人祁顺则认为：“吾保安诗人，为岭南称首，入国朝气化丕隆，人才益众。其出而用世者，咸能铺张太平，咏歌帝载；而闾居巷处之士，讴吟风化，陶遣性情；在在见之。百十年来，声诗洋溢，复有结南园、凤台二社，以大肆其鸣者，于是岭南之派，益大而远矣。”[①]

这些评价，并非东莞诗人自誉，“岭南三大家”之一的屈大均说：“明兴，东莞有凤台、南园二诗社，其诗颇得源流之正。”[②]明代香山学者黄佐认为：“东莞时有凤台诗社，则陈靖吉、何潜渊、罗泰为之宗，皆力欲追唐音。”[③]

东莞诗歌史上，最有纪念意义的年代，当数明朝天顺五年（1461年）。陈靖吉、何潜渊、罗泰等十五人聚首，成立凤台诗社。张其淦在《东莞诗录》卷七引《吟芷居诗话》中，记录了这个诗歌的节日：“邑城内有凤凰台，胜景也。何止斋、罗思贻、陈靖吉及梁柏庭、梁乐道、任东桥、李思朋辈先后结诗社于此。提壶挈榼，刻烛催诗，吾邑诗人，于斯为盛。”

杨宝霖先生，考证出了凤台诗社首批成员，除了任东桥、李思朋两人资料不详之外，其余者陈靖吉、何潜渊、罗思贻（罗亨

---

① ［明］祁顺撰：《巽川祁先生文集》卷十一《宝安诗录序》，《东莞历史文献丛书》，广东人民出版社，2017。

② ［清］屈大均：《广东新语》卷十二《诗语·宝安诗录》，中华书局，1985，第358页。

③ ［明］黄佐：《广州人物传》卷十三，广东高等教育出版社，1991。

信）、罗泰、梁柏庭（梁穗奇）、梁乐道（梁韦华）、夏侯泰、朱恪、蔡蕃等人，都有清晰的履历。

凤台诗社，经过了明成化、明正德末、明嘉靖初、明嘉靖中、明万历、天启元年至崇祯三年、崇祯十年、清顺治、清乾隆、民国二十四年等几个重要阶段，在这些关键的节点上，未见有章程修改、换届选举等如今习见的形式，五百多年的漫长历史上，诗社同仁，只贯穿了一个诗歌的标准。

五百多年的凤台诗社历史上，不知有多少东莞诗人，创作了多少诗歌作品，即使曾经有过的结集，也由于岁月沧桑变幻，杳然莫寻。“惜代远年湮，当时诗社之篇，既少专集，剩馥残脂，无从沾溉。”[①]

杨宝霖先生搜罗了崇祯、康熙、雍正、嘉庆、民国五种现存的《东莞县志》，发现首批凤台诗社成员，仅有31首诗存世，其中朱恪的一首《道家山》，被杨先生列举：

> 在城内西南，昔有道人修炼于此，故名。其上有凤凰台，相传有凤集焉。邑中文士构亭台畔，四时游咏其中，名曰凤台诗社。为宝安八景之一。
>
> 胜游何处觅蓬莱？十二栏杆迤逦开。
>
> 丹灶火销龙虎伏，碧梧枝老凤凰来。

---

① ［清］张其淦辑：《东莞诗录》卷七引《吟芷居诗话》，《东莞历史文献丛书》，广东人民出版社，2017。

春风瑶草烟霞窟，夜雨桃花锦绣堆。

一自仙人骑鹤去，石坛陈迹半苍苔。[①]

五百多年的风台诗社，在枯黄的故纸上留下了名字的诗人众多，祁顺、张爵、卫琴泉、周耿庵、戴宾竹、谢兰趣、王希文、孙学古、苏季达、梁亿钟、梁彦锦、尹守衡、洪信、邓云霄、陆祯、洪约吾、周一士、罗黄庭、袁崇友、林钺、尹汤聘、陈日瑞、彭敦复、郭昌胤、陈葆一、陈象明、陈力、罗永樟、徐夔飏、祁耀墀、杨锡光、崔斯浚、杨鹤宾、罗舜球、祁正、徐绍业、叶宝仑、邓庆仁、张淦光、张秉煌、骆荷锟、张其淦、张家颐、罗瑞球、苏泽东、邓寄芳、卢颐年、袁洪铭、刘品姜等人，幸运地留在了凤台诗社漫长的历史上，而大多数人，都被时光湮没了。

五百多年历史的诗社，本质上是一种精神的延续。每个时代每个阶段的诗人和诗歌创作活动，或多或少，或疏或密，在艰苦卓绝、错综复杂的岁月里，即使电闪雷鸣、风雨交加，东莞诗歌的火炬，从来都没有熄灭过。祁顺笔下的东莞南园诗社，由于资料缺失，无法罗列论述，但也是东莞诗歌火炬的一缕光和热。

五百多年的诗社历史，并不是一个实整无缺的圆环，既有高潮，必有低谷。光绪（1875—1908年）年间，东莞石涌人吴鹤，见到了凤凰台的破败萧瑟：

① ［清］张其淦辑：《东莞诗录》卷八，《东莞历史文献丛书》，广东人民出版社，2017。

寻城西凤凰台旧址

昔当其盛今岂衰，高台芜没空延伫。

祠荒草陨飒秋风，废观松阴响疏雨。

凤凰枝老碧梧寒，满地残花难拾取。

苍凉诗老社都沉，闲狎复无欧鹭侣。[①]

凤台诗社的活动，文献中也偶有记录。据杨宝霖先生考证，接续凤台诗歌香火的凤台新社，成员每月一集，互为主宾，地点不定，多在主持者之家。1935年正月初七人日凤台新社成立，地点在徐夔飏家的仙种园。四月初十日雅集，在崔斯浚家进行，崔斯浚顺理成章地做了主持。五月的雅集在罗舜球家的黄堂第举办，罗舜球依例主持。七月份的雅集，则由刚刚从上海返莞的张其淦主持，地点离开了私家宅院，假座于上清观的酥醪别院。

凤台新社制度性的雅集，终止于侵华日军的炮火中。东莞沦陷，诗社活动难以继续，但是，东莞的诗人们，在国破家亡的苦难中，写下了一大批家仇国恨的血泪诗篇。“指日天河挽，腥膻一洗清”“举觞勉酬酢，救国仰干城”之类的诗句，至今仍为东莞人熟知。

以凤台、南园诗社为代表的东莞诗歌创作，不是孤立的闭门造车，东莞历代诗人，走出家门，与远方的诗友时相往来，互

① ［清］张其淦辑：《东莞诗录》卷六十一，《东莞历史文献丛书》，广东人民出版社，2017。

为酬唱。东莞的古迹，出现在苏东坡的诗文中；李春叟寄诗文天祥，激励抗元；陈白沙的足迹，常见于茶山；屈大均五至东莞；博罗张萱作客于邓云霄的镜园；陈恭尹、梁佩兰、车腾芳泛舟于西湖的碧波之上……

东莞诗歌的长河（二）

科举取士的古代官员，他们的衣冠背后，往往有着一个诗人的身份。这个身份的显隐，取决于其诗文数量的多寡和质量的高低。

东莞诗歌的繁荣，早已被数百年的时光湮没，只有在文献的记载中，才能看到当年的盛景。明代莞人祁顺、邓云霄，以官员和诗人的身份，分别用“吾宝安诗人，为岭南称首，盖岭南诗派也”[①]，“邑之词人墨客，相继而兴，结社台旁，已百余年，卷帙宏富，往往闯唐而逼汉，海滨邹鲁，地以人重”[②]概括东莞诗

① ［明］祁顺撰：《巽川祁先生文集》卷十一《宝安诗录序》，《东莞历史文献丛书》，广东人民出版社，2017。

② ［明］邓云霄撰：《漱玉斋文集》卷二《凤台诗社重修记》，《东莞历史文献丛书》，广东人民出版社，2017。

歌。东莞的凤台诗社和南园诗社，则是重复出现在香山学者黄佐和屈大均等人的笔下。

东莞诗歌的成就，集中在清人张其淦的《东莞诗录》中，这部1924年5月刻印的诗集，分装22册，共65卷，收诗815家，共计5736首。

东莞诗歌源远流长，诗歌选本，并非张其淦始。一生研究东莞文史的学者杨宝霖先生，为东莞诗歌梳理了一条清晰的脉络：

东莞自宋以来，不乏诗才，名家辈出，而屡经兵燹，遗诗传者，寥若晨星。明初叶邑人陈琏（桥头乡人）辑《宝安诗录》，成化（1465—1487年）间，祁顺（棠梨涌人）续为《宝安诗录后集》。明末，屈大均亲家蔡均（白市村人）辑有《东莞诗集》四十卷，清代列为禁书。以上三种，早已不在人间。道光间，邓淳（茶山人）辑《宝安诗正》未刻，原稿又亡。邓淳殁后四十年，苏泽东于邓淳后人家中以副本过录，张其淦在《宝安诗正》中送“十之六七”，又从“三四十家专集送入”（张其淦《东莞诗录序》），成为《东莞诗录》，时在宣统二年（1910年）安徽提学使任上。后来又得苏泽东、罗嘉蓉二人《宝安诗正续集》《宝安诗正再续集》，重为补入，编定于1921年，共六十五卷，收由宋至清末东莞诗人八百一十五家，收诗五千七百三十六首。其淦自己出资刻印，分装二十二册。今天我们研究东莞历代诗歌，舍此书而无别材。[①]

陈琏的《宝安诗录》，不幸毁于时光，但他的诗集《琴轩集》，却幸免于难，流传后世。目前见到的《琴轩集》，收入陈琏诗950首。这个数量，在东莞历代诗人中，仅次于邓云霄的2230首。

陈琏生活在明朝鼎盛时期，时为太平盛世，加上陈琏个人仕途平稳，少波折磨难，所以他的诗少忧愁悲愤，雍容舒雅和博大精深，成了他诗歌的主流基调。

清初学者朱彝尊认为，“琴轩诗，较孙仲衍不及，视雪篷、听雨似胜之”。[②]张其淦认为朱彝尊评价过低，相较于明初广东“南园五先生”的孙仲衍、黄哲和王佐，张其淦评价说：“琴轩得意之作，实可与仲衍比肩，南园五先生未能专美于前也。”[③]“琴轩诗泽古甚深。五言古溯源于晋宋，七言古致力于昌谷、飞卿而变其面目，参以高、岑句法，风格遒上。”[④]

---

① 杨宝霖：《张其淦和他的诗》，载杨宝霖编《东莞诗词俗曲研究》，东莞诗词学会印行，2002，第136—137页。

② 杨宝霖：《华赡博大的琴轩诗》，载杨宝霖编《东莞诗词俗曲研究》，东莞诗词学会印行，2002，第15页。

③ 杨宝霖：《华赡博大的琴轩诗》，载杨宝霖编《东莞诗词俗曲研究》，东莞诗词学会印行，2002，第15页。

④ 杨宝霖：《华赡博大的琴轩诗》，载杨宝霖编《东莞诗词俗曲研究》，东莞诗词学会印行，2002，第15页。

陈琏是《明史》的缺席者，他的名字，更多的是记录在地方志中，现在存世的各种《广东通志》《广州府志》《东莞县志》《粤大记》《广州人物传》等书，都收入有陈琏传。所以，后世的研究者，均认为有明一代东莞籍士人，以文著称者，莫过于陈琏。

陈琏洪武二十三年（1390年）中举，在《广东历史人物辞典》词条中，中举之后的陈琏，官广西桂林府教授，身体力行，文武诸生学有所得。永乐年间（1403—1424年）初知许州、滁州，省徭役，修学校，劝农桑，人民安居乐业。升四川按察使，将豪吏黠胥置之重典。累官至南京礼部左侍郎，献绥靖策略镇压黄萧养起义。博通经史，工诗文，好著书。陈琏的政声，不仅以口碑的形式流传，更是被滁州百姓以建祠的形式，和欧阳修、王禹偁并列在三贤祠里。

人过留名，雁过留声。除了口碑和建筑之外，陈琏的名字，还以文字的形式，留在嘉靖十六年（1537年）太仆寺卿赵廷瑞主编的《南滁会景编》中。让笔者意外的是，这本四百八十多年前的诗文集，同时出现了四个东莞人的名字。陈琏以22篇诗文，卢祥以6首诗，尹瑾以31首诗，李觉斯以22篇诗文，留在《南滁会景编》那些古意盎然的纸上。

陈琏、卢祥、尹瑾和李觉斯与《南滁会景编》的相遇，皆因他们与滁州或太仆寺的缘分。除了陈琏任滁州知州外，卢祥、尹瑾和李觉斯，分别于天顺三年（1459年）前后、万历十二年（1584年）前后和崇祯八年（1635年）任太仆寺卿。

在东莞历史上，陈琏、卢祥、尹瑾和李觉斯，都是赫赫有名之人。关于卢祥、尹瑾两位先贤的诗存，笔者曾进行过梳理：

> 卢祥、尹瑾个人著作集已湮没无闻。而今《南滁会景编》纵使留下乡贤只语片言，也是东莞珍贵的文献史料，尤其在《全粤诗》专家团队地毯式地搜集整理粤人诗歌的前提下，再辑得卢祥《琅琊溪》《石屏路》《班春亭》《庶子泉》《方丈》五首七绝和《重修南京太仆寺署记》一文，辑得尹瑾诗二十多篇，自是弥足珍贵。《全粤诗》据《岭海名胜记》《东莞诗录》仅辑得尹瑾诗八首，实难窥探其工诗之貌。①

对于《南滁会景编》，李觉斯的贡献，更在诗文之外。李觉斯在太仆寺卿任上的时候，发现藏于寺库中的《南滁会景编》的雕版缺失，便令门人孟光昭重修编次，崇祯版的《南滁会景编》，就是大乱年间的文化产物。

李觉斯这个名字，还会以降清变节者和张家玉敌人的双重身份，出现在本书的后章中。以诗文面目出现在《南滁会景编》中的四个东莞人，都是《广东历史人物辞典》中的名字，那些有意忽略褒贬、以中性文字示人的工具书，用简略的手法，隐去了历史人物脸上的疮疤和污垢。读过《南滁会景编》后，笔者不

---

① 李炳球：《德泽芳邻——从〈南滁会景编〉说起》，莞城图书馆编《尚书》（季刊），2011—2023。

禁感叹：陈琏、卢祥、尹瑾皆以铮铮铁骨，给后世留下美名；李觉斯虽守滁城有功，却于顺治三年（1646年）十二月在籍剃发降清，更于后来“灭文烈之宗”为世人所耻，真是发人深省。

正统六年（1441年），陈琏以71岁的高龄致仕还乡。陈琏是官场上的全身而退者，回乡之后，他在莞城同德街建“万卷堂”，供士人无偿阅读，用文化造福梓里。东莞县令吴中，将陈琏和李用、李春叟父子合祀三贤祠。陈琏的高德懿行，让东莞民间演绎出了一个“陈琏求雨”的美丽传说。

陈琏家乡的民众，将这个传说的背景，放在了景泰初年。那一年干旱，田土龟裂，赤地满目。陈琏应乡亲求请，回到家乡。沐浴更衣之后，陈琏作《祈雨遍告诸神文》，设坛求雨。故事的结果，完全是套路中的规定，当神龙普降甘霖之后，百姓为之感恩戴德，特制木龙，载歌载舞。

民间故事，捕风捉影，不足为信，只有诗歌，才真实地留下了陈琏的声音和体温。东莞学者杨宝霖，用“华赡博大”一词概括了陈琏诗的内容、艺术风格和特色。

“咏歌帝载”，则是明代东莞诗人祁顺对明初何真、陈玄、黎光和陈琏诗的评价。作为一个“出而用世”者，后人从陈琏诗歌的标题上，轻易地看出了颂歌的性质。《平胡颂》《铙歌鼓吹曲》《平安南颂》《巡狩颂》《驺虞诗》《麒麟诗》和《瑞鹿赋》，这些“铺张太平，咏歌帝载”的作品，是一个顺境中的官员内心情感的真实世界。即使是那些标题隐讳的诗歌，也掩盖不了“日月垂光华，山河悉安奠。玉帛来万方，衣冠萃群彦”“峨峨万岁山，翠色凌苍穹。下临太液池，上接广寒宫。琪林炫晴旭，秀色何葱葱”“宫阙五云里，金碧相交辉。图籍聚东观，文光昭璧奎”之类的本质内涵。

随征漠北，是陈琏诗的一个重要内容。

康熙刻本《琴轩集》中，诗题下注有《督运稿》的诗，计有51首，加上《居庸关》《饮马长城窟》《凿冰行》《云州歌》《李陵台》《闻笳》《郎山》《掘甘草》等8首未注明“督运稿”的诗，则至少有59首。

这59首诗的写作背景，源于永乐二十年（1422年）三月，明成祖朱棣率兵北征阿鲁台。这一次短暂的征伐，这一次战争倥偬中的军旅生活，无意中让诗人收获了近六十首边塞诗。

后世的研究者，将这59首《督运稿》诗，归纳为五个方面的内容：“歌颂抗击蒙古、保卫边疆的正义之战，祝愿北征的胜利；记述边疆被蒙古蹂躏；描写了北征的军容之盛；叙述了行伍的艰辛；绘出塞外风光。”[①]

在中国诗歌史上，边塞诗的顶峰，当属唐朝。高适、岑参、王昌龄、王之涣、王翰等人，以自己亲历的独特生活，将沉雄的大漠、遥远的孤烟、悲壮的落日和残酷的战争，化成了千古绝唱。鱼米之乡的东莞，当然不是生长边塞诗的土壤，在明朝的官场上顺风顺水的陈琏，也不可能进入高适、岑参们的视野，陈琏

---

① 杨宝霖：《华赡博大的琴轩诗》，载杨宝霖编《东莞诗词俗曲研究》，东莞诗词学会印行，2002。

的诗，只是遥远的唐代边塞诗的余绪，它为东莞诗坛，注入了边塞的异质。

东莞的英雄，自抗元战死的熊飞开始，东莞的英雄颂歌，则从《琴轩集》起步。陈琏的《战韶阳》，开启了东莞诗人传播爱国精神的先河，而为国献身的英雄主义，则成了东莞诗歌创作绵延不绝的一个主题。

战韶阳

战韶阳，日光薄，朔风南来撼山岳。
梅关已碎湊江枯，斗大孤城竟谁托。
寒芒烛地狼星光，边声彻夜交锋铓。
老奴潜缒城竟覆，残兵散走如群羊。
虎头将军面如铁，义胆忠肝愈激烈。
仓皇巷战接短兵，三尺龙泉耀霜雪。
誓战死，无偷生，竟死不辱勤王名。
崖山猛士多如雨，谁似韶阳战有声。

除了颂歌之外，读史怀古和题画山水，也是陈琏诗歌的重要内容。在东莞诗人中，若论题材多样、内容丰富，恐无人出陈琏之右。其诗歌创作成就，杨宝霖先生有如下评价：

东莞存世的诗文，写作时间最早的是南宋。南宋至明初三百余年，从著作和成就来看，最大的文学家是陈琏。陈琏的《琴轩集》（康熙刻本），是存世的莞人著作中最早的一种。陈琏的诗歌，是南宋至明初存诗最多的一位。其内容的博大，风格的敦厚，语言的工稳，可以作莞人诗作的代表。[①]

而在王颋先生的笔下，则呈现出另一种评价：

无论吏治还是文作，当陈琏在世的时候，即享有非常的声誉。《东里集》卷续五八《过滁州·马上口号·寄陈廷器》："一入滁阳郡，桑阴翳广原。纷纷纳禾稼，渺渺散鸡豚。清夜无鸣柝，长途不闭门。皆云贤守化，深荷圣朝恩。"然而，就《琴轩集》所有的诗、文而言，太多的平常之作，太多的相似之作，太多的具有楷模之作，太多的具有格例之作。……字词虽异，主题不异。或许正是这样的诗、文，才更有可能敲开科举的大门，而习惯如此写作的前辈，当然是合适当时的学校主管者。其之所以有许多年参预乡试、会试组织和主持国子监运转，原因是否在此？[②]

---

① 杨宝霖：《华赡博大的琴轩诗》，载杨宝霖编《东莞诗词俗曲研究》，东莞诗词学会印行，2002。

② 王颋：《治最滁阳——明东莞士人陈琏生平和著作》，载东莞市政协、暨南大学历史系主编《明清时期珠江三角洲区域史研究》，广东人民出版社，2011，第362页。

半元社稷半明臣

- 乱世枭雄
- 归顺明朝
- 皇帝的祭文
- 宣府的铜墙铁壁

乱世枭雄

从李用开始的东莞南宋历史，至一个名叫何真的人这里终止。在一代枭雄何真出场之前，东莞石冈人王梦元、王诚父子为元朝拉开了帷幕。

文献古籍中的王诚，也以“王成”的名字出现。王诚一生都是何真命里的敌人。王诚的父亲王梦元，是文献中的褒义词。来源于黄常的《王府君墓志铭》，《元史》卷三十八《顺帝本纪》，陈伯陶的民国《东莞县志》卷三十《前事略二》、卷五十四《人物略一》等文献，赋予了王梦元“为人乐义好施，为乡里所推崇”等赞誉。

王梦元的口碑，最早刻在东江的防洪大堤上。东莞近海，地势平坦，自古以来就是水患之地。东莞福隆堤，为宋代东莞令姚孝资所筑，延袤数里，溉田二万顷。但由于年岁久远，堤多溃败，王梦元捐出家财，倡议乡人共修福隆堤。

元顺帝至元三年（1337年）时，广州增城朱光卿反元，号称大金国，得到东莞人唐道明响应。莞城沦陷之后，王梦元从为乡民造福的慈善人士，变成了领兵打仗的豪雄。他组织了乡兵，攻破了唐道明的据点，唐道明在慌乱中被生擒。

王梦元的勇气并没有到此结束，六年后的至正三年（1343年），东莞主簿张云龙叛乱，王梦元又率乡兵，反复攻打，俘虏了张云龙的部将陈成可，张云龙败走。王梦元立功，被授官职，坚辞不受。

王诚和何真的交锋，开初并非旗帜鲜明的敌对营垒。王诚因为“捐家财，募兵士，据石冈、福隆、石涌、横沥、龙眼冈、茶山、水南等地，保土安民，元封为宣武将军广东道副都元帅”[①]的时候，何真还只是淡水盐场管勾。元朝的官员品级共分九品，正九品官级中，都可以查到枢密院解盐场管勾这个职务，这个最低层级的职务，同从四品的宣武将军之间，相差了许多级台阶。何真不是打家劫舍的强盗，“好读书，善击剑”的修养，使他一生都具有对儒家的敬畏，所以，若干年之后，大开杀戒的何真，对大敌王诚手下留情，皆因为王诚为正统朝廷命官的缘故。

在出任淡水盐场管勾之前，何真还当过河源县务副使。何真想通过正常仕途而致其治国平天下的目的，这是和平社会里读

---

① 红豆：《王诚》，载中共东莞市委宣传部、东莞市文学艺术界联合会编《东莞人物丛书·东莞历史人物》，广东教育出版社，2008，第556页。

书人人生发展的正常逻辑，然而，元末的岭南，已非太平治世，“时中原兵起，岭海骚动”，各种武装力量如雨后春笋，惊慌的百姓，听到了拔节的声响。何真的家乡东莞，更是乱象四起，除了王诚占据了石冈、福隆、石涌、横沥、龙眼冈、龙湖头、茶山、水南等处之外，其他地方也纷纷成为豪强的天下。《庐江郡何氏家记》记录了豪强割据的分裂场面：

> 李确据靖康场，文仲举据归德场，吴彦明据东莞场，郑润卿据西乡、黄田，杨润德据水心镇，梁国瑞据官田，刘显卿据竹山下、萍湖，萧汉明据盐田，黎敏德据九江、水崩江，黄时举据江边，封微之据枫涌、寮步，梁志大据板石、老洋坪、柏地、黄漕，袁克宽据温塘，陈仲玉据吴园，陈子用据新塘，王惠卿据厚街，张祥卿据篁村，张伯宁男张黎昌据万家租小享（亭），曹任拙据湛菜。[1]

何真那个时代，东莞地盘没有被如今的行政区划加以划分，深圳，只是东莞大地上的一角，荒蛮之地上，长出了荆棘和莠草，在家乡的土地上称霸的人，用野心将东莞这块锦缎，强行撕扯成了碎片，王诚和陈仲玉，兵马强壮，傲视群雄，他们和后起

---

① ［明］何崇祖撰：《庐江郡何氏家记》，江苏广陵古籍刻印社，1987。

之秀何真，才是用保境安民的旗帜，将破碎的山河缝缀成国家衣衫的抱负之人。

何真回乡之后与王诚的首次交锋，并不是兵马的直接厮杀，而是一次举报。这个发生在至正十五年（1355年）的举报，是何真人生的一次挫折，也是他明白世无公理、人心险恶的开始。何真赴元帅府告王诚、陈仲玉策划作乱，他以为胜券在握，却不料是以卵击石。由于受了王诚的贿赂，元帅府官员韃靼以诬告之名将何真拘捕，打入牢中。

何真的越狱，完全在王诚的意料之外。这个一定要将何真置于死地的元朝正统官员，用悬榜的方式，许诺百金，通缉对手。逃出牢房之后的何真，从此断了官府告发的想法，他决心组织军队，用武力击败王诚和陈仲玉。

逃过劫难之后的何真，立即“举兵攻成”。在文献的记载中，至正十八年（1358年）之前，何真尚未有自己的军队。所谓的“举兵攻成”，只不过是由何氏族人和看家护院的家丁组成的乌合之众，由于不具备军队的战斗力，所以攻打以“不克”告终。

招兵买马，绝不是一蹴而就的事情，在条件不成熟的时候，聪明的何真，以退为进，投奔了文仲举和郑润卿。在文仲举和郑润卿的手下，心有谋略的何真，扮演了一个带兵打仗的角色。“常请代领其兵，战无不克”，日后何真指挥千军万马，攻克一个个堡垒，统一岭南，而历练是从此开始的。

文仲举和郑润卿，都不知道善战的何真为他们攻城拔寨时的雄心壮志。羽翼丰满之后的何真，很快就结束了与文仲举的“蜜月”，“至正十六年，与文仲举绝交，又与郑润卿交好，到至正十八年（1358年），郑润卿轻信谗言，想铲除何真”。[①]

何真计划起兵的时间，是秘密，是没有人知道的隐私。郑润卿轻信谗言，将何真逼到了绝境，起兵时间提前，成了迫不得已的公开行动。

何真起兵之后的第一仗，是与郑润卿、吴彦明的瓢湖迳、东西涌血战，这场战斗以何真大胜结束。所有的文献都没有战斗过程的描述，只有“斩首七百六十余级，生获者四百余人”的结果，折射了战争的残酷与惨烈。

获胜之后的何真，以一鼓作气的攻势取代了踌躇满志的庆祝，在巩固黄冈、黄田场、海南栅、山下营基地的基础上，何真的兵力加速扩张。在元末的地图上，沈惠存与梅林营，堂叔何汉贤与赤岭营，欧孟素与黎洞营，林一石与林村营，邹子龙与岑田营，二兄何华与黄坑营，都成了积蓄力量以备进攻的据点，半个东莞乃至香港“新界”地区的黎洞、林村、岑田，都成了何真的势力范围。

在元末的地图上，东莞如同一片嫩绿的桑叶，而何真，则是一只精神抖擞的饿蚕。两年之后，水里的孙德贤和都乐里的韦景俊，先后成了何真的俘虏，九江水的黎敏德，屡次成为何真手下的败将。何真胜利的步伐，山川都无法阻挡。在官田梁国瑞归

---

① 汤开建：《元明之际广东政局演变与东莞何氏家族》，《中国史研究》2001年第1期，第103—121页。

顺之后，何真又同水心镇的杨润德联姻，化敌为亲。曾经在瓢湖迳、东西涌大战中遭受何真重创的郑润卿与吴彦明联军，在至正二十一年（1361年）再次被何真击败，走投无路之下，郑润卿和吴彦明用屈辱的投降，结束了与何真的生死较量。“望风披靡”这个成语，成了何真在战场上的形象写照。

魏可道的失败，没让何真费吹灰之力。瞬息万变的战场，出现了武力较量之外的意外，这样的战争情节，没有发生在军事教科书上，却出现在何真的敌人魏可道的营垒里。何真战场上的节节胜利，让对手胆寒。魏可道尚未想出破敌良策，却被手下战将黄友卿一条绳索绑了，以自己的主人作为归降的投名状和见面礼。

何真并没有一味沉浸在胜利的喜悦中，他牢牢记住了这个出人意料的归降情节。在后来与王诚的斗争中，他将这个情节完美放大，上演了出奇制胜的战场奇迹。

王诚与何真的第一次交手，以何真的大败告终，何真最终越狱，侥幸保住了一条性命。王诚与何真的最后一次交锋，王诚大败，而且，没有人预料得到，王诚输得如此窝囊，成为千古笑柄。

何真发起这场大战的时间，是至正二十三年（1363年）。双方投入的兵力之多、战争延续的时间之久、战争的手段方式之新和战场的范围之广，为何真与王诚交锋以来前所未有。

何真是这场决战的进攻方。何真集中了清塘、板石、江边多个地方的兵力，大举进攻王诚的乌湿营。鏖战数日之后，王诚败退，退至福隆。何真一边穷追，一边分兵攻击王诚分布在石涌、横沥、龙眼冈、龙湖头等地的营寨。王诚无法抵挡，再退至茶园，最后凭借水南营的坚固，据守不出。

在王诚的作战地图上，水南，是一个吉利的地名，是用滔滔江水构筑起来的天险，何真的锋芒，可以摧城拔寨，却奈何不了柔软的江水。

水南，与熊飞大战元兵的铜岭仅仅一江之隔，遥相呼应。但是在何真那个年代，江水宽阔，桥梁还是关于河流的一个梦想。何真放弃了重兵集结铜岭、与王诚隔江对峙的方式，而是打造了许多木船排筏，将陆军训练成了水师。浩浩荡荡的水师，从惠州起程，顺流而下，直达水南。水南城下，成了人类残杀的战场。在江水和城墙构成的双重护卫之下，何真下令，湛菜守将曹叔安火速支援，王诚则向卢述善、邵宗愚、张黎昌求救。

六百多年的漫长时光过后，战场沉寂，人类的肉眼，已经无法穿透泥土，看到当年的人头和鲜血。笔者许多次在铜岭和水南的江边，看江水浩荡，烟波浩渺，将想象的翅膀展开，却再也看不到楼艚数百、杀声震天、江水染红的战争惨状。

相持数日的水南大战，双方伤亡惨重，因为曹叔安“额中火筒死，筏师败衄”，又适逢大雨，何真便下令退兵。何真的退兵并不是息武，而是转移战场，各个击破。转征之后，何真击败了张黎昌，逼迫他退回到万家租。张黎昌的败退，影响了篁村张邦祥、赤岭陈希鲁、厚街王惠卿，他们放弃抵抗，投降了何真。随后，李确溃败，退守海南栅，而归德的曾伯由、白石文七和侄儿文朝贵，则主动举起了白旗。

水南争夺战，虽然未分胜负，但那粒火星引燃的战火，弥漫了大半个东莞。何真的局部胜利，让王诚彻底看清了敌人的军事实力和潜在威胁。

所有的文献，都是历史这棵大树的主干和分支，忽略场景和人物心理活动的枝叶，是所有史家的粗心。后人只有用想象，弥补历史人物的言行举止和喜怒哀乐。笔者多次掩卷沉思，在何真的节节胜利中，王诚一定会深深地后悔，他轻视了当年那个去广州元帅府状告自己叛乱的乡民，让一只小兽越狱逃出元帅府的牢房，却成了一头让他头疼棘手的“吊睛白额猛虎”。

是猛虎，就一定会吃人！

至正二十五年（1365年）十月，何真部下骁将马丑寒叛变，这粒火星点燃了战争的另一根引信。

一个人的变节，总是有原因的，但历史在这个关键节点上，却深藏起了马丑寒的隐私。笔者只在书上看到“以博罗、河源、龙州、兴宁、循、梅三州”和“阴结王诚”的交代：

> 未几，王诚率舟来攻，时，潦淹城半，贼舟尾楼，典城高并，相与交锋，攻技竭，守愈固，……贼沮遂退。[①]

---

① ［明］何崇祖撰：《庐江郡何氏家记》，江苏广陵古籍刻印社，1987。

叛变者，在新的主子那里，是有重要价值的。屡战屡败的王诚，不可能比马丑寒更熟悉何真，更了解何真的排兵布阵。所以，当马丑寒提出放弃惠州的建议时，立即得到了王诚的采纳。王诚果断地放弃了惠州，集中兵力，围攻何荣镇守的安和镇。安和镇，是何真战术地图中的一个薄弱点，幸好，何荣手下，有一个名叫詹受卿的骑将，他在危急之时，选择了三百壮士，组成了敢死队，奋勇冲击马丑寒的阵地，一阵乱箭之后，马丑寒身亡。

马丑寒的战死，是王诚没落的转折。

何真后人写的《庐江郡何氏家记》，记录了何真胜利之后的情景："攻石冈营，旗帜蔽日，往者降，贼人至是皆归附。成据福隆圣，一鼓而溃，老洋坪、石涌山、鸡萌诸营争降。"[①]在何真的凯歌声中，王诚只能无奈地退守茶园营，树栅为障，坚壁不出。

一个地方的地形地势，是大自然的造物。东莞少山，王诚退守的地方，多是丘陵平地，并无天险可据。那些用木头树立起来的栅栏，挡不住何真军队的铁蹄。水南，成了王诚最后的营垒。

十一年前，初出茅庐的何真向元帅府告发王诚反叛，反遭鞑靼陷害。侥幸逃出监牢之后，又被王诚布告悬赏，那些重金的许诺，化成了白纸黑字，张贴在城楼、街头、衙门和交通要道。那些冤屈，那些墙壁上的白纸黑字，何真从来没有忘记。何真用布告的方式，将"能擒贼首王诚者赏百金"的许诺贴满了水南的城墙。何真的复制，收到了立竿见影的效果。完美演绎"重赏之

---

① ［明］何崇祖撰：《庐江郡何氏家记》，江苏广陵古籍刻印社，1987。

下，必有勇夫”这个成语的，是王诚身边的家奴。张进祖和雷万户，成了何真导演的剧中主角。

当张进祖和雷万户将王诚五花大绑，押到何真营帐时，一场旷日持久的生死战争，最后以一种举重若轻的戏剧性结果呈现。

两个家奴智擒王诚的方法，始终是文献背后的一个谜。这是两个充满了智慧和心机的小人，他们是何真百金重赏之下的叛徒。后人无法知道张进祖和雷万户是如何让他们的主人束手就擒的，文献将历史的精彩之处，转移到了赏赐的环节。钱谦益的《国初群雄事略》、《明史·何真传》、崇祯《东莞县志》和《庐江郡何氏家记》，不约而同地用情节记录了王诚羞辱之时的喜剧。

> 未几，成奴缚之以出。真释之，引坐，笑谓曰：“公奈何养虎遗患。”成掩面惭谢曰：“始以为猫，孰知其虎。”奴求赏，真如数与之。使人具汤镬烹奴，驾转轮车，数人推之，令奴妻嘘火。号于众曰：“四境有如奴缚主者视此。”于是人服其赏罚有章。①

何真亲自为王诚释绑并且引坐的情节，可以让人联想《三国演义》中诸葛亮七擒孟获的情节，只有智勇双全的英雄，才能让敌人甘拜下风，口服心服。只不过，对于何真来说，《三国演

① ［明］何崇祖撰：《庐江郡何氏家记》，江苏广陵古籍刻印社，1987。

义》已成历史，何真不是孔明，王诚也不是孟获。

至此为止，作为东莞豪强与枭雄的王诚在文献中画上了人生的句号，所有的文献中，从此再无王诚的踪影。胜者英雄败者寇，历史，已经不再关心一个失败者的命运，后人唯一关心的是：作为胜利者，何真为何不杀一个与他多年作对的强敌？放虎归山之后，王诚是否会卷土重来？

在文献回避的地方，东莞地方文史学者杨宝霖先生回答了历史的疑难。杨先生认为，与何真为敌的东莞数十股武装，都是正史定性的草寇和蠡贼，只有王诚，是元朝政府的命官。以维护元朝正统为目的的何真，实无反叛之心，在没有朝廷旨意的民间战争中，何真不敢擅自将“捐资募士，屡抗大敌，以功授广东道副都元帅”的王诚处死。

对于广阔的岭南来说，东莞，只是地图上的一个圆点。

何真保境安民的理想，注定他不会有赵佗封土称王的雄心和抱负。但是，战争这台庞大的机器启动之后，任何人的一己之力，都无法刹住滚滚向前的车轮。

统一东莞的时候，何真在元廷的功劳簿上，只以一个惠州路总管的官职记录在册。这个官职，只是国家机器上的一个零件，俯首听命，何真别无选择，他的敌人，由王诚变成了“各据乡土，自称元帅”的南海龙潭人卢述善和三山人邵宗愚。

早在至正十三年（1354年），御史台命令广东都元帅府和万户府调集各县兵马分道征讨卢述善、邵宗愚的时候，何真也是征讨大军中的一员，只不过那时的何真未成气候，只是东莞督兵明安手下的战将。由于明安不识战阵，何真在“率楼船入深港与敌交战”中败下阵来。

九年之后，邵宗愚和卢述善打着平息叛乱的旗号进攻广州，杀死江南行台侍御史八撒剌不花，不仅“纵火杀掠，居民丧亡甚众”，而且还“恣纵搜城间美女为婢妾，群下骄恣，民皆切齿”。[①]

在《元史》记载中，何真第二次进攻广州是在至正二十四年（1364年）。在德庆州、岐石、盐步、西南、山南、清远、四会、紫坭、白坭等多路兵马声势浩大的进攻中，邵宗愚先自胆怯，放弃了抵抗，主动退出广州，回到了三山。

一年之后，邵宗愚、卢述善卷土重来。邵宗愚、卢述善用一年时间积蓄力量，超出了此前的战斗力。小径、车陂、瓦窑、冼村、大水坑、东灞纷纷失守，何真堂叔何汉贤战死，何汉贤长子何彦宗被俘，何真第四子何贵受伤被俘。在数百艘海船的进攻下，何真的沿海营寨形势告急。与此同时，邵宗愚又同元江西右丞迭里弥实、廉访司副使广宁率兵攻击广州。迫不得已之下，何真仓促退守广州。

困守在广州城中的何真，时间成了他的大敌，“城中短尽，尽食蕉头麻根至煮皮笼靴鞋御饥”。[②]无计可施的何真，为了保住惠州，只得放弃广州，在撤退的尘土中回望，何真看见了邵宗

---

① ［明］何崇祖撰：《庐江郡何氏家记》，江苏广陵古籍刻印社，1987，第353—354页。

② ［明］何崇祖撰：《庐江郡何氏家记》，江苏广陵古籍刻印社，1987。

愚插在广州城楼上的旗帜。

何真再次率兵来到广州城下的时候，已是一年之后了。由于东莞境内反元的残余势力已全部肃清，何真的根据地和后方得以巩固，进攻准备充分，力量强大，所以在文献的描述中，一片胜利气象："沿途西乡、南头、增城、白沙、石湾诸营皆望风而降，又破车陂、冼村诸营，于五月进抵广州城下，何真军势甚盛。"[①]

与两年前的失利败退相比，如今已是天壤之别，在"旌旗蔽日，戈甲鲜明"的何真大军面前，邵宗愚和迭里弥实、广宁皆不敢出战，只以宽深的壕沟和坚硬的城墙拒敌。

此时何真的眼里，已经没有了壕沟的宽深和城墙的坚硬，他七日破城的命令，传遍了军营和每一个将士，号令之下，立刻有俊祖、黄友卿和詹受卿三员勇将挺身而出，自告奋勇，率领三百敢死队员，架云梯攻城。

激烈的战斗场景，在《庐江郡何氏家记》中有生动的记录。

> 时月没夜暗，俊祖分三部，俟潮退，涉清水濠、太平桥水，越西庙，至第三桥，以梯靠城，接踵上，迅速如猱，举火城上。火未发，先长兄、三兄屯众东门桥外，以梯顷城，寂不动。又令登高，望城西火起，即擂鼓。及闻鼓声，督兵登梯越城，敌支不得，兵攻东门，鼓声炮响，敌人股熠踰城，兵杀逐守者，开东门合杀，

① ［明］何崇祖撰：《庐江郡何氏家记》，江苏广陵古籍刻印社，1987。

敌奔小市正、南二门去。迭里弥实随（朱）宝安遁，副使广宁因贼入家，军乱伤死。民家闭户，兵无犯。[①]

六百多年前的攻城之战，在何真的大军中重现于世，那些影视片段一般的文字，令人身临其境。

六百多年之后，笔者能想象得到，收复广州之后的何真，站在千疮百孔的城墙上眺望的情景，地上的鲜血渐渐风干，狼烟烽火，缓缓熄灭。一个从东莞走出来的书生，将宝剑收回鞘中，他的目光，越过河流、山川，越过府县州城。这一年，元朝廷再次授何真资德大夫，“仍分省广东，兄叔诸将升赏有差，钦赐龙衣御酒”。江西、福建合并一省之后，又改任何真为江西福建行中书省左丞，仍治广州，最后升为右丞，“东连潮惠，西连苍梧，皆真保障”。

这个时候，何真的目光，应该看到了辽阔的远方，看到了“岭南”这个词的遥远边界。

由大庾岭、骑田岭、都庞岭、萌渚岭和越城岭组成的逶迤五岭，始终是广东以外的异乡人理解岭南这片地区的屏障。五岭以南这片广袤的地区，其实从遥远的唐朝就开始有“岭南道”的命名，唐朝官员快马驰骋时的长鞭，指向了现今广东、广西、福建三省和越南的红河三角洲一带。朝代更替，只是这个名词标尺上起伏的水位线，它的辽阔和广袤，永远是岭南的胸怀。

---

① ［明］何崇祖撰：《庐江郡何氏家记》，江苏广陵古籍刻印社，1987。

归顺明朝

何真在岭南四面征讨、追求保境安民的时候，中原一带的朱元璋正在鄱阳湖与陈友谅展开争夺天下的惨烈水战。似乎风马牛不相及的两场战争，却在命运的安排下，数年之后让战争的主角产生了交集。

战争，并不是何真和朱元璋人生命运交集的唯一因素。

父母双亡的安徽凤阳人朱元璋离开皇觉寺外出流浪乞讨的那一年，广东东莞人何真正在广东河源县务副使和淡水盐场管勾的职位上谋生。没有人从穷困潦倒的乞丐身上看到一个人日后的前景，也没有人从一个衙门官吏的行为中测卜到他人生的未来。贫穷和富贵，是两条不同方向的小径，只有神的伟力，才能让不同方向的小径在某一个时间交会。

皇觉寺里的和尚和流浪四方、低微的乞丐，并没有让朱元璋的人生沉沦。朱元璋命运的转折出现在红巾军起义的乱世中，投奔郭子兴，成了一个帝王的奠基。史料记载中的朱元璋为了活命，不得已投奔郭子兴参加了义军，但当他驰骋沙场，才发现自己竟可以统领千军万马，能够掌握自己乃至别人的命运。

在一个没有发明照相技术的时代，所有人的音容笑貌都只能通过笔墨线条留存下来。笔者看到过的所有朱元璋画像，均以一种怪异的容貌出现，他的五官比例和脸部轮廓，严重变形和失调。这种符合古典小说“双手过膝，两耳垂肩”的帝王相貌描述的特征，也许就是上天安排的异象。当年郭子兴喜欢上朱元璋，就是看中了他“姿貌雄杰，奇骨灌顶，志意廓然，人莫能测”的奇异长相，而《元史》中何真“少英伟，好书剑”的书生形貌，则不是帝王气象的写照。

削平群雄，是每一个王者的必然之路，犹如华山的险阻，并非每一个攀登者都可以成功。在累累白骨中登上顶峰的成功者，凤毛麟角。

在削平群雄的过程中，何真与朱元璋遇到的对手都可以用“强大”来形容，每一场战争，无论胜负，都是尸横遍野、血流成河的惨烈。只不过后来朱元璋打下江山，当了明朝的开国皇帝，历史便放大了那些战争的宏大和残酷，而何真扫平群雄的战场局限于岭南，最后又不愿意用岭南百姓的生命作抵挡明朝大军的盾牌而和平归顺，所以何真指挥的血战被五岭严密包围而缩小和淡化。

至正十六年（1356年），何真尚未建立自己的武装，还在文仲举和郑润卿之间寻找个人发展的机会，而北方的朱元璋，已经亲率大军，渡江占领了集庆（南京）。集庆城里，胜利者朱元璋严格约束士兵，并出榜安民，得到了百姓拥护。朱元璋将集庆改名为应天府，设立大元帅府和分封诸将的行动，向天下表明了他的远大志向。

六百多年之后，何真的家乡遍地高楼大厦，桥梁与高速公路、铁路天衣无缝地融为一体，让人忘记了东莞这个南海边的水乡曾经的交通阻隔。笔者多次去当年的古战场水南怀古，除了一条东江蜿蜒流过之外，笔者再也找不到元至正二十三年（1363年）何真与王诚水南城下恶战的场景，当年的艨艟，早已上岸，那些遮天蔽日的旌旗和震撼军心的鼓声，早已像烟云一样消散。

历史只用简略的语言一笔带过了何真与王诚的水战，却用浓墨重彩描述了另一场水上交锋。鄱阳湖，以中国最大淡水湖的身份和数十天的耐心，容下了朱元璋与大汉皇帝陈友谅的生死搏斗。

陈友谅用特制楼船数百艘和六十万大军包围洪都（南昌）的行为挑起了这场旷日持久的水战。洪都守将朱文正死守了八十五天之后，迎来了朱元璋率领的二十万援军。陈友谅退到鄱阳湖迎战朱元璋，在三十六天的激战中，鄱阳湖见证了无数生命的死亡，鄱阳湖水在鲜血中逐渐变色，水里的鱼虾，被人类的疯狂杀戮震惊从而产生了深深的恐惧。陈友谅的兵马全军覆灭，而他自己则在血战中被飞箭射穿头颅殒命。

一年之后，朱元璋领兵征伐武昌，陈友谅的儿子陈理投降。朱元璋挟鄱阳湖大战的余威，轻而易举就在中国大地上抹去了

“大汉”这个短命的国号。何真则东讨西征，将半个岭南揽入怀中。两场水战，分别以朱元璋和何真的胜利告终。相比鄱阳湖的大战，何真的胜利显得微不足道，在胸怀大志的朱元璋心中，广东东莞的水南战争，不足以在他的地图上插上红旗。而对于何真来说，鄱阳湖水战的残酷和朱元璋的威名，当是他耳边震响的一颗炸弹。何真的眼光被苍莽绵延的五岭遮住了，他无法看到，四年之后，朱元璋进攻的帅旗将冲破山岭的阻隔，直指他的城下。

一个王朝灭亡之前，为此王朝领军征战的武士会最早从血泊和人头中感受到风暴的摧枯拉朽。远在岭南的元资德大夫、江西福建行中书省右丞何真，从快马的蹄声中听到了朱元璋攻克湖州、嘉兴、杭州、绍兴，吴王张士诚被俘和之后平定浙江方国珍、福建陈友定的消息。

江山易帜、改朝换代最终以元至正二十八年（1368年）正月初四朱元璋在应天称帝，定国号大明，建元洪武为标志。朱元璋北伐南征大军在“驱逐胡虏，恢复中华，立纲陈纪，救济斯民”的旗帜下刮起了明朝的“飓风”。而统治了中国九十八年的元王朝，以元顺帝在应昌的死亡而告终。元朝大臣何真，听到了从遥远的应昌（今内蒙古赤峰市克什克腾旗达里诺尔西南）传来的丧钟。

用二十年的时间，朱元璋将自己铸成了一柄无坚不摧的长矛，没有一面盾牌，能够抵挡它的锋芒，这柄长矛所向披靡的时候，险峻苍茫的五岭大山，也只不过是一道可以跨越的矮丘。

廖永忠的到来，使何真走向了一生中最艰难的十字路口。这个明太祖命名的征南将军，率军水陆并进，声势浩大，旌旗蔽日。平定福建、擒获陈友定的胜利威风，尚未散去。廖永忠招降书中的每一个汉字，都潜藏着杀气。况且，陆仲亨率领的另一路大军，顺赣州而下。两路大军合围之下的广东，有如明朝巨掌中的一枚鸡卵。

何真的一生，复杂曲折，然而并没有文学作品中的悬念。

何真用“归顺”两个艰难的汉字，作了廖永忠招降书的回应。一位元朝大臣，用心灵的痛苦，换成了明朝的喜悦和廖永忠的笑容。

何真的归顺，没有悬念，但是，归顺的过程，却充满了戏剧性。史书的记载，在此处开枝分蘖，让后世的读者站在了岔路口。《明史·何真传》记载：

> 洪武元年，太祖命廖永忠为征南将军，帅舟师取广东。永忠至福州，以书谕真，遂航海趋潮州。师既至，真遣都事刘克佐诣军门上印章，籍所部郡县户口兵粮，奉表以降。[①]

正史的记述，得到了黄佐的《广东通志》、郭棐的《广东通志》的印证，都认为廖永忠先下书劝降何真，何真接书后归降。

① ［清］张廷玉等撰：《明史·何真传》卷一百三十，中华书局，1974。

但是，《庐江郡何氏家记》的记载却有所不同：

> 洪武元年春……有先差都事刘尧佐、检校梁复初航海贡于朝，回福建，会大明遣将台汤和、征南将军廖永忠克定福建，擒友定。征南将军廖永忠奉命征广东，付书尧佐回。父答书云。……委尧佐赍书航迎。时河源守将一宗飞报，大明陆仲亨兵从赣来，即奉表于朝，躬往东莞场，迎见廖永忠。[①]

廖永忠下书招降和何真复信归降这些共同的史实之外，《庐江郡何氏家记》的记载中多了两个耐人寻味的细节：一是洪武元年何真仍继续派遣使者，向元廷朝贡，途中遭遇廖永忠；二是明廷军队已兵分两路，分别从福建和江西进逼广东，福建一支且已进入广东潮州，近呈兵临城下之势。

《明太祖实录》中的记载与《庐江郡何氏家记》相同，但是更明白和具体：

> 洪武元年元月甲戌，元江西分省左丞何真籍所部广东郡县户口、兵马、钱粮，遣使奉表迎降。初，汤和等平福建，真遣使由海道赴表于元，遇和兵，遂改其表文请降，且请人回报真。至是，征南将军廖永忠遣人送其

① ［明］何崇祖撰：《庐江郡何氏家记》，江苏广陵古籍刻印社，1987。

使及表诣京师。[①]

从众多的史料中，笔者看到了洪武元年廖永忠兵临潮州时何真的困境。对于元朝来说，何真绝对是一个忠心耿耿之人。至正二十五年（1365年），江西、福建、浙江这些通往京城的陆上交通被陈友谅、陈友定和张士诚用战争阻断之时，岭南的何真却“命造舶，遣省都事鲁献道进表贡方物于朝”，元顺帝的感动溢于言表，称赞说：“四方世臣尚改扈，岂期岭海自能克复藩镇奉表来闻。”[②]朝廷的赞赏，立即通过对何氏一门的赐封得以体现。何真的资德大夫、江西福建行中书省左丞，何迪的中奉大夫、广东道宣慰使司都元帅，何汉贤的江西行中书省都镇抚，何亨济的广西都镇抚，何克信的武略将军、惠州路万户，何元忠的福建行中书省理问，何宗茂的福建都镇抚，何荣的广州路银牌万户，何华的广州路总管府同知，何富的惠州路府判，廖允忠的湖广省理问，叶宗辉的广东省都镇抚，封靖卿的肇庆路总管以及何氏先祖、女眷们的册封，所有的荣耀与显赫，都成了一个家族对朝廷贡献与忠诚的证明。

何真作为元朝忠臣的原因，后世的学者认为是他受儒家影响极深，将忠君报国、建功立业作为一生追求的最高目标。即使

---

① 中研院历史语言研究所校印：《明实录·明太祖实录》，中华书局，2016。

② ［明］何崇祖撰：《庐江郡何氏家记》，江苏广陵古籍刻印社，1987，第356—357页。

建功立业之后，他也拒绝效法赵佗、陈霸先，裂土称王。研究者们看到一个英雄的人生局限，看到了何真改朝换代之时的内心困境，然而，他生于乱世，华夷鼎沸，海内争兵，具有极深儒家理念的何真应走一条什么样的路方能达至思君报国、建功立业的目的？他的选择十分艰难。

六百多年过去了，《上廖平章书》成了何真背弃元朝、归顺明廷的理由和证据，后人无法从简短的汉字中读出何真内心挣扎和心灵撕裂的痛苦，只有严谨认真的研究者，穿透六百年的漫漫时光，回到楚河汉界，在历史的原点上看到人性的复杂和局势的风霜。

汤开建先生的《元明之际广东政局演变与东莞何氏家族》中有令人信服的分析和判断：

> 何真当时刚受元廷由左丞升右丞命，并未想降明，故派使者赴京报元。但使者在途中遇明军，擅将进贡元朝的表文改为归顺明朝的降书，并将此事告诉了何真。何真此时已处于完全无可奈何的境地，本来是向元朝的进表，却被其属下改为归顺明朝的降书，再加上当时朱元璋已即皇帝位，明兴元亡，已成定局，况且廖永忠屯兵潮州，陆仲亨自赣而下，明朝两路大军直逼广东。如若率军抵抗，带来的只可能是祸国殃民的残酷战争，如不抵抗，他则将成为叛元降明的“贰臣”，以“练达古今”之何真对此岂不慎思？经过反复考虑，何真痛苦地

选择了“失臣节”而“救生灵”之策……[1]

“失臣节”和“救生灵”六个汉字，在洪武元年形成了一种因果逻辑关系。何真的痛苦选择，让六百多年之后的读者，在《明史》中感到割肉般地疼痛。

一个人的命运，至少有两种走向。何真的命运，在《上廖平章书》中变成了一根绳子，它牵着元朝资德大夫、江西福建行中书省右丞，一步一步朝着明朝的方向走去。吉凶祸福，无人知道。

何真归降，明太祖朱元璋的高兴超出了笔者的想象。

清人钱谦益著《国初群雄事略·东莞伯何真》中有一段朱元璋与何真对话的描述，读来身临其境，人物栩栩如生：

上谕之曰：“天下分争，所谓豪杰有二：易乱为治者上也，保民达变，识所归者次也。负固偷安，流毒生民，身死不悔，斯不足论矣。顷者，师临闽、越，卿即输诚来归，不烦一旅之力，使兵不血刃，民庶安堵，可谓识时达变者矣。”真叩头谢曰：“昔武王伐暴救民，诸侯不期而会者八百。今主上除乱以安天下，天命人归，四海景从。臣本蛮邦之人，迩者逢乱，不过结聚乡

① 汤开建：《元明之际广东政局演变与东莞何氏家族》，《中国史研究》2001年第1期，第103—121页。

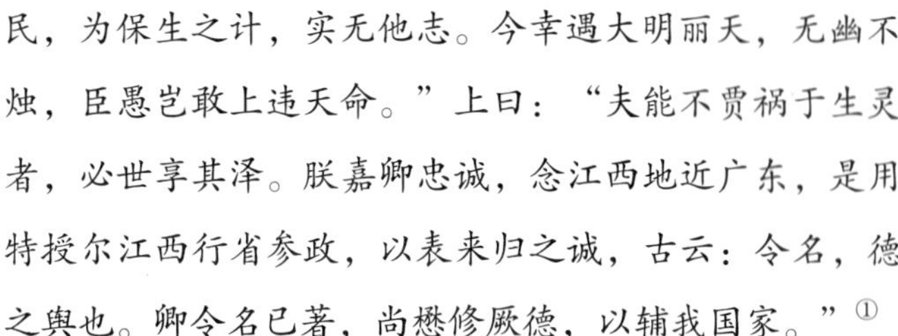

民，为保生之计，实无他志。今幸遇大明丽天，无幽不烛，臣愚岂敢上违天命。”上曰：“夫能不贾祸于生灵者，必世享其泽。朕嘉卿忠诚，念江西地近广东，是用特授尔江西行省参政，以表来归之诚，古云：令名，德之舆也。卿令名已著，尚懋修厥德，以辅我国家。”①

古时君臣对话，臣无不惶恐，语言谦卑。何真与朱元境的交谈，亦不可能高傲自负。然而，何真“结聚乡民，为保生之计，实无他志”的表白，实在是他的一贯言行和内心的真实想法。

两年之前，何真在与王诚地方武装集团的长期战争中取得了关键性的胜利，一根深入何真肉中的毒刺终于被连根拔起，强敌翦，岭南大地，即将成为何真的天下。有部属提出建议：岭南地势特殊，远离中原，王朝威权，鞭长莫及，秦汉以来至五代均是如此。何不趁天下大乱之际，仿效赵佗，自立为王。何真身边所有亲信，都以为何真会采纳建言，振臂举旗，裂土称王。谁料何真勃然变色，下令将建言者推出斩首。

笔者在史料中找到了那个刀下冤鬼的名字：陈符瑞。

何真怒斩陈符瑞的情节，郭棐的《广东通志》和尹守衡的《明史窃》均有非常简洁的记载。《广东通志》称：“真保有

① ［清］钱谦益撰，张德信、韩志远点校：《国初群雄事略》，中华书局，2021。

广南，或陈符瑞，劝为尉佗计者，即戮之，示无二心。”[1]《明史窃》则说：“有陈符瑞劝真效尉佗故事者，其即戮之，受元正朔，徐待天下时变。”

而在其他的史料中，“陈符瑞”并非建言者的名字。黄佐《湖广左布政使封东莞伯何真传》称“既显贵，先墓尝有紫气，人或指为符瑞，辄斥绝之”，其意为有人以这种所谓的符瑞劝何真效法汉代的赵佗，割据自立，结果被何真“执而戮之”。

其实，所有的史料均指向一个事实：何真素无裂土为王的野心，在他的人生指向中，汉代的赵佗，并不是一个可以效法的榜样。

赵佗称帝立国的背景，建立在秦朝军队五十万人的入粤和南下定居的“中县人”（即中原人）的支持鼓动之上，而且，赵佗建立南越国自称南越武王的六十九年中，名义上依然臣服于汉朝。何真清醒地知道，赵佗是南下的中原人，而自己，则是南粤本地人。本地人和异乡人之间，有着不同的血缘和文化。所以，裂土称王的野心，从来就没能进入何真的美梦。

人心大小一样。何真的心，止于岭南的边界，而朱元璋的心，则是一整个世界。

明朝的江山，是血染的颜色，明朝的每一块土地，都是朱元璋武力所到之处。只有贫民出身的乞丐皇帝，才知道手上的鲜血和地上的人头的分量之重。所以，朱元璋在残酷镇压与他作对的势力的同时，对那些和平归顺的人就多了一份宽容。

---

① ［明］郭棐撰：［万历］《广东通志》。

元末诸雄，都是朱元璋的死敌，你死我活的争斗，最后都以朱元璋的胜利告终。但流血的过程，让朱元璋刻骨铭心。张士诚被朱元璋武力消灭；陈友谅在鄱阳湖水战中死于朱元璋大军之手，其子陈理在武昌被围，绝望而降；方国珍苦于朱元璋的穷追猛打，走投无路而被迫投降；福建陈友定和云南梁王被明军全歼；陕西李思齐、四川明氏和云南段氏遭到明军的沉重打击之后无奈投降；辽东纳哈出，亦是在明军的大兵压境之下被迫投降，只有广东何真，兵无短接，主动归顺。鲜血和生死的对比之下，明太祖朱元璋对何真竖起了赞赏的拇指。后人在《高皇帝赐元左丞何真奉表归附诏》中，看到了朱元璋生动的面部表情。

> 皇帝诏曰，自元纲解纽，群雄并争，天下瓜分，未见定于一者，朕举兵濠梁，创基金陵，除残去暴，十有四年。迩者遣将四征，所向克捷，抚有七闽，肃清齐鲁，广西之施师，相继奏捷，大将军提兵北伐中原，指日可定，朕思昔豪杰之士，保境安民，以待有德，若窦融、李勣，拥兵据险，角立于群雄之间，非真主不屈，此汉、唐明臣，于今未见。正此兴叹。尔真连数郡之众，乃不劳师旅，先期来归，其视窦、李奚让焉。今特驿召来廷，锡尔名爵，以旌有德。

后来的研究者，也将何真的审时度势、归附明朝赋予了积极的社会政治意义。何真“主动接受明朝的招谕，纳土归附，这既是元末明初统一战争中唯一的特例，而且在岭南地区也为‘南越以来所未有也’。何真这种审时达变的明智之举，不仅加速了明朝的统一进程，而且也使岭南地区免除战争的破坏，从而为明代广东经济特别是商品货币经济的发展创造了条件”。[①]

廖永忠到达东莞的时间是洪武元年四月。由于兵不血刃，明军进入县城之时，旌旗蔽日，在一片和平的气氛中，何真率下属官员迎见。

何真与明太祖朱元璋的首次见面和《国初群雄事略·东莞伯何真》中的那段群臣对话，发生在廖永忠到达东莞之后。何真在皇帝褒谕的诏书中乘驿传入朝，向朱元璋贡献方物。明太祖赏赐何真文绮、纱罗、绫绢各百疋，白银千两，所有将士均有赏赐。

明太祖朱元璋接见归顺明廷的何真时，出现了一个破例的细节。细节在《国初群雄事略》中表述为“初赐诏谕，援例各进缴，真叩头乞赐，藏于家，为后世子孙荣”。[②]文言简洁，却在紧要处忽略了皇帝的宽容和何真的内心世界。按照制度规定，皇帝初次颁赐的诏谕必须上缴，但是，何真却想收藏这份圣旨，光宗耀祖。在何真的乞求之下，朱元璋打破惯例，批准了其请求。

---

① 东莞市政协、暨南大学历史系主编：《明清时期珠江三角洲区域史研究》，广东人民出版社，2011。

② ［清］钱谦益撰，张德信、韩志远点校：《国初群雄事略》，中华书局，2021。

皇帝的祭文

一纸降书，让何真从元朝的资德大夫、江西福建行中书省右丞转身为明朝的江西行省参知政事。这样的转身，可用“华丽”二字来形容。

后世的研究者，认为江西行省参知政事是个掌握了权力的实职，体现了朱元璋对何真不劳师旅、主动归附的奖赏。然而，何真毕竟是前朝的官员，即便是黄河之水也难以洗去“贰臣”的耻辱，朱元璋对他的戒心，超过了蛛丝马迹，在皇宫的丹墀上一目了然。江西行省参知政事，只是一个从三品官员，比之元时正二品的江西福建行中书省右丞，未升反降。何真胞弟何迪，堂弟何亨济、何克信、何元忠、何崇茂，子何荣、何华、何富，女婿封靖卿及母舅廖允忠，姻亲叶宗辉等身经百战并受封前元的家族重要成员，均在明太祖的疑虑之下遣散还乡，解甲归田。

何真的内心，虽然在他的《别靖卿经韶州南华寺赋》诗中有过不经意的流露，但在朝廷中，他的心筑起了坚固的城墙。他用“事高皇帝夙夜畏威唯谨”的战战兢兢，走过了洪武年的薄冰。洪武三年三月，何真转任山东行省参政，后又改任四川布政使。

后来朱元璋想起了何真家乡那些没有被朝廷安置的兵士和残存的武装，出于防止生变和动乱的目的，朝廷于洪武四年和洪武五年三次派何真返乡，收集旧部和地方武装，将二万多士卒分发河南彰德和青州入伍。

朱元璋对何真的戒心和疑虑，在何真转辗江西、山东、四川任上和三次回广东收编旧部的政绩中慢慢纾缓和放松。何真以自己的忠心和勤谨，经受住了朱元璋对他的考验。

三次回广东招集旧部，成了朱元璋对何真及其何氏家族从怀疑到信任的分水岭。朱元璋交代的任务，超出了现代汉语“艰巨”这个形容词的百倍。通过《明太祖实录》中的简略记载，后人可以感受到何真肩膀上那座泰山的重量。

（洪武十三年）遣使敕谕广东都指挥使司及南海卫指挥使司官曰：……海寇出没，为患不一，东莞尤甚。

（洪武十四年十一月庚戌）广州海寇曹真自称万户，苏文卿自称元帅，合山贼……于湛菜、大步、小享（亭）、鹿步、石滩、铁场，清远大罗山等处据险之寨，攻掠东莞、南海及肇庆、翁源诸县。

（洪武十五年）南雄侯赵庸帅兵讨东莞诸盗，凡

> 克寨十二，擒贼万余人，斩首三千级。……赵庸进兵攻破东莞等县石鼓、赤岭等寨，擒伪官百余人，其党溃散。……赵庸讨平广东群盗，俘贼首号铲平王者至京，凡获贼党一万七千八百五十一人，贼属一万六千余，斩首八千八百级。[①]

平寇治乱，又一次体现了何真的高明手段。何真的功绩，化成了具体的数字。黄佐的《广东通志》记载收集“土豪一万六百二十三人”。《庐江郡何氏家记》则记录“收集头目除授百户一百六十余员，总小甲及军二万余”[②]，建镇南京军卫，何贵被任命为镇南卫指挥使。镇南卫隶属左军都督府，指挥使为正三品官。这支以何真旧部为基础组建起来的军队，由何真之子指挥，这个细节，体现了朱元璋对何真的信任。

何真为明朝作出的贡献远远不止三次回广东招集旧部，平息盗乱，当朝廷发兵平定云南时，朱元璋启用何真、何贵，“规划粮饷，开拓道路，置立驿传，积粮草以俟大军征进”，以至主帅征南将军傅友德称誉说：“何老官在此，我这场勾当有托付。”

后人忽略了一个细节，何真最后一次回广东招兵时，已经64岁，并且已经致仕。以老迈之躯，三次肩负重任，重新出山，且

① 中研院历史语言研究所校印：《明实录·明太祖实录》，中华书局，2016。

② ［明］何崇祖撰：《庐江郡何氏家记》，江苏广陵古籍刻印社，1987。

圆满完成任务。所以出生入死的悍将傅友德元帅用了广东人陌生的“何老官”称赞何真，一是证明何真60多岁的年龄，人生确实老迈了，二是表明了对这个方言相异的“南蛮子”的信任。

何真的功绩和他忠诚于明朝的言行举止，最后感动了明太祖朱元璋，而且让开国帝王心中隐隐生出了愧疚的情愫。洪武二十年（1387年）八月，当老态龙钟的何真再一次获准致仕之时，朱元璋用丹书铁券，作为对一个忠心耿耿的老臣的奖赏。在《御赐封东莞伯何真铁券制》中，铁石心肠、杀人如麻的明太祖，竟然用了内疚的语意，表达了他对何真的安抚：

> 曩者事务繁冗，有失抚顺之道，致真职微，有负初归之诚，今特命尔东莞伯，食禄一千五百石，使尔禄及世世，朕本疏愚，皆遵前代哲王之典礼，兹与尔誓，若谋逆不宥，其余死罪，尔免二死子免一死，以报推诚之心……

此时的朱元璋，也许从白发和皱纹上看到了何真历经寒霜之后的老态，铁石之心也难免恻隐，不由得回忆起洪武元年的旧事：

> 当是时，尔何真率岭南诸州壮士，保境安民，他非其人，安敢轻入，尔守疆如斯，已有年矣，其岭南诸州之民，莫不仰赖安全于乱时。洪武初，朕命将四征，所

在虽有降者，非见旌旗，则未肯附，尔真闻八闽负固，桂林之徒，驱民海上逃生，亦不量力。独尔真心悦诚服，罄岭南诸州，具载表文入朝，全境安民，岂不识时务者哉！

封建社会皇恩浩荡之时，文臣武将，谁不感恩戴德，高呼万岁。所有的文献，均未记载何真在明太祖御赐封赏时的叩头谢恩，笔者倒是从何真请求让何贵入朝参侍东宫的举动中，看到了一个臣子的谦慎和内心的恐惧。

少年时期，经常听大人说起铁券，总是以为，皇帝赐封的铁券，就是一道永远保命的护身符，却不知道，在帝王无限的权力下，铁券并不坚硬，也无法保全主人的荣华富贵。六百多年过去了，铁券已经远离了现实生活，后人只有在博物馆里，才能见到它的真实面目。

何真内心的恐惧，其实是一个时代的恐惧，也是明朝所有文武官员的心惊肉跳。

何真作为一个前朝的降臣，自然有着比朱元璋身边那些出生入死打江山的功臣更多的顾忌和小心。刘基、李善长、冯胜、朱亮祖、宋濂、傅友德、蓝玉等明朝的开国元勋，都成了何真在宫廷中言行举止的一面镜子，何真在“镜子”中照见了朱元璋的多疑善变、心狠手辣和功臣们的冤屈。

何真不是明太祖朱元璋杀戮大臣的所有现场见证人，只有一部分杀场，他看见了刽子手刀锋的寒光。由于生命终止，洪武二十一年（1388年）之后的鲜血中，他无从看到地上滚落的人头。

何真一生中，两次致仕回乡，还有一次致仕未被获准。在笔者看来，这都是何真保全自己、回避政治风险的策略。古代的致仕，就是当今的退休。当老于谋略、深谙历史的刘基用致仕的方式作为生命的退路之时，智慧的何真肯定看到了刘基的用意和远见。所以，他也用告老还乡的理由，来躲避血光之灾。

何真的谨慎和小心，远不是致仕的全部内容。左丞相胡惟庸案发的洪武十三年（1380年），何真主动提出，解除儿子何贵北城兵马指挥职务，参侍东宫。何真认为，解除了儿子的军权，就是消释了朱元璋的疑心。

洪武十三年（1380年）的何真，已经从历史的镜子中看到了前路的凶险，他的谨慎和小心，让他从薄冰上安然地走过，他的致仕请求和让儿子何贵退出权力层的决定，是明智的选择。只是，一个智勇双全的英雄，看到了自己的生前，却无法预料到自己的身后。

何真的病故，是明朝洪武二十一年（1388年）朝廷的一件大事，同时也是何真人生的顶峰。朱元璋用比丹书铁券和封爵更高的礼遇，悼念这个忠心耿耿的臣子。皇帝下令在朝百官素服三日，并以厚礼安葬京师城南八里冈。

东莞伯何真，在朱元璋的祭文中，走到了一个英雄的制高点。

> 当元之季，海内兵争，群雄割据，不可胜数，其识时务而知天命者几何人哉？尔真昔能辑众，保有岭南，当朕平定天下之秋，不劳师旅，即全土地以来归，使一方之民，得以安全，可谓识时务者矣。朕嘉尔诚心，锡尔官爵，今以年高善终于家，朕甚悼焉。虽然身居高位，禄及子孙，丈夫至此，又何憾哉！尔其有知，服兹谕祭。

何真的哀荣和福泽，在朱元璋的祭文中继续绵延。在明太祖褒奖“遣官护其表，复赠侯爵，谥忠靖”之后，何荣也世袭了父亲东莞伯的爵位和荣耀，何贵依然在要害位置上担任镇南卫亲军指挥使，何宏则由尚宝司丞擢升为少卿。何真家族的这些光耀，没有人将它看作是太阳落山时的最后余晖。

后来的《庐江郡何氏家记》以马后炮的形式，记述了劫难来临之前的一点预兆。

何真去世的那一年，一个名叫林振的万户，捏造何真公结胡惟庸，以此敲诈何荣。何荣没有屈服，让人将林振绑了，然后入奏皇帝。朱元璋只问为何不将林振绑来，何荣以担心林振在绑赴途中畏惧跳入聚宝门外兵马司前大中桥下自杀的理由解释，得到认可。朱元璋差人将林振押来，严刑拷打，以死治罪。

“胡惟庸案”是朱元璋最大的忌讳，每一个胡党，都是他无比痛恨的敌人，因胡惟庸案株连冤死者不计其数，然而这一次皇帝却识破了告状者的阴险。化险为夷之后，何贵、何荣兄弟有一段心有余悸的对话，这段出自《逆臣录》[1]中的文字，今天读来仍令人心惊肉跳。

何贵言说："大哥，想李大师、延安侯众人都为交结胡丞相，如今都结果了。我每老官人在时也曾去交结他来。看着如今胡党不绝，只怕久后不饶我这一家儿。"荣回说："我心里也只为这件事常常烦恼，不知怎地好，又没躲避处。由他，看久后如何。"

《逆臣录》中的这段对话，如果使用的是非虚构的手法，那么，何真与胡惟庸的交往，当是不可否认的事实。朝廷中的大臣，没有人可以装聋作哑，不与别人交谈，所以，从人际关系的接近和交往来说，难有人保证清白。因此，胡惟庸案株连一万五千余人，肯定有扩大了的冤屈。

何贵、何荣逃过了一场劫难。没有人看到朱元璋的内心，没有人知道皇帝的想法。六百多年之后，笔者以一个局外人的角度分析朱元璋的心理，何真尸骨未寒之时，也许他眼中还有那块赦免死罪的铁券，谕祭东莞伯何真的嘉许仍有余音。

明太祖朱元璋内心那粒疑忌的种子没有萌芽，重新回到了土壤中，等待春天的到来。五年之后的洪武二十六年（1393年），朱元璋心中那粒多疑的种子终于长成了树木，何真家族的冬天终于以鲜血和死亡的形式来到。

---

①［明］明太祖敕录，王天有、张何清点校：《逆臣录》卷一《何荣》，北京大学出版社，1991，第24—25页。《国初群雄事略》卷十四引《逆臣录》大体相同，但文字有多处出入。

明朝洪武年间的一系列案子和死于屠刀之下的人物，大都与皇帝的疑心和牵连有关。一个人的口供，往往是另一个人的罪状，在严刑拷打之下，那些口供就是击鼓传花，将一个个人串在一根长绳之上。何真家族满门抄斩的血案，只是朱元璋屠戮长绳上的一个结，那根长绳的起头，却是凉国公蓝玉。

蓝玉，是明朝开国功臣常遇春的内弟。此人作战勇敢，立下赫赫战功，他的女儿被册立为朱元璋儿子蜀王的王妃，这层关系，让他和朱元璋结成了儿女亲家，并被封为凉国公。

牵连凉国公蓝玉的是靖宁侯叶昇。叶昇是蓝玉的儿女亲家，不幸的是叶昇被朱元璋认为与胡惟庸案有关而被杀头问罪。叶昇人头落地的时候，蓝玉便感到了自己脖子上的凉意。蓝玉的心思，记载在《逆臣录》[①]中。蓝玉对哥哥蓝荣说："前日靖宁侯（叶昇）为事（出了事），必是他招内有我名字。我这几时见上位（皇上），好生疑我。我奏几件事，都不从。只怕早晚也容我不过。不如趁早下手，做一场！"

牵连的力量和牵连的后果是你死我活，人头落地。蓝玉的谋反，显然有朱元璋逼迫的因素，所以，《黎东方讲史·细说明朝》[②]认为蓝玉在人人自危的气氛之下，铤而走险，情有可原而

---

① ［明］明太祖敕录，王天有、张何清点校：《逆臣录》卷一《何荣》，北京大学出版社，1991，第24—25页。《国初群雄事略》卷十四引《逆臣录》大体相同，但文字有多处出入。

② 黎东方：《黎东方讲史·细说明朝》，上海人民出版社，2019。

罪无可逭。在蓝玉的反叛计划中，是要趁洪武二十六年二月十五日朱元璋出城耕种藉田的时候下手。

春暖花开时节的藉田仪式，以一种最美丽的田园风光留在百姓的心里，却在洪武二十六年（1393年）充满了杀机，所有的危险，都指向了明太祖朱元璋。幸好，锦衣卫指挥蒋琳用向朱元璋告密的方式，有效地中断了一场危机。在锦衣卫的举报中，蓝玉的谋反名单上，有景川侯曹震、鹤庆侯张翼、普定侯陈桓、舳舻侯朱寿、都督黄恪、吏部尚书詹徽、户部侍郎傅友文和东莞伯何荣以及何荣的胞弟尚宝司丞何宏。

洪武二十六年（1393年）二月，明朝史册上最恐怖的是“蓝党”两个汉字，这两个用鲜血书写的汉字，让何真的后人死在了朱元璋族诛的屠刀之下。

明朝的情节和细节，充满了血腥，应天地下的人头，密密麻麻，超过练习高尔夫球时绿茵场上那些遍布的白色小球。《庐江郡何氏家记》用简洁和不带情感的文字，掩盖了那些难以瞑目的人头：“洪武二十六年，族诛凉国公蓝玉，扳指公侯文武家，名蓝党，无有分别。自京及天下，赤族不知几万户。长兄（何荣）、四兄（何贵）、弟宏，维暨老幼咸丧。”[①]

《庐江郡何氏家记》用“抄提”取代了“满门抄斩”的血腥。入明之后赋闲在家的何迪，不甘株连被戮的命运，起兵造

① ［明］何崇祖撰：《庐江郡何氏家记》，江苏广陵古籍刻印社，1987。

反，击杀南海官军三百余人之后败走被擒，械送京师诛之。

洪武年间的“株连”，让人在历史中不寒而栗，“株连”这个词，让人想起在地下生长的竹根，地面上所有竹子的风光，早已被一根曲折漫长的竹鞭宿命般地固定。何真家族庞大，何真的兄弟手足和子女后人受到牵连，是无法避免的结果，而且，何真的部将、姻亲等人，亦未能逃脱“连坐”的命运。一个人的病，成了蔓延的恶性瘟疫，绝少有人能够成为国家机器下的漏网之鱼。《元明之际广东政局演变与东莞何氏家族》[①]中，罗列了因蓝党案连坐的冤者：归安县丞高彬、何真姐夫杨威仪、杨威仪之子杨荣及孙贵阳同知光迪、何迪女婿邓洪贽一家……

《庐江郡何氏家记》中，有官兵夜抄东莞何真家族时“各自逃生，有幼儿女各乳母抱背香园匿”等描述，覆巢之下，四野哀鸿。慌乱之中，只有何崇和四个儿子及何华的二子一孙，逃到荒无人烟的大浪澳，保全了何真血脉的一星火种。

大浪澳远离东莞，如今这个地名已被香港“新界”塔门南面大浪湾取代。这里在洪武年间只是一片荒芜之地，何氏后人，数年间东躲西藏，隐姓埋名，在惊恐中度日如年。

这一切，葬身京师城南八里冈的东莞伯已经无法看见，明太祖的赐封和免死的丹书铁券，都不能让九泉之下的何真瞑目。

何真家族的苦海，结束于洪武三十一年（1398年）。这一

---

① 汤开建：《元明之际广东政局演变与东莞何氏家族》，《中国史研究》2001年第1期，第103—121页。

年，朱元璋驾崩，太孙朱允炆即位。在建文帝大赦天下的阳光中，何崇父子侄孙重见天日，回到东莞祭祖。

何真卒于洪武二十一年三月（1388年），何真出生的时间史料却有多种记载，一为元延祐六年（1319年），另有说法为至治二年（1322年）和至治元年（1321年），但以超过花甲年龄计，在兵荒马乱的元末明初，何真都可以算是长寿和正寝。何真之后，时间已经轮转了两朝六百多年，何真家乡，已经少有人在元、明的东莞地图上，找到与如今对应的方位。归善、湴田、黄麻围、梅塘、湛翠、黄岭、石鼓岭、大林径、黄沙水、鹿径、障角、竹头径、塘勒、祖公岭、横枝沥、车冈、仙溪萌、鸡头冈、马迹径、白石、苍头、马溪头、军备等等地名，已经陌生得如同少小离家的游子。

六百多年的时光，沧海桑田，足以改朝换代。如今在元朝末期的古战场上，生长出无数的高楼大厦和公路、铁路、桥梁，何真的遗迹，早已被时光掩埋得不留痕迹。只有在两个地方，细心的人可以找到保境安民的蛛丝马迹。东莞市中心广场上的何真雕像，让游子看到了一个策马仗剑者的英姿。另一处地方，则在寥寥几个老一辈东莞人的口中，但是他们缺了门牙的嘴巴已经关不住历史的风云。即使在青铜雕就的何真像的底座上，后人也只是看到语焉不详的寥寥文字：何真，明代岭南先贤第一人。元末起兵平定乡豪割据势力，控制岭南实现保境安民理想，后归顺明朝稳定岭南政局，维护国家统一。以讲史著称的黎东方教授的口语式评价，也许更加符合历史的真实：

元朝在广东的文武官吏，除他以外，没有一个是能干的。他因此就成为了事实上的全广东最有力量的人。他采取保境安民政策，总算是乱世的一个好官。[①]

① 黎东方：《黎东方讲史·细说明朝》，上海人民出版社，2007，第26页。

宣府的铜墙铁壁

何真死的那年，罗亨信才11岁。

这两个同时代的东莞人，无缘在明朝的时光里相识，只能在历史的故纸中相逢。这两个可以用“英雄”这个词来定义的男人，六百多年之后，化身青铜，在东莞市中心广场上并肩排列。

罗亨信和何真在管林主编的《广东历史人物辞典》中“相逢”的时候，后人惜墨如金，仅用二百字，就浓缩了他的一生。

罗亨信（1377—1457年），字用实，明东莞人。永乐二年（1404年）进士。以工科给事中巡视浙江，免灾区税粮五十余万石。仁宗时官监察御史，查核通州仓库，诛杀数名狡诈奸徒。宣德年间，在京师九门征税收钞贯，钞法由此得通行。英宗朝擢右副都御史，巡抚宣府，整饬军纪，修复城墙，添置火器。土木之变，固守城池。代宗即位，以孤城外御强敌，内屏京师功进左副都御史。著有《觉非集》。

何真因为“好读书，善击剑”，消灭割据势力，平定岭南而出人头地，这是科举时代东莞枭雄唯一的案例。罗亨信的人生目标，只能通过科举，登进士之榜到达。

罗亨信中进士的那一年为明成祖永乐二年（1404年），其时他27岁，处于风华正茂的年纪。他在工科给事中和吏科给事中的职位上等待擢升的时候，却不料出了纰漏。一些文献隐去了他的失误，仅以“三十九岁时被谪交趾”一句带过，幸好别的文献有“因迟误文件被远谪交趾，为吏九年”的记载。九年的交趾小吏，是朝廷用漫长的时光和偏远的距离构成的惩处，幸好，罗亨信经受住了考验。历史文献，为后人罗列了罗亨信此后的人生轨迹：

洪熙元年（1425年），仁宗召为御史，任山西道监察御史，时年48岁；宣德五年（1430年），佥按察佥事俸；正统元年（1436年），英宗即位时擢为右佥都御史，时年59岁（神道碑载为宣德十年，即1435年）；正统十年（1445年），升右副都御史，时年已68岁；景泰元年（1450年），景帝即位，进左副都御史，时年73岁，景泰二年，罗亨信辞官归里；天顺元年（1457年）

卒于家中，享年81岁。[①]

上文中的“家中”，是一个无人关注的普通字眼。和东莞历史上那些抵抗异族的英雄相比，罗亨信是一个幸运的善终之人，凡是善终者，几乎都与“家”这个温暖的名字血肉相连。莞城西门，是块人才辈出的风水宝地，它是一座城池的咽喉。而东莞人口中所说的“西门罗”，其始祖便是罗亨信。

罗亨信高中进士离家为官的时候，西城门，就已经成为莞城西门一带最雄伟、最坚固的建筑。后人眼里的西城门，又称西城楼。门和楼，都是一座城市的脸面，是一个地方的风水所在。无论西城门还是西城楼，都只是一座建筑的小名，它最规范的大名，应该是迎恩门城楼，《东莞文物图册》载：迎恩门城楼“明洪武十七年（1384年）始建。原有城墙与道家山、钵盂山、和阳（东）门、崇德（南）门、镇海（北）门相连，现仅存迎恩（西）门，成为东莞古县城的象征”。[②]

罗亨信一生中的功绩，在他因文件延误被贬谪交趾之前，就已经开创。永乐三年（1405年）的时候，罗亨信在工科给事中任上，被朝廷派往嘉兴府体恤水灾灾情。在饿殍遍野、民不聊生的

① 邱立诚：《罗亨信及其家世》，载中共东莞市委宣传部、东莞市文学艺术界联合会编《东莞人物丛书·东莞历史人物》，广东教育出版社，2008，第136页。

② 东莞市文化局、东莞市文档管理委员会编：《东莞文物图册》，中国建筑工业出版社，2005，第58页。

水灾现场，罗亨信以微服私访的形式，看到了嘉兴、崇德、海盐三县的悲惨景象和水灾真相。他当即命有司发粟，赈济灾民。回朝之后，罗亨信立即上奏，陈述灾情，终“为三县灾民请蠲夏秋税粮五十余万石，活民数十万”。

上海古籍出版社2011年出版的《罗亨信集》[①]中，收录有罗亨信的奏疏69件，卷十《通议大夫都察院左副都御史罗公年谱》中的一件奏疏，体现了罗亨信体恤军民、安定边塞的苦心。

> 军馀勤苦，万莫甚于大同、宣府，何也？盖此虏至骄，累肆大言。守御之兵，岁增日益，供给之繁，有不暇息。虏使来朝。人马数千，防御祗应，力以疲甚。其馀丁犹为至苦。正月初，俟送使臣，至二月末方起，始得耕种，不及耘锄，又起备边等项。七月初，采打马草，运送上场，九月终回，又接使臣。一年之内，不得三月之闲，生理全误。上年，声息警急，又送屯军数千操练守备。该部行下卫所，无军照名拨补，及其不足，明文又将管下舍人、馀丁尽行拨补。及照先有保安卫指挥焦玘怀私讦奏本卫军馀占种地亩，户部行移取勘，验亩起科纳粮。近又参查宣府前等一十九卫所官军所种田地，事同一体。见差主事汪浒到来分投取勘，逐一丈量见数。每军馀八十亩，自用其馀，每亩科正五升。臣切

① ［明］罗亨信撰，香权根整理：《罗亨信集》，上海古籍出版社，2011。

> 惟塞北官军之舍人、家人、馀丁为其手足，今要尽数拨补屯粮，是欲断其手足。边境土地嫌薄，今丈量起科，人皆不敢耕种，是绝其衣食而逼其逃窜。当今事势，正宜布恩信，结人心，遇警敌乃能舍生赴义，岂有衣食不足而得其心哉？伏望圣恩以备边为重，命在廷文武大臣从长计议，合无将原选屯军先补一半，俟事稍宁，另行定夺。其管下舍人，原种地土，照旧纳粮。旗军所种之数，仍免纳粮，亦不必丈量地土，诚为久远便利。

《罗亨信集》中的那些白纸黑字的上疏，正印证了《罗亨信及其家世》[①]《罗亨信及其诗文》[②]中对一个古代边塞官员“为人廉正，敢作敢为，肃贪倡廉，为人称道”“数陈为民请恤之疏，边鄙军民仰之而安”的褒扬。

贬谪交趾九年的惩处，并没有在一个忠臣的官宦人生中留下萎靡不振的痕迹，一个清官能吏的言行举止，被后人用“精于治理，屡立战功”的评价给予肯定。从洪熙元年（1425年）八月至景泰元年（1450年）漫长的二十五年中，罗亨信经历了一系列

---

① 邱立诚：《罗亨信及其家世》，载中共东莞市委宣传部、东莞市文学艺术界联合会编《东莞人物丛书·东莞历史人物》，广东教育出版社，2008，第136页。

② 香权根：《罗亨信及其诗文》，载中共东莞市委宣传部、东莞市文学艺术界联合会编《东莞人物丛书·东莞历史人物》，广东教育出版社，2008，第140—162页。

事件：在山西道监察御史任上巡视通州仓，查获缉捕巨恶奸骗之徒；在直隶真定、顺德、广平、大名四府巡按时，旌廉黜贪，勉饬学校，激励诸生，振作学风，使秋闱举士，中试者倍增；奉旨往山西布政司清理军伍五万多人，不枉不漏；在会同都督蒋贵出境搜剿蒙古军阿台之时，发现蒋贵只带一半粮草，将另一半粮草粜卖中饱私囊，导致军队中途缺粮从而退兵，立即檄奏英宗，呈蒋贵、曹望、安敬三人罪状，朝廷令斩安敬，军心立即振作。

其实，罗亨信的军事才能，早在贬谪交趾时，就已彰显。永乐十七年（1419年）冬天，郑公正率大军进攻卫城，在孤立无援的情况下，罗亨信与指挥使昼夜督军，在敌强我弱的劣势下，坚持了三个多月，未使城池失守。其间罗亨信一直用援军即将到来的希望激励守城军士，并且谋划好了援军到达之后的破敌之策。战争的结果，果然在罗亨信的预料之中。增援的兵马到来之后，采用了罗亨信的夹攻战术，贼军被一举消灭，交趾境土，从此安定。

正统三年（1438年）春天，兵部尚书王骥来到甘州督军，部署军队分东西两路，夹击蒙古阿台的兵马。罗亨信率领的马步官军由昌宁出发，深入敌军要害，发动突袭，一举擒获蒙古都达鲁花赤朵尔忽27名，斩首数级，缴获骏马29匹、木印一个。溃逃的残兵往西逃窜，不料又遇到明军，尽被消灭。

上述精准到个位的数字，是文献的客观记录，它不属于古典小说中“尸横遍野，血流成河”的夸张，这些难以进入史册的战役，只是一个人的战斗，它更多的是展示了一个边塞官员的忠心和智勇。十二年之后的景泰元年（1450年）二月，罗亨信又导演了一场兵不血刃的智取。被文献称为叛贼的宦官喜宁和蒙古军前来议和，罗亨信与总兵商量好了对策，派参将杨俊设下埋伏，生擒了喜宁，然后押送京师。

在英宗那个年代，罗亨信是一个少有的有作为的官员，在督镇大同、宣府的过程中，他屡屡发现问题，他的眼光，穿透了土木，看到了铁蹄下的危机。

罗亨信走过正统四年（1439年）的宣府城时，一眼就看见了那些失稳的城墙土基，在敌军的刀枪铁骑到来之前，大雨就是防守的第一个敌人。赶在雨水使之倾圮之前，罗亨信下令修筑巩固，让一个坚固的宣府新城从图纸走向了大地。

三年之后的正统七年（1442年），罗亨信又看到了怀来、天城、怀安和万全四卫的防御危机。这条大同府辖下的古道，是少数民族向明朝进贡时的必经之路，四卫土城未曾包砌、吊桥和瓮城损坏、城楼未盖、门禁缺少守把等薄弱环节，芒刺一般地扎在罗亨信的心里，他的目光看到了别人目力不及的未来，一旦外族图谋不轨，这些陈旧残缺的工事将难以承担抵御的重任。

罗亨信的奏章，多来自他对边关的忧虑，但是，那些充满了危机意识的文字，并不是每一回都能让皇帝警醒，歌舞升平的皇宫里，最不喜欢这些刺耳的噪音。罗亨信两次上疏奏请增强大同、宣府军备，完善设置，以备防御外强，都被朝廷忽略。英宗皇帝的被掳，就此埋下了种子。

正统十年（1445年）的时候，罗亨信就预察到了蒙古也先的野心，边关的安危，在他心里落了一层寒霜，在回京之后的陈奏中，罗亨信忧虑忡忡地写道：

> 今大同、宣府至京一带，连城陆续包砌将完。止有宣府至怀来二百余里别无卫所，唯有保安卫立于鸡鸣山南二十里，隔越天河一道。及美峪千户所，又在保安卫南六十里深沟之内设立，山水冲流，不堪筑城，遇贼难守。合无将保安卫、保安州及美峪千户所移至驿路沙河西、雷家站东，择地设立，卫所并州，共居一城，添军守备，实为久远便利。及见榆林驿东、岔道西道经险阻，山口数多，具闻棒槌峪通人行走。宜于榆林驿东设立一卫，仍同隆庆卫将西边一带山口固塞，使人迹不通。又见居庸关至京一百二十里，缘无卫所，盗贼不时出没。合无亦于榆河驿再设一卫，则自边至京，城池联属、万年拱护，京师永保无虞矣。[①]

然而，这些事关京城安危的建言，并没有成为化解危险的指引。文献的记录中，出现了令人失望的结局："在此军情危急之时，对罗亨信的建议，明廷却以徙卫劳人、设卫无军为由置之不顾，等到七月也先犯大同，英宗被俘后，他们才觉罗亨信所言确

① 罗亨信：《请徙城设卫疏》，载［明］罗亨信撰，香权根整理《罗亨信集》，上海古籍出版社，2011，第407—408页。

是有益，但为时已晚。”①

罗亨信奉命督镇宣府的时候，没有想到英宗皇帝会在土木之变中成为也先的俘虏。一个国家的惊惶，写在宣府每一个老百姓的脸上，只有罗亨信，处变不惊。当官吏提议弃城，当百姓蜂拥而出时，罗亨信手执寒剑，坐于城门口，一句“出城者斩”，挡住了所有人逃跑的脚步。在罗亨信和众将领为朝廷死守宣府的盟誓中，浮萍一样的人心开始安定。当敌兵挟持英宗皇帝来到南门，大声叫喊守军开门时，罗亨信登上城楼，毫无畏惧，他用“奉命守城，不敢擅启”八个字，瞬间加固了城墙，让那些企图用英宗当开门钥匙的敌人彻底失望。

在冷兵器时代，高立的城墙是攻守双方最熟悉的战场。在古典小说的描述中，用砖石垒砌的城墙，有时固若金汤、坚不可摧，有时摧枯拉朽、不堪一击。在笔者的想象和理解中，当一个国家的最高统治者，在敌人的挟持下，成为人质、成为攻城锐器的时候，再坚固的砖石，也是纸糊的篱笆。罗亨信的果断勇敢，开创了中国城墙坚固的经典范例，成了历史中不朽的一笔。敌人引兵退走，成了罗亨信固守城池的结局，成了明朝正统十四年（1449年）的战争奇迹和孤例。挟持英宗的也先军队，铁蹄所到之处，城门大开，帅旗易帜，唯有宣府城池，仍是铜墙铁壁，它成了明朝残喘的最后气息。

---

① 中共东莞市委宣传部、东莞市文学艺术界联合会编：《东莞人物丛书·东莞历史人物》，广东教育出版社，2008，第146—147页。

悲壮的“五忠”

- 宁锦大捷
- 督师磔死
- 忠愍陈策
- 留发拒降
- “三不要老爷”
- 长揖不跪
- 血洗万家租
- 辽东的彭谊
- 遗民的风骨

宁锦大捷

在中国历史上，罗亨信几乎是一个无名英雄，除了东莞市中心广场上的那尊青铜，后人再也难以寻觅到他的蛛丝马迹。

土木之变中的宣府坚固，被后人用明朝得以免灭顶之灾加以评价。其实，在明王朝二百多年的历史中，尤其是罗亨信之后的一百八十多年中，前赴后继者，依然络绎不绝。

笔者在清光绪十八年（1892年）探花陈伯陶的著作中，找到了“东莞五忠”这个名词。一本著作的书名，用“明季”两个汉字，定义了袁崇焕、陈策、苏观生、张家玉、陈象明这五个东莞人生活的年代。他们和罗亨信一起，共同为朱氏江山流血和悲壮死亡。

陈伯陶，是一个本书将会郑重提及的名字，在“东莞五忠”出场的舞台上，他是一个拉开帷幕的重要人物，他是一台悲剧大戏的前排观众，同时也是这台大戏的评论家。

袁崇焕，是陈伯陶的《明季东莞五忠传》中第一个出场的英雄。梁启超在《袁崇焕传》中，将袁崇焕定性为“明季第一重要人物”。站在岭南开化迟缓的背景下，梁启超认为“吾粤崎岖岭表，数千年来，与中原之关系甚浅薄，于历史上求足以当一国之人物者，渺不可睹”，在列举了六祖慧能和陈白沙在佛教和心学的贡献之后，梁启超将袁崇焕推上了一个时代的前沿和高峰：“若夫以一身之言动、进退、生死，关系国家之安危、民族之隆替者，于古未始有之。有之，则袁督师其人也。”[①]

《广东历史人物辞典》中的袁崇焕生卒年分别是1584年及1630年，依据的是民国《东莞县志》卷六十一《袁崇焕传》中引述的《袁督师行状》：“生于万历十二年（1584年）四月二十八日戌时。”[②]

袁崇焕与广西的渊源，始于万历二十五年（1597年）。14岁的袁崇焕，随祖父袁世祥和父亲袁子鹏，前往藤县应试，补弟子员。九年之后，袁崇焕在广西桂林应乡试，中举人。十三年之后的万历四十七年（1619年），36岁的袁崇焕参加会试，考中庄际昌榜己未科进士，列三甲第四十名，赐同进士。

袁崇焕完成科举理想的这一年，也是他衣锦还乡的最好时刻，但笔者翻阅过的文献，均无袁崇焕回归东莞故里的记录。

---

① 梁启超：《明季第一重要人物袁崇焕传》。

② 叶觉迈修，陈伯陶纂：［民国］《东莞县志》。

《袁崇焕与东莞》[1]一书中，有“回乡途中，拜见东莞乡贤、遵义副总兵陈策，撰《南还别陈翼所总戎》诗”的记载，这行出自该书《袁崇焕与东莞大事年表》中的话，是“东莞五忠”成为不朽历史的起源，也是陈策成为袁崇焕敬仰之人的开始。

在已经被历史盖棺定论的“东莞五忠”中，陈策是序齿排班中的长者。拜见陈策，是袁崇焕上任福建邵武知县之前一次私人活动，历史和所有的研究者，都忽视了这个在袁崇焕人生中具有精神意义的情节，后人只有在陈伯陶的书中，通过明季“东莞五忠”的壮举，看到他们之间的文化和精神关联。

袁崇焕在邵武知县任期的经历，也是研究者认为无关轻重的话题。任职邵武的蛛丝马迹，后人只能在陈伯陶的《明季东莞五忠传》中依稀看到：“为人慷慨，负胆略，好谈兵。遇老校退卒，辄与论塞上事，晓其阨塞情形，以边才自许。”“夏允彝《幸存录》云：‘崇焕少好谈兵，见人辄拜为同盟，肝肠颇热。为闽中县令，分校闱中，日呼一老兵习辽事者，与之谈兵，绝不阅卷。或问之，则曰：士子宜中者，自有命在，随意抽取可也。’”[2]

一个热爱谈兵的知县，与带领千军万马的武将之间，隔着千山万水，但是，不可捉摸的命运，却无意中成全了袁崇焕。

---

① 王元林、彭劲松著，东莞市袁崇焕纪念园、暨南大学考古与文化遗产研究所编：《袁崇焕与东莞》，广东人民出版社，2016。

② 九龙真逸（陈伯陶）著，罗志欢、郑丽华点校：《明季东莞五忠传》，广东人民出版社，2013，第7页。

袁崇焕离开福建邵武来到京城的时候，是天启二年（1622年）的正月，袁崇焕见到了清兵大破西平堡和广宁城，辽东巡抚王化贞和辽东经略熊廷弼入山海关，京师戒严，人心浮动。大敌当前，袁崇焕毫无畏惧地单骑出关，遍察了山海关内外的形势。回来之后，他用一句石破天惊的话，震慑了朝廷。“予我兵马钱谷，我一人足守此。”御史侯徇，是这句话最有力的信任者，他成了袁崇焕被破格提拔的推荐之人。袁崇焕的毛遂自荐和旁人的信任，将一个知县小官，推到了山东布政司右参政兼按察司佥事的重要职位，镇守边关的重任，成了袁崇焕人生的风口浪尖。在《明季东莞五忠传》中读到这个情节的时候，笔者产生了一时之勇和口出大言的疑虑，因为很难将一个未经过战火考验的文官，同一个前线御敌的武将联系起来。

走马上任之时，袁崇焕用一段表明心迹的文字，为四百年前的历史，留下了追溯的可能：

> 趁今未阴，一刻可当千金。迟一日，误一日之封疆；早一日，修一日之战守。但事难遥度，机不可预图，唯竭尽肺肝，偕视师行边二尚书商度战守，事事到手，处处躬亲，必不令虏半步闯入榆关。[①]

---

① ［明］袁崇焕：天启二年二月二十八日《急切事宜以图报称疏》，见［清］佚名《袁督师事迹》，载《广州大典》，广州出版社，2008。

从手无寸铁的文官到指挥千军万马的武将，中间的距离，超过了广东东莞和广西藤县到京师的路程。出关之时，袁崇焕上疏，请调广东的步兵和广西的狼兵，后人从这里看到了一个勇敢者的仓促和无奈。在朝廷的圣旨中，袁崇焕的叔父袁玉佩在广东招募了士兵三千人，同时又在广西征调了士兵六千人，来自两广地区的子弟兵，尤其是广西的狼兵，均骁勇善战，他们的肉体，加固了山海关的坚牢。

宁远，是袁崇焕防守策略中一座极为重要的城池，但是在辽东经略王在晋的地图上，八里铺才应该是重筑重守的要冲。幸好，袁崇焕的主张得到了大学士孙承宗的支持。孙承宗下令祖大寿、高见、贺谦按照袁崇焕的计划和规格构筑宁远城，一年竣工。《明史·袁崇焕传》为后人留下了袁崇焕一年的辛劳："崇焕勤职，誓与城存亡，又善抚，将士乐为尽力。由是商旅辐辏，流移骈集，远近望为乐土。"①

宁远城，只是袁崇焕宁锦防线上的一道屏障。被人称为辽西走廊八城的，还有锦州、松山、杏山、右屯、大小凌河镇、前屯、塔山等城池，袁崇焕用心血修筑之后的城堡，每一座都遣将把守。袁崇焕没有料到的是，孙承宗被高第代为辽东经略之后，所有的城池，都在一道"关外必不可守，令移其将士于关内"的命令中失守，袁崇焕精心打造的宁锦防线，突然间城门大开。

---

① ［清］张廷玉等撰：《明史·袁崇焕传》卷二百五十九，中华书局，1974。

后人在《锦州、右屯、大凌必须坚守揭》中，看到了袁崇焕对高第下令撤防的鲜明态度：

> 兵法有进无退，锦、右一带既安设兵将、藏卸粮料、部署厅官，安有不守而撤之？万万无是理！脱一动移，示敌以弱，非但东奴即西虏亦轻中国，前柳河之失，皆缘若辈贪功，自为送死，乃因而撤城堡、动居民，锦、右摇动，宁前震惊，关门失障，非本道之所任者矣。必如阁部言，让之又让，至于无可让而止。今但择能守之人，左辅守大凌河，樊应龙等守右屯，更令一将守锦州，此城大于右屯，然稍后缓矣。三城屹立，死守不移，且守且屯，恢复可必。若听逃将懦兵做法，以为哨探之地，此则柳河之故智，成则曰“袭敌”，不成则曰“巡河”，天下人可欺，此心终是欺不得，则听之能者，本道说一声明白便去也。

袁崇焕的不服，并不能改变局势，更无法让决策权在握的高第回心转意，高第撤兵的命令，致使“乃撤锦州、右屯、大小凌河及松山、杏山、塔山守具，尽驱屯兵入关，委弃米粟十余万。死亡载途，哭声震野，民怨而军益不振”。只有袁崇焕，不为命令所动：“我宁前道也，官此，当死此，我必不去。”①

① ［清］张廷玉等撰：《明史·袁崇焕传》卷二百五十九，中华书局，1974。

宁远保卫战，从袁崇焕的这句抗命誓言开始。天启六年（1626年）正月十四日，努尔哈赤指挥十三万兵马西渡辽河，鞭指右屯，守将周守廉弃城逃遁。由于锦州、大小凌河、松山、杏山、连山、塔山等地已在高第的命令下撤守，所以金兵长驱直入，兵不血刃。孤城宁远，在袁崇焕和同知程维楧、总兵满桂的驻守下，成了抵御敌人的最后屏障。

袁崇焕的备战和死守宁远的决心，在古籍中屡有记载：

> 袁崇焕当奴贼未至之时，椎牛杀马，引佩刀自割其肉，烹之以飨将士。[①]
>
> 宁远孤城外悬，忽闻东人警，举朝大骇，为以必不可守。崇焕泣血誓守，啖草以励众曰：“苟能同心死守，我为牛羊以报，是所甘也。”众感其意。[②]
>
> 崇焕闻(警)，即偕大将（满)桂，副将左辅、朱梅，参将（祖)大寿，守备何可刚等集将士誓死守。崇焕更刺血为书，激以忠义，为之下拜，将士咸请效死。[③]

努尔哈赤的铁骑到达宁远的时间是正月二十三，金兵并没有

① ［明］沈国元撰：《两朝从信录》卷二十九，天启五年正月，台湾华文书局印行，1968。

② ［明］夏允彝撰：《幸存录》，台湾银行经济研究室，1968。

③ ［清］张廷玉等撰：《明史·袁崇焕传》卷二百五十九，中华书局，1974。

立刻攻城，而是留下了一天的时间，让围城中的袁崇焕在应战或者投降之间作出选择。

《清实录·太祖实录》中，记录了努尔哈赤的劝降书和袁崇焕的拒降书：

> 汝等此城，吾以兵二十万来攻，破之必矣。城内官若降，吾将贵重之，加秦养焉。

努尔哈赤的文书虽然简洁，但必胜的气势和对投降者的利诱，符合劝降的两大要素。这样的文字，在战场上往往能够不战而屈人之兵。

袁崇焕不是一个在文字面前屈服的胆怯之人，他的答复斩钉截铁，无一丝犹豫：

> 汗何以遽尔加兵耶？锦、宁二城，汝国既得而弃之，以所弃之地，吾修治而居，宁各守其地以死，讵肯降耶？

文书不能取胜，只有武力才能分出胜负。二十四日和二十五日，双方交战开始。努尔哈赤攻城，从东门发起。在战车的掩护下，金兵攻到了城墙之下。那些战车，用数寸厚板做成，厚板外层，钉上生牛皮保护，士兵藏于车内，刀箭无伤。城墙虽厚，但在金兵不断的斧凿之下，逐渐遍体鳞伤。在与坚硬金属的对抗中，冰冷的城砖，露出了破绽。守城的十一门西洋火炮，架在城堞之上，在震耳的炮声中，努尔哈赤后援的铁骑一片片倒下，但城下凿墙的金兵却完好无损。大炮远轰的巨大威力，在短兵相接和贴身肉搏中成了致命的短板。

破敌之策，在袁崇焕的锦囊中打开。袁崇焕命令士兵抱来秸秆，将油脂和火药灌入秸秆芯内，然后点燃，顺城墙投下。在猛烈的火攻之下，金兵的战车，燃起熊熊之火，凿墙的士兵，大多葬身火海，被烧死的金兵中，不乏锦服之人。金兵溃退之后，袁崇焕命令士兵缒城而下，打扫战场，拾得箭矢十余万枝，千疮百孔的城墙，已被敌兵掏凿大小空穴七十余处，而守战一方，火药库存尽空。

近四百年的时光，已经彻底抹去了宁远大捷的惨烈，幸好有战争的在场者，为后人留下了真实的记录。朝鲜人李肯翊，用文字让后人穿越到了天启六年（1626年）的宁远：

> 我国译官韩瑗，随使命入朝，适见崇焕。崇焕悦之，请借于使臣，带入其镇。瑗目见其战。军事节制，虽不可知，而军中甚静，崇焕与数三幕僚，相与闲谈而已。及报贼至，崇焕轿到战楼，又与瑗等论古谈文，略无忧色。俄顷放一炮，声动天地，瑗怕，不能举头。崇焕笑曰："贼至矣。"乃开窗，俯见贼兵满野而进，城中了无人声。是夜，贼入外城，盖崇焕预空外城，以为诱入之地矣。贼因并力攻城，又放大炮，城上一时举

> 火，明烛开炮，矢石俱下。战方酣，自城中每于堞间，推出木柜子，甚大且长，半在堞内，半在城外，柜中实伏甲士，立于柜上，俯下矢石。如是屡次，自城上投枯草油物及棉花，堞堞无数。须臾，地炮大发，自城外遍内外，土石俱扬，火光中，见胡人俱人马腾空，乱堕者无数，贼大挫而退。[①]

宁远大捷之后，袁崇焕进一步加强了前线的防御，锦州、中左、大凌等城池逐一修复。皇太极的兵马，赶在了这些城墙的修缮尾声到来。宁远大捷之后的袁崇焕，对城池的坚牢，充满了信心。

皇太极率领的虎狼之师到达锦州城下的时间，是天启七年（1627年）五月十一日。敌兵四面合围，总兵赵率教坚守待援。袁崇焕派人送书信，用“城中大器，兵马俱备，必不能克”“敌冒暑深入，势不能久，援锦之兵，第声息四出，疑而扰之，而重兵相机保守宁远”激励斗志，同时精选骑兵四千，由祖大寿、尤世禄带领，绕道敌后，又命令傅以昭统率水军，东出敌后牵制。

锦州守卫战的惨烈，多种文献均有记录。《东华录》载：“十二日，大军攻锦州城西，率教调三面守城兵来援，火炮矢石齐下，大军退五里而营，遣人往调沈阳兵。”[②]《三朝辽事实录》的文字，则更详细生动：“五月十二日，敌分兵两路抬拽车梯、

---

① ［朝鲜］李肯翊撰：《燃藜室记述》，广陵书社，2019。

② ［清］王先谦撰：《东华录 东华续录》，上海古籍出版社，2008。

挨牌，马步轮番交攻西、北二面。太府纪用同职及左辅、副总兵朱梅督各将领，并力打射，炮火、矢石交下如雨，自辰至戌，打死夷尸，填塞满道。至亥时，敌兵拖尸去，将班军采办窑木烧毁，退兵五里，西南下营。”①

十五天过去了，锦州岿然不动。皇太极无奈，便移兵转攻宁远。这早在袁崇焕的意料之中。袁崇焕派从前屯赶来增援的满桂和祖太寿，合兵在城外与敌激战，自己则镇守城池，指挥守兵用大炮和火药坛向敌人猛攻。满桂身中数箭，当他看到城堞上大喊杀敌的时候，深受鼓舞，坚持不倒。

这场大战的惨烈程度，超出了所有人的预料。在“城壕深阔，又值溽暑，士卒多死伤”的背后，战火的残酷，更是使人不寒而栗：

> 初四日丑时，敌提马步兵数万，抬运车梯齐攻南面，自寅至午，敌死于大炮及火坛矢石，积尸如山。四王子在教场下穿黄衣催攻城。又过三时，敌死更倍，而竟日仍用炮打城。至酉时乃败归，计敌死不下二三千。又载纪用报云：初四日，敌回营后，大放悲声。随于焚化酋长尸骸处，天坠大星如斗，其落地如天崩之状，敌众惊恐终夜，至五鼓撤兵东行。②

① ［明］王在晋撰：《三朝辽事实录》，全国图书馆文献缩微复制中心，2002。

② ［明］沈国元撰：《两朝从信录》，台湾华文书局印行，1968。

宁锦大捷的功臣，以一纸《乞休疏》作为一场大战的总结，然后回到故里。这样的结局，令天下人心寒，那种彻骨的寒冷，至今仍留在黄脆的故纸上。

大多数文献，都忽略了袁崇焕返回东莞之后的经历，只有《袁崇焕与东莞大事年表》中，记录了他的行踪：“袁崇焕受魏忠贤阉党排挤，上《乞休疏》请辞，获准，在家乡度过一段悠闲的时光。”①

袁崇焕离开战场之后的悠闲时光，从他翻越大庾岭踏入南粤大地时候作的《归度庾岭步前韵》诗开始：

功名劳十载，心迹渐依违。
忍说还山是，难言出塞非。
主恩天地重，臣遇古今稀。
数卷封章外，浑然旧日归。

“悠闲时光”，只是文人的主观描述，任何一个读者，都无法看见三百多年前的场景和人物心态。袁崇焕刚刚踏上故乡的土地，天启帝朱由校驾崩的消息便接踵而至。描述甚详的《明季东莞五忠传》中，陈伯陶也仅仅用“八月二十二日，熹宗崩，庄烈皇帝即位”一语，轻描淡写地带过。

---

① 王元林、彭劲松著，东莞市袁崇焕纪念园、暨南大学考古与文化遗产研究所编：《袁崇焕与东莞》之《袁崇焕与东莞大事年表》，广东人民出版社，2016。

对乞休回乡的袁崇焕而言，时光短暂，在他留给故乡东莞最后的十一个月里，真正称得上“悠闲”的时间，短到转瞬即逝，如掌中的沙粒，带不走一点温热。

在袁崇焕四十七年的短暂人生中，“悠闲”这个轻音乐一般的形容词，并不是指休息，也不是指度假，而是指为家乡留下了流传后世的描述。

有一种巧合，值得用“冥冥之中”来形容。袁崇焕乞休回乡的时候，正好碰上敕建忠愍祠，站在东莞县城教场尾祠外的广场上，袁崇焕心潮澎湃，他情不自禁地想起忠愍祠的纪念对象陈策，想起了八年前在剑南拜见时任遵义副总兵的乡贤。怀念的最好方式，是后人想象不到的简单，袁崇焕在水南家乡的厅堂里，铺纸研墨，写下了八年前所作的《南还别陈翼所总戎》诗：

慨慷同雠日，间关百战时。
功高明主眷，心苦后人知。
麋鹿还山便，麒麟绘阁宜。
去留都莫讶，秋草正离离。

当《南还别陈翼所总戎》这首诗跨过八年光阴到达忠愍祠的时候，袁崇焕的心情，又有了更多的文字之外的意绪，两代东莞人，最后舍生奋战的死难之地，都在遥远的关外，面对的都是同一个敌人。

水南三界庙的重修，无意中与袁崇焕的返乡，形成了交集，在并无任何约定的天启七年十二月，南归的游子，看到了古老的三界庙，在砖瓦的加持下焕然一新。家乡的三界神，护佑百姓平安，让东莞大地，风调雨顺。心情大好的袁崇焕，应乡绅之约，挥笔写下了《重建三界神庙疏文》。这篇后人考证作于天启七年腊月十八的疏文，被后人客观评价：

> 整篇疏文反映了……袁崇焕对天地、鬼神、福祸、人性、财物的态度，也反映了在野期间，袁崇焕在家时“本来无祸，何必免祸？福且无用，何必妄求”的态度，在一定程度上反映了封建士大夫寻求真善，在政治失意后超越自然的态度。[①]

“事三界神七十年如一日，人习而神安之。有情以告，有祷必应。不啻子孙之于祖、父，其由来矣。”这是袁崇焕《重建三界神庙疏文》中的一段文字，通篇疏文被镌刻在坚硬的石头之上，然而石头也未能经住岁月时光的淘洗。

在文献的记载中，《重修三界庙疏文》碑高三尺，阔一尺五寸，文为十七行，行四十八字，正书，落款为“钦命巡抚辽东、山海等处地方广州提督军务，加从二品服俸，兵部右侍郎兼都察院右佥都御史，里人袁崇焕谨撰”。这块立于三界庙前的石碑，

① 王元林、彭劲松著，东莞市袁崇焕纪念园、暨南大学考古与文化遗产研究所编：《袁崇焕与东莞》，广东人民出版社，2016，第97页。

毁于1958年的洪水。

天启七年（1627年）十二月，是一段短暂的时光，除了《重修三界庙疏文》之外，袁崇焕只来得及为家乡的三界庙留下“诚不可掩”四个大字。二十年后，陈伯陶书中的另一个明季忠臣张家玉起兵抗清。永历元年（1647年）正月，张家玉率五千兵马，路过水南，在袁崇焕祠堂祭拜冤屈而死的英雄，写下了《谒大司马袁自如先生遗祠》和《谒大司马袁自如先生遗祠怆然有感》两首气吞山河的诗：

谒大司马袁自如先生遗祠

司马遗忠尚有祠，重来客泪洒荒碑。
长城借得先生在，肯致中原苦乱离。

谒大司马袁自如先生遗祠怆然有感

吊罢遗祠泪几挥，辽阳回首事成非。
空留冷庙沧江上，不见犁庭铁骑归。
星落尚疑阴雨暗，风高犹想阵云飞。
只今羽檄纷驰急，那得先生再解围。

袁崇焕乞休回乡的十一个月里，真正具有“悠闲”意味的文字，是他在二度出关之前的最后时光里，为离家乡水南四十余里的道教名山罗浮重修冲虚观和山上庙宇馆舍倡导而写下的《募修罗浮诸名胜疏》和《募修罗浮诸名胜跋》。罗浮山属惠州市管辖，是东莞的近邻。只是，无人想到，这是袁崇焕与一座道教名山最后的相见。

朝廷任命的圣旨于崇祯元年（1628年）四月到达东莞，兵部尚书兼右副都御史的职务，达到了袁崇焕人生的顶峰。而督蓟、辽、登、莱、天津等处军务，移驻山海，更是将袁崇焕的责任，增加到了山一般的重量。

东莞历史上，袁崇焕是唯一一个由低品级的知县改任兵部，由文官跨越巡抚、总督经略而督师的奇才，在一个等级森严的时代，袁崇焕的一路破格提拔，并不是一条飞黄腾达、荣华富贵的金光大道，而是一条战场搏杀、刀光血影的死亡之路。在告别水南奔赴京城的长旅上，是没有送行者用李春叟“马革裹尸”之类的不祥之语激励前行的。并且，在经过广州的时候，袁崇焕迎来了一场被载入了史册的盛宴。

这场宴会的参与者，都是名重一时的岭南名士：陈子壮、赵焞夫、梁国栋、黎密、傅于亮、陶标、欧必元、邓桢、吴邦佐、韩暖、戴柱、区怀年、彭昌翰、释通岸、李膺、邝露、吕非熊、释超逸、释通炯、梁稷。用饯别名义组织的宴会，设在广州城内的名刹光孝寺内。

除了参加者之外，酒水和菜肴，应该是宴会的另一个主角，但是，在中国文字的传统里，却是不上台面的陪衬。笔者没有在文献中找到崇祯元年（1628年）四月光孝寺宴会的菜单，却在图书馆里找到了记录宴会盛况的珍贵图书《东莞袁崇焕督辽饯别图诗》。

美酒，是所有宴席的主角，而诗词文赋，则是佳肴的重要佐料。古代的文人，将诗词和酒宴的结合发挥到了极致。中国的古代文学作品中，这样的例子比比皆是。

崇祯元年（1628年）四月在广州光孝寺举行的这场盛宴，所有的文献均隐去了主持人，也没有任何故事发生的征兆。在笔者的理解和想象中，赵焞夫拿出自己手绘的送别图，应该是酒过三巡之后。这不是一个主人安排的情节，而是古代文人为朋友饯行送别时表达情感友谊的方式。所有的宾客，一齐放下了手中的筷子，大家的目光，不约而同地落在那幅精心绘制的山水画上。

由《肤公雅奏图》的画名进入，宣纸之上，“远山叠翠，视野开阔，岸边亭旁，垂柳树下几个挥手远眺，江面上两只船扬帆远航”。这是一个与光孝寺无关的送别场景，画家选取了珠江边上的五羊驿码头作为送行的背景。后人在赏析这幅绘画作品时，认为赵焞夫精心构思的画面，“注重环境的渲染与情感的表达，画中的人物均无五官，送别的人数也与实际不符，仅以一叶扁舟代表袁崇焕即将奔赴的行程，注入了一定的象征意味，着重表现的则是岭南的叠叠峰峦，暗示着旅途的遥远与艰辛，又含蓄地表达出对袁崇焕的挽留之情”。[①]

《肤公雅奏图》是《东莞袁崇焕督辽饯别图诗》的另一个名字，这个名字典出《诗经·小雅·六月》：“薄伐猃狁，以奏肤

---

① 王元林、彭劲松著，东莞市袁崇焕纪念园、暨南大学考古与文化遗产研究所编：《袁崇焕与东莞》，广东人民出版社，2016，第111页。

公”，其意为：肤，大；公，功也；奏，则指成功之意。这些隐晦曲折的古老汉字，寄托着文人朋友希冀袁崇焕向朝廷奏报大功的美好祝福。

接下来的情节，是后人没有想到的一系列文人雅兴。

“肤公雅奏”四个卷首榜书，是陈子壮的手笔。这四个大字，是陈子壮提前的精心准备，而其他出席饯别的名士们，则尽兴发挥，他们研墨挥毫，在宣纸上抒情和寄怀。写诗作词，是每一个人的特长，是他们安身立命之所在，那些古老的汉字，在他们心里，编成了辞典，当心灵的闸门打开之后，灵性的文字，奔涌而出，成了一首首送别的题诗。

19首题诗，和赵焞夫的水墨，构成了一个为袁崇焕送行的主题，汉字和山水，相互融洽，相得益彰，无意中为饯别送行的主题，开创了一种表现的形式。

后人对这些诗的内容归纳出三个方面的特点：一是称赞袁崇焕的丰功伟绩并希望他继续为抗金建功立业；二是对袁崇焕本人豪迈性格的描述；三是提醒袁崇焕官场险恶，劝诫他明哲保身。

对于包括袁崇焕在内的与宴21人，清史专家阎崇年先生将其分为五类。

第一类为创作《肤公雅奏图》的画家赵焞夫。这个父母早逝的番禺人，被宣统《番禺县续志》卷十八《人物传》描述为“少以诗名。梁元柱以疏劾魏阉归，与焞夫游。黎遂球、欧必元、李云龙、梁梦阳、戴柱、梁木公辈重开林净社，焞夫与焉。又与谢长文、韩宗騋（释函可）相友善，工画花卉，时称为高手”。

第二类有袁崇焕和陈子壮。陈子壮与陈邦彦、张家玉合称“岭南三忠”，陈子壮又与袁崇焕是同榜进士。《明史·陈子壮传》记载陈子壮的事项有三项：一是反对魏忠贤专权；二是辅助崇祯帝；三是起兵抗清，战败而死。

第三类人有黎密、欧必元、韩暖、区怀年、邝露等。这几个人均出身广东的名门望族，以名流自居，以诗社为聚，或议论朝政，或游历山水，希冀为朝廷看重，一展宏愿。

第四类是邓桢、梁稷、傅于亮、吴邦佐、戴柱、梁国栋等，这批人出身平民，熟悉经史，粗通武略，投身袁崇焕麾下为幕客。

第五类人有释通炯、释通岸、释超逸，从他们的名字上就可以知道他们佛门子弟的身份。释通炯是光孝寺住持，三人均为高僧。除了念佛诵经之外，他们还积极参加世俗事务，主动结交广州宦绅，使光孝寺成为晚明广东士子名流吟唱和议论国事的重要场所，也成了广东士人抗清失败之后避世入禅的重要寺庙。

自始至终，袁崇焕都是这场饯别宴会的主角。袁崇焕的出场，在19首题诗之后，他没有丝毫的沉吟，挥毫写下了《遇诃林寺口占》：

四十年来过半身，望中祇树隔红尘。
如今着足空王地，多了从前学杀人。

袁崇焕放下笔墨的时候，一场别具一格的盛宴已经接近了尾声。在所有人饮尽了杯中的最后一滴酒之后，袁崇焕郑重地收下了这份珍贵的礼物。此后，“珍藏”两个字，就成了袁崇焕与这件礼物的生死相依。如果没有意外，纸上的山水和文字，应该比人的寿命更长，但是意外，却用蒙难的方式，让《肤公雅奏图》离开了主人。袁崇焕死后，《肤公雅奏图》流落到了民间。清朝光绪四年（1878年），这幅图辗转到了清末词人王鹏运手中。1921年，这幅留下了王鹏运题跋之图易主之后被诗人江瀚带到了天津，甲骨收藏大家罗振玉为之作跋。《肤公雅奏图》再一次现身大众眼中，是在1958年香港举行的广东历代名家书画展览会上。港澳民间，最后成了它流浪的江湖。

没有人知道，这幅其时从岭南名士们眼里消失了的《肤公雅奏图》，在静静地等待三个东莞人的出现。三百年之后，当人们在北京广东会馆和各大图书馆里，看到《东莞袁崇焕督辽饯别图诗》时，才蓦然发现，容庚、伦明和张仲锐三个东莞学人，以一己之力影印的50册《肤公雅奏图》，为袁崇焕和崇祯元年（1628年）续上了精神的香火。

《肤公雅奏图》从纸上来到人间的时候，也是以袁崇焕名字命名的纪念园最幸运的时刻。2022年五一长假期间，笔者专程来到袁崇焕的故乡石碣，看到了明朝崇祯元年（1628年）四月初三广州光孝寺的现场，看到了《肤公雅奏图》诞生的过程。

《肤公雅奏图》从书本上走下来，恢复了它的本来面目。山水、字画和诗词，一旦从微缩中脱身，它就恢复了金箍棒定海神针的风度。画心、题诗和题跋组成的长卷，以六米多的巨幅，展示了袁崇焕在广州光孝寺与岭南好友分别，在岸边家人的注视之下，乘舟离开珠江边的码头，在迷茫的烟波里赴京就任的离愁别绪。

笔者不知道这幅深藏于广东省博物馆的珍贵文物，是如何跨越关山来到袁崇焕故里的。虽然不是落户，但是，作为一次短暂的到访和探亲，《肤公雅奏图》也将它的历史价值和现实意义，提到了士人精神与爱国情怀的高度。

袁崇焕遇难之后，《肤公雅奏图》辗转流离，幸好，收留它的那些主人，都是慈悲之人，王鹏运、江瀚、伦明、马氏媚秋堂和澳门何贤，以收藏家的姿态，表演了一场文物接力的马拉松，罗孚，则是马拉松的终结者，他以捐赠的方式，让这幅图永久定居在广东省博物馆。

督师磔死

袁崇焕以蓟辽督师的身份回到京城的时候，时间已经到了崇祯元年（1628年）七月。

梁启超在《袁崇焕传》中，为后人描述了袁崇焕面见天子的情景，君臣对话，袁崇焕的信心和隐忧同在。

> 七月，崇焕入都，先奏陈兵事，帝召见平台，慰劳甚至，咨以方略。对曰：方略已具疏中，臣受陛下特眷，愿假以便宜，计五年，全辽可复。帝曰：复辽，朕不吝封侯赏。卿努力解天下倒悬，卿子孙亦受其福。崇焕顿首谢且曰陛下既委臣，臣安敢辞难。但五年内，户部转军饷，工部给器械，吏部用人，兵部调兵选将，须中外事事相应，方克有济。帝为饬四部臣，如其言。崇焕又

> 言，以臣之力，制全辽有余，调众口不足。一出国门，便成万里，忌能妒功，夫岂无人。即不以权力掣臣时，亦能以意见乱臣谋。帝起立倾听，谕之曰：卿无疑虑，朕自有主持。大学士刘鸿训等请收还王之臣满桂尚方剑，以赐崇焕，假之便宜。帝悉从之，赐崇焕酒馔而出。[①]

崇祯皇帝那些没有记录的允诺，虽然有尚方宝剑和酒馔作为见证，但依然不能让袁崇焕踏实。在他不远的前方，就有熊廷弼、孙承宗被人构陷的例子。

袁崇焕是一个智勇双全的人，他一生中，从来没有过莽夫勇汉的失误，以他的高瞻远瞩，当深明人性中妒贤忌能的阴暗，出征之前，他必须解除一切掣肘的后顾之忧。袁崇焕对皇帝的要求，并不是讲价还价的条件，而是他五年平辽定胜的保障。所以，他以又一次上疏，透露了他的担忧：

> 恢复之计，不外臣昔年以辽人守辽土，以辽土养辽人，守为正著，战为奇著，和为旁者之说。法在渐不在骤，在实不在虚，此臣与诸边臣所能为。至用人之人，与为人用之人，皆至尊司其钥。何以任而勿贰，信而勿疑？盖驭边臣与廷臣异。军中可惊可疑者殊多，但当论成败之大局，不必摘一言一行之微瑕。事任既重，为怨

① 梁启超：《明季第一重要人物袁崇焕传》。

实多，诸有利于封疆者，皆不利于此身者也。况图敌之急，敌亦从而间之，是以为边臣甚难。陛下爱臣知臣，臣何必过疑惧，但中有所危，不敢不告。[①]

上疏之时的袁崇焕，目光炯炯，无异于一个伟大的先知。疏中“任而勿贰，信而勿疑”“事任既重，为怨实多”“敌亦从而间之，是以为边臣甚难”等分析，先知先觉，后来的事态和发展乃至结局，都完全在他的预料之中。所以，梁启超大发感慨：“呜呼！督师此言，字字血、语语泪矣。明所以亡者不一端，而朝廷不能见信于其臣，则亡征之尤剧而不可药者也。不然，以磊落飒爽之袁督师，而何以自危至是？而明之所以待督师者，后此乃皆不幸而言中焉。呜呼！虽曰天命，岂非人事哉。”[②]

蓟辽督师第二次来到前线的时候，并不是故地重游，一个重任在肩的人，用他的经验看到了防线的漏洞。“蓟门单弱，敌所窃窥。臣身在辽，辽定无虑。严饬蓟督，峻防固御，为今日急着。”[③]“臣在宁远，敌必不得越关而西。蓟门单弱，宜宿重兵。”[④]

---

① ［清］张廷玉等撰：《明史·袁崇焕传》卷二百五十九，中华书局，1974。

② 梁启超：《明季第一重要人物袁崇焕传》。

③ ［明］程更生撰：《漩声纪》，见［清］佚名《袁督师事迹》，载《广州大典》，广州出版社，2008。

④ ［明］余大成撰：《剖肝录》，见［清］佚名《袁督师事迹》，载《广州大典》，广州出版社，2008。

历史上的悲剧，往往从不经意、不起眼的细节开始。明王朝的溃败，不能回避朝廷对袁崇焕建议忽视的起因，守方的无动于衷，正是进攻方不能放过的大好时机。两个月之后，清兵大举进攻，果然避开了宁锦防线，而从防守薄弱的地方开始。三路大军，一天之内，突破了长城大安口、龙井关、洪山口，直指遵化。袁崇焕下令紧急驰援，赵率教战死遵化，巡抚王元雅自杀。为了补救被朝廷忽视的防守漏洞，袁崇焕率部昼夜行军，马不卸甲，以最快的速度赶到蓟州，随即大败清兵于马伸桥。溃败中的清兵听到了督师的名字，以为神兵天降，惊恐万状，不敢继续交战，连夜往西撤退，攻陷了三河、香河、顺义等地，越过通州，向北京逼近。

北京危在旦夕，留给袁崇焕的唯一选择，就是超越时间，抢在清兵之前，到达北京。用短跑的速度，跑马拉松的距离，这是战争史上和兵书上从无记载的奇迹，袁崇焕亲自率领九千骑兵，马不停蹄，昼夜兼程，忍饥挨饿，用两个昼夜的时间，抢先于清兵到达了北京左安门。接下来的殊死激战，发生在广渠门外。副总兵周文郁，用文字记下了这场残酷的生死之战：

> 二十日早，报奴大队分六股西来，公令开营迎敌。先遣都司戴承恩择战地于广渠门……而公正在布阵，其祖帅正兵镇南面，副将王承列西北，公与余扎正西，阙东面以待敌。奴拥众直突东南角，我兵奋力殊死战，奴奔北，见前处有承胤等兵，方立马无措，若承胤等合力

> 向前，则奴已大创，不意承胤等徙阵南避，翻致奴众复回，径闯西面。一贼抡刀砍值公，适傍有材官袁升高以刀架隔，刃相对而折，公获免。复一巨酋背黄旗者，扑向余，亦以夜役高得富射贼落马。时贼矢雨骤，公与余两胁如猬，赖有重甲不透。得南面大兵复合，贼始却。我兵亦倍奋砍杀，游击刘应国、罗景荣、千总窦浚等，直追贼至运河边。贼忙迫拥渡，冰陷，淹没者无数。此一战也，自午至酉，鏖战三时，杀贼千计，内伤东奴伪六王子，及西虏名酋都令。我兵亦伤亡数百。是晚收兵，直至二鼓方毕。诣带伤诸将士所，一一抚慰，回时，东方已白矣。[①]

广渠门之战，以袁崇焕的胜利告终。然而，袁崇焕所担忧的事也初露端倪。广渠门大战的前七天，副总兵周文郁就提醒督师：“我兵宜赴敌，不宜入都。”记载在《国榷》中袁崇焕对此的反应是：“崇焕不从，越日即抵左安门。”袁崇焕的决绝，是面对勾敌谣言的毅然选择，是明白率兵入都后果的无所畏惧。广渠门大战之前袁崇焕的心态和不计个人得失的行动选择，被二百多年之后在东莞禁烟抗英的林则徐，用一首诗准确概括。在《赴戍登程口占示家人二首》诗中，林则徐留下了“苟利国家生死

① ［明］周文郁撰：《边事小纪》卷一《辽师入卫纪事》，江苏广陵古籍刻印社，1987。

以，岂因祸福避趋之”的经典名句。

周文郁“不宜入都”的忠告，表面上是轻描淡写的四个汉字，实质上却是死亡的谶语。只是，在为了朝廷而不顾生死的袁崇焕面前，任何后果，都失去了警醒的效应。袁崇焕预料到了后果，他仅用一句“君父有急，何遑他恤？苟得济事，虽死无憾”作了掷地有声的回答。

崇祯皇帝的疑心，像山里的毒草一样暗中生长。而宠臣首辅温体仁的一番谗言，直接让一个忠臣中毒。“体仁因是密疏劾崇焕，谓：‘崇焕以五年平辽欺皇上，而阴与龙锡及洽谋款，遂引敌长驱，以胁城下之盟。今敌逼潞河，龙锡犹大言恃崇焕为长城，其党交口和之，臣是以不得不密纠以破群欺。’”[①]都御史姚宗文和赀郎少卿原抱奇，也在温体仁的撺掇下，用“崇焕怀有异心，以忌功故杀文龙，而且减耗军粮，擅挞兵将，动造圣旨，白昼杀人”[②]上疏皇帝。

在战场不利的形势下，有人向皇太极献计，对外放风，诈称皇太极与袁崇焕有密约。这条狠毒的反间计，成为压死袁崇焕的最后一根稻草。满人的反间计和奸臣的谗言，让袁崇焕走到了人生的绝处，他的死，已到了无法扭转的必然。所以，梁启超说：“合此诸原因，故崇焕遂不得不死……。凡崇焕在狱中半年余，

---

① 九龙真逸（陈伯陶）著，罗志欢、郑丽华点校：《明季东莞五忠传》，广东人民出版社，2013，第82页。

② 九龙真逸（陈伯陶）著，罗志欢、郑丽华点校：《明季东莞五忠传》，广东人民出版社，2013，第82页。

关外将吏士民日诣督辅孙承宗所号哭雪冤、愿以身代者未尝绝，承宗知内旨已定，不敢上闻。于是崇焕遂死。会审之日，风霾昼闭，白日无光。崇祯三年八月十六日，遂弃市；兄弟妻子流三千里。籍其家，崇焕无子，家亦无余赀，天下冤之。”①

至此，一个王朝气数已尽，任何英雄都无法力挽狂澜。英雄的出现，只不过是为乱世注入悲情色彩，让后世的凡夫俗子，为那些冤死者，为那些抛头颅、洒热血的壮士，掬一捧同情的热泪。

① 梁启超：《明季第一重要人物袁崇焕传》。

忠愍陈策

“东莞五忠”，以袁崇焕为首，但是，序齿排班，列在第一位的，当是陈策。

陈策出生在东莞莞城，它离袁崇焕的出生地石碣水南村，直线距离不到三十公里，然而两个人的年龄，却相隔了三十一年的遥远时光。

在文献的记载中，陈策和年轻的袁崇焕人生中的第一次相见，是万历四十七年（1619年），袁崇焕会试中进士之后回乡途中的主动拜见，其时67岁的遵义副总兵陈策，丝毫没有因为袁崇焕的年轻和身份低微而高人一等，两个东莞人的粤语交谈，是他们日后辽西战场抗金的前奏。

袁崇焕用一首诗，记录了这次相逢，对这位戎马功高的乡贤由衷地赞美。但是，诗歌的含蓄隐忍和惜字如金，没有留下陈策音容笑貌的只鳞片爪，在一个没有照相机的时代，只有文字，为后人留下了“幼英敏，貌魁伟”的堂堂相貌。

记载在《明季东莞五忠传》中的描述是，陈策“尝从群儿戏，画地作阵，谈笑指挥，群儿拱伏听命。及长，攻春秋左氏学，以忠义自许”[①]。一个从小具有领袖和指挥气质的人，成年之后两中武举，万历十四年（1586年）登进士，就成了顺理成章的事。之后陈策授广州左卫所镇抚，升任恩阳守备，又以剿灭珠池盗匪李茂之功，升为广海游击，辖区之内，盗贼肃清。

小试牛刀之后，陈策为总兵陈璘看重，随军援朝，抗击倭寇。这支只有五千人马的队伍，是朝廷应朝鲜要求派出的援军。陈策的任务是守露梁岛，明军兵分三路，首先击败平清正的军队，而时居釜山的关白平秀吉二十万大军，为了救援，假意求和，暗中却派战船偷袭露梁岛。陈策捕捉了几个奸细，获得了情报，立即派出兵马，埋伏截击，用火攻策略，将敌人战船焚毁殆尽。《韶州府志》描述了这场恶战：

“倭列阵露梁，舳舻数十里，公令诸将卒五鼓衔枚以进。遇敌举灯为号，炮响则战。抵贼营，倭矢炮交集，副将邓子龙、朝鲜大将李舜臣皆死。公大发熕铳击之，贼舟退数舍。少顷，我舟四至，烟焰蔽空，沧波腾

① 九龙真逸（陈伯陶）著，罗志欢、郑丽华点校：《明季东莞五忠传》，广东人民出版社，2013，第107页。

> 沸，酋大败，贼舟千艘俱为灰烬。戡科杨应文叙公功第一。谓璘血战无虑数十番，而露梁之役毁舟七八百，斩溺二万余，石曼函首，平正成等就俘，天日为昏，海波尽赤。”史册所载，未能或加。据此，则璘功第一实在露梁，而其时则策佐之以成功者也。[①]

班师回朝之后，陈策又跟从陈璘，征讨杨应龙。

在万历皇帝的眼里，屡屡叛乱的播州都指挥使杨应龙，是朝廷的肉中刺，它的疼痛和化脓，让病体再也无法忍受。万历二十八年（1600年）初春，明军以八路兵马，进剿杨应龙，总兵陈璘率三万兵马，到达白泥。杨应龙之子杨朝栋，率两万兵马，渡江来迎，被陈策击败，逃往龙溪山。陈璘的明军，穷追不舍，陈策则用火器，将杨朝栋埋伏的兵马击溃。叛军一路溃逃，明军一路穷追。四牌、七牌等关隘，都未能阻挡陈策胜利的脚步。杨应龙的末路，是易守难攻的海龙囤。在《明季东莞五忠传》作者陈伯陶的描述中，海龙囤是“怪石嵯岈，绝顶拂汉，四壁若削，一道如线”的天险，明军采用了智取的策略，陈璘率兵正面呐喊，佯装攻势，陈策却率领士卒，于五鼓时分，攀后山险道偷袭。陈策身先士卒，奋勇先登，杀敌九百二十余人，生擒杨维栋，收服降军二千多人。《明史·陈璘传》没有忽略战场上的情

① 九龙真逸（陈伯陶）著，罗志欢、郑丽华点校：《明季东莞五忠传》，广东人民出版社，2013，第107—108页。

节，为后世的战争，提供了一种可资借鉴的画面：“璘夜四更衔枚上，贼酣睡，斩其守关者，树白帜，鸣炮。贼大惊溃散，应龙自焚。广军亦至，贼尽平。”①

乱世，就是一个热血军人没有休止的杀伐。杨应龙叛乱平息之后，陈策的锋芒，立即指向了皮林。陈策发兵之前，皮林苗人已经焚毁了五开城，攻占了永从，又包围了中潮所，气势之盛，不可抵挡。文献用轻而易举的两句话，一举扭转了局势：“策奉剿五开、皮林诸酋，复永从县，改四川叠茂游击，擢威茂参将。旋奉剿镇雄等番有功，擢遵义副总兵，镇抚建南。出任十六年，威信大著。带署知州事，民夷怀之。”②

袁崇焕于万历四十七年（1619年）绕道拜见陈策的时候，崛起的后金，已经成了明朝的最大威胁。两个东莞人，用粤语方言交谈，此时的陈策，已经加封为援辽总兵官，即将统领各路兵马，千里驰援。而36岁的袁崇焕，虽已考中进士，然未有官缺，只能回归故里候任。两个人都未能料到，三年之后，袁崇焕因缘际会，以监军道兵备副使的身份，来到抗金前线。而在他心中山一般巍峨的陈策，已经在他站立着的土地上战死。

陈策的血战而死，在于孤立无援。文献中“陈策加封为援辽总兵官，统领各路援辽兵马”的记载，其实只是徒有空名。各路兵马，自行其事，如同一盘散沙。都指挥使彭元锦只拨三千士兵，归

① ［清］张廷玉等撰：《明史·陈璘传》卷二百四十七，中华书局，1974。

② ［清］潘楳元撰：《广州乡贤传》，载《广州大典》，广州出版社，2008。

陈策统辖。不料第二年春天，三千士兵，在通州逃散，与此同时，宣慰彭象乾在涿州病倒，麾下三千兵马，如鸟兽散，直到第二年，彭象乾派其子侄率亲兵出关，才补上兵缺。经略熊廷弼认为，散逃士兵惧战，皆因不服汉人将领统辖之故，于是派出数千四川士兵，驻防于虎皮驿。无兵之将，让陈策空有杀敌抱负，当泰昌元年（1620年）经略袁应泰提议分路出兵的时候，陈策请求巡按张铨增调五万川兵，他愿单独以步兵灭敌，但遭到了上司的无视。

天启元年（1621年）二月，陈策率兵击退了进犯奉集的努尔哈赤军队，之后陈策驻兵黄山，又分兵驻守浑河南岸，控制战略要冲。不料随后辽阳失守，总兵贺世贤、尤世功战死，陈策率领川兵，从黄山前往救援，渡过浑河之后，在城外七里处分扎两营。

两军交锋之时，陈策所率川兵，皆手执丈五长竹柄长枪和大刀，盔甲之外，包裹棉帽和棉被，而努尔哈赤的士兵，则用棉甲战车攻击。短兵相接，明军“以万余当敌数万”，“敌以铁骑五万四面蹙攻之”，敌众我寡的战场血腥，尤其是参将布哈和游击朗格锡尔泰血染沙场之后，令作为后援驻守于虎皮驿的副总兵朱万良、姜弼恐惧，观望而不敢出。

但孤立无援的明军，依然没有退缩。《明季东莞五忠传》用金属一般的文字，记录了陈策的决绝：“策知绝援，激励士卒，奋力死战，自辰至酉杀敌千人。”[1]在明知断绝了援兵的情况下，

① 九龙真逸（陈伯陶）著，罗志欢、郑丽华点校：《明季东莞五忠传》，广东人民出版社，2013，第110页。

陈策一马当先，奋勇杀敌，以自己的行为感染激励士兵，在六个时辰的血战中，杀敌数千。

身先士卒，是战场上最好的激励方式。在生与死的关头，众将领用一句“我辈不能杀贼救沈，在此三年何为”的激愤，为后人展示了一幅悲壮的死亡图景：

> 及身陷重围，被十余创，犹格杀数十人，乃遇害。
>
> 时年六十九。
>
> 参将吴文杰、游击周敦吉、守备雷安民及石砫都司秦邦屏、酉阳冉见龙等，俱战死。所部死伤略尽，无一人弃戈北走者。[①]

袁崇焕不在陈策壮烈战死的现场，但是，作为辽东战场的后继者，他从朝廷的封赠中，看到了一个先贤的悲壮，尤其是在东莞兴建忠愍祠纪念陈策的时候，袁崇焕内心的情感，翻江倒海，浮想联翩，英雄之间精神的影响与赓续，任何时候，都一脉相承。“自辽事以来，败衄接踵，从未闻血战一场。今诸将以万余当敌数万，杀数千人，虽寡不敌众，力屈而死，其烈烈英气，应多为厉鬼以杀贼，足愧偷生巾帼之辈，此不待复勘，亟宜从优褒

① 九龙真逸（陈伯陶）著，罗志欢、郑丽华点校：《明季东莞五忠传》，广东人民出版社，2013，第110页。

录，以鼓士气者也。”[①]这段写于《两朝从信录》中的文字，是后人对陈策的盖棺定论。从牺牲者的意义来说，这段话也是一种隐约的谶语，是袁崇焕和陈策两个东莞人的命运结局。

---

① 九龙真逸（陈伯陶）著，罗志欢、郑丽华点校：《明季东莞五忠传》，广东人民出版社，2013，第111—112页。

留发拒降

陈象明，是陈伯陶《明季东莞五忠传》中最后一个出场的人物，但是，在序齿排班的顺序册上，他仅仅比陈策和袁崇焕晚到一步。

科举，是陈象明那个年代最重要的人生出路。自幼家贫得益于县津贴苦读的陈象明，崇祯元年（1628年）成进士，授户部主事。陈象明青史留名的第一件事，是崇祯三年（1630年）的榷税淮安。文献中“免廛市渔湖诸例税数万两，商贾例税又数万两”，看似轻而易举的两句话，倒退回去三百多年，不知包含了多少故事情节和人物内心想象。在后人看来，这些杂税，都是那个时代的成例，更是官员中饱私囊、大发横财的官场规矩。这些百年不变的积习，是对于人性有巨大诱惑力的饵食，却在一个到任新官的命令下，成为了过去。同僚的劝说，没能让陈象明回心转意。记载在古代文献中的原文掷地有声，它通过一个廉官的口，流传至今："吾下取于商是蠹商也，上取于国是蠹国也，吾宁淡泊，不可以为二蠹！"①

有一年洪水泛滥，在地势低洼的淮安，许多人被突如其来的水患困住，溺水者，随波逐流。陈象明下令悬赏，救一人，赏银三十两，一时间，危在旦夕的溺水者，纷纷得救。面对官场规则，陈象明成了一个不按游戏规则出牌的官员。所以，陈象明的口碑，逐渐溢出了官场的边界，在民间不胫而走。

任职期满，陈象明南返。船至江西，来到了一个名为十八滩的偏僻水段，突然有几艘船围拢，陈象明知道遇上了盗贼，却不惊慌。船夫向盗贼喊话："若不闻广州陈主事廉吏乎？"盗曰："榷淮关陈主事乎？吾固知其廉也。"谢罪去。这个精彩的情节，用对话和引用，记录在《明季节义录》中。而道光《广东通志》则用简省的笔墨，作了相同的记载："尝遣家人返里，过十八滩，遇盗。盗曰：'非廉吏物耶？闻居官积劳，药饵且缺，何忍动之。'相戒遁。"②

土匪和强盗，在任何一本书上，都是贬义词，都是人人避之不及的危险人物。行文至此，笔者突然在"杀人越货"和"湖匪"两个词中看到了差异。陈象明在江西十八滩遇上的湖匪，却

---

① 九龙真逸（陈伯陶）著，罗志欢、郑丽华点校：《明季东莞五忠传》，广东人民出版社，2013，第165页。

② ［清］阮元修、陈昌齐等纂：［道光］《广东通志》，《广东历代方志集成》，岭南美术出版社，2008。

是一群有底线的盗，盗亦有道。

能让一群湖匪强盗秋毫无犯，空手而归的，当然是陈象明廉官能吏的声名。

“八不抢”的江湖规矩，许多文献均有相同的记载：

瞎子聋哑残疾不抢；
节妇孝子不抢；
寡妇独子不抢；
婚丧嫁娶非仇不抢；
婊子老鸨不抢；
学生苦力不抢；
先生郎中不抢；
清官还乡不抢。

陈象明也许不知道匪盗的江湖规矩，他之所以无所畏惧，是因为他是一个清官，身无长物，一般的湖匪，只为谋财，不会害命。

廉官至此，必然身无长物，所以，在接下来升任湖广司员外郎，转陕西郎中，复出为南昌知府的关键时候，陈象明因没有送礼给朝中用事之人，而不许赴任。俸禄有限的陈象明，当无余钱送礼，或者，忠正耿直的性格，让其不屑于讨好上司，亦有可能。直到崇祯六年（1633年）改任长沙知府，他才接续上仕途。“冤狱多得平反”，是陈象明长沙知府任上显著的政绩。有不了解陈象明为人性格的权贵，求他徇私，陈象明将求情信收下，纳入府库中，将送信之人，严厉责打。生日那天，有下属为了讨好，送缣一匹，作为祝贺，陈象明不仅严词拒绝，而且将愤怒化作了皮鞭，从此属下再无向他送礼之人。“佛祖太爷”成了长沙百姓对陈象明的评价和称呼。

陈象明从长沙知府贬任浙江盐运副使，源于御史心胸狭窄和威势炽盛。御史巡视之时，陈象明未及郊迎，致使怀恨。长沙百姓，无法改变陈象明谪迁的命运，但是送行的一幕，却让天地动容。离任之日，百姓罢市，十里相送，哭送不舍，然后立生祠纪念。这个罕见的情景，被陈伯陶描述为“去之日，百姓罢市聚哭，走送数百里，立祠肖像以祀”，而《明季节义录》则说：“象明廉洁爱民，民怀之，去时，罢市三日。”

陈象明回到故乡东莞，是因为母亲的去世。熬过了丁忧的漫长时光之后，陈象明补任浙江盐运同知，之后又升任江西饶州知府。“清洁自守”，是陈象明人生始终未变的信条，他足迹所到之处，这个评价如影随形。即使是在饶州这样“地瘠讼繁，窑磁之贾辐辏，缘引生奸”的“难治”之地，陈象明也留下了“随俗施制，出以宽简，终日治事如未尝事，数月不轻扶一人”的口碑。[①]李自成、张献忠的农民起义军进入湖南，威势炽盛，饶州虽不是前线，陈象明亦日日忧心。一百三十余卷的《兵略》，就是

① 九龙真逸（陈伯陶）著，罗志欢、郑丽华点校：《明季东莞五忠传》，广东人民出版社，2013，第166页。

陈象明忧虑国是、平息兵祸的思考和策略。当《兵略》到达皇帝手中的时候，一个精忠报国者的忠心，都交与了宣纸上的汉字。

陈象明在明王朝气数已尽的时候，被朝廷赋予了力挽狂澜的重任。崇祯十六年（1643年），张献忠的大军攻陷长沙，击破衡阳，追杀吉王、惠王、桂王等明朝宗室至永州，巡按刘熙祚命令中军，护送三王进入广西，自己死守永州。在张献忠的大军面前，永州城池难已抵挡，城破之后，刘熙祚被杀。危急时刻，陈象明挺身而出，他以湖广按察司副使的身份，备兵上湖南，辖衡州、永州二府，郴州、桂阳二州，兼制南雄、韶州、大庾、上犹等处，驻扎永州。尚未成行，陈象明就得到了李自成攻破北京的消息，最让他绝望的是，崇祯皇帝自缢身亡。

对于一个忠臣来说，这是一个用“晴天霹雳”和“天地崩塌”都无法形容的噩耗，所有的文献，都用了“象明闻讯，北望恸哭曰：天下岂有无君之臣哉？”描述陈象明的悲痛和绝望。

陈象明的忠君，是一种超越后人理解和想象的行动。恸哭之后，他穿戴好朝服，西朝北方，下跪叩拜，然后跳鄱阳湖，以死殉君。陈象明的决绝，被在场的下属拦住。一般的劝解，都是无用的说辞，彻底让陈象明回心转意的，是来自饶州百姓一句极有分量的话。说这句话的百姓，没有被历史记住，但是那句让湖广按察司副使从浩渺的湖边转回来的话，却记录在所有的文献中：“公一人死，吾辈数百万不能独生。”

为了千万百姓而活下来的陈象明，就此踏上了抗清的不归之路。赴永州任所途中，他抄小路回家，与父亲陈葆一诀别。儿子与父亲，不仅仅是血缘的传承，在保家卫国的抉择中，陈葆一亦与众不同，他没有儿女情长的谆谆教诲和恋恋不舍，他用“行矣，毋以老人为念”寥寥数字，完成了父与子两代人的生离死别。

陈象明到达永州的时间，是崇祯十七年（1644年）的秋天。到任之时，陈象明便“招流散，恤死伤，修城池，增堡垒，日与总督何腾蛟及参议诸官分头守卫，以为进取之计”。但是，一个王朝到了末日，在回光返照的表象里，所有忠臣的鲜血和生命，虽为悲壮，却无济于事。陈象明的结局是这样，袁崇焕、陈策、张家玉和苏观生的命运，无不如此。陈象明升任太仆寺正卿的1646年11月，桂王朱由榔与即位广州的朱聿𨮁手足相残，清将佟养甲、李成栋乘虚而入，攻陷广州，广东之地尽失。陈象明奉何腾蛟之命征粮于广西，被桂王任命为兵部右侍郎兼都察院左都御史，总督两粤军务，同思恩侯陈邦傅连营抗敌，可惜陈邦傅骄兵轻敌，在进攻肇庆时兵败，陈象明救援中战败被俘。

南明时期，降清官员比比皆是，那些审时度势者，保全自己，在新朝中继续飞黄腾达，只有那些头颅坚硬的旧臣，坚守信念，宁折不弯。陈象明被缚之后，已经投降了清朝的平乐知府陈子达，极力劝他剃发归降。陈象明用一句“吾留此发下见先帝”，堵死了最后的生路。十二月初一，清将继续逼降，55岁的陈象明怒骂不止，投榕树潭而死。

一人而死，全家悲壮。时在南宁的两个女儿，听闻父亲投水，亦毫不犹豫地自尽，追随父亲而去。陈象明之妻游氏，葬夫之后，剃发为尼，而陈象明唯一的儿子应光，忧愤成狂。最让人间悲愤的，则是陈象明的父亲陈葆一，77岁的老人，听闻儿子的死讯，一反人间常态，不哭，只用一句话，送给了九泉之下的儿子：“真吾子也！”

知子者，莫过其父。在《明季东莞五忠传》中，录有77岁的古稀老人陈葆一，为55岁的儿子陈象明写的祭文。白发人送黑发人，是人世间违逆天伦的极痛，是一个人苦命的象征。

维永历元年，岁次于亥十二月癸丑朔，越十三日己卯，反服生葆一，薄具庶馐香帛，致祭于故男丽南之灵而告之曰：呜呼！天下岂有不死之人哉。忆吾儿始孩，以嬉笑怡我，逮长以力学怡我，其居官也勇、智、廉、能，使部民思吾儿之德，更思吾儿之所生，若《孝经》所谓立身、行道、扬名后世者，其怡我不更大乎？尔母彭夫人之逝世，吾儿丧葬不违于礼。而又三年泣血，不出灵帏，其所以孝亡母者，即所以怡生父也。而朝夕视余膳，无异平时。余有疾病，药必尝而后进，有不合者，下气愉色，柔声而婉导之，其精诚恳切，沁余肺腑中。余顾之，又未尝不怡然也。吾儿之擢楚宪也，闻思宗殉社稷，即欲一死以报国，以绅民劝之而止。既而与思恩侯陈公同谋协力，率师血战，被执不降，投水而死，吾儿亦可无愧于一生矣。夫临难苟免，而以归养为辞，为父母者或悦其能孝，然食人之禄，不死人之事，吾儿之烈必不肯为，乃死于榕树潭。七日而尸抵河干，面目不变，是吾儿欲见余以面目之孝恩也。吾儿以身死难，可谓之忠，以面目见余，可谓之孝，能忠能孝，吾儿虽死犹生。余虽不获生之膝下，亦未尝不怡然矣。二七届期，薄陈肴醑。呜呼！天下岂有不死之人哉？然死有重于泰山，有轻于鸿毛，余于吾儿之忠且孝既怡然矣。魂兮归来，慎毋欷歔呜咽而不能食也。尚飨。[①]

① 九龙真逸（陈伯陶）著，罗志欢、郑丽华点校：《明季东莞五忠传》，广东人民出版社，2013，第168—169页。

『三不要老爷』

明季“东莞五忠”中，苏观生和陈象明生卒年最为接近。陈象明出生四年之后，苏观生也来到了明朝的乱世，但是，苏观生就义的时间，却比陈象明早了一年。篁村和厚街石厦，是苏观生和陈象明文献中的乡土，然而，两个人都居于东莞城内，苏观生居住在兴贤里。

在《明史》的记载中，苏观生年三十始为诸生，崇祯六年（1633年）拔贡。在时为工部郎中的业师张一凤的举荐下，观生被授为直隶无极知县。

“上任”，是历朝历代官场最简单、最常见的入门词汇，这是一个轻而易举的动词，也是一个让人心怀喜悦的好词。可是，到了苏观生这里，“上任”，却成了一个令人忧虑的难题。因为家贫，苏观生筹措不到上京赴任的盘缠。这个消息，传到了时已迁任广西左江兵备参议的张一凤耳里，这个慧眼识珠的伯乐，当即赠送苏观生银五百两，而另一个名叫李梦日的莞绅，也慷慨解囊，赠银三百两，助苏观生赴任。

在当代人的想象和理解中，一个因为家贫而差点无法赴任的官员，当他的生存环境和地位改变之后，一定会加倍地爱惜和珍视金钱财物，就像一个即将饿死的乞丐，在饱食之后，一定会竭尽所能，储存粮食。这种积谷防饥的原始朴素的生存理念，在苏观生那里，遭到了反拨。

崇祯年间的无极，县小民稀，且无城池。苏观生到任之后，立即发动筑城，半年竣工，百姓安居。无极经济落后，即使贵为知县，苏观生的年俸，也仅有银百两。上任之后的另年，无极遭遇灾荒，苏观生即用师友所赠之银，赈济百姓，度过艰难。然而，在灾荒和百姓的苦难面前，仍有贪污枉法的官吏，一个没有在文献中留下名姓的无极推官，此时成了苏观生查处的对象。虽然证据确凿，推官却仍然不肯认罪。有人告诉苏观生，推官颇有后台，如不通融，恐有不利。苏观生不为所动，依然依律定罪，并告示无极百姓："吾不要官，不要钱，不要命，奈我何？"

"三不要老爷"的称呼，就此而来，而得罪权贵，被罢官的结果，也源于此。无极县的百姓，在知县的去官之日，为苏观生立遗爱碑以为纪念。

苏观生来到宁锦前线的时间，是崇祯十五年（1642年）。苏观生在宁远的土地上，找到了袁崇焕的脚印，只不过，时光远去，袁督师已经在明朝的冤屈中，死去了十二年。苏观生在宁锦前线和袁崇焕精神相交的机缘，源于辽东总督范志完的推举。那个时候，明军与清兵激战于松山、锦州，战败之时，范志完认为应该将袁崇焕十七年前修筑的宁远等五城恢复和巩固，以保护粮草的转运，苏观生以监纪赞官的身份，来到了前线。筑城成功之后，范志完又再次举荐，然而，推荐书在吏部遇到了意外，有吏部官员向苏观生索要金银。拒绝的结果，苏观生心知肚明，他用“一贫书生，两年知县，俸金不满二百，实无余财”的表态，断绝了晋升的路子。

《东莞人物丛书·东莞历史人物》一书，为苏观生的拒绝索贿，提供了充分的理由：“苏观生为官清廉，出仕八载，囊无余金，老母仍不能奉养，靠张一凤之子张俌资助鱼蔬。”[①]不知张俌何人，幸好文献用了“张一凤之子”释疑。张一凤和张俌，父子两代人，都不遗余力地帮助苏观生。银五百两和鱼蔬，都是让一个风骨之士一步一步走向血洒大地、精忠报国的精神动力和生活支撑。

张一凤在《广东历史人物辞典》的出场，非常简洁：

> 张一凤（1579—1672）字圣瑞，号五若，明东莞人。万历三十四年（1606年）举人。授四川夔州府推官，清理屯田，增收数万金。擢工部郎中，两次修庆陵，省钱四万余缗。迁湖广督粮副使，省漕运银七千余两。善识贤能，苏观生、张家玉等皆为其门生。[②]

---

① 中共东莞市委宣传部、东莞市文学艺术界联合会编：《东莞人物丛书·东莞历史人物》，广东教育出版社，2008，第654页。

② 管林主编：《广东历史人物辞典》，广东高等教育出版社，2001，第356页。

张一凤的儿子张脯，亦非庸人，他在《广东历史人物辞典》中，同样占有一席之地：

> 张脯（1600—1667）字孟器，号介若，明东莞人。张一凤子。唐王时，星夜督兵救援虔州。任户部主事，设法点阅军队，以免冒领粮饷。累官右佥都御史。兵败回乡，替张家玉做内应，破东莞城。为降清士绅告发，倾家荡产，终于免祸。居田界涌，易名恬介。[①]

崇祯皇帝朱由检的自缢身亡，是明王朝的落幕。苏观生的人生命运，在南明的夕阳中，奔波沉浮。明王朝的悲剧，同时也是反清复明者的悲歌。崇祯十七年（1644年）三月，在吴三桂的引导下，清兵攻入北京，苏观生出走南京，在福王朱由崧的南明朝廷中出任南直隶督粮道。这是一个闪电一般转瞬即逝的官职。次年五月，清兵的铁蹄，踏破了南京。败逃途中，苏观生在杭州遇到了唐王朱聿键，立即与郑鸿逵、黄道周、张家玉一起，拥唐王进入福建。在有文字记载的南明抗清史上，这是苏观生和张家玉两个东莞人在国破家亡时的异乡相会，也是“东莞五忠”反清复明的一次偶然交遇。改元隆武之后，苏观生出任吏部右侍郎，身兼东阁大学士和预参军政机要。

---

① 管林主编：《广东历史人物辞典》，广东高等教育出版社，2001，第349页。

“间之者”的出现，让苏观生措手不及。在人生的关键节点，文献常常以一种简陋、粗疏的面目出现，笔者查阅了多种文献，均无“间之者”的姓名和状诉的内容，幸好，历史留下了张家玉的仗义执言。张家玉以兵科给事中的身份，上疏皇帝：

为力保清忠辅臣，乞眷顾终始事。臣与同乡辅臣苏观生同出臣兄宪副一凤之门，辅臣之起家残破县令，边地同知，海外督饷，历官将有十年。家世空存四壁，即八旬之母，菽水难支，俱系臣兄一凤之子俌月烬鱼蔬，为其母寿，则其清也千古。圣安蒙尘，金瓯陨坠，辅臣懋勉微臣，同陈万几、郑元鼎等，出没于干戈之际，不肯逃归为岩穴老。一见龙文五采，即为推戴输诚，则其忠也千古。夫以其清若此，其忠若彼，固天之所遗以资陛下也。今以人言微中，遂致辅臣踧踖不安。臣主之间，岂独辅臣过乎？二十四日，有宦游者密告臣曰：“苏相国被论，上疏乞归。”其意将以谀臣，妄揣臣与辅臣有隙也。夫臣初至天兴，实以抱病旬余，朝见未逮，而好事者挑衅，遂至煮豆燃萁，微闻朝野。七月十九日，皇上召对，勉臣等曰：“尔两人内外要互相炤管，毋致不同，负朕切爱。”嗟乎！臣等结发弟兄，以古人相期许。而式好无尤之念，不能尽谅圣明，则臣罪也。万乞皇上念辅臣之清忠，鉴微臣之敦好，眷顾而始终之。隆武元年十月初九日具奏。[①]

隆武二年（1646年）正月，苏观生以吏、兵两部尚书和英武殿大学士的身份，奉命到赣州招兵买马，以万人声势，让隆武决定进入江西，并下令苏观生分兵，驻顺昌、归化、清流和汀州等处。然而，隆武皇帝的计划，被掌握了兵权的郑芝龙打破。隆武启程之时，被郑芝龙组织的数万军民，以挽留的名义，阻塞道路，致使车驾不能前进，只能留在福建延平。此后清兵破吉安，苏观生援兵败还，清兵围攻赣州，苏观生退守南康，云南、广东、广西各路援军到后的不战自溃，乃至最后的赣州城对决战失败，都在此时埋下了种子。

赣州战败之前，苏观生和广东顺德人陈邦彦有过国家和个人前途命运的长谈。这个率领粤地狼兵增援赣州的广东同乡，推心置腹地劝说苏观生率兵回广州，以图恢复。苏观生仰天长叹："吾年五十未有子，老母七十有八，今岭头几日地，岂不怀归，然身受君命，事苟不免，有死而已。"促使苏观生回到广州的重要原因，是隆武帝的失踪。在史书的记载中，清兵骤至，隆武以替身代死，而本人则不知所终。这个意外的情节，记录在《明史》中："时观生移驻南安，闽中急，不能救。聿键死于汀州，赣州亦破。观生退入广州。"[②]

① ［明］张家玉：《条陈四策恭请御览疏》，载［明］张家玉撰、杨宝霖点校《张家玉集》，广东高等教育出版社，1992，第18—19页。

② ［清］张廷玉等撰：《明史·苏观生传》卷二百七十八，中华书局，1974。

在清兵的节节胜利面前，只有战场上的官兵，最知道一个王朝的病入膏肓，即使有英雄力挽狂澜，但虚弱的南明，已经坠落成为地平线上的最后一缕夕阳。促使它早亡的，是内部的争斗和人心的四分五裂。

广东总督丁魁楚和广西巡抚瞿式耜共商，立封桂林的桂王朱由榔为帝，苏观生并不知就里，恰好隆武之弟唐王朱聿𨮁到达广州，前任丞相何吾驺、广东布政使顾元镜和侍郎王应华等人商议，有意立唐王为帝。此事就商于苏观生，苏观生以“兄终弟及”表明了自己的态度和观点。十一月初一，唐王登基，以明年为绍武元年，就此与肇庆的桂王形成了针尖麦芒。两帝并立，战争顿起，南明小朝廷的丧钟，在战火中敲响。十七天之后，朱由榔在肇庆宣布即位，以明年为永历元年。

内讧之战的导火索，由桂王亲手点燃。兵部侍郎林佳鼎，奉桂王之命，率兵至三水，唐王则派陈际泰领兵抵御，两军大战于河口，林佳鼎战死。在战斗胶着难分胜负的时候，唐王命令增兵，就在广州精兵尽出增援陈际泰时，清将李成栋趁唐、桂两帝鹬蚌相争之际，以精骑直抵广州城下。

渔翁得利，是唐王没有预料到的后果，也是苏观生命运的转折点。这个决定了广州失守的关键人物，以内应的面目出现。

东莞茶山人谢尚政，以南明和苏观生的敌对身份，悄然浮出历史的水面。血性的土地上，生长的并不全是禾苗，稗草乃至毒草，亦不时混入其中，谢尚政以忠臣的对立面留在南明，留在东莞的历史上，他是苏观生命中的敌人。

谢尚政，最早出现在袁崇焕抗金的队伍中，官为参将的谢尚政，作战勇敢，被人称为“死士”。他的变节，出现在袁崇焕蒙冤下狱之后。兵部尚书梁廷栋，以高官厚禄收买，让其反主，诬揭袁崇焕谋反，谢尚政又以三千金行贿，最终换来了福建总兵的官位。梁廷栋贪污下狱之后，谢尚政也因嫌疑免去了职务。

这个时候的兔死狐悲，并没有唤醒他的人性，隆武即位福州，谢尚政助饷，被隆武派至赣州，在苏观生处效力。一个卖主求荣的变节者，在正直嫉恶的苏观生手下，自然得不到重用。因为没有封官，谢尚政便对苏观生恨之入骨。汀州之变，让回到了广州的谢尚政看到了谋反的机会，但是由于苏观生回到广州，阴谋才未得逞。

清将李成栋率领精兵抵达广州城下的时候，苏观生立即传令侍卫队应战，仓促中，仅以数百人与清兵激战一昼夜，正当清兵支持不住，准备退出广州城时，谢尚政勾结守卫城池的六营士兵，先行剃发，以布裹头，换上清军服装，作为内应。寡不敌众之下，苏观生和唐王皆落入敌手。

一个王朝灭亡之时，所有的死士，都用悲壮，留下了最后的声音。当闻讯唐王被囚，苏观生知道无力回天，仅用“吾以一布衣，登两朝相位，死亦何憾”作为人生的告别语，然后泼墨挥毫，在墙上大书“大明忠臣义士固当死”九字，并题诗于后：“人皆受国恩，时危我独苦。丹心佐两朝，浩气凌千古。”

苏观生慷慨就义之时，唐王朱聿𨮁亦未能逃脱清兵的手掌。唐王的骨气，在古人的文字中栩栩如生：

馈之食，不受。[①]

我若饮汝一勺水，何以见先人地下！[②]

遂并周、益、辽、邓诸王被害于布政司前双门下，在位仅两月。[③]

古代的历史，常常在人物的生命结束之处戛然而止，留下子女命运和家仇国恨因缘果报的悬念。三百多年之后，已经寻觅不到一个忠臣的蛛丝马迹。只有黄脆的故纸中，留下了苏观生死后其继子国祐的悲惨：

观生继子国祐，字祐叔。福王时以父荫入监读书，观生死后，谢尚政没其产，流离困苦，奉大母偕隐，年五十余卒。易箦时，呼诸子述父行事，并勖以毋忘忠孝去。[④]

笔者是因果报应的怀疑者，但是，谢尚政的人生结局，却是因果报应的说明书和解说词：

① 九龙真逸（陈伯陶）著，罗志欢、郑丽华点校：《明季东莞五忠传》，广东人民出版社，2013，第133页。

② ［清］张廷玉等撰：《明史·苏观生传》卷二百七十八，中华书局，1974。

③ ［清］计六奇撰：《明季南略》卷十二《粤纪》，中华书局，1984。

④ ［明］苏国祐撰：《易箦遗言》，载陈伯陶纂《胜朝粤东遗民录 宋东莞遗民录》，上海古籍出版社，2011。

> 佟、李入城，即呼尚政相见，赐银缎刀马。后以贪暴不法，佟戮其仆，硃批云：“姑念谢尚政迎降有功，暂免一死。”尚政无子，后病瘫三年。死时，手足如缚。大呼曰：“我错，我错！望苏爷赦罪。”盖天之报施不爽云。[①]

东莞人王应华以乡官侍郎的身份出现在广州的时候，他是与苏观生、何吾驺、顾元镜、曾道唯等拥立唐王改元绍武的抗清人士。乱世之时，瞬息万变，有些人的脸上，也戴上了川剧变脸的道具。

王应华的变脸，其实早有征兆。

甲申之变发生的崇祯十七年（1644年），李自成的农民起义军攻克了北京，当皇城将破之际，崇祯皇帝鸣钟召集百官，然而，满朝文武，无一人赴难。百官之一的王应华，临危退缩，“甲申之变，归乡里”，《明史》中的这句记录，让亡朝之时第一时间逃回了东莞的王应华无处遁形，也为他日后的降清，埋下了伏笔。

在广州拥立唐王的日子，非常短暂，这段经历，记载在张岱的《石匮书后集》中：

> 大学士苏观生素不能于平粤伯丁魁楚，遂拟尊王以抗桂。于是倡言唐介弟宜立，与布政使顾元镜及乡官侍

① 九龙真逸（陈伯陶）著，罗志欢、郑丽华点校：《明季东莞五忠传》，广东人民出版社，2013，第135页。

> 郎王应华、吏部郎中关捷先等，以十一月之朔，请王监国。使主事陈邦彦奉笺观肇庆，未返；五之日，辄称尊号，改元绍武。群臣朝贺，以军国专任观生。及邦彦奉谕示观生，观生不省。于是超拜主事，简知遇，为兵部戎政尚书；王应华为右佥都御史。[①]

不久，广州城破，王应华降清。之后复往肇庆，以光禄寺卿的身份辅助南明桂王，但一个变节者和贰臣的标志却永远黥在了脸上。

后人在分析王应华降清的原因时，作出了两种解释。一是为了保全唐王，不得已而为之；一是忍死偷生。“丙午之役，事出仓促，唐王匿于其家，是公之出降，盖不惮降志辱身以护故主，其用心至苦。后唐王殉国，复趋事桂王，足见心不忘明，及大势已去，即逃于禅，韬晦终身。”这段充满了同情和理解的话，并未能洗去王应华身上的污点。虽然出家隐匿，以书法汉字寄托人生，被历史黥在脸上的“贰臣”二字，终究无法洗去。

回到东莞之后，王应华归隐佛门，居水南，以法名函诸为袈裟，面对新朝，被人以“辱身降志，不失为逸民者”定评。王应华死后不久，他的儿子王方之受不了时代的压力，亦出家为僧。出家之前，王方之对镜梳头，心生感慨：“万发皆捐，一发何用？”一年后，王方之投水自尽，以证清白。

---

① ［清］张岱撰：《石匮书后集》第五卷《明末五王世家》，《石匮书石匮书后集》，上海古籍出版社，2008。

长揖不跪

明季“东莞五忠”，是同时代的英雄，虽然他们之间没有血缘的关联，他们却在同一个英雄榜上以英灵牌位的形式享配香火。日常生活的交集，则是精神背后的缘分。张家玉和苏观生是并列在南明忠臣榜上的名字。

张家玉的出生之地，离苏观生居住的莞城，只是一条河的距离。张家玉的名字，记载在《明史》《明季实录》《明末忠烈纪实》《甲申后亡臣表》《崇祯忠节录》《明季烈臣传》《明史稿》《胜朝粤东遗民录》《东莞县志》《明季东莞五忠传》等数十种古籍文献中。这个明朝神宗万历四十三年（1615年）出生在东莞万江万家租村头坊一个贫穷家庭的东莞人，宁死不跪，这个鲜血淋漓的情节出现在崇祯十七年（1644年）四月。

中国历史上所有的改朝换代，都是在乱世的鲜血和遍地的人头中完成的，一个国家的命运，也就是朝廷文武官员的命运。作为明朝的进士和翰林院庶吉士，张家玉的人生已经在崇祯皇帝朱由检煤山上吊身亡的哀声中注定。

李自成的农民起义军势如破竹，是让皇帝肝胆俱裂的唯一原因。作为亡朝的忠臣，张家玉不能不为朱由检的自缢素服默哀。所以，当李自成召见的时候，张家玉用作揖的方式，作为面对起义领袖的回应。

与张家玉同时代的著名学者、诗人，有“岭南三大家”之美称的屈大均在《文烈张公行状》中，有声有色地描述了张家玉面见李自成时长揖不跪的场景：

> 十七年三月，京师陷，周公殉节，遗书与公曰：“玄子尔雅温文，貌若妇人女子，然中怀刚毅，定知大节不移。”书未至，公已骂贼。初，贼李自成欲授公官，公致书，欲自成宾礼之而不臣，而题其门曰：“明翰林庶吉张先生之庐。”不然，临以刀锯，将形影相笑而乐蹈之。自成见公于中左门，贼令公跪，公曰：“前上书不肯上疏，请宾不肯请臣，今日当以宾礼相见。”

张家玉那个时代，还没有发明可以真实记录人物场景的照相机，后人只能在黄脆的史料中找到线条模拟的人像。张家玉在所有的文献资料中出场的画像，身形和五官面貌，与一个在武力面前长揖不跪的阳刚男人形成了极大反差。相同或相似的形貌，真实地印证了屈大均的准确描述：“为人颀而长，貌英秀，好笑语，白皙，微须；眉目如画，好戴折角巾，光鬌鲜衣，风流自喜。”

在接下来的对话和结果中，张家玉几乎付出了生命的代价：

> 因长揖不跪。自成笑而答之，曰：“我定要尔做官。”公曰：“我定要不做官。”因数自成十罪。自成怒，命伪锦衣卫四人持出斩之，公大笑而退。自成释公，令悬挞之于五凤楼，皮开血迸，七日不食，垂死。

在屈大均的著作中，农民起义领袖李自成和明朝旧臣张家玉，各用了一个轻松愉悦的“笑”字，掩盖了两个人内心的剑拔弩张和严刑拷打的血腥残酷。张家玉为了拒绝做官，竟然列举了李自成的十宗大罪。十宗大罪，都是自古以来万恶不赦的行为，它的厉害，远远超过了作揖不跪的礼节羞辱，所以，接下来的五凤楼七日大刑，在所难免。

张家玉列数李自成的十宗大罪，笔者在张磊先生的《张家玉抗清》[①]中找到了出处。不礼、不义、不廉、不耻、不仁、不爱、不智、不信、殃民和残杀，这二十个汉字，化为一把刀剑，刺伤了李自成的尊严。

一个书生性命的顽强，超出了笔者的想象。七日不食，已是

① 张磊：《张家玉抗清》，中国文联出版社，2014。

人类生命的极限，悬吊和鞭挞，更是雪上的冰霜。

所有的文献中，均没有张家玉悬吊之后的求饶和呻吟，在一个拒绝下跪和官职诱惑的英雄那里，沉默，是痛苦的唯一表现，古籍文献，也用沉默折射了受刑者的坚强。

牛金星是张家玉人生中出现的第一个劝降者。这个为李自成造反打下江山的大顺宰相，婉言劝说，晓以利害。笔者在“公不为所动”的文献记载中推断，此时的张家玉，遍体鳞伤，他对自己的明天，已经不抱有生还的希望。

在阎王的生死簿上，许多死里逃生的名字，都只有用“命不该绝”这个理由解释。由于阎王爷的网开一面，张家玉的名字没有被阴森的生死簿收留，日后史书中的“岭南三忠”之一者张文烈，就在“贼出东关，乘间”的历史缝隙中逃出了生天。

笔者在“贼出东关，乘间”六个汉字背后，看到了隐藏的吴三桂的影子。由于明朝叛将吴三桂引清兵入关，形势危急，李自成只好率兵离京，抵御吴三桂。《甲申传信录》真实地记录了这个历史瞬间：

> 自成东行，精兵尽出，城中惟老弱数百员。时九门洞开，任人出入。各官有弃家南旋者，有潜遁者，故家玉得乘间脱归也。[①]

---

① ［明］钱士馨等：《甲申传信录》，文津出版社，2020。

张家玉被李自成悬吊在五凤楼的时候，他所尽忠的明朝已经在太祖朱元璋的发源之地，仓皇地构建了一个苟延残喘的旧宫殿。只不过，这个时候的王朝，已是强弩之末，福王朱由崧，用弘光的新桃，替换了思宗朱由检崇祯的旧符。

逃过一劫之后，张家玉回到了家乡。东莞的鱼米水土和温暖气候，是治疗一个忠臣精神和肉体伤口的最好良药。他在十月的暖阳里拄杖行走的时候，他的目光，越过了门口的东江，他觉得脚下的路，正在直通南京，他上马杀贼的抱负，即将在金陵城下施展。他甚至还用亲切的粤语，朗诵起了刘禹锡的《石头城》，在“山围故国周遭在，潮打空城寂寞回。淮水东边旧时月，夜深还过女墙来”的思古幽情中，突然沸腾起江山兴亡、忠臣报国的热血。

张家玉没有想到的是，一个忠臣去往南京的方式，不是舟马的自由行走，而是枷锁镣铐的解押。福王的朝廷，以张家玉没有反抗李自成的罪名，将他囚入了死牢。

张家玉蒙受的不白之冤，被刑部列为五等之罪。《明史》用“阮大铖等攻家玉荐宗周、道周于贼，令收人望，集群党”[①]一句轻轻带过，而《明季北略》则有“此盖大铖等恶家玉附东林，捏为此书。并以污蔑宗周、道周而甚可程、学濂之罪，即以中伤可程兄可法，而复大中之仇。时北京死难诸臣多东林，惟家玉、

① ［清］张廷玉等撰：《明史·张家玉传》卷二百七十八，中华书局，1974。

可程未死，学濂不即死，故大铖于诬陷庶吉士周钟劝进闯贼外，复欲陷家玉、可程、学濂”[①]等事实揭示真相。

如果说张家玉面见李自成长揖不跪，拒绝出任大顺皇帝官职遭遇不测，九死一生，那么遭阮大铖诬陷通贼而被定为五等之罪，则是有惊无险。在随后的情节中，出现了为张家玉洗刷冤屈的贵人。《文烈张公行状》《明季东莞五忠传》《影响中国的东莞人》[②]等文献，均用“后为有力者解救，得释”和“公至南京，有为力辩者，得复原职”一语带过。笔者在《张家玉抗清》一书中，找到了这些解救忠臣的义士：“好在大臣朱国弼、南京兵部尚书兼东阁大学士史可法、礼部尚书陈子壮和留守司监军副史苏观生等一班手握兵权的实力派，极力保奏，说张家玉宁死不屈，义薄云天，只揖不跪，被吊五凤楼，七天七夜不死，今来投奔皇上，怎么反被逮捕呢？福王得知真相后，立即释放张家玉，还请他喝酒解惊，官复原职。”[③]

有石头城之称的南京，并不是抵抗清军的坚硬屏障。第二年五月，清军攻破金陵，张家玉先到杭州，然后与郑鸿逵、黄道周、苏观生等退守福州，拥戴唐王朱聿键即帝位，用“隆武”的年号继承着死去了的明室的最后一缕香火。在隆武元年的新政里，张家玉被任命为兵科给事中，监军永胜伯郑彩出征杉关。

---

① ［清］计六奇撰：《明季北略》。

② 中共东莞市委宣传部主编：《影响中国的东莞人》，广东经济出版社，2014。

③ 张磊：《张家玉抗清》，中国文联出版社，2014，第67页。

隆武皇帝的敕书，对于忠臣来说，每一个字都透出威势，每一个字都重若千钧：“尔家玉粤东人杰，海内名流，骂贼燕京，常山之舌尚在；请缨志壮，吞胡之气可嘉。兹兼尔兵科给事中，同永胜伯郑彩督兵入虔，安民定乱。尔宜会同督抚，统率有司，联络绅衿，招来壮士，宣朕德意，耀武扬威，务使义旗所指，山岳为摧……”

在敕家玉募兵惠潮中，隆武皇帝更是推心置腹，尽显君臣之义：“尔以少年英俊，朕以犹子视之。北京夙著大节，新城更见勇略。今朕中兴大事，是用托尔不疑。”

张家玉的一生，从来没有辜负过他死忠的那个王朝，尤其是风雨飘摇、苟延残喘的南明，他用一个书生的瘦骨，化成了支撑将倾大厦的一根栋梁。

清军铁蹄踏过，明朝江山不复存在，百姓心中，世界已经成了清朝的天下。张家玉监军，所到之处，均刊布隆武皇帝诏书，让福建的百姓知道，山河虽然残破，但仍然是明朝的天下。

张家玉监军之后的首战，被后人用“许湾大捷”形容。

许湾，是明末清初时期江西抚州的一个古镇，在如今的地图上，“许湾”这个地名，已被“浒湾”取代。

弘光元年（1645年），驻守江西抚州的永宁王，被清军四面围困，那道阻挡清军铁蹄的城墙，脆如蛋壳。救兵，让绝望中的永宁王，望眼欲穿。

张家玉在永宁王的绝望中从天而降。张家玉的救兵，以风的速度，席卷而至。在屈大均的《文烈张公行状》中，多谋善断的张家玉用分兵合围的策略，让清军顾此失彼：

公即约右镇陈辉，西约中镇林习山，南约前镇蔡钦会兵于许湾。十四日虏至，公令蔡钦所部冲锋，斩虏六级，马四匹，敌少却；新督右镇所部，长驱出营，大战十余合，斩虏总二级，兵三百二十三，马四匹，得生马三十一匹，器械若干。薄暮，都督陈有功、参将叶寿再战，死。虏纠难民数万，鸣锣呐喊，飞箭雨射，沿山放火，军中寒栗……出花红二百两，选骁悍郭毓卿、李忠明、陈良、赵珩四将，筑坛拜之。令各领死士百人分伏，伏已，拔大营走，虏以万人追击，伏发，断为二，公鼓噪回军，大破之，步兵斩捕殆尽，骑舍马渡河，率溺死。是日，公即为蜡书，使都司黄瑛等，带健丁数十，间道至抚州，缒城而入，与永宁王所部谢忠良、萧声等乘虚出袭，批捣老营，虏惊走，自相蹂躏。十六日，又夹击之于千金坡，斩虏五百余级，马三百余匹，释难妇女二百四十三人，获绅衿手书七道，悉焚之。一时永胜之兵称义师焉。而抚州围解，全郡克复，捷闻，上伏诏褒奖，悬进贤伯世爵以待，但进南昌，即行封拜。

抚州解围，当得起“大捷”这个词的褒奖。在王朝节节败退、大厦已倾的末日中，张家玉用一场胜利，为奄奄一息的南明，注入了一针止痛的吗啡。

张家玉的“监军”之职，是垂死的南明和隆武皇帝的眼光和预见，监军职务之后的兼理吏、户、礼三科事等任命，既是朝廷对一个忠臣的信任，也是一个行将就木的王朝溺水中抓住的一根稻草。

隆武帝敕命的监军一职，犹如张家玉手中的银印，虽有皇威，却缺少含金量。由于没有兵权，永胜伯郑彩往往成为张家玉的制约因素。张家玉与郑彩关系的错综复杂，朝廷其实早有预感。在隆武帝的敕令中，“尔与郑彩宜谊切同舟，见无生于水火；忠怀击楫，心均协于逖琨；赍以银章之锡，用期金印之悬”等语，就是最好的明证。

早在许湾大捷之前，郑彩罔徽州告急，按兵不动。“彩懦，观望不前，驻军邵武，月余，未尝一矢加虏。”[①]而抚州一役，郑彩也畏战而不出兵，只是在张家玉的再三劝说之下以及抚州失守，福州将唇亡齿寒的利害之中，才同意由张家玉领六千兵马驰援抚州。

许湾一战，张家玉的勇敢和军事指挥才能得到了淋漓尽致的发挥。这个出身贫穷，只能在族兄的官衙中读书，并由族兄支持才得以婚娶的崇祯十六年（1643年）进士，在国家危难的紧急关头，竟然成了战场上奋勇杀敌的英雄。文臣和武将，这两种不同性质的角色，经常在国难面前集于一身。《文烈张公行状》在叙述许湾之战的时候，详尽具体，惊心动魄，却在文言的凝练中浓

① ［清］屈大均：《文烈张公行状》，载［明］张家玉撰、杨宝霖点校《张家玉集》，广东高等教育出版社，1992，第198页。

缩了引人入胜的情节。

许湾之战最激烈的时候，清军使用了诱降的手段，企图动摇和瓦解明军的军心。明朝旧将出身的清军参将王得仁和邓云龙，故意修书赵珩，大叙旧情，诱惑他投奔清营。清军的阴谋很快在明军各营中发酵，一时谣言四起，军心摇动。张家玉及时识破了敌军阴谋，他恰到好处地来到了赵珩的军营，紧执赵珩之手，拔剑砍去案桌一角，大声喝道：敌行间，离我兄弟，我等益当戮力为国吐气，军中敢疑谤者有剑！这个智勇双全的情节，记载在所有与张家玉有关的文献中，那些繁体竖排的汉字，让后人看到了一个临危不乱、处变不惊的豪杰形象。

乘胜追击，收复失地，在张家玉心中演练了许多个回合的计划，总是在郑彩处碰壁。“公谓兵宜神速，乘虏大创之余，并力而前，可以席卷江右，数请彩出师，先发制虏。”在《文烈张公行状》和《明季东莞五忠传》等文献的记载中，张家玉具有扩充兵员、收复江山的雄心抱负，然而，手握兵权的郑彩，就是他进军的一堵绝壁。

文献公开了郑彩拒绝出兵的内幕：“家玉以监军行督师事，功劳出彩上，彩畏恶其能。……数请彩出师先发制人，彩不从。”为了社稷江山，张家玉不惜上疏，悲愤请辞：“臣昔与彩结为兄弟，否者否，可者可。今战守之策不同，臣实负彩，乞放臣归里。”在这些简单的文字背后，后世的读者不难看出张家玉的无奈与激愤。

在敌强我弱的态势下，出击，是唯一的取胜手段。郑彩的守和弃，与张家玉的主动进攻形成了矛盾的水火。史料中记载的“于丙戌正月十六日，与家玉出兵硝石”，则是郑彩迫不得已的应付。

硝石镇，在隆武二年（1646年）正月的寒风里，成了一块检验郑彩的试金石。郑彩在硝石得到了清军即将迎战的情报，立即下令退兵。在与清军正面交锋之前，硝石，这个地名，就成了郑彩止步的生界。

郑彩下令退兵，连同战略要地新城，放弃守卫，主帅的命令，监军无法挽回。张家玉用“新城为永定屏障，新城不守，永定必定难保，永定若失，福州将危在旦夕”的战争因果劝说郑彩。郑彩不为所动。张家玉知道无法挽回，提出留一营兵力，愿死守新城。大敌当前，郑彩无心应战，张家玉的所有力劝，均化作鸭背上的流水。历史，见证了张家玉苦劝的结果：“彩怯，竟弃家玉而逃。”

见多了英雄的鲜血，却没有见过英雄的眼泪。明史至此，让我们看到了一个英雄的悲辛：

> 家玉与新城知县李翔恸哭誓死，集乡兵守城。是夜，啮指血书呼阁兵来援，时阁兵驻广昌，去新城二百里，未即至。[①]

---

① 九龙真逸（陈伯陶）著，罗志欢、郑丽华点校：《明季东莞五忠传》，广东人民出版社，2013，第150页。

人间所有的泪，都源于眼睛，只有张家玉的泪，源自心里，只有“恸哭”这个词，才能让本来从眼睛流出的液体转而从心灵奔涌。当大军远遁，主战的张家玉和新城知县李翔只能搜罗那些乡兵游勇，以鸡蛋的脆薄，对抗清军的坚硬石头。

读史至此，笔者已经能够想象得到接下来的残酷和惨烈，还有守城必然失败的结果：

> 十七日，家玉以亲兵百人、乡兵二百人战城南，数十合，杀五百余人。大兵马步围家玉三帀，家玉中流矢，坠马折臂气绝。都司林雄冒襆被入阵，杀一将，挟家玉还营。[①]

> 虏骑突至，翔登陴，公出撩战，领围随亲兵百人，乡兵二百人，鏖于城南，斩步兵五十余级。公伤箭堕马，臂折，意气益厉，都司林雄等持絮被冒阵，贯其东西，斩虏二人马四匹，夺公以归。[②]

在冷兵器时代，弓箭就是延长的刀斧剑戟，在刀光血影中，弓箭常常出人不意，制造杀机。英雄张家玉的一生，从未被刀斧

---

① 九龙真逸（陈伯陶）著，罗志欢、郑丽华点校：《明季东莞五忠传》，广东人民出版社，2013，第150页。

② ［清］屈大均：《文烈张公行状》，载［明］张家玉撰、杨宝霖点校《张家玉集》，广东高等教育出版社，1992。

剑戟伤及毫毛，却两次倒在弓箭的暗算之下。

新城之战，是弓箭这种兵器对张家玉的第一次伤害，幸好有智勇双全的勇士，借助棉被的防护，从死神手里抢回了中箭坠马折臂的张家玉。隆武二年（1646年），两朝残杀，死者遍野，然而张家玉却命不该绝，但是和张家玉一同奋战的新城知县李翔，却壮烈死于敌人的刀斧之下。

新城失守，隆武帝的愤怒不可避免。在“统兵大将，佥走入关，独使文臣陷阵，何以自解”的斥责中，后人可以看到皇帝冲冠的怒发。而对于张家玉，皇帝的文字则是一张奖赏的笑脸：

> 尔许湾大战，建抚以复；新城之守，杉关以宁；威德华夷，共见忠劳，天地咸知。今者箭疮勿药，宗社赖之。特晋尔都察院右佥都御史，巡抚广信，仍准带翰林旧衔。

皇帝的嘉奖，并不能抚平张家玉肉体的箭伤，他用无功的说辞，拒绝了冠冕的提升。张家玉的全部心事，都在杀人的战场上。他的想法，与皇帝不谋而合。

朱聿键在明末的挽歌中改元隆武时，所有的军权，均由福州守将郑芝龙、郑鸿逵、郑芝豹、郑彩等人掌控，黄道周、蒋德璟、苏观生、何吾驺、黄鸣俊、陈子壮、林欲楫、曾樱、朱继祚、傅冠等大学士均为文臣，张肯堂、何楷、吴春枝、周应期、郑暄等各部尚书，均无军权。

张家玉被后世定义为爱国诗人，他的许多诗作，都是马背上的吟诵。那些带有鲜明时代特色的短句，充满了鲜血、生死、疼痛、悼念、哀伤、罹祸、阵亡、悲秋、自吊等黑色主题，他那些作为战争之前的山水田园及酬酢之作，虽然清新婉曲，却都是军中遗稿总题之下的艺术陪衬。

途中八绝其五

云净天空朔气寒，举头何处是长安？
那堪几点孤臣泪，洒向枫林带血看。

将发

东泊西飘寄一身，头颅空带楚冠尘。
千秋独有文夫子，同笑迎降卖国人。

丞相苏观生是看出了张家玉诗中奥妙的人，这个同张家玉共同籍贯，在陈伯陶的《明季东莞五忠传》中同时出现的东莞人，深知张家玉内心的悲苦，深知一个在战场上奋勇杀敌者手下无兵的无奈，他用“只有中兴的明主，没有中兴的雄师，如何能够打败清兵光复明室”的诘问开启了张家玉心中的闸门。张家玉毫不含糊地表示，只有建立一支听命于朝廷的强军，明朝的中兴才能有望。

两个同乡用东莞方言的对话，催生了张家玉的上疏。隆武帝当即颁旨，准张家玉三月假期，令其回广东，在惠州、潮州募兵，赐营名“武兴”。

《明史·张家玉传》[1] 等文献用“请募兵惠、潮，说降山贼数万”“八月，至镇平，会山寇黄海如张甚，公单骑往谕，降数万人，购其党斩夹翼虎、秃爪龙、独角蛟三渠”等简略粗疏的文字记载了张家玉的募兵过程，却掩盖了其中复杂曲折的情节和惊心动魄的生死故事。

张家玉回惠、潮募兵，绝对不是一介勇夫的独自行动。他带着心腹二十余人，乘船自闽江南下，进入广东地界之后，在潮州夜遇了一个叫高志标的人物。

高志标是一个湮没在历史文献中的人物，他的出现，对张家玉的募兵，起到了非常重要的作用。

高志标原来是辽东经略熊廷弼麾下的一员战将，熊廷弼死后，便跟着东莞人袁崇焕固守边关。袁崇焕蒙冤、惨遭磔刑之后，他对昏庸没落的朝廷彻底失望，便借故解甲归田，隐居在潮州的湘子桥畔。与张家玉的邂逅，令他想起了千古奇冤的袁督师，一个王朝以悲剧的形式退出历史舞台，毕竟不是所有人都心甘情愿，俯首称臣。

高志标出谋划策，穿针引线，帮助张家玉成功地招降了梅县、蕉岭的草寇黄元吉和赖其肖，唾手得兵马数万，武兴营就此建立。

---

① ［清］张廷玉等撰：《明史·张家玉传》卷二百七十八，中华书局，1974。

后人对张家玉募兵过程的策略有比较具体的描述：

> 张家玉以黄元吉、赖其肖两支军马为基础，安营扎寨完毕后，传令潮、惠两府州县递解粮草，继续招兵买马，各州县张贴告示，号召热血青壮年入伍从军，传檄各地绿林草寇改邪归正，归顺朝廷，建功立业。采取软硬兼施、恩威并济措施，率众归降者给予官衔，怙恶不悛、拒不招安、继续为非作歹者，派兵清剿，为民除害。[①]

招募兵马的过程，其实就是剿灭土匪的过程。夹翼虎陈靖、秃爪龙赖伯瑞、独角蛟钟献达，是张家玉遇到的最大敌人。《明季东莞五忠传》“复用以寇攻寇策，悬重赏购斩夹翼虎陈靖、秃爪龙赖伯瑞、独角蛟钟献达三渠，降其众十余万归农。元吉复叛，破永定，使贼党执杀之，潮、惠遂平”[②]的简略描述，具有巨大的想象空间，笔者在《文烈张公行状》和《张家玉传》中读到了《三国演义》《水浒传》以及武侠小说中的惊险、曲折和计谋。

战场上的捷报，往往不是最后胜利的预告。张家玉募兵的成

---

① 张磊：《张家玉抗清》，中国文联出版社，2014，第95—96页。

② 九龙真逸（陈伯陶）著，罗志欢、郑丽华点校：《明季东莞五忠传》，广东人民出版社，2013，第153页。

果，化作了皇帝脸上的笑容。“上喜，诏即帅之赴赣”，然而，军队士气低落。募兵数月，数万兵马，来自朝廷的军饷，仅“止得一千三百余两，捐纳止得一千五百余两，此外，分毫无有”，以至出现了“士卒方饥，不可以战”的局面。张家玉焦急万分，在求援的上疏中，张家玉不得不如实禀告：

> 兵以无粮，而寄命于民；民以苦兵，而乞命于虏，国事所以日坏，若孤军深入，杀人求食，我贼民，民亦贼我，势必溃败。夫有粮则有制，有制则百姓亲，士豫附，是胜兵也。胜兵先胜而后求战。粮至，则臣出矣。

救命的粮草未至，等来的却是清兵攻破汀州的消息。张家玉发兵救援，在赤山遭遇清军。士兵们由于饥饿，不肯出战，张家玉以忠义刺激士兵，得到回应：“我饥，非畏战，请一战以谢。”军队断粮、士兵饥饿，敌方已经探知，贝勒派遣四人，前来招降，不料适得其反，激怒了饥肠辘辘的将士。“众将起而剐之，碎其牌，遂潜绕虏背而伏，诱虏骑入山谷中，率劲弩驰射，斩获十余人，虏并走，公拔还镇平。”①

这是1614年11月，汀州城破之后，皇帝朱聿键落入清兵之手。隆武，这个仅仅存在了八个月的短命王朝，随着唐王的失踪

---

① ［清］屈大均：《文烈张公行状》，载［明］张家玉撰、杨宝霖点校《张家玉集》，广东高等教育出版社，1992，第200页。

而宣告覆没。大树倾倒，张家玉并没有成为四散奔逃的猢狲，只是，祖父病逝的噩耗传来，张家玉的心，犹如被台风摇动的榕树。

皇帝身亡，弹尽粮绝，家丧在身，所有的压力，化成了一座大山，在极其痛苦忧愤之下，张家玉解散了武兴营，将士如鸟兽散。东莞，成了张家玉归心似箭的唯一目的地。

血洗万家租

十万兵马，一阵风吹散，然而张家玉的抗清复明之心，从来未曾死过。

南明的江山，形同纸糊的灵屋，只待一粒火星点燃。一般的中国历史纪元表中，明王朝，至1628年的朱由检土崩瓦解，只有在专业的工具书中，才能看到弘光、隆武、绍武、永历四个短命皇帝的人生夕阳。

回到东莞之后的日子，没有人可以预料到它的长度，张家玉在万家租村头坊的祖屋里，看东江流水不息，眺金鳌宝塔高耸，却不可能预料到，数月之后，他的家乡，会成为一个战场，他的祠堂祖屋被铲毁，全村生灵涂炭。

有时候，张家玉出门行走，不小心走远了，竟然到了苏观生的村庄。那个时候，东莞没有公路，最快的交通工具，就是马匹。那个时代，一处村庄，一条河流，都是远方。在清朝探花陈伯陶的《明季东莞五忠传》中，张家玉和苏观生，不仅籍贯相同，而且都来自一个名叫万江的地方。张家玉的远方，在如今只是咫尺。

张家玉信步走到大汾的时候，并没有看到苏观生的身影。那个时候的苏观生，以末世丞相的凄惶，逃到了广州。这个和张家玉一起，被后世并列为“东莞五忠”的英雄，不惜头颅鲜血，抵抗清军，匡扶明室。他同广东布政使顾元镜、刑部尚书李觉斯、大学士何吾驺和侍郎王应华等人一起，推举唐王朱聿𨮁称帝。

十七天之后，桂王朱由榔在丁魁楚等人的拥戴下在肇庆宣布即皇帝位。一场同室操戈的闹剧，即将在南粤上演。

张家玉始终不在绍武和永历的现场，但是，以一个明臣的眼光，他看到了帝王和拥帝者的动机以及私心，所以，当苏观生以绍武的名义召他出任礼、兵二部右侍郎的时候，他毫不犹豫地用为祖父守孝不能拜命的理由推辞了。

作为明季“东莞五忠”之一，苏观生显然是一个视死如归的英雄。但是，在他以唐王的名义多次召张家玉出仕的时候，他也许没有看到两个政权并立的恶果，更没有预测到自己的死期。

桂王和唐王在三水手足相残的时候，清朝两广总督佟养甲和提督李成栋率领兵马，势如破竹，一路攻克潮州、惠州。当化装的清兵混进广州城内作乱时，朱聿𨮁和一众大臣，仍在梦中。大乱之下，苏观生急令关闭城门，可是城内驻兵有限，有生力量都调去三水和永历朝廷自残了。雪上加霜的是，谢尚政叛变，收买广州城内的六营守兵，为清兵内应。当广州城门打开之时，唐王朱聿𨮁和忠臣苏观生的生命，就开始了倒计时。

朱聿𨮁被俘之后，关在东察院内，李成栋派人送去饮食。饥渴之时的朱聿𨮁，竟然不屑一顾："吾若饮汝一勺水，何以见先帝于地下？"趁守兵不备，唐王自缢而死。

苏观生则在巷战的失利中退回布政司府内，他挥毫泼墨，在墙上大书九个大字："大明忠臣义士固当死"。又题绝命诗《殉难题壁作》一首：

人皆受国恩，时危我独苦。
丹心佐两朝，浩气凌千古。

面对双手沾满了鲜血的刽子手，苏观生慷慨赴死，他用"吾以一布衣，登两朝相位，死亦何憾"作了生命的遗言。

东莞是一个忠臣辈出的地方，笔者在繁体竖排的线装古籍中，轻而易举就找到了熊飞、袁崇焕、陈策、陈象明等一长串名字，那些永垂不朽的人物，都集中在一个被"县"这个汉字约束的范围内。忠臣之间，总是有着一些后世难以察觉的关联。

工部郎中张一凤，曾是苏观生的业师，苏观生出任直隶无极县知县，就是张一凤的举荐。苏观生家贫，没有盘缠上京赴任，张一凤慷慨赠银五百两。日后苏观生成为"一不要钱，二不要官，三不要命"的"三不要老爷"，被无极县百姓立碑纪念，其清廉爱民的源头，就源自张一凤的教诲与影响。而张家玉，则是张一凤的族侄，自小在族兄身边读书，且因家贫，由族兄出资成婚。

广州城破，绍武政权昙花一现，张家玉回乡守孝的平静日子到了尽头。

武兴营遣散了，将士像一群放生了的鸟儿，无法回来。张家玉重新开始招兵买马。

张家玉的行动，立刻成了广州城里佟养甲的情报。对于死心塌地抗清壮士张家玉的了解，两广总督佟养甲如同对自己的掌纹一般清楚。他知道，招兵买马中的张家玉，就是一串在地下萌动的竹笋，如果不将它铲除在萌芽状态，出土之后将是他的大患。古籍文献中“养甲素闻家玉名”“闻公有能将英名，心惮之”的描述，即是印证。

修书劝降，是古代招降敌方首领的常见方式。笔者在霉变的纸页上，找到了佟养甲的两封招降书，那些从诱导开始进而杀气腾腾的文字，每一个都有难以抗拒的气势：

> 高山之仰，梦寐为劳。……迩乃既叨九里之润，敢邀一顾之荣，倘肯脂车，欢光羊石，则握手之欢，固不敢以侪偶相伍；如见拒已甚，何难立驱健儿，必以得见君子为快也。

对佟养甲貌似客气实则威吓的文字，张家玉用大丈夫失志存名节，受明恩垂，背之不忍的婉转，表明了“玉法当死，但死于守节者例，非死于起义者例”的气节。

语言文字，用书信的形式，表明了战争武力之前的“软实力”，汉字之间的较量，每一个都体现了心机与智慧。

两广总督的第二封招降信，用头发的现实与隐喻，直指人心，让张家玉的选择站在了百丈悬崖之上：

> 昨奉书左右，情词尽矣。不谓訑訑之声色，拒人千里之外也。台意所难，得无“剃发”两字乎？夫杨子不肯拔一毛利天下，轲也讥之。某以为苟利社稷，虽顶踵可捐也。官爵，贤豪所薄也；然得位行道，古人所快。老先生以为如何？

当官职爵位无法撼动张家玉的意志之后，佟养甲巧妙地用头发作了张家玉的两难选择。作为汉族人，张家玉当然恪守“身体发肤，受之父母，不敢毁伤，孝之始也”的孝道，但是，在多尔衮两次颁布剃发令，规定“全国官民，京城内外限十日，直及各省地方以布文到日亦限十日，全部剃发”的命令之后，头和辫子，就成了国人无法调和的矛盾。“留发不留头，留头不留发”，是生活在清廷统治下的所有汉人的生死抉择。

张家玉用寥寥数语，化作金石之声：

> 人各有心，不可夺也。玉之宝惜此发也，拔去一

茎，即禅我以清朝天子，犹且不屑，拘拘官爵，岂足云乎？已矣，先生且休矣。

张家玉的严词拒降，并没有让佟养甲死心。在佟养甲的指使下，张元琳、李在公和王某以张家玉旧友的身份依次出场。

由于与众不同的特殊关系，隔着三百多年的时光，笔者仍然可以想象得到张元琳游说时饱满的信心和轻松的面部表情。

张元琳同张家玉的关系 ，不是“旧友”这个词的肉眼可以看透的。张元琳与张家玉同宗，又是同科进士，还一度同为明庶吉士，两个张姓后人之间的交往，超越了家长里短的人情唱和，只是社稷易帜之际，忠孝节义成了人格的试金石，姓氏“弓”和“长”的血肉组合也会在江山的变色中分道扬镳。

在东莞万江万家租村头坊的家门口，张家玉用庄重的明朝衣冠，开门见山地表明了拒绝的态度。一个身材并不高大的人，却有石雕般的威严，他的脸上已经没有了笑容来回应这个时代的现实。这个特定的场景让张元琳心虚起来。惜墨如金的众多史书和文言，都生动地描述了这个小说一般的情节：

公峨冠出见，叱之曰：“与尔同作庶常，受恩于威宗烈皇帝，何故贰心！”愤咤作色遣之。[①]

① ［清］屈大均：《文烈张公行状》，载［明］张家玉撰、杨宝霖点校《张家玉集》，广东高等教育出版社，1992。

> 家玉衣冠出见，责以大义。并曰：“孔门高弟，太祖孤臣，如家玉其人者，安可以不贤之招招之乎？生杀荣辱唯命。[①]

在《答翰林张元琳书》中，张家玉更是用“女不幸以节见，士不幸以忠见”“与其摇尾偷生，不若昂头而死”“玉与此贼不共戴天，势如骑虎”等激烈言词，划清了“忠”与“奸”的界线。

张家玉正式起兵的时间是永历元年（1647年）三月初四日。

张家玉的举兵，与到滘密切相关。到滘，这个如今更名为“道滘”的地方，与万江紧密相连，不足战马半个时辰的距离。这片水乡，即将成为张家玉抗清最激烈的战场，成为他的满门尽忠之地。

在史料的记载中，到滘人叶如日，是张家玉抗清的导火索，是到滘尸横遍野的滥觞。“正月蕉利、到滘二乡生员莫子元、布衣何不凡等以船楫黄头郎四出捕虏，虏方搜括诸乡县金帛女子络绎走江中，斩虏渠数人，兵数百人，得所夺文武印信数十颗”。[②]点燃引信的火星来自知县郑鋈，这个明朝进士出身的清知县，派人来到滘招降，不料被首领沉海，用一个遣使者的性命作了拒绝

① 九龙真逸（陈伯陶）著，罗志欢、郑丽华点校：《明季东莞五忠传》，广东人民出版社，2013，第153页。

② ［清］屈大均：《文烈张公行状》，载［明］张家玉撰、杨宝霖点校《张家玉集》，广东高等教育出版社，1992，第201页。

的表态，郑鋈则派副使戚元弼率兵进攻表示愤怒和惩罚。战争的结果，超出了所有人的预料：

伪副使戚元弼率兵攻到滘，大战六日，歼虏二百余人。虏以书招降，俾士佯许诺，潜使人往沥滘、沙湾、市桥、古劳诸处乞救，得义兵千艘，入自虎门，大战，歼虏二千人，烧虏白艚三十八橹、哨船百余，得总兵陈甲，杀之。是役也，为虏入广东以来败衄之始。[①]

到滘大战的结果，让张家玉吃惊和高兴。清兵可以数十骑兵马破广州，却不能以百余战船克一到滘，张家玉认为，“到滘之人可用，吾事济矣”。

到滘，这个如今已易名为“道滘”的东莞水乡小镇，历史注定了它在忠义的经典中，必有轰轰烈烈的一页，注定了它将用巨大的坟墓，让后人看到时光的血腥。

张家玉起兵的计划，得到了叶如日的积极响应。叶如日前来迎接的战船，停在了万家租村头坊的江边。

永历元年（1647年）三月十四日，张家玉的军队在到滘誓师之后，朝莞城出发。屈大均描述了这一场面：

---

① 九龙真逸（陈伯陶）著，罗志欢、郑丽华点校：《明季东莞五忠传》，广东人民出版社，2013，第154页。

> 十四日，扬帆至东官，而使兵部主事韩公如琰率黄牛迳之众千人，参将李乙木率黄麻园之众二千人，族人世爵、光正等率其父兄子弟篁村博厦之众数百人从陆为助，战鼓未伐，南门已开，遂复东官，执伪知县郑鋈，斩伪典史赵元鼎以徇，以原训导张玿为知县，以原副使张公恂为指挥佥事，以安弘猷为城守。[①]

义军进城，张家玉的大旗，插在了莞城的城墙上。《明史·张家玉传》（陈子壮、张家玉、陈邦彦合传）、《张家玉抗清成仁记》《民族英雄张家玉》《国亡家破见忠臣》《张家玉年谱》等众多的文献，均忽略了一个重要情节，只有张磊先生的《张家玉抗清》一书中，有如下一段叙述："……就连曾谋害过他的李觉斯也不追究，只抄没他的家产，以充军需。张家玉如此宽容大度，大快人心。李觉斯原系崇祯年间的刑部尚书，后随苏观生等拥立唐王于广州。李成栋破广州后降清为两广总督佟养甲效劳，特别卖力。"[②]

张家玉的心慈手软，为自己留下了后患。

三日之后，广东提督李成栋率兵屠乡，血洗到滘，就是源于李觉斯的密报。

---

① ［清］屈大均：《文烈张公行状》，载［明］张家玉撰、杨宝霖点校《张家玉集》，广东高等教育出版社，1992，第201页。

② 张磊：《张家玉抗清》，中国文联出版社，2014，第124页。

“岭南三忠”，是中国历史上一个不朽的名词，张家玉的名字，则是这个名词中的一个重要符号。

由张家玉、陈子壮、陈邦彦三个姓名组合而成的“岭南三忠”，在面对一个共同的敌人的时候，他们以卵击石，悲壮激昂，最后以殉国的方式将热血洒在了南明的土地上。

岭南的土地、苟延残喘的南明王朝和佟养甲、李成栋率领的强大清军，是“三忠”关联的强力黏合剂。三个英雄之间，没有主从的关系，也没有皇家大纛的统领，他们只是用拒绝亡国的气节，共同展示爱国者的最后悲壮。

杨宝霖先生的文字，让我们看到了“岭南三忠”在抗清大旗下的一次秘密集合：“永历元年（即顺治四年，公元1647年）春，家玉与南海陈子壮、顺德陈邦彦相约，共同起兵抗清。”[①]在另一篇文章中，杨宝霖先生也有相似的记叙：“永历元年（1647年）春，顺德陈邦彦致书张家玉，约起兵抗清，张家玉派堂弟张有光带信给南海陈子壮，约起兵以为呼应。”[②]

“忠”，是一个从“心”的普通汉字，一个笔画简单的汉字，却是用骨头作为屹立的支架。历史上所有的忠臣，都是朝代更迭

① 中共东莞市委宣传部、东莞市文学艺术界联合会编：《东莞人物丛书·东莞历史人物》，广东教育出版社，2008，第385页。

② 中共东莞市委宣传部主编：《影响中国的东莞人》，广东经济出版社，2014，第35页。

乱世血腥中得到检验的坚硬骨头。现代汉语的解释中，忠臣，是忠于君主的官吏，而在南明乱世中，忠臣，则是“为子则孝，为臣则忠”“时危见臣节，乱世识忠良”的产物。“岭南三忠”和“广东三忠”这样的字眼，像春天的花朵一般，盛开在书籍的汉字丛中。笔者无法在书上找到这个词组的发源，但在广东人民出版社出版的《简明广东史》中，看到了这四个汉字的脉络和走向：

> 在广州陷落后，南明兵部主事陈邦彦联合农民领袖余龙，起兵于顺德；监军御史张家玉起兵于东莞；大学士陈子壮联合增城农民军，起兵于南海。……当时闻风而起的抗清义军有数十处之多，“小者百人之奋，大者万人之斗”，而其中以陈邦彦所领导的“一军最强”。各方义军多归陈邦彦、张家玉和陈子壮领导。……陈邦彦、张家玉和陈子壮自顺治四年（1647年）1月起兵至10月为清军所败，坚持抗战达10个月之久，拖住了广东清军的全部兵力，使之不能西进，挽救了永历政权，支援了抗清大局。后人誉称他们为“广东三忠”。[①]

广东地图上，东莞、顺德、南海，都以一个小小的圆点标示在彩色的纸页上。南明时代的地理，和如今的地理，并无空间

① 蒋祖缘、方志钦主编：《简明广东史》，广东人民出版社，2006，第291—292页。

上的改变，只不过，21世纪初叶的东莞，是一个经济发达的地级市，而顺德和南海，它们用一个瘦身的圆点，在地图上表明了与东莞行政级别的区分。在“岭南三忠”的抗清地图上，东莞、顺德、南海，都是珠江三角洲的一个据点或者营寨，只不过，东莞的地理位置，靠近惠州，而顺德和南海，则近在咫尺。地理位置上的任何一个名词，并无本质的区别，但是，它们在抵抗清军的战术上一旦形成了牢固和锋利的犄角之后，就会成为敌人肉体中的一根芒刺。

“岭南三忠”之间的联络或者密约，都是暗中的传递和操作。《简明广东史》为后人提供了一幅战争的背景及发展走向图：

> 清军攻占广州后，分兵三路向省内西部、北部和南部进军。西部由李成栋率领，进攻肇庆，直指梧州；北部由叶承恩率领，进攻南雄韶州；南部由徐国栋等率领进攻高、雷、廉、琼。
>
> 顺治四年（1647年）正月，李成栋部沿着西江挺进肇庆，南明守将朱治憪弃城逃跑，肇庆不战而陷。二月，清军连下梧州、平乐，进逼桂林。永历帝逃到全州。①

在南明王朝节节败退的形势下，“岭南三忠”的抗清只是各自为战，所有的书信联络，都无法将他们形成一个整体、握成一

---

① 蒋祖缘、方志钦主编：《简明广东史》，广东人民出版社，2006，第291页。

个拳头：

陈邦彦为了牵制清军西进攻势，于三月率军围攻广州城。李成栋急解桂林之围，还师东援。陈邦彦攻城不下，退守顺德。李成栋进攻顺德，陈邦彦战败，退入高明。接着，李成栋又乘胜进攻东莞。

七月，陈邦彦联合陈子壮并约定清军杨可观等为内应，准备再攻广州。李成栋从新安回师广州，败陈子壮军于白鹅潭。陈子壮退回九江；陈邦彦则驻军胥江（三水县北部地区）。

陈邦彦驻军广州西部，张家玉屯兵广州东部，形成对广州东西夹击之势。九月，李成栋与陈邦彦在胥江展开激烈战斗。李成栋率水陆军2万急夺清远，城破，陈邦彦负伤被俘，不屈而死。

李成栋再转师西向，直扑陈子壮。陈子壮在高明被俘，最后英勇就义。[①]

所有由文字构成的正史都简明扼要，缺乏情节和细节。忠臣的气节和鲜血，敌众我寡的不利形势和金戈铁马的残酷，最后都以生命和人头结尾。张家玉的抗清，英勇悲壮，最终也未能扭转

① 蒋祖缘、方志钦主编：《简明广东史》，广东人民出版社，2006，第292页。

局势，他只能像陈邦彦、陈子壮一样，战死沙场。

“英雄”，是血洒疆场之后后人授予“岭南三忠”的冠冕。在繁体竖排的古籍中频繁出入的时候，笔者总是想起那个“以卵投石”的成语。这个释义为自不量力、自取灭亡的贬义词，让笔者心中涌起浪潮般的悲壮。《墨子·贵义》说：“以其言非吾言者，是犹以卵投石也。尽天下之卵，其石犹是也，不可毁也。”然而，在检验一个人忠奸的标尺面前，“岭南三忠”，都是反其道而行之的豪杰。“以卵投石”，在“岭南三忠”带血的头颅上，这个贬义词瞬间反转。

文史专家杨宝霖先生用一段简短的评述，为“岭南三忠”的人生选择，作了准确的诠释：

> 张家玉久历戎行，深知自己和陈子壮、陈邦彦的起兵抗清不可能扭转乾坤，恢复明代，只是不愿意在异族统治下，苟且偷生，唯以死报国。另外，广西仍存在南明的永历政权，清广东提督李成栋正提兵西向。张家玉的起兵，扰其后方，阻其西进，缓永历政权的燃眉之急。在道滘起兵之前，陈邦彦有致张家玉信，略说：“成不成，天也；敌不敌，势也；姑勿计。今主上殷忧，王师凤鹤，若得牵制敌骑，使数月毋西，则浔、梧之间，尚可完葺。是我不必收功于东，而收功于西也。”正可说明张家玉和陈子壮、陈邦彦起兵抗清的用

意。明知起兵必死，明知必死却偏要起兵。[①]

笔者在文献中读到张家玉收复东莞县城，“执伪知县郑鋈，斩伪典史赵元鼎以徇，以原副使张公恂为指挥佥事，以安弘猷为城守”的捷报时，却没想到胜利如露水一样短暂。

没有人预料到清军的报复来得这么快。三天之后，当大批清军乘船而下，将东莞县城铁桶一般围住之时，张家玉的兵马，还在道滘休整。

在清军的炮火之下，东莞的城墙不再坚固。“东莞不守”的文言后面，是知县张玿阵亡，指挥佥事张恂战死，城守安弘猷及从弟有恒、贡生尹鉽血洒战场。战争的残忍，是读者无法从文字中看到的血腥，张恂在清兵的围困中拔剑自刎，他的人头，被李成栋手下的总兵官李胤香割下，不断滴洒的鲜血，像梅花一样开放在街道的石板上。

张家玉的援兵，在离莞城一江之隔的万家租被清军截住。张家玉的出生之地，瞬间就成了一个血腥的战场。文献用“万炮齐轰，飞弹如雨”形容战斗的惨烈。战斗以张家玉率部退回道滘结束。

清军虽然获胜，但损失惨重，伤亡三千多人，将领死伤二十多人。李成栋无法接受这样的胜利，恼羞成怒，下令杀人屠村。

---

① 杨宝霖：《张家玉：至死不渝的明末抗清将领》，载中共东莞市委宣传部主编《影响中国的东莞人》，广东经济出版社，2014，第36页。

在史料的记载中，兽性大发的清军，将篁村、博厦、村头坊等村的男女老幼，赶尽杀绝，鸡犬未留。

人类的所有历史，都埋藏在时光深处，如果没有那些繁体的汉字和黄脆的纸页，如今的读者很难想象篁村、博厦、万家租和莞城内的迎恩门、市桥、戴屋庄、聚贤坊、宝积坊、凤来里这些村庄街道也曾尸横遍地，血流成河。

在敌强我弱的对峙中，道滘，这个东莞的水乡，就成了张家玉抵抗清军的最后营垒。

李成栋的进攻，首先从与道滘唇齿相依的邻乡望牛墩开始。

《明季东莞五忠传》用“时参将杨邦达守望牛墩，与到滘相犄角。成栋既还，移师先击望牛墩，邦达战七日死”[①]和“伪提督李成栋先击望牛墩，以孤其唇齿。大战七日夜，虏死数百人，率破之”[②]略过了望牛墩的人头与鲜血。而道滘，则成了两军血拼的主战场；张家玉，则成了一个战败的英雄。

道滘水乡，没有莞城砖石的城墙，张家玉用栅门筑起了防御的屏障，李成栋指挥的清军，却用牛皮和棉被，做成进攻的盔甲。明军的炮火，不能穿透清军最原始的防护，人多势众的清兵，破栅门而入。道滘的血战，延续了三个日夜。战死者的尸体，堵塞了道路，以至《文烈张公行状》中有“虏死千余人，载

① 九龙真逸（陈伯陶）著，罗志欢、郑丽华点校：《明季东莞五忠传》，广东人民出版社，2013，第155页。

② 九龙真逸（陈伯陶）著，罗志欢、郑丽华点校：《明季东莞五忠传》，广东人民出版社，2013，第155页。

尸回广州，舴艋不绝”的惨状描述。

在敌强我弱的战争状态下，道滘的失陷就是必然的结局。守备叶品题、何勉、叶时春、卢学德，千总何仕登的战死，并没有让惨胜的清军收手。从“扬州十日”“嘉定三屠”等惨绝人寰的大屠杀中走来的清军，将卷刃了的屠刀，挥向了无辜的百姓。

壮烈的一幕，出现在张家玉的亲人身上。张家玉的祖母陈氏、母亲黎氏、妹妹石宝拒绝受辱，跳河自尽，夫人彭氏未能逃脱，被清兵捉住。这个刚烈女子，毫无惧色，大声呵斥清兵：“我张总督夫人，贼敢辱我！”彭氏夫人的怒骂，彻底激怒了敌人，那些失去了人性的士兵，割掉了她的舌头，砍断了她的手足，让一个弱女子在不屈中流血而死。

记载在文字中的死者，还有“如琰家属二十人并死”，家玉“胞弟兆凤、兆麟、兆虬、之弦等，阖门三十余口，皆骂贼不屈，被戮”。[①]

张家玉兵败之时，西乡豪强陈文豹的八十老母，梦见一头黑熊，在闪烁的光亮中，来到家里。第二天，一身黑衣的张家玉突然而至。惊异中的陈母，认为张家玉“此天人之杰也”，所以，倾其家产，为张家玉募兵。

笔者在地图上轻而易举就找到了张家玉兵败之后的落脚再起之地。从道滘到西乡，在没有公路汽车的古代，水路舟船，是

① 九龙真逸（陈伯陶）著，罗志欢、郑丽华点校：《明季东莞五忠传》，广东人民出版社，2013，第155页。

张家玉退走的一条捷径。西乡，如今是深圳市宝安区下辖的一个街道，在张家玉那个时代，西乡是与东官血肉相连的手足，当“西乡”这个地名在张家玉抗清的地图上炙手可热的时候，“深圳”，刚刚在城市的母腹中着床。

陈文豹用于保境安民的两千人团练，在张家玉到来之后，成为了抗清复明的地方武装。而新安县的清军，则成为了张家玉祭旗的对象。“旬日间，义旗复振，出复新安县，斩马兵三百余级，步兵一千五百余级。”[①]

张家玉和陈文豹尚未来得及庆功，副使戚元弼和李成栋的义子贾九率领的清军，就已经在杀戮的路上了。清军进攻的线路，在《文烈张公行状》中有详细的记载：“陆兵所经北栅、劳德、大宁、乌沙、沙头诸乡，凡十余处。”[②]那些地名，如今仍然清晰地印在东莞的所有地图上，只不过，那些数百年不变的名字，如今都成了繁华的城镇，高楼大厦，车水马龙，却无人知道，这些构成东莞重要组成部分的城镇，在属于“东官”的那个朝代里，每一寸土地上，都滚落着人头，流淌着鲜血。

戚元弼率领清军经过这些东莞的乡村时，遇到了堵击的村人，“老羸妇女，悉持兵仗，率于要隙，树木为干栏，人持数十短梃，梃末悉有钩，连缀数十短梃于一大梃，以长绳系之。虏

---

① ［清］屈大均：《文烈张公行状》，载［明］张家玉撰、杨宝霖点校《张家玉集》，广东高等教育出版社，1992，第202页。

② ［清］屈大均：《文烈张公行状》，载［明］张家玉撰、杨宝霖点校《张家玉集》，广东高等教育出版社，1992。

至，被撒梃飞钩，死者人马不可计”。这种以弱胜强的奇异战术手段，在东莞的土地上出现，在张家玉的战术中上演，实在是不可一世的强大清军的噩梦。

在此后的争夺中，清军增兵，战场扩大到了水上及陆岸的北栅、白沙、河田、赤岗和东官，敌我双方，你争我夺，各有胜负。西乡，在张家玉抗清的战史上，最后以悲情的方式谢幕：

> 六月十七日，成栋陷新安，遂攻西乡，家玉谓文豹曰：“虚而示之实。”令砦上张旗鼓，佯书约战，而潜师别岛。成栋进攻燔砦，家玉与文豹反击，大创之，死者千余人，成栋弃舟走。数日复尽锐来攻，战三日，舟师败，文豹等皆死。[①]

清军压境之下，投降、变节、下跪，是许多人的本能选择，比如张家玉的同乡李觉斯、谢尚政、王应华，他们用媚笑，换取了苟活。而张家玉、苏观生等拒降者，骨头坚硬，誓不屈膝，最终以沙场战死的结局，维护了人格的尊严。

降清之后的李觉斯，对张家玉攻下东莞县城没收他的财产充作军需怀恨在心，这个曾与张家玉同朝为官的崇祯朝刑部尚书，后随苏观生在广州拥立唐王的东莞人，变节之后，尽显疯狂，在

① 九龙真逸（陈伯陶）著，罗志欢、郑丽华点校：《明季东莞五忠传》，广东人民出版社，2013，第156页。

写信劝降张家玉未成之后，又为清军提供情报。张家玉用“何天网恢恢，疏此老贼”的激愤表达了隐隐的后悔之意，没想到，李觉斯将刻骨仇恨化成的恶行还在酝酿之中。

再一次回到家乡万家租的时候，张家玉由曾经的胜利者变成了战败者。在文献中，张家玉只是以“且战且走，道经万家租”的方式亲近故乡，却没想到，李觉斯将他的故土变成了人间地狱。大屠杀之后的万家租，血腥弥漫，张家玉祖先的坟墓，尽皆铲平，家庙捣毁，所有张姓族人，被斩尽杀绝，一个人烟兴旺的村庄，成了一片砖瓦的废墟。

《明史·张家玉传》虽然轻描淡写，却也让后世看到了李觉斯的残忍和恶毒：

> 觉斯怨家玉甚，发其先垄，毁及家庙，尽灭家玉族，村市为墟。家玉过故里，号哭而去。[①]

《文烈张公行状》则称：

> 我舟师先败，公且战且走，至于铁岗。夜经万家租，视家庙闾舍，悉为灰烬，亲戚宗族，屠戮过半矣。痛哭而去。[②]

---

① ［清］张廷玉等撰：《明史·张家玉传》卷二百七十八，中华书局，1974。

② ［清］屈大均：《文烈张公行状》，载［明］张家玉撰、杨宝霖点校《张家玉集》，广东高等教育出版社，1992。

祖坟风水关乎一个家族繁衍和子孙后代兴旺，那些经过仔细堪舆建在宝地上的庄严建筑，是神圣不可侵犯的阴宅。挖人祖坟，无异于断人子孙，这是中国民俗中的最大恶行。

李觉斯挖坟掘墓的泄恨，是卑微人性的阴损。那些让英雄流泪、豪杰嚎啕的手段，和谋略计策风马牛不相及。在《文烈张公行状》中，一个变节者的阴暗心理昭然若揭：

> 觉斯、梦日、胤香三人献计于虏，谓公之所居，以家庙为虎头，金鳌塔为虎尾，摧其首尾，彼将自坏。虏从之，并掘公祖墓。觉斯又使其子生员天麟为虏设逻兵，布游哨，下令有敢匿张氏者，杀无赦。于是张氏死者前后及千人，遂为忠义之族。[①]

家族被屠、祖坟遭掘之后的悲愤，张家玉用诗的文字留给了后人：

伤族罹祸

谁计忠成九族殃，行藏我亦似文方。

但能完得君臣节，磨涅从他也不妨。

① ［清］屈大均：《文烈张公行状》，载［明］张家玉撰、杨宝霖点校《张家玉集》，广东高等教育出版社，1992。

痛悼先莹被伐

庐室空馀一炬灰，祖骸仍暴委蒿莱。

可怜忠孝难兼尽，血洒西风寄夜台。

到滘、西乡相继失守之后，张家玉手下就只剩一些散兵游勇，他只好以游击的形式，招兵买马，扩充兵员，然后攻城略地。这是一种无可奈何却行之有效的军事策略，我们在多种文献中看到了它的成功。“至铁冈，得姚金、陈谷子、罗同天、刘龙、李启新等五千人”“家玉走回龙门募兵，旬日间得万人”，然后，地图上的许多地方，就成了张家玉剑指的方向。“家玉遣总兵陈镇国、参将冯家禄等，往攻龙门，复之。至是进复博罗、连平、长宁”，“遂攻惠州，克归善，还屯博罗”。

张家玉战斗、兵败、募兵的这些地方，虽然都没有跨越广东的省境，却也是珠江三角洲一片广袤的地理，那个时代，河流、山岭、沼泽、土丘、水塘、树林，每一种地形，都是兵马的天堑，但是，张家玉总能跨越障碍，突破清兵的追杀，创造许多令佟养甲、李成栋胆寒的军事奇迹，即使失败，也是英雄断臂的悲壮。在“战死”两个字背后，后人依稀可以看到失败者的顽强和胜利者的胆寒：

敌三攻西乡而两败，两攻到滘而一败，死者凡万余人，东官之到滘，新安之西乡，虏闻之，至今咋指，以为鬼门关也。[①]

一个“貌若妇人女子”的男人，其实是胸有大志的伟丈夫。少年时期，张家玉同人登黄旗山，在峰陡路险、众人面露难色的畏缩之中，张家玉发出过“我辈作人，非第一流不可”的誓言。成年之后，张家玉“好击剑任侠，多与草泽豪士游”，所以，玄子这个名字，就成了一块吸附力很强的磁铁。张家玉募兵的大旗，吸引了众多好汉归附。

张家玉将四万兵马，分为五营，分别以龙、虎、犀、象、豹命名。猛兽的集合，是张家玉起兵抗清之后胜负成败的孤注一掷，它像一个人松弛的五指，此刻，紧握成了一个有力的拳头。在这样的背景下，离广州最近的增城，就成了张家玉锋芒所向的目标。

增城与东莞接壤，在永历元年（1647年）十月的乱世中，却是一片悲壮的土地，是一支抗清义军的强弩之末，是张家玉人生的最后追封之地。

张家玉进军增城的时候，陈子壮、陈邦彦也在各自的地盘上呼应。李成栋并未盲目地四面出击，在击败陈邦彦、大破清远之后，才掉转兵马讨伐增城。

为了抵御李成栋的万余步骑，张家玉将兵马分成三路，依靠

---

① 九龙真逸（陈伯陶）著，罗志欢、郑丽华点校：《明季东莞五忠传》，广东人民出版社，2013，第156页。

深溪高崖，犄角相抗。在十天的大战中，张家玉三战三捷，斩敌首一千九百级，马四百九十匹。

战争的走向由于一个无法预料的细节出现，导致了悲剧性的结局，胜利中止：

我兵过勇，空营逐利，势不可止。军法：出张旗，入卷旗，夺虏旗则挥而呼以入。是日，大旗总斩虏级多，喜而忘之，手挽数虏头，张旗入中军献功，西北诸营，望见张旗，以为虏入中军，皆走保垒，前军见后军走，亦惊曰：“虏出我后。”军遂乱，自冲西北二营以散，成栋以铁骑下蹂之。我军死者六千人，公中九矢，堕马。[①]

所有的文献中，均有这个情节的记载。一个举旗的细节，让军队自乱阵脚，溃不可止。笔者相信这个意料之外的细节，是一支军队败亡的蚁穴，然而，笔者更相信运数，即使没有这个细节，张家玉的失败，也会是必然的结局。

史料的记载中，“岭南三忠”舍身奋勇，然而均以失败告终：

九月，李成栋攻清远，总兵霍师连战死。十九日，

---

① ［清］屈大均：《文烈张公行状》，载［明］张家玉撰、杨宝霖点校《张家玉集》，广东高等教育出版社，1992。

清远破，白常灿巷战死，朱学熙自缢死，陈邦彦自沉未遂，被执，槛送广州。

二十八日，佟养甲磔陈邦彦于广州。

十月，家玉与李成栋大战于增城，战十日，兵败，家玉投野塘以死。

十四日，陈子壮攻新会，不克；攻新兴，又不克，还守高明。

二十九日，成栋陷高明，子壮突围，至南海九江，清兵追及，被执。

十一月六日，佟养甲磔陈子壮于广州。[①]

在短短不到三个月的时间内，“岭南三忠”先后就义，历史的大势，是所有英雄的悲剧，没有人可以扭转乾坤。

沧海桑田，后人无法找到张家玉战死的现场。只有繁体竖排的汉字，可以为读者还原一个忠臣的遗容：

家玉中九矢，诸将欲掖之走。家玉曰：“大丈夫立天常，犯大难，事已至此，乌用徘徊不决，以颈血溅敌手哉。”因起遍拜诸将，自投野塘中以死。[②]

---

① 杨宝霖：《张家玉年谱简编》，载［明］张家玉撰、杨宝霖点校《张家玉集》，广东高等教育出版社，1992，第222页。

② 九龙真逸（陈伯陶）著，罗志欢、郑丽华点校：《明季东莞五忠传》，广东人民出版社，2013，第157页。

数日之后，打扫战场的官军发现了野塘中的尸体，“颜色如生，须眉犹怒张欲动”，死者身怀银印，上刻“正大光明”四字。无人识得死者面目。佟养甲闻讯来到现场，察看片刻，神情肃穆，说：“观此貌清正，必义士家玉者也。”

张家玉死时33岁，随张家玉战死者数千人，竟无一人投降。

屈大均的《文烈张公行状》另有一个情节，其神化描述，令人惊骇，符合古典文学塑造人物的一般性手法和读者的阅读心理：

> 虏得公尸，佩一银印，文曰：“光明正大”。襄皇帝所赐也。养甲集诸降绅验视，李觉斯跪而贺曰：“此真逆贼张家玉之首。”一齿缺，以银镶之，发美，长二尺三寸许，今量之果然。虏悬之东门，经月，色不变。一日，养甲经其下，公怒之，双瞳飞出丈余，光芒四射。养甲骇傈，以为神。[①]

东莞，是岭南的悲情之地。屈大均认为：“夫吾粤固多忠义，宋崖山之变，英豪痛愤，谓蒙古灭中国，人人得而诛之，于是竞起兵以伸大义。自熊飞起于东莞，终元之世，粤人所在横戈舞干，怒气凌云，无一日不思为宋复仇者。计元八十年间，与粤人力战，盖无虚岁，元可以得志于中原，而不能加威于吾粤，粤人之为元患也，久矣，而东莞为甚。东莞豪杰，在皇明开国，则

① ［清］屈大均：《文烈张公行状》，载［明］张家玉撰、杨宝霖点校《张家玉集》，广东高等教育出版社，1992。

有何真；在中兴，则有张文烈。呜呼！讵不伟哉？”[①]

如今的东江，桥梁飞架。从万江桥过江到达万家租村头坊，步行也只有十多分钟。笔者多次在万家租寻觅，清兵血洗之后，张家玉的旧屋和张姓的祠堂、坟茔一扫而空，除了一对明朝的石狮子，万江，已经找不到张家玉的音容笑貌了。

东莞先贤蒋光鼐将军收藏的张家玉像和东莞市博物馆馆藏的张家玉像，宽大的明朝官服让一个抗清英雄表情平淡、神态儒雅，只有东莞市中心广场上的青铜，真正让一个马背上的好汉怒发冲冠。相比纸页和线条，坚硬冰冷的金属显然更适合塑造骨头峻嶒的历史。

历史已经遥远，没有人能够从一尊青铜塑像上认识这个早殇的英雄。张家玉雕塑背后的金属铭牌上，忽略了桂王对张家玉太子少保、东阁大学士、吏部尚书、英武殿大学士、增城侯以及文烈谥号的封赠，仅仅用“南明抗清将领，‘岭南三忠’之一，诗人”的简洁文字，概括了一个英雄的一生。

① ［清］屈大均：《文烈张公行状》，载［明］张家玉撰、杨宝霖点校《张家玉集》，广东高等教育出版社，1992。

辽东的彭谊

辽东，是袁崇焕的血战之地，也是他的悲壮之地。这片土地，与东莞相距数千里，但又血肉相连。与辽东有关的东莞英雄和悲壮故事，并非孤例，除袁崇焕和陈策之外，还有彭谊。

彭谊与辽东结缘于明成化四年（1468年），以右副都御史的身份镇守辽东。在此之前的二十三年中，彭谊经历了工部司务、湖广道监察御史、大理寺丞、右佥都御史、绍兴知府、山东左布政使和工部左侍郎等职务的历练。在沉浮荣辱交织的每一顶乌纱上，他都留下了尽忠职守的口碑。

因为得罪了朝中权贵，彭谊从右佥都御史被贬为绍兴知府。彭谊的官场挫折，却成了绍兴百姓之幸。彭谊到任的时候，正值绍兴饥荒，乞讨的叫花子和路途上的饿殍，刺痛了彭谊的眼睛。正要开仓赈济的时候，下属官员进言劝阻说：“开仓散粮，须请朝命。”作为一个久经官场的人，彭谊当然懂得开仓的规矩和风险，但是，在人命攸关的时刻，他已经没有等待的时间了。彭谊用“等批准，死者多矣。我何爱一人而不活万命”拒绝了下属的好意，立即开仓放粮，让许多因为断粮而在死亡线上挣扎的百姓得救。第二年秋天，绍兴大获丰收，当地民众感念灾年得救，争相交粮，一月未满，府衙粮仓便已充盈。

饥荒之后，彭谊兴修水利，筑白马闸、林浦坝，使良田得以灌溉。在绍兴知府任上，彭谊度过了九年的时光，众多文献，都用“甚得民心”评价。彭谊离任，百姓不舍，是必然的逻辑，文献用了一个出人意料的情节，记录了彭谊与百姓的关系。“离任之日，有萧山之民送海味两盒，内藏黄金，彭谊发现，即退回，其人愧谢而去。”①

这个情节，是彭谊绍兴知府九年的一个总结，也是彭谊升任山东左布政使职务的起点。一个有作为的官员，总是在生前和身后，留下珍珠般闪光的行迹。上任辽东之后，彭谊下大力气整顿边防，他将一些不会打仗的将领调去屯田，留下英勇善战的将士，严格训练军队。彭谊的一系列措施，有效地维护了边境安稳。

明成化九年（1473年），彭谊率兵出征小黑山女真部族，“烧毁连州、麦州等巢穴，搜获马匹牛羊无算，全军而还，复降敕奖谕之”。

① 秋霖：《彭谊》，载中共东莞市委宣传部、东莞市文学艺术界联合会编《东莞人物丛书·东莞历史人物》，广东教育出版社，2008，第573页。

在文献的记载中，彭谊好古博学，通晓律历、占象、水利和兵法之学，“平居谦厚简默，临事毅然有断”。彭谊观察辽东红罗山，山势高耸险要，女真人常登山窥望，寻找明军松懈之时进犯。彭谊下令在山上修筑城墙守卫，女真人从此不敢觊觎。红罗山上产人参，百姓采参，多被女真人抢掠。山上城堡修成之后，边民上山安全，参价大为降低。

彭谊没有战死沙场，却想到了回归故乡，他先后四次奏章乞休，均未获准，明成化十四年（1478年），才致仕还乡。名臣商辂赋《送彭正庵都御史乞休还东莞》诗一首：

盖世功名盖世才，百年清论在乌台。
东巡六月塞飞雪，北镇三冬昼动雷。
补衮正期安社稷，投簪伺事赋归来。
近闻山海关山路，锁钥从今不敢开。

彭谊是长寿之人，弘治十一年（1498年）以81岁卒。彭谊身后，莞人有口皆碑：

罗亨信著功土木，易危为安，伟矣，社稷之臣也。卢祥侃侃正论，刚大之气达于朝。右使抚延绥而无所建竖，有议论无事功，何取焉？彭谊所至策劳，筑堤而漕奠，筑闸而溉兴，莅辽东十余年，畏威怀德，三君子者与竹帛争光矣。后之著绩于辽者，视前更过之而时有不幸。噫，谓之何哉！[①]

① 《三中丞赞》，载［明］张二果、曾起莘著，杨宝霖点校［崇祯］《东莞县志》，东莞市人民政府办公室，1995。

遗民的风骨

“东莞五忠”，用爱国主义的热血，谱写了一曲失败的悲歌，但是，他们的鲜血没有白流，“东莞五忠”树起的抗清大旗，永远飘扬在后人心里。他们在清朝统治的整个过程中，或以死明志，或退隐不仕。清朝顺治、康熙年间，全国形成了一个颇具影响的明遗民阶层，江南、岭南和滇南，集中了一批流传后世的明朝遗民。作为宋末以来岭南闻名的忠义之乡，尤其是张家玉成为岭南抗清旗帜之后，东莞影响了众多的忠君之士。清初东莞，成为岭南遗民较为集中的一个县域。

东莞明遗民人数众多，他们以一个群体的面貌，被记录在文献中。陈伯陶的《胜朝粤东遗民录》，收录东莞明遗民39人；张其淦的《明代千遗民诗咏》，收东莞明遗民54人；祁正的《三朝东莞遗民录》，收入宋 、元、明三朝东莞遗民110余人，其中明遗民62人：张明教、张兆龙、张雷祯、张电祯、张家珍、陈葆一、陈应光、洪锡祚、张俌、张仲、张傧、张似、李贞、李绕、洪穆霁、何如栻、何鸿飞、陈镇国、张安国、陈熙、列绳武、丁邦桢、陈万几、张穆、袁立俊、袁普类、简知遇、陈调、卢上铭、尹体震、尹鎣、方日琼、方声宏、谢重华、刘政、陈舜法、吴而达、周觉、王应芊、王鸿暹、温氏子、今毬、蔡二西、梁子、苏国祐、袁尔辉、黄用元、梁宪、梁邦集、徐彭龄、李楠、彭焻、瞿汝楫、韩闰昌、袁玉佩、黄云灿、梁志勤、陈文、冯士重、萧奕辅、李鸿、今宝。

六十二个有姓名可考的明遗民，为东莞一邑，争得了气节与风骨。这个群体的数量，与全国遗民最为集中的江南州邑相比，毫不逊色。

遗民们面目各异，人生结局也大不相同，在历史的梳理之下，他们呈现出不同的特点。

在62个人物当中，有人参加过激烈的抗清战争，明朝灭亡之后，无奈归隐。上文所列遗民，前9个张姓人士均为张家玉的族人。张明教，为张家玉祖父；张兆龙，则是张家玉的父亲。张家玉之弟张家珍，堂兄弟张雷祯、张电祯，族弟张一凤之子张俌、张仲、张傧、张似，都曾襄助张家玉起兵抗清，南明灭亡之后，均用归隐不仕鲜明地表明了自己的态度。李贞（李元弼之子）、何如栻、张穆、黄用元、梁邦集（梁邦桢之弟），也曾经都是张家玉抗清旗帜下的战士。洪锡祚，曾参与了绍兴鲁王政权的抗清战争，广州被清军攻破屠城之后，郁郁而终。

抗清人士，已经将生死置之度外，他们死后，亲人无不受累。那些为亲人哀伤悲痛的遗属，亦深明大义，以忠孝守节。苏观生之子苏国祐，父亲死后困苦流离，临死之前，仍述其父大节，嘱咐子孙，勿忘忠孝。陈象明之父陈葆一，当得知儿子抗清兵败广西梧州，投潭而死时，竟不流泪，为子死自豪曰：“是真吾子矣！”

在东莞的明遗民中，有弃诸生、弃官归隐人士。清朝初年，这些遗民拒绝参加清朝的科举考试，立下遗民绝仕之愿。茶山南社人谢重华，明崇祯年间以乙榜贡，易代之后杜门晦迹，晚年以种植莞香为业，自号香农，83岁卒。程朱理学大学士刘鸿渐之子刘政，李觉斯之子李鸿，周觉和李贞、李缵父子，均弃诸生而归隐。而萧奕辅（天启年间官巡抚）、韩闰昌（曾隶属袁崇焕部，崇祯间官都司）、袁玉佩（袁崇焕族叔，天启年间平乐府推官）、袁立俊（永历时官太平府通判）、袁尔辉（官守备）、何鸿飞（崇祯年间官都督佥事）、洪穆霁（桂王时官工部主事）等人，则弃官归隐，成为遗民。

明清易代是东莞文明史上一个检验人性和风骨的悲壮节点。清初时期的东莞明遗民，用英勇抗清、忠孝守节、弃官归隐的多种方式，张扬忠骨气节，为后世敬仰。

东莞的文脉

- 歌德与木鱼书
- 第八才子书
- 边塞守将笔下的大漠孤烟
- 东莞的半部颂词
- 别开生面的岭南
- 东莞的孤本
- 东莞小说的滥觞

歌德与木鱼书

赵必瑑隐居温塘著《覆瓿集》的时候，东莞文人羊毫下的汉字和诗篇里，还没有出现“木鱼书”这个名词。

木鱼书又称木鱼歌、摸鱼歌，是唱本，属弹词，可阅可唱。唱时多用三弦伴奏，因此又名弹三弦、三弦歌。民间用竹板敲击朗诵，敲竹板如同敲木鱼，故又名木鱼歌或木鱼书，内容多警世良言，劝人为善。因为木鱼歌多为盲人所唱，故俗称为盲佬歌。

关于木鱼书的历史，有研究者以明末清初著名诗人朱彝尊顺治十四年（1657年）到东莞探望任东莞知县的舅父查培继，曾作《东官书所见》诗，诗云：“摸鱼歌未阕，凉月出林间”“一唱摸鱼声，都来月下听”，从而推断东莞木鱼书已有三百五十多年以上的历史。[1]而东莞文史专家杨宝霖先生，则将东莞木鱼书的

① 东莞群众艺术馆编：《东莞木鱼书》，大众文艺出版社，2006。

历史提升到了四百多年："木鱼歌自明代已在东莞这块河汉纵横、富饶肥沃的土地上出现，经清代而民国，以至解放初，历四百余年。"①

木鱼书的文字里，流淌着唐代"俗讲"和元末明初"变文""弹词"的基因，由于内容通俗，贴近生活，深为大众喜爱。"曾闪烁过耀眼的光华，拥有数以万计的爱好者，街头巷尾，树下田边，何处不飘荡着莞音木鱼歌的婉转悠扬的歌音？东莞木鱼歌的载体东莞木鱼书，差不多家家必备，刻印东莞木鱼书的书坊，有实物可证者，有九家。东莞木鱼书，也曾远渡重洋，影响西欧。"②"四五十年前，在东莞，一般平民百姓，尤其是广大妇女，你若问《牡丹亭》《红楼梦》，能答者，百无一二；若问《二荷》《花笺》，则无人不知。"③

木鱼书里的人物，走出唱腔，来到了人间；木鱼书里的语言，成了东莞人的口头禅。东莞木鱼书的盛况，进入到了著名学者郑振铎的《巴黎国家图书馆中之中国小说与戏曲》和《中国俗文学史》中。

木鱼书，与东莞人的日常生活息息相关。屈大均说：

---

① 杨宝霖：《东莞木鱼歌初探》，载杨宝霖编《东莞诗词俗曲研究》，东莞诗词学会印行，2002，第605页。

② 杨宝霖：《东莞木鱼歌初探》，载杨宝霖编《东莞诗词俗曲研究》，东莞诗词学会印行，2002，第605页。

③ 杨宝霖：《东莞木鱼歌初探》，载杨宝霖编《东莞诗词俗曲研究》，东莞诗词学会印行，2002，第603页。

粤俗好歌，凡有吉庆，必唱歌以为欢乐。……其歌也，辞不必全雅，平仄不必全叶，以俚语土音衬贴之。唱一句或延半刻，曼节长声，自回自复，不肯一往而尽。辞必极其艳，情必极其至。使人喜悦悲酸不能自已。……其歌之长调者，如唐人《连昌宫词》《琵琶行》等，至数百千言。以三弦合之，每空中弦以起止。盖太簇调也。名曰“摸鱼歌”。或妇女岁时聚会，则使瞽师唱之，如元人弹词曰某记某记者，皆小说也。其事或有或无，大抵孝义贞烈之事为多。竟日始毕一记。可劝可戒，令人感泣沾襟。[①]

屈大均的《广东新语》，是文人的记载和描述，而在民间，则总结出了关于木鱼书的谚语：“想傻，读《二荷》；想癫，读《花笺》；想哭，读《金叶菊》。”

当木鱼书成为生活的组成部分之后，东莞城乡，就出现了杨宝霖先生笔下描述的场景：

莞人善唱木鱼歌。岁朝佳节、农闲之时，榕树下，厅堂中，妇人围坐，请识字者按歌本而唱之。一听到木鱼歌声，就群起围而听之。听者表情，随歌书的情节而

① ［清］屈大均：《广东新语》卷十二《诗语·粤歌》，中华书局，1985，第358—359页。

变化，怒骂者有之，嗟叹者有之，陨涕者有之，欢笑者有之。男人多在祠堂中，或在村前的大榕树下。除岁朝佳节外，最盛者，首推盂兰节（农历七月十四），是夜，街边作场，华灯高挂，盲人三五，分占歌坛，各展所长，弦声歌韵，飘漾街头。次为春节，盲艺人挨户演唱，所唱非歌本，乃吉祥语。平时稍为富裕之家，往往请以唱木鱼书为职业的盲艺人上门演唱，一唱半日，有时连唱几天，所唱的，多为短篇。①

木鱼书取材广泛，内容丰富，文本星火燎原，遍地开花。只是经过时光淘洗，留下来的木鱼书，仅数十种而已，木鱼书的精粹，世所公认的，当数《花笺记》和《二荷花史》。被天顺、崇祯、康熙、雍正、嘉庆五种《东莞县志》无视的木鱼歌，只在民国《东莞县志》中以“莞俗亦然，近日歌试不复举，然故老犹能道之。妇女闺中无事，亦喜读歌。有通行本如《花笺》《二荷》之类”②一语带过。木鱼书漂洋过海，被外国收藏和评价的盛况，在地方文献中湮没无闻。

作为通俗文学的木鱼书，超过了雅文学的诗、词、文赋，走出国门，在日本、英国、荷兰、美国、俄罗斯、德国等多个国家

---

① 杨宝霖：《东莞木鱼歌初探》，载杨宝霖编《东莞诗词俗曲研究》，东莞诗词学会印行，2002，第615—616页。

② 叶觉迈修，陈伯陶纂：［民国］《东莞县志》卷九《舆地略八·风俗》，民国十六年（1927年）东莞县养和书局铅印本。

的数十家图书馆珍藏，国内的多家大学和多个博物馆和图书馆，也有木鱼书的影子。

木鱼书远涉重洋的过程，从俄罗斯科学院世界文学研究所院士李福清的介绍可以看出清晰的路径。18世纪末期，越南诗人阮辉嗣（1734—1790年）根据《花笺记》写成《花笺传》，并将原作的内容进行了改动，在此基础上，阮僐又作了润正。明命十年（1829年）的时候，武待问又作了第二次修改，标题改为《花笺记演音》。后来阮文素又将阮辉嗣的喃字译本改译为越南拉丁文。绍治三年（1843年），诗人高伯适将《花笺记》修改为《花笺传》。1875年，杜夏川又将其改为《花笺润正》。1961年，赖玉钢以阮文素的译本作为底本，将《花笺记》翻译成越南文，1975年，陶维英又将阮僐的底本译成了越南文《花笺传》。

《花笺记》的生生不息，并未局限于越南一个国家。

1824年，伦敦出版了英国汉学家彼得·汤姆斯（Peter Perring Thoms）的英文译本，题为*Chinese Courtship*。之后法国汉学家雷慕沙（Jean-Pierre Abel-Rémusat）用法文写了一篇介绍该书的文章，刊载于巴黎《亚洲学报》。[①]

在俄罗斯，《花笺记》也受到了关注。1826年,《莫斯科电报》杂志发表了雷慕沙文章的俄文译文，并附有译者的注解。[②]

1836年，《花笺记》的德文译本在瑞士的圣加仑城出版。

---

① *Journal Asiatique,* 1825, July-Dec, pp.402-408.

② *Moskovskij Telegraf,* 1826, Sept, pp.116-131.

三十年之后，著名的东方学家、德国学者希格勒（G. Schlegel）将《花笺记》译成荷兰文，在印尼出版。又过了两年，英国人包令（John Bowring）将《花笺记》从荷兰文转译成英文，在伦敦出版。1871年，丹麦人史密特（V. Schmjdt）将《花笺记》从荷兰文译成丹麦文，在哥本哈根出版。1876年，法国汉学家罗斯尼（Leon de Rosny）将《花笺记》的一部分译成法文，先在巴黎出版，一年之后又刊发在一个年鉴上。①

伟大的德国思想家、作家歌德读到《花笺记》的时候，按捺不住激动。他在1827年的日记中写道：2月3日《花笺记》。晚上自修，继续读《花笺记》。②

1827年2月初，歌德接连花了好几天时间阅读和研究《花笺记》。这位世界性的诗人，按捺不住阅读《花笺记》带来的兴奋和激情，他立即将附在书后的英译《百美新咏》中的《薛瑶英》《梅妃》等五首诗转译成德文，并收入在当年出版的《艺术与古代》杂志第六卷上。在为这几首诗写的引言里，歌德称颂《花笺记》为“一部伟大的诗篇”。歌德写道：

中国的小说，都向礼教、德行与礼貌方面努力，但正

---

① ［俄］李福清：《俄罗斯所藏广东俗文学刊本书录》，《汉学研究》1994年第12卷第1期。

② 转引自杨武能：《歌德——“魏玛的孔夫子”》，《社会科学战线》1983年第 3 期。

因为这样严正的调节，所以中国有数千年的悠久历史。[①]

读完《花笺记》之后，歌德写下了著名的《中德四季晨昏杂咏》十四首，通过名花、鸟雀、美女和初秋的早晨、黄昏等美好意象，赞美中国文化传统中的道德精神。德国学者卫礼贤对此评价说：

> 总的说一句，歌德在写这十几首诗时，是受着《花笺记》的冲动，心情是很不平静的。他把由那本书里所得到的冲动，放在脑筋里融化组织过。……因为他能够活现这些冲动，深深钻进它的幕后，所以他的思想能够和中国的真正精神，直接地深深吻合。[②]

---

① 转引自薛汕校订：《花笺记·前记》，文化艺术出版社，1985。

② 转引自薛汕校订：《花笺记·前记》，文化艺术出版社，1985。

第八才子书

钟映雪在《广东历史人物辞典》[①]中出场的时候，词条赋予了他“精通八股文，擅长诗词歌赋”的评价，却忽视了他的评论功绩。杨宝霖先生，是第一个将钟映雪的名字，通过“嘉惠木鱼书广东第一人”的誉评与木鱼书紧密关联的学者。

在近四种存世的木鱼书中，研究这一领域的海内外学者一致公认，广东木鱼书的高峰之作，是《花笺记》和《二荷花史》。这个结论从未有人质疑和挑战。钟映雪用评语的形式为《花笺记》和《二荷花史》作了印证和背书。

东莞横坑人钟映雪（1683—1768年），字戴苍，号梅村。文献说他少聪慧，七岁应童子试。诗词歌赋，各擅其妙。但时运不

① 管林主编：《广东历史人物辞典》，广东高等教育出版社，2001。

济，屡试屡败。乾隆元年（1736年），被推举考博学鸿词和贤良方正（清初，清廷为网罗人才，在正常的科举考试之外特设的两种考试），力辞不就，以教师终其身，年八十五卒。著有《梅村文集》《四吟集》《情真集》和《倡和集》。可惜的是，钟映雪的上述四种著作，均散失已尽。幸好，他的其他文字，以评点的方式，随同《花笺记》和《二荷花史》留存不朽。

《花笺记》和《二荷花史》，是所有木鱼书中，独独有评语附加的著作。在一个没有文学理论和文学批评学科的时代，评点，就是那个时代的文学批评。而钟映雪，则成了《花笺记》和《二荷花史》的专门评论家。

《花笺记》存世最早的刻本，是藏于法国巴黎国家图书馆的康熙刻本。这个刻本有康熙五十二年（1713年）朱光曾作的序言。钟映雪，在朱光曾的序言中亮相："吾友钟子戴苍，天资颖绝，识见超群……因《花笺记》一书，向来不得其解，闲将灵心慧眼，抉奥探微，用加批点，续于《水浒》《西厢》之后，名之曰'第八才子书'。"

《花笺记》福文堂刻本卷一自序和总论中说："歌本中唯《二荷花史》一书，最得此书用笔妙诀，而又偏有本事，不肯一笔与之相肖，其中奇情趣致，色色翻空，则又叹其才大如海也，吾因又目为'第九才子'，嗣当出以呈教。""我今日却又把《花笺》《二荷》二歌本，附于《水浒》《西厢》等书之后，亦出人意外，亦不知为古今无数屈志才人吐却多少气。"

钟映雪的评语，是木鱼书的产物。《花笺记》每节前有总批，中有腰批，《二荷花史》每节有眉批、腰批。那些建立在别人文学创作成果之上的评点，简短精练，画龙点睛，而且形式灵活，直截了当，兴之所至，即时抒发。个人的观点和阅读时的心态、情境和背景，令书中的故事情节更加鲜活。书外的信息量，成了后世研究者的钥匙。

> 此书不知其传几百十年，直至今日，众云妙耳。
>
> （《花笺记》首篇之《〈花笺〉大意》）
>
> 古人之为此书也，亦大不得已耳。
>
> 其先我而评论者，实亦何曾知得古人如何文心，如何手法？

这两段话，让后人看到了《花笺记》在康熙五十二年（1713年）的状况。

钟映雪评点《花笺记》的时候，既有读者的客观冷峻，也有身临其境之后的动情，书里书外，他扮演了不同的角色：

> 癸未三月，百事关心，忽忽不知其日之过。一日，同社诸子，过我闲话，欢笑之余，忽相谓曰："日月如流，春事去矣。"予闻而怊怅者久之，不禁喟然叹曰："回首风回小暖之时，曾日月之几何？而莺老鹃啼，又是东皇去时节耶？四顾园林，芳草孤青，丛条尽绿，花魂不复，花影谁留？乃知世事大抵如斯。感复不浅，用作此诗，聊以当一哭云尔。诗曰："乐事不可极，极则

必生悲。试着花烂漫，便是送春时。”

（卷二《拜母登程》总评）

余年十五，始学为诗，时有《月夜有忆》十首，至今已七八年矣。因读此篇，始复念之。辄翻旧稿，读三五遍，恍觉囊怀如昨，不禁泪洒沾襟。

（卷二《步月相思》总评）

予少时读《花笺记》，酷爱此篇，便有异日当批之想。至今十数年来，每读每叹，可见文真不朽者，目不嫌千数见不鲜也。

（卷四《主婢看月》总评）

点评别人的作品，同时也是自己感受的记录，也是个人经验的存档。这些随意的片段，至今还留着历史的余温。

钟映雪的评点，观点鲜明，褒贬弹赞，皆成文章。《花笺记》卷一至卷四，颂扬备至；卷五、卷六，系后人续作，虎头蛇尾，钟映雪多有批评之语。卷五《对月自叹》《房中化物》等节，被钟映雪批评为“重重叠叠”“随手杂凑”，并用“丑绝”“败笔”“浊笔”“恶笔”“死笔”等激烈的词语予以评价。

在钟映雪的笔下，《二荷花史》的眉批和腰批共有615条，其中眉批223条、腰批392条。

《花笺记》的作者，隐身于文字之外，后人无法知道他的真实姓名，研究者的皓首穷经，只能得出“《花笺记》乃东莞水乡人士所作”的结论。杨宝霖先生的《〈花笺记〉研究》[①][②]，独辟蹊径，从方言的角度，推断出作者是东莞人的结论，令人信服。《花笺记》的语言，与东莞水乡一带至今仍在使用的方言，完全相同。杨先生列举了《花笺记》卷四《誓表真情》中的一段：“今夜嫦娥偏有意，团圆光照百花林。共姐细谈风月事，庶唔辜负月中人。小姐细言公子听，花间唔系武陵津。钗裙不管风和月，单晓深闺做指针。请君移步归书馆，隔墙花柳莫关心。”从中找到了东莞水乡方言和《花笺记》的语言血缘。

杨先生认为：“今天万江、望牛墩、中堂、高埗、洪梅、道滘等东莞水乡，‘金’‘心’与‘巾’‘新’同韵；上述水乡以外广州与东莞的地区则不同，‘金’‘心’属下平声‘十二侵’韵，而‘巾’‘新’属上平声‘十一真’韵。《花笺记》押此两韵，与东莞水乡同。”[③]

《花笺记》作者隐身，其写作时间，也是一个无人破解的谜。后人的所有考证，都只能得出“书成于明末或清初，存世之本，始刻于清初”的笼统结论。即使是评点和刻印《花笺记》的钟映雪，对此也一筹莫展。

钟映雪评点《花笺记》的时间，当在康熙四十四年（1705

---

① 杨宝霖：《〈花笺记〉研究（上）》，《东莞理工学院学报》2006年第13卷第5期。

② 杨宝霖：《〈花笺记〉研究（下）》，《东莞理工学院学报》2006年第13卷第6期。

③ 杨宝霖：《〈花笺记〉研究（上）》，《东莞理工学院学报》2006年第13卷第5期。

年）之后，从他“余年十五，始学为诗”“至今已七八年矣”的自述中推断，钟映雪评点《花笺记》的时候，大概在二十二三岁。而朱光曾作序的《花笺记》康熙刻本，成于康熙五十二年（1713年），钟映雪时年31岁。

钟映雪所刻“静净斋藏版”的《花笺记》，被法国巴黎国家图书馆收藏，已经成为世上现存最早的刻本，也是所有《花笺记》版本中刻工最精的一本，字迹清秀规范，为标准的仿宋体，版面疏朗，错字极少。

1927年，郑振铎在法国巴黎国家图书馆发现钟映雪刻印的康熙本《花笺记》时说：“有钟戴苍的，仿金圣叹之批评《水浒》《西厢》法来批评《花笺记》。”[①]在后来出版的《中国文学研究》第六卷中，郑振铎又作了如下评价：

> （钟氏）却有一个大功绩，为我们所应该注意者。圣叹尊《水浒》《西厢》，与《离骚》《史记》并列，即尊小说、戏曲与诗文并列；钟氏则尊《花笺》为第八才子，与《水浒》《西厢》并列，盖即尊“弹词”体之作品与小说、戏曲并列，其功不在圣叹下。实可以算是第一个重视弹词的人，第一个重视粤曲的人。[②]

---

① 杨宝霖：《〈花笺记〉研究》，载杨宝霖编《东莞诗词俗曲研究》，东莞诗词学会印行，2002，第753页。

② 郑振铎：《中国文学研究》第六卷《中国文学新资料的发现》，人民文学出版社，2000。

郑振铎的高度评价，并不是孤独的谀词。梁培炽教授，也作过中肯的评价：

> 钟氏大胆地提倡民间文学、歌谣曲本，这是很有见地和胆色的。因为他敢于冲破晚明以来在文坛上所弥漫着的形式主义的迷雾，使我们看到了在中国文学思想和文学创作中，那种由李贽、袁宏道所倡导的反对封建、反对拟古、反对伪道学、提倡小说戏曲的文学思想的余波，以及一道人文主义思想的光耀。这在中国文学史上，是应该受到肯定；即使到了今天，也还是应该获得我们热烈的掌声的！①

钟映雪将一个读书人的才智，全部奉献给了木鱼书，他对《花笺记》的一评一刻，将一部通俗文学，推广到了大众之间。“延其寿命于数百年之后。这一功绩，在木鱼书这一领域里，千古仅有钟映雪一人。”②

---

① 梁培炽：《花笺记·前言·五〈花笺记〉的批评之者》，载梁培炽辑校、标点《花笺记会校会评本》，暨南大学出版社，1998。

② 杨宝霖：《〈花笺记〉研究》，载杨宝霖编《东莞诗词俗曲研究》，东莞诗词学会印行，2002，第760页。

边塞守将笔下的大漠孤烟

罗亨信在《半元社稷半明臣》该章中以一个戍守边塞的将领身份出现的时候，他的文名，还隐藏在厚重的《觉非集》中。

古代的科举取士，成就了无数的诗人和诗作，从这个意义来说，罗亨信当是一个诗人。明朝理学名臣丘濬在《觉非集·序》中评价罗亨信的诗，认为“其诗不事锻炼，用眼前语写心中事。讽咏之，可以知其心之洞达明白，无城府町畦也”。但是，《觉非集》并不是一本诗集，严格意义上，它是罗亨信的诗文集。如果放在出版繁荣的当今，可以视为罗亨信的文集。

十卷《觉非集》，以一百四十八篇的篇幅，记录了一个戍边功臣的人生轨迹。笔者看到的《觉非集》，是齐鲁书社根据清康熙罗哲刻本影印的古籍，它在《四库存目丛书》中占有一席之地。在卷前丘濬、祁顺和戴锡纶的序言之后，其顺序结构依次是：卷一序，卷二族谱序，卷三记，卷四碑铭，卷五碑铭、传、行状，卷六赞说、书跋、祭文、祝文，卷七至卷九诗，卷十录罗亨信年谱、墓志铭、传。

《觉非集》以古籍的面目藏之复旦大学，一般读者难以借阅，幸运的是，东莞文史学者杨宝霖先生，尽数十年努力，编辑出一套《东莞历代著作丛书》，让数百年前的文献，重现后人眼中。香权根先生在整理《觉非集》的过程中，将自《广东诗粹》《岭南风雅》《粤东诗海》《东莞诗录》、嘉靖《增城县志》、宣统《高要县志》和东莞三族谱中发现的诗文七则收入其中，尤其重要的是，整理者将罗亨信入仕五十余年里的奏疏尽数搜罗入集，弥补了《觉非集》有意无意的疏漏和遗憾。于2011年由上海古籍出版社出版的《东莞历代著作丛书》，将《觉非集》更名为《罗亨信集》①，让长眠了五百五十多年的先贤，第一次有了自己的著作全集。

罗亨信那个年代，没有专业诗人，然而，业余写作，却留下了许多的经典。汉赋、唐诗、宋词、元曲、明清小说，都是各自那个时代的文学高峰。罗亨信不以诗文名世，他的《觉非集》，也并非陈琏《琴轩集》式的诗集，而是一个戍边者的文集。诗，只是一个行武者的业余陶冶；诗，也只能是《觉非集》的组成部分之一。

---

① ［明］罗亨信撰，香权根整理：《罗亨信集》，上海古籍出版社，2011。

后世的研究者，梳理了《觉非集》的内容：

> 《觉非集》中的文共一百四十八篇，大部分关涉明代边防及东莞，这与罗亨信久镇边陲，是东莞人有关。虽然这些文章中以应酬居多，歌颂的色彩较浓，如卷一除一篇序陈琏《罗浮志》者外，余下的三十六篇均为赠序，为应酬之作；也有一些迷信部分，如卷三的“禅寺记”屡见有神佛显灵等语；但除却如歌颂部分、迷信色彩以外，这些文字，尤其是罗亨信以亲历后用心撰写的篇章，对研究明代的边防，对研究东莞的历史，不无裨益。如卷三《宣府新城记》，为明嘉靖四十年刊本《宣府镇志》（台湾成文出版社有限公司《中国方志丛书》影印本）卷一一《城堡考》所录，它记述宣府（今河北宣化）的沿革及首次筑成之城的体制与守将的更替，可纠正一些典籍记宣府前卫、宣府左卫、宣府右卫建置时间上的失误。又如卷四《武进伯朱公神道碑铭》、卷五《永宁伯谭公传》，可考述明朝边镇重臣朱荣、谭广的生平，也可从中考知明朝的一些征战用兵的史事。由此，《觉非集》的价值可见一斑。[①]

---

① 香权根：《罗亨信及其诗文》，载中共东莞市委宣传部、东莞市文学艺术界联合会编《东莞人物丛书·东莞历史人物》，广东教育出版社，2008，第147—148页。

在边防战事的记叙中，罗亨信通过对朱荣、谭广等人物和战争的描写，展示了宣德九年（1434年）九月、宣德十年（1435年）秋、正统元年（1436年）、正统二年（1437年）秋、正统六年（1441年）十月、正统八年（1443年）冬，明军与蒙古军队的六场生死厮杀。在惜墨如金的文字中，后人看到了宣德九年到正统八年，十年之间的边塞烽火。

《永宁伯谭公传》，用极其简省的笔墨描写战场形势和用兵之策，栩栩如生，如同影视片段："有寇骑从山巅而来，势且大，上顾谓公曰：'寇将至，汝何以敌之？'公曰：'彼虽据高而无步卒，臣以锐兵从岩畔以火击之，使其马骇乱窜，及以步卒持长刀斫其马足，是可胜也。'上然其计。遂领千人列阵，以锣声为号，众铳齐发，寇人马辟易，中伤仆崖挂树而死者千数。又应左右哨寅夜逐北寇，皆远遁。"[①]

东莞氏族和东莞名士实录，是《觉非集》的一大内容和特色。《觉非集》之前，东莞城北何氏、章阁杨氏、白沙刘氏、章村邬氏、东莞柳氏，均无迁徙来历和族谱流传。罗亨信通过《觉非集》，第一次让这些姓氏的迁徙路线水落石出。《觉非集》卷二中的《东莞城北何氏族谱序》《东莞章阁杨氏族谱序》《东莞白沙刘氏族谱序》《东莞章村邬氏族谱序》和卷四《邬母柳氏孺人墓碑铭》，为这几个氏族的历史，探本溯源。

① ［明］罗亨信撰，香权根整理：《罗亨信集》卷五《永宁伯谭公传》，上海古籍出版社，2011。

在《觉非集》中，南京礼部侍郎陈琏，无疑是最有代表性的名人。卷五中的《同邑礼部侍郎陈琴轩公行状》，成了后人研究陈琏绕不过去的重要文献。

东莞人翟溥福和江西白鹿洞书院，也在罗亨信的《觉非集》卷四中接上了缘分：

> 正统丙辰春，大司寇魏公荐擢南康郡守。至则访民情，周疾苦，省刑罚，禁横征。……因访匡庐古迹，至白鹿洞，见考亭文公所建书院遗址尚存，与僚属捐俸市材，重建宣圣殿，两庑、讲堂焕然一新。廷师简民子弟受业其中，朔望躬诣，命诸生讲论经史，有切于纲常伦理，则反复诲谕，郡人来观者百十计。复取仙居令陈襄教民格言，刻之印散民间，俾观感循化。[①]

名列《觉非集》中的东莞名士，远不止陈琏和翟溥福两人，罗亨信笔下的每一篇碑铭、传、行状、赞、祭文和祝文，都是一个人物的生平和音容笑貌。香权根在《罗亨信及其诗文》[②]中，着重点到了邬玄中和何潜渊两个人。邬玄中在《觉非集》中以

① ［明］罗亨信撰，香权根整理：《罗亨信集》卷四，上海古籍出版社，2011。

② 香权根：《罗亨信及其诗文》，载中共东莞市委宣传部、东莞市文学艺术界联合会编《东莞人物丛书·东莞历史人物》，广东教育出版社，2008，第153页。

聪敏博学的面貌出现："凡儒、术、书、数、史、律，若夫佛、老，与夫卜筮星命，靡不研究。"他因被诬告远谪平城之丰州（今内蒙古托克托），他在不幸面前所表现出来的坚毅，为现存各种《东莞县志》未载，只有《觉非集》卷四之《邬母柳氏孺人墓碑铭》中，才能看到这些真实的信息。何潜渊，是东莞凤台诗社创始人之一，《觉非集》卷二《东莞城北何氏族谱序》追溯了其家学渊源。这两个人，拥有一个共同的身份，即罗亨信的姻亲和好友。

罗亨信的诗，在《觉非集》中只占了卷七、卷八、卷九的位置。丘濬的评价，并无拔高，今人的评价，也多属"文字都较朴质，情感也沉稳，没豪壮激越之言，也没旖旎缠绵之情，似乎信手拈来，任其自然"之类。香权根的《罗亨信及其诗文》在肯定的同时，也用了"多应酬之作，溢美之言屡见，欠真情实感，可赏性不高；诗意雷同，用语重复"来评点罗亨信之诗。同时从另一个角度，客观地作出了结论："总的来说，罗亨信的诗，其艺术水平稍逊于它的史料价值，不过，作为军事家，在其金戈铁马的战斗生涯中，能写出这样的作品，也算是难得。"[①]

① 香权根：《罗亨信及其诗文》，载中共东莞市委宣传部、东莞市文学艺术界联合会编《东莞人物丛书·东莞历史人物》，广东教育出版社，2008，第162页。

东莞的半部颂词

在三卷本的《东莞人物丛书》[1]中，与《觉非集》相同年代而又同为古籍珍本的，是《川祁先生文集》。东莞文史学者杨宝霖先生，用了数十年时间，才见到此书的身影。

杨宝霖先生的《祁顺及其〈巽川集〉》这篇文章，是笔者有幸读到《巽川集》的一个背景：

> 笔者弱冠时读道光间成书的《粤东词钞》，内收明东莞祁顺词八首，其中祁顺出使朝鲜时所写的几首，外国风光，描绘如画。由此很想找到祁顺的《巽川集》一

① 中共东莞市委宣传部、东莞市文学艺术界联合会编：《东莞人物丛书》，广东教育出版社，2008。

> 读，以偿一窥全豹的欲望，曾经访问过棠梨涌（今名梨川）祁氏族人，多次往省图书馆查阅，又利用校对古籍之机，到北京图书馆（现改为国家图书馆）、上海图书馆、南京图书馆及广东的中山大学、华南师范大学、暨南大学图书馆查阅卡片，均一无所获。数年前，读黄普荫《广东文献书目知见录·补编》，内云："《巽川祁先生文集》十六卷附录二卷，明祁顺嘉靖三十六年刊本十二册藏台湾'中央'图书馆。"书在台湾，料今生无缘一见。1998年7月，入中山图书馆，特藏室主任林子雄先生相告："新购之《四库全书存目丛书》已上架，需读乎？"笔者索目录而观，罗亨信《觉非集》与祁顺《巽川祁先生文集》两种康熙刻本赫然在目，为之惊喜，不顾客囊羞涩，亟复印以归。[①]

《觉非集》和《巽川祁先生文集》并列于图书馆的书架之上，本是古籍分门别类的排列组合，却让罗亨信和祁顺两个东莞人意外相逢。

古代的文人和官员，两种身份，却是一个人生活逻辑的密切关联，是不可分割的血肉。祁顺是天顺四年（1460年）的进士，

① 杨宝霖：《祁顺及其〈巽川集〉》，载中共东莞市委宣传部、东莞市文学艺术界联合会编《东莞人物丛书·东莞历史人物》，广东教育出版社，2008，第163—164页。

由于名讳，他以殿试第一的成绩，被降为二甲二等。这个巨大的反差，是个人无法抗拒的命运。祁顺为官四十年，先后在兵部主事、户部郎中、江西左参政、山西右参政和福建右布政使、江西左布政使任上忠于职守，被后人誉为“为官四十年，家业无所增。”

在中山图书馆意外得到《巽川祁先生文集》的杨宝霖先生，描述了一本古籍的面貌：

> 《巽川祁先生文集》白口，单边，单鱼尾。鱼尾上刻“巽川集”三字，集名之下，各卷分别刻小字：元（卷一至卷五）、亨（卷六至卷一〇）、利（卷一一至卷一四）、贞（卷一五至附录卷下）。鱼尾下刻卷次，下刻页次，下刻“在兹堂”三字。“在兹堂”，据康熙二年吴国缙序，为祁顺裔孙祁信之堂名，则此书为家刻也，乌丝栏，半页九行，行二十字。

祁顺的书，直接用“文集”命名，省去了后世读者阅读的疑惑。《巽川祁先生文集》与《觉非集》体例上的大同小异，与它们在书架上的并列，并非完全是一种巧合，在一个著作不易流传，出版依赖后人的时代，祁顺和罗亨信，都用自己为官一生的诗文为后人留下了一个有为官员的人生足迹。

《巽川祁先生文集》卷一中的颂、赋、辞，除了哀为激励儿子随宋帝抗元投黄木湾而死的陈氏和悼以布衣起兵抗元的熊飞之外，还将东莞英烈悲壮殉死的时间，上溯到了五代十国。

东莞史册上，记录了熊飞、袁崇焕、张家玉、陈策、陈象明、苏观生等一系列以死殉国的热血英雄，而南汉时期的邵廷琄，则是东莞报国英雄的先驱。

邵廷琄总理禁军军务的时间，比熊飞早了三百多年，可惜的是，命运为邵廷琄安排了一个只会享乐的昏君。邵廷琄的一腔抱负和带兵才能，在荒淫奢侈的刘鋹那里，只能为自己带来嫉妒和危险。

民国《东莞县志》卷五十四《人物略一·邵廷琄》，记录了邵廷琄的军事眼光和悲剧结局。赵匡胤称帝立国的公元960年，邵廷捐立即看到了来自中原的威胁，他对刘鋹进言：

> 汉乘唐乱，居此五十年，幸中国有故，干戈不及，而汉益骄于无事，今兵不识旗鼓，而人主不知存亡。夫天下乱久矣，乱久而治，自然之势也。今闻真主已出，必将尽有海内，其势非一天下不能已。

宋太祖赵匡胤，以“真主”的面目出现在邵廷琄的苦口婆心中。邵廷琄审时度势，提出了两条对策：一是修兵防备，用坚固的城池和强壮的兵马，抵御北方的攻击。二是收集人间珍宝，进献宋主，派遣使臣修好，建立友好的外交关系。然而，邵廷琄的忠言，成了刘鋹的耳边风，他不仅没有采纳直臣的忠告，反而将邵廷琄的直言敢谏记恨在心。

刘鋹一意孤行种下的病树，几年之后便结出了苦果。宋开宝二年（969年），宋军攻克郴州，守将战死，当连州被围，形势危急之时，极度恐惧中的刘鋹才想起了邵廷琄。平时不烧香，临时抱佛脚的昏君慌乱中加封邵廷琄为开府仪同三司、东南面招讨使，率领战船，驻守洸口（今属广东英德）。

宋军退兵之后，邵廷琄整顿兵马，抚慰将领，训练士卒，整肃边境，一时气象一新，一个良将的形象，有口皆碑。然而刘鋹却听信谗言，以谋反的罪名，宣告邵廷琄死罪。当刘鋹的使者到达洸口的时候，前线士卒排列整齐，替邵廷琄辩诬喊冤，但是结局无法挽回。邵廷琄死后，当地军民哀痛不已，立庙以祀。

一个敢谏直言的忠臣，并没有因为时间的久远而被人遗忘，邵廷琄在陈琏、祁顺的诗文中“复活”，而且成为了熊飞和“东莞五忠”的前赴后继者。所以，屈大均说，天下间宦官得祀乡贤祠者，只有邵廷琄一人。祁顺则在《吊邵廷琄忠臣辞》中叹息：“世有竭忠以致怨兮，吾不知其何因。非夫子之不幸兮，盖遭时之不辰。”而陈琏记录在《琴轩集》卷五中的《哀洸口》，让一个地名，充满了哀痛和悲伤：

哀洸口，天为愁，海风吹鬓寒飕飕。
五羊城头天狗堕，南汉伯气应全收。
天吴海鲸恣吞噬，漠漠妖氛遍南裔。
皇风闻已畅中原，岭南疮痍待湔洗。
禹馀宫使输忠言，主聪不悟诚堪怜。
舟师甫自屯洸口，此身已殒谮人手。

至今山下有遗祠，日色惨淡行人悲。

后人在读屈大均《广东新语》时，对卷十二《诗语·宝安诗录》中“明兴，东莞有凤台、南园二诗社，其诗颇得源流之正”颇有疑惑。南园诗社，各种《东莞县志》及《东莞诗录》均未记载，而广州南园诗社，则名声远播，所以人皆疑屈大均误记。祁顺的《巽川祁先生文集》，无意中为历史和诗歌作了澄清。《巽川祁先生文集》卷五十七律诗中有《凤台、南园二诗社请会不赴》一首，卷十一《宝安诗录序》，则有“吾宝安诗人，为岭南称首。……复有结凤台、南园二社，以大肆其鸣”的文字。

《巽川祁先生文集》卷十二中的记，有一篇竟然直通庐山白鹿洞，和东莞人翟溥福修葺之后的白鹿书院相连。在白鹿书院这个幽静的读书场所，祁顺和翟溥福相隔了四十三年的时间，但是，两个东莞人却以不同的身份和不同的心情，留在后人的印象里。

翟溥福以南康知府的身份重修白鹿书院的时候，这片曾经辉煌过的建筑，已经残缺衰败，一片荒凉，而祁顺以一个游客的身份到来的时候，此处已经书声琅琅，充满生机。一篇游记，串起了一个时代，联起了两个人，这是祁顺写作《游白鹿洞记》时不可能想到的结果。

诗，是《巽川祁先生文集》的主流，但是，后世的研究者发现，祁顺是明代东莞人留下来词作最多的一位。由于出使朝鲜，祁顺留下了《满江红》词。这首词，成为现存古代东莞人写异国风貌的唯一之作。

后人对《巽川祁先生文集》的研究，清末民初的东莞学者张其淦，有一段十分准确中肯的评价。张其淦在《吟芷居诗话》中说：

祁巽川方伯，历官中外，以清洁自守。却海外之遗金，留江西之公帑。所谓以清白遗子孙者，斯人良不愧也。钟云瑞谓巽川讲敬斋、白沙之学，立志于警非寡过，儒臣之宗也。袁昌祚谓巽川诗文其志洁，故其旨冲和。其行芳，故其词雅淡。可谓知音也。

今读巽川诸诗，古体洁净，不事雕饰，近体五言如："地寒犹有树，塞远不扬沙。""健以穷愁悖，吟应太瘦生。""道重浮名薄，官贫素节优。""世事不挂号，故人常在心。"七言如："陇梅欲寄春无便，池草初生梦有香。""酒力中人春去后，江声欺梦月斜时。""数茎蓬鬓经霜改，一点葵心向日孤。""天上几时均雨露，人间无处不风波。""留咏只将山当画，攻愁常偕酒为兵。""宇宙纲常今古事，江山风物短长吟。""宦程自笑先居后，岁月从教故又新。""生涯好是安蛇足，门巷真堪设雀罗"诸作，均有冲淡夷犹之致。

别开生面的岭南

东莞诗歌，是一条漫长曲折的长河，它奔流的姿势，或激流咆哮，浪花万千；或舒缓浩瀚，一泻千里。那些壮丽的风景，深深地刻在纸上，它流经的地方，沃野千里。杨宝霖先生，记录了它的源流。

对于东莞诗歌来说，在故纸上留下了名字的每一个人物，都是一个时代的薪火传人，他们的贡献，都是东莞诗歌长河上的一处风景。在《广东历史人物辞典》[①]中，邓淳的贡献，则跨越了诗歌，他用一部《岭南丛述》，成了可与屈大均比肩的文化名人。

邓淳著述丰富，有《岭南丛述》六十卷、《宝安诗正》六十

---

① 管林主编：《广东历史人物辞典》，广东高等教育出版社，2001。

卷、《粤东名儒言行录》二十四卷、《主一斋随笔》十二卷、《家范辑要》三十卷、《邓氏献征录》八卷、《朴庵存稿》十卷、《家谱》二十卷、《乾惕录》二卷。“著述丰富”，是对一个学者勤奋的评价，但是，这个评价，并不是邓淳著述的全部，如果没有《岭南丛述》，邓淳著述的价值和影响，将会逊色不少。《岭南丛述》是一部宏大的百科全书，一个人的知识积累和写作冲动，很难和包罗万象联系起来，必须有某种因缘促发和牵引。《岭南丛述》的滥觞，是一般读者看不见的遥远源流。

由于出生在四代举人的家庭，受到了异于常人的文代熏陶，邓淳得到了两广总督阮元的信任，被指定负责《广东通志》东莞这一部分的采访。这是嘉庆二十三年（1818年），邓淳用《东莞志草》五十卷，为阮元纂修道光《广东通志》奠基。

《岭南丛述》与《广东通志》，具有逻辑上的关联，它们之间，有时间的先后，有无法割裂的血缘。《岭南丛述》的编写，在阮元的《广东通志》之前，成书在《广东通志》编写过程中。杨宝霖先生断言：“邓淳既是《广东通志》（道光）编纂人之一，《岭南丛述》的原始资料，一定为《广东通志》所用；《广东通志》的原始资料，又一定为《岭南丛述》所吸引，然则《广东通志》既已流行，《岭南丛述》有没有参考的必要呢？将两书对照，各有所长，未可轩轾。《广东通志》为一省志书，内容必须全面，结构必须严谨，叙事须取大而舍小，又卷帙浩繁，用语应简；《岭南丛述》近于说部，内容当有所侧重，行笔亦较轻松，写人叙事，多采遗闻，所载内容，往往较《广东通志》详细具体。"[1]

杨宝霖先生的分析，在邓淳的自序中得到了有力的印证：

> 淳赋性迂拙，于祀一无所好，独于载籍不啻性命，以之诵读之暇，辄取岭南事实，略为札记。岁戊寅（即嘉庆二十三年），制府芸台先生（杨宝霖按：两广总督阮元字伯元，号芸台）纂修《广东通志》，命淳采访东莞，事竣，旋檄为省局分校，爰取曩时箧衍所藏者稍加编次，列目四十，厘卷六十，名曰《岭南丛述》。

所有的文献和邓淳的自序都表明，两广总督阮元编纂《广东通志》和邓淳奉命东莞采访，无意中为邓淳的《岭南丛述》孕育了一粒种子，而屈大均的《广东新语》，又为《岭南丛述》的体例和内容提供了启发和借鉴。

《广东新语》全书二十八卷，"每卷述事物一类，如天、地、山、水、虫、鱼等，凡广东之天文地理、经济物产、人物风俗，无所不包"。屈大均著《广东新语》，在于补《广东通志》的不足，"而其所补充者，又不仅'考方舆，披志乘'，且'验之以身经，征之以目睹'，故'其察物也精以核，其谈义也博而

① 杨宝霖：《爱国志士邓淳和他的〈岭南丛述〉》，载中共东莞市委宣传部、东莞市文学艺术界联合会编《东莞人物丛书·东莞历史人物》，广东教育出版社，2008，第432—433页。

辨’。……作为明清之际的经济史、思想史读，也无不可。”[①]书中的《潘序》[②]更认为：“浏览者可以观土风。仕宦者可以知民隐。作史者可以征故实。摛词者可以资华润。视《华阳国志》《岭南异物志》《桂海虞衡》《入蜀记》诸书，不啻兼有其美。”

与《广东新语》相比，《岭南丛述》的内容增至六十卷。四十目的内容，包括了天文、岁时、舆地、群山、诸石、水道、宦纪、礼制、乐器、文学、武备、伦纪、流品、人事、知遇、身体、疾病、梦征、闺阁、服饰、宫室、墓域、器物、珍宝、饮食、百花、草木、竹藤、百果、蔬谷、飞禽、走兽、鳞介、昆虫、技术、神仙、释家、怪异、诸蛮、靖氛等等，举凡有关广东的天文、地理、物产、风俗、人物、古迹以及文学艺术、科技、少数民族等，都记载详细。后人用“道光年间广东的百科全书，研究广东历史不可缺少的资料”[③]评价《岭南丛述》，确为中肯之论。

作为一个研究者，杨宝霖先生比较了《岭南丛述》与《广东通志》的行文区别。在“岭南三忠”之一的陈子壮抗清被执，不肯降清被杀的记载中，《广东通志》只有极其简省的十八个字：

---

① ［清］屈大均：《广东新语》出版说明，中华书局，1985。

② ［清］屈大均：《广东新语》，中华书局，1985。

③ 杨宝霖：《爱国志士邓淳和他的〈岭南丛述〉》，载中共东莞市委宣传部、东莞市文学艺术界联合会编《东莞人物丛书·东莞历史人物》，广东教育出版社，2008，第431页。

子壮、而炫俱执至广州，不降，被戮。子壮母自缢。

而在《岭南丛述》卷二《伦纪》中，则展开笔墨，形象刻画，人物的言行举止栩栩如生：

陈子壮被执，时李成栋亲释其缚，且命乡人殓其母，又遣副将张英唁子壮，设饮食，供具甚美，子壮流涕拒之。是时，成栋引兵而西，乃将子壮解佟营，命张英督解，语以善为安置，无相害也。十一月初六日，子壮入见佟养甲，踽步而进，神气岸然，北面中立。佟叱之跪，子壮厉声曰："我为朝廷大臣，头可断，而膝不可屈。"佟知其不可以威惕也，因霁威言曰："我念尔是年谊，欲曲意保存，俾尔知天命有归，尔何违天自作孽乎？"子壮曰："尔既背朝廷，有何年谊可取？且气数之天命不敢知，群臣之大伦当自尽。我神宗鼎甲，世受国恩，今日事既无成，一死以报而已。"佟曰："汝降，生，且富贵；否则，族。"子壮曰："但求死耳，他非所计也。"于是佟养甲即日莅东郊，先将御史麦而炫等六人杀之，以惧子壮，子壮且笑且骂，佟怒，遂磔。

杨宝霖先生认为："如果要作广东大事记，当舍《岭南丛述》而取《广东通志》；如写历史小说，一定会舍《广东通志》

而取《岭南丛述》了。”[1]

东莞历史上的先贤著作，《岭南丛述》应该是独一无二的存在。它的价值和意义，超越了个人诗集和文集的局限，将众多的公共话题置于个人的观察和评判之下，它涉及社会层面的主题，溢出了个人的抒情，成为时代和读者的长久关注。屈大均的《广东新语》，一度成为禁书，乾隆时代的文字狱，让屈大均被发棺戮尸，而且连累后人。然而书的价值，无法封禁和处斩，数百年之后，书籍出版，不断被人研究和引用。《岭南丛述》，同样具备了流传和研究的价值，书中记叙的内容，让后人穿越漫长的时光，看到了一百多年前的岭南风物。

用《广东通志》作为比较，后人可以清楚地看出《岭南丛述》的优势。杨宝霖先生的研究，细微具体，深入到了一本书的精髓：

> 在物产中，《广东通志》载果84种，《岭南丛述》载133种。其中荔枝一项，《广东通志》记品种32，《岭南丛述》记40余。《广东通志》近于表列。《岭南丛述》详为叙述。荔枝命名的来由，栽培之简史，各品种的性状，一一详述。其卷四一《百果》（上）“荔枝”条，是吴应逵《岭南荔枝谱》未出之前，言

① 杨宝霖：《爱国志士邓淳和他的〈岭南丛述〉》，载中共东莞市委宣传部、东莞市文学艺术界联合会编《东莞人物丛书·东莞历史人物》，广东教育出版社，2008，第433—434页。

> 广东荔枝最详细的一篇。《广东通志》叙花41种，《岭南丛述》记花80种。可以说，《广东通志》与《岭南丛述》，可以互相补充，互为表里，而不可以此代彼，或用彼而舍此。[①]

《岭南丛述》遵循“是编以征引事实为主，故言不妨雅俗兼收，然字字皆前人撰述，不敢臆断”[②]的原则，全书六十卷，均在前人的著述上辑录而成，每条均有出处。《岭南丛述》引书554种，这些古籍，有的已经散失，有的已成残卷。《岭南丛述》的引用，无意中成了后人辑佚或者校勘某种古籍的参考。如赵古农的《槟榔谱》《龙眼谱》《烟经》，已成海内罕见之本；祁顺的《巽川集》，世间只存两本。孤本秘籍，赖此传其片语，碎玉零珠，弥足珍惜。

杨宝霖先生的研究，让《岭南丛述》的真实面目水落石出：

> 研究广东古代历史，人们都喜欢用屈大均的《广东新语》，《岭南丛述》后于《广东新语》140年，这百余年来出现的资料，《岭南丛述》有而《广东新语》

① 杨宝霖：《爱国志士邓淳和他的〈岭南丛述〉》，载中共东莞市委宣传部、东莞市文学艺术界联合会编《东莞人物丛书·东莞历史人物》，广东教育出版社，2008，第434页。

② ［清］邓淳编：《岭南丛述》，凡例第一条，《东莞历史文献丛书》，广东人民出版社，2017。

无，在内容和篇幅上，《岭南丛述》都胜于《广东新语》，而《广东新语》版本多、研究者易得，而《岭南丛述》一书，人们罕见，故《广东新语》彰而《岭南丛述》隐也。[①]

① 杨宝霖：《爱国志士邓淳和他的〈岭南丛述〉》，载中共东莞市委宣传部、东莞市文学艺术界联合会编《东莞人物丛书·东莞历史人物》，广东教育出版社，2008，第436页。

东莞的孤本

陈履是东莞清流中的一个廉官，民国《东莞县志》中的简略文字，掩盖了他文人雅士的另外一面，直到笔者查阅到关于他的胞弟陈益冒死从安南引种番薯，遭乡人诬告，蒙冤下狱，他出面援救的记载时，才从资料中找到了《悬榻斋集》的线索："他为人好交文人雅士，与太仓王世贞、安定皇甫汸兄弟，以及广东黎民表、欧大任等经常酬唱相和。退职后复与南海郭棐、陈堂、姚光泮等十六人结社研文，吟咏不辍，有《悬榻斋集》风行于世。"[①]

当代人根据民国《东莞县志》翻译转述的文字，是四百多年

① 杨宝霖：《前言》，载［明］陈履撰《悬榻斋集》，广东教育出版社，2005，第13页。

之后的人们感到陌生的情景，尤其是那些人名，离开了文化的语境，就只是一些陌生的符号。

陈履交往的文朋师友，均集中在他人生晚期尤其是因病致仕之后。东莞探花陈伯陶，在《聚德堂丛书》本《悬榻斋集》跋中，为后人罗列了一批文人骚客："观集中《九日舟中独酌放歌》一首，当时鄞屠长卿（隆）、歙汪伯玉（道昆）、方定之（宏静）、太仓王元美（世贞）、弟敬美（世懋）、宣城梅禹金（鼎祚）、沈君典（懋学）、秀水冯开之（梦桢）、华亭莫云卿（是龙）、长洲张伯起（凤翼）、弟幼于（献翼）、皇甫子安（涍）、弟子循（汸），暨粤东从化黎惟敬（民表）、子君华（邦琰），顺德欧桢伯（大任），皆其所师友，故所为师文，具有矩矱琅然雅正之音，及罢归，结浮邱诗社。与其间者，则南海郭笃周（棐）、弟乐周（槩）、陈明佐（堂）、姚继昭（光泮）、邓价卿（于蕃）、杨肖韩（瑞云）、陈鸣翊（大猷）、王唯吾（学曾）、金持甫（节），番禺张伯璘（廷臣）、黄愚任（志尹）、梁思立（士楚）、黄用砺（鏊），东莞袁茂文（昌祚），从化邓君肃（时雨），合之凡十六人。"

《悬榻斋集》是陈履留给后人的精神财富，它是莞邑先贤不可忽视的重要著作，陈履的名字，可以同赵必瑑、陈琏、罗亨信、祁顺、邓淳、陈伯陶等人并列。《悬榻斋集》的曲折命运，是陈履生前无法预料的。这本被伦明的书肆经理孙殿起在《贩书偶记》中关注过的海内孤本，也在黄荫普的《广东文献书目知见录》中出现过。清末生员、藏书家王绶珊和《文汇报》记者黄裳，都与万历刻本《悬榻斋集》有过交集，然而，这些线索，都无法让读书人见到《悬榻斋集》的真实面目。一部失踪了四百一十多年的海内孤本，成了陈履家乡文化人的一块心病。

数十年中，杨宝霖等东莞文化人，为寻找《悬榻斋集》遍访各大图书馆，仅国家图书馆，杨宝霖先生曾先后四次求访，最后在上海图书馆找到了它的踪迹。

杨宝霖先生见到《悬榻斋集》海内孤本的时候，心情激动，不能自已。他隐藏起自己的心情，用朴实的语言，照相一般地描述了一部书的真容：

> 万历刻本《悬榻斋集》分装四册，诗八卷，文四卷，各二册。框版高十六点三厘米，宽二四厘米。半页九行，行一十八字，楷书，白口，上鱼尾，鱼尾上刻“悬榻斋集”，鱼尾下刻卷次、页次。单边，乌丝栏。是书无目录，每卷第一页首行刻“悬榻斋集”卷×，次行刻“岭南陈履德基甫著”。全书字迹端庄稳重，行距字距爽朗，洵佳版也。[①]

四百多年之后原版影印的《悬榻斋集》，在郑材和何乔远序的基础上，加了前言和附录，从而为一部古籍注入了时代的内

---

① 杨宝霖：《前言》，载[明]陈履撰《悬榻斋集》，广东教育出版社，2005，第5页。

容。实事求是的策划统筹者，并没有用“经典”来拔高作为先贤的诗人。后人的研究认为，陈履的文章，似乎比他的诗具有更重的分量。

陈履的文章，是关心民生疾苦的现实主义作品，具有杜甫“三吏三别”对底层百姓的同情。在《上司鹾陈公祖书》一文中，陈履为那些在海边引咸煎盐、漂泊无定的流民大声请命：

> 其艰苦盈于触目，而疾痛逼于切肤，艰苦彷徨，莫知底止！是以不得不备历艰苦，仰于尊严，伏乞体天地之心，遵祖宗之制，将某所言事理，批行府县有司，如果查勘不虚，乞赐垂仁矜恤，一切杂泛差役，亟赐蠲除，鹾海生灵，赖以立命，地方幸甚。

为民请命，是官员稀有的美德。为民请命，同时也是一种风险行为，它潜藏着触怒上司、遭受贬惩的后果。在陈履的文字中，我们没有看到一个官员的犹豫和忧虑，那些与颂词背道而驰的汉字，在官员的陈词中显得刺眼。

在一个见风使舵、曲意逢迎的官场中，陈履的直言不讳、为民请命，就是乌纱帽里的一股清流。

记载在文献资料中的陈履言行，并非性格二字可以解释，笔者在杨宝霖先生为2005年7月广东教育出版社出版的影印本《悬榻斋集》撰写的前言中，找到了最有说服力的根据：

陈履的祖父陈志敬曾上《请省赋敛以苏盐丁疏》，力请减轻盐丁的负担。为盐丁请命，陈氏可谓家传。所以清代于潜知县邓昂霄说：“（靖康盐）场中役繁赋重，前则司马志敬公悯其苦，疏请宽赋。至先生（指陈履）仰承先志，复奏请宽鹾。祖孙济其美，民以是德之。”并记乡民在靖康盐场官署之侧，建二贤祠以为纪念。

东莞小说的滥觞

在东莞历史上，第一次出现“小说”这个词，是在清朝光绪年间。蔡召华，是东莞小说的开山鼻祖，他用《笏山记》和《驻云亭》两部长篇小说，为东莞带来了文学的崭新气象，也为一种文体的风行，在东莞作了滥觞。

古代的文人，大多只有“诗人”这顶阳春白雪的冠冕，小说，是被诗歌拒之门外的下里巴人。诗歌的历史，几乎和文字同步，而小说，从神话中脱胎，最后才成为人类口头流传的故事。在诗歌以诗人数量春笋般层出不穷、诗社活动为人注目的宋元明时期，东莞的小说，仍是一片未被开垦的处女地。

在《广东历史人物辞典》中出场的蔡召华，以一个纯粹的诗人身份亮相：

> 字仪清，号守白，清东莞人。道光间（1821—1850年）副贡。家贫，洁身自爱。工诗，著有《爱吾庐诗钞》《草草草堂草》《细字吟》《缀玉集》《闲居百咏》《梦香居集》《驻云亭传奇》。（民国《东莞县志》卷七一、《东莞诗录》卷五三）[①]

辞典中的词条，是一种权威的介绍。上面的文字，一网打尽了蔡召华的诗歌，而对于《笏山记》，却只字未提。这种有意无意的忽略，也许是编者的选择，也许是由小说的弱势地位决定的。

长篇小说《笏山王》（即《笏山记》），被列入1988年吉林文史出版社出版的晚清民国小说研究丛书，刘英杰是该长篇小说的校点者。而吉林文史出版社引用的版本，是存世的唯一一个版本，即由上海广智书局于光绪三十四年（1908年）七月十五日印行的共三册六十九回本。这部沉睡了百余年的长篇小说，被吉林文史出版社唤醒。

刘英杰认为，目前有关我国文学史和小说史的著作中，对《笏山记》其书，还未见有详细地评价和深入地探讨，特别是对小说的作者，更是无人论及。可以说，目前我国小说界，对《笏山记》的研究，还是空白。

在校点者刘英杰的评价中，《笏山记》“全书文词清丽隽

---

① 管林主编：《广东历史人物辞典》，广东高等教育出版社，2001，第798页。

永，情节波澜奇谲，令人目眩意迷”。刘英杰认为，东莞清代著名学者陈兰甫不但对蔡召华的诗词非常推崇，而且对蔡召华的《笏山记》评价很高，曾把《笏山记》与《红楼梦》相比较，谓：“国朝说部之书，红楼外，此为第一。”《笏山记》在晚清小说中的地位与价值之高，可想而知。《笏山记》实为研究晚清小说者不可多得之重要著作。书中不足处，惟后半部有些情节近于荒诞，少数章节间杂一些低级描写，降低了小说的艺术价值。

作为校点者，刘英杰对《笏山记》的研究，超越了一般的读者，刘英杰对《笏山记》的评价，绝对是后人阅读此书的导读和指引。可惜的是，刘英杰的判断有失粗疏，清代著名学者番禺陈澧（兰甫），被其误为东莞人，但这处小小的硬伤，无损于对《笏山记》的阅读和研究。

小说中的笏山，系云南蒙化。后人认为，《笏山记》一书，是根据作者在云南时的所见所闻，竭十余年的酝酿构思，稿十余易而成。云南蒙化之西多山，山皆笏状，天日晴朗，遥望万笏柱天，故人称其地为笏山，或称万笏山。

《笏山记》的故事，后人作了简单的归纳：

> 《笏山记》中，叙述笏山一带多马，山民强悍好斗，不尚文。山中有居民数十万家，聚族而居，大者曰庄，小者曰乡，共有三庄（可庄、绍庄、韩庄）五百余乡。乡中有名黄石者，乡民皆玉姓，乡长玉遇工，其子玉廷藻，聪敏有才学，后成进士，以三甲授南阳叶县

> 知县，政绩卓著，屡经升迁。在蒲州知府任内，秉公明断，救少年颜少卿出冤狱，并招为女婿。
>
> 罢官后，玉廷藻携婿入山。当时正值可庄内乱，绍庄倡议联合诸乡共讨可庄，众人推选玉廷藻为盟长。不久，韩庄背盟弃约，于是盟内诸乡多随之，师遂无功，玉廷藻亦卒于军中。颜少卿接其位为乡长。此时绍庄公已败死，同族人绍潜光夺取位，自立为庄公。并以颜少卿不是山中人，兴师攻之。山中多女杰，皆美艳聪敏，武艺高群。颜少卿足智多谋，广罗女杰为己用，先后纳十六女杰为娘子，充任幕府将帅。绍潜光日益强大，不久便称王。颜少卿与诸娘子，率军与之对抗，用兵数十年，终于获胜。颜少卿遂为笏山王。书中兵机之神妙、英雄之谋略、山中之奇风异俗，读之摄魂动魄，心驰神往，特别是笏山王颜少卿与其十六位娘子之间的爱情故事，更为缠绵悱恻，香艳凄楚。[①]

云南服官三十年的经历，是写好一部以云南为背景的长篇小说的基础和前提，然而，民国《东莞县志·蔡召华传》中，却没有蔡召华在云南服官的记载。云南，成了蔡召华人生的一个疑案，成了《笏山记》地名的一处疑点。

《广东历史人物辞典》[②]中，也没有蔡召华服官云南的蛛丝

① ［清］蔡召华：《笏山记》，上海广智书局，1908。

② 管林主编：《广东历史人物辞典》，广东高等教育出版社，2001。

马迹，一个人在异地他乡三十年的漫长时光，不可能被文字轻易抹去。小说的虚构，为笔者展开了想象的广阔空间，但是，笔者无法在文字中，找到纪实与虚构的根据，看到一个先贤二百多年前的真实内心。

《广东历史人物辞典》中提到的《驻云亭传奇》，其实是蔡召华的另一部小说。东莞诗人张其淦在其编著的《东莞诗录》卷五十三中说："……又撰《驻云亭》传奇一书，未刻。余曾借观之，中多旖旎之辞。守白向人言，谓胜于《石头记》。然卷帙无多，用笔木直，似非佳构。"

蔡召华所处的那个时代，正值中国古典小说的巅峰时期。明清小说，被文学史高度概括为同唐诗、宋词、元曲并肩的辉煌文体。蔡召华的两部小说，如果真如其自喻的胜于《红楼梦》（即《石头记》），或如著名学者盛赞的"红楼外，此为第一"，那么，中国小说史，应该重新评判。

在雅与俗的文学艺术的界河中，小说一直以俗的面孔，不为诗歌接纳和宽容。滥觞时期的东莞小说，虽然出手不凡，但是只有蔡召华孤军奋战，加之蔡召华以教书为业，"生平固穷，自守不求人知""惟以吟咏自适"，一个著作等身却鲜为人知的读书人，成了《东莞人物丛书》[①]的漏网之鱼。百多年之后，后人在小说的繁荣时代，依稀在黄脆的故纸中，看到了一个先驱的落寞身影。

① 中共东莞市委宣传部、东莞市文学艺术界联合会编：《东莞人物丛书》，广东教育出版社，2008。

《四库全书》与东莞

- 伦明的书斋
- 续书楼与五十万卷楼
- 梦碎 1937

伦明的书斋

东莞，是《四库全书》绕不过去的“一篇重要文章”，从著作者和读书人的多个角度进入，后人可以看见《覆瓿集》和伦明的身影。

赵必瑑的诗集《覆瓿集》，是东莞唯一一部进入了《四库全书》的著作。沧海一般浩瀚的《四库全书》，在《集部四·别集类三》中为赵必瑑留下了一个位置。这个位置，从此让《覆瓿集》享受了尊荣，配祀了诗词的香火。

七百多年之后，后人只能够从《四库全书》和《粤十三家集》中找到《覆瓿集》的踪迹。诗106首、词31阕、文60篇，构成了一个末世王孙的人生沧桑和亡国悲愤。

“覆瓿”这个陌生的词，典出《汉书·扬雄传赞》引刘歆语：“吾恐后人用覆酱瓿也！”后世因以“覆瓿”谦称著述之无足轻重者。赵必瑑生前为其著作命名《覆瓿集》，除了单纯的自谦，还明显包含了自嘲的意味。诗人的愤世嫉俗，被典故装饰得婉转曲折。所以，陈纪在《故宋朝散郎签书惠州军事判官兼知录事秋晓赵公行状》中说："其好饮也，非取其昏酣，盖以清世虑；其吟诗也，非欲流连光景，盖以畅幽怀。"[①]而郑之琮则在《粤十三家集·覆瓿集》卷首，表达了赵必瑑对亡国的痛楚："而愤懑不平之气，每欲尽不敢、欲掩不能。见于言外，读之者莫不惜其遇，悲其志。"

伦明和赵必瑑，相隔了元、明两个朝代和六百多年的漫漫时光，他们之间的交集，只与《四库全书》有关。《四库全书》让两个莞邑先贤，跨越了时光和时代，在清朝光绪年间相见。

伦明出生的时候，《四库全书》以国宝的珍贵之故被收藏在皇宫的文渊阁里。一个孩子出生于南海岸边名为望牛墩的乡间，在他与众相同的呱呱哭声里，所有算命、卜卦、测字的半仙，都无法看出这个孩子日后会与一部浩如烟海的丛书发生关联。后人只能通过他的家族文化传承和姓名字号找到一个续书者的蛛丝马迹。

字号，是一个读书人姓名的延续和补充。清朝光绪四年（1878年）出生的伦明，用哲如、哲儒、喆儒、节予、哲禹等书

---

① ［宋］陈纪：《故宋朝散郎签书惠州军事判官兼知录事秋晓赵公行状》，载［宋］赵必瑑撰《秋晓赵先生覆瓿集》，《东莞历史文献丛书》，广东人民出版社，2017。

香弥漫的汉字做了他的称呼。

笔者愿意把伦明日后入县庠，补廪生，拜师康有为，乡试中举，拣发广西知县，就读京师大学堂以及后来任教两广方言学堂、浔州中学堂、北京大学、辅仁大学、北平民国学院的经历视为他散尽家财搜书藏书，为《四库全书》续书的起源。如果说，伦明续修《四库全书》是海明威笔下的老渔夫圣地亚哥钓到的大马林鱼，那么伦明此前所经历过的一切，都是大马林鱼上钩之前的渔船、钓竿、诱饵、长线、食物、匕首等准备的漫长过程。后来的读者，看到的只是那条一千五百磅的大鱼和海上的历险，却忽视了那些枯燥平淡的准备过程。

如果说《四库全书》是一个帝王的文化伟业，那么，续修《四库全书》就是一介书生的最大梦想。在伟大的汉字中，平民伦明与乾隆皇帝之间搭建了一座长桥。

读书和藏书，是伦明续修《四库全书》宏大理想的一粒种子。这粒种子入土、发芽、长叶、开花，寂静无声，没有人留意到那些漫长的光阴。

11岁的时候，伦明随知县任上的父亲伦常居住江西崇仁，遍读了家中的所有藏书。听私塾先生说南昌书肆林立，可以购到自己的心仪之书，便开列书单，托县衙差人解饷的机会，到省城买书。年终时，父亲召集伦明诸兄弟，询问赏钱，兄弟们争先恐后亮出积蓄，只有伦明不剩分文。父亲以为伦明不知节俭，面露愠色，乃至声色俱厉，伦明坦言购书之事，父亲初时不信，后来竟被儿子购书的丰富和广泛涉猎折服。

伦明后来的《续书楼藏书记》记载了这个不为人所知的细节。伦常说:“孺子亦解此乎?善读之。”伦明则言:“溯聚书所从始也。”

清光绪十五年(1889年)伦常卒于江西任所,伦明迫不得已回到东莞故里的时候,才是12岁的舞象年华。罗志欢先生在《伦明评传》中认为:“因受父亲熏陶,此后教书、藏书、续书《四库全书》成了伦明生活的重心,一生与‘书’结下不解之缘。”[①]

罗志欢先生采用了模糊和跳跃的方式,隐去了伦明与《四库全书》结缘的具体年代和日期,《伦明评传》用搜书和藏书的情节,指向了一个读书人的终极目标:续书。

倒是最了解伦明搜书藏书情况的岭南才女冼玉清教授,为伦明藏书的时间作了一个年代上的大致界定。在《记大藏书家伦哲如》一书中,冼玉清说:“五十年来,粤人蓄书最富而精通版本目录之学者,当推东莞伦哲如先生。”

《四库全书》是一个国家的文脉,同时也是一个读书人的命运。

只有一个站在盛世里的帝王,才会在威严的龙椅上想起汉字,想起用无数汉字排列组合的巨书。

乾隆皇帝的宏大设想产生于安徽学政朱筠的一封奏折。乾隆三十七年(1772年),朱筠上奏,建议各省搜集前朝刻本、抄本,“沿流溯本,可得古人大体,而窥天地之纯”。

帝王的龙颜在安徽学政的上书中大放喜悦,乾隆皇帝想起了

① 罗志欢:《伦明评传》,广东人民出版社,2014,第275页。

明朝的《永乐大典》，那部成祖皇帝下令编纂的巨书，以一万多册的巨幅引领了中国所有的典籍，可惜被战火焚毁，它用藏之书库、秘不示人筑成的金汤也无法抵御乱世的兵燹。藏在南京的原本和副本几乎全部化为灰烬。

在没有战争和领土扩张的盛世繁荣中，一个帝王的最大雄心转化成了汉字和典籍。纸页虽然轻薄，但用它承载的汉字却可以用书的形式展示一个帝王的抱负。一个王朝的盛世，不是残阳里的人头和鲜血，而是纸页上的歌舞升平，是阳春三月的清明上河图。

安徽学政朱筠的上书，成了那个年代的合理化建议，而乾隆皇帝的表态，化作了四库全书馆的设立。

故宫学研究员、散文家祝勇在《故宫的隐秘角落》一书中描述了《四库全书》的滥觞：

> 只有在乾隆时代，在历经康熙、雍正两代帝王的物质积累和文化铺垫之后，当“海内殷富，素封之家，比户相望，实有胜于前代”，才能完成这一超级文化工程，而乾隆自己也一定意识到，这一工程将使他真正站在“千古一帝”的位置上。如果说秦始皇对各国文字的统一为中华文明史提供了一个规范化的起点，那么对历代学术文化成果全面总结，则很可能是一个壮丽的终点——至少是中华文明史上一个不易逾越的极限。[①]

① 祝勇：《故宫的隐秘角落》，中信出版社，2016，第202页。

笔者没有在故纸堆中找到《四库全书》启动的具体日期，笔者推断乾隆时期，一定不会有如今工程开工时盛大的庆典仪式，也不会有由秘书起草的领导讲话和剪彩及锣鼓。文字的仪式，最适合在安静的环境中进行，最适合在肉眼看不到的心灵深处开始。笔者只是在今人的著作中寻到了《四库全书》完成的大概时间。

祝勇在《文渊阁：文人的骨头》一文中说："乾隆四十六年（1781年）十二月，历经十年，第一部《四库全书》缮写完成。三年后，第二、三、四部抄写完成。又过六年，到乾隆五十五年（1790年）最后一部（第七部）《四库全书》抄完了最后一个字，装裱成书。"

由此推断，《四库全书》这项史无前例的国家文化工程，奠基于乾隆三十六年（1771年）十二月。经、史、子、集，四个汉字，几乎将乾隆之前中国古代所有的大书囊括其中。在乾隆这个既懂业务，又代表了国家最高权力和意志的帝王召唤下，一大批文化精英陆续走进了四库全书馆。

笔者在线装的古籍中，管窥到了那些与《四库全书》紧密关联的名字：戴震、于敏中、纪晓岚、陆锡熊、孙士毅、陆费逵、姚鼐、邵晋涵、周永年、余集、杨昌霖……这些照亮了中国文化夜空的大学者，聚集起来的文化重量，超过了巍峨的泰山。这份编纂者的名单太长了，单薄的稿纸上无法容纳满天的灿烂繁星，所以后人经常以"鸿才硕学荟萃一堂，艺林翰海，盛况空前"之类的行话来形容描述。在史料的记载中，《四库全书》正式列名的编纂者达360多名，而那些从全国各地层层遴选产生担任抄写工作的馆阁体书法家们，更是达到了3800多人。

只有这么多的学者和这么多的缮写人员，只有十年的漫长时间，才能让汉字堆码成一座书籍的珠穆朗玛峰。

回到乾隆四十六年（1781年）十二月，后人无法从文字史料中看到锣鼓鲜花，或许《四库全书》从受孕到出生的漫长十年中，从来都没有举办过庆典的仪式，后人能够看到的是，以“四库”命名，以“全”字修饰的巨书，排列在皇宫的文渊阁里。祝勇先生描述道：“乾隆第一次站在文渊阁的内部，背着手，望着金丝楠木的书架上整齐码放的一只只书盒，心底一定充满成就感。那些书籍，是用木夹板上下夹住，用丝带缠绕后放在书盒中的，开启盒盖，轻拉丝带，就可以方便地取出书籍。乾隆还特许在每册书的首页钤‘文渊阁宝’印，末页钤‘乾隆御览之宝’玺，以表明自己对《四库全书》的那份厚爱。时隔两百余年，我仍然听得见他黑暗中的笑声。”

乾隆皇帝对书检阅之后产生的满足感和自豪感，是后人能够想象得到的逻辑。《四库全书》在经、史、子、集的分类中，收入了3461种、79309卷图书，这些图书包括早已绝版、失传了的许多珍品，共装订成36300册，6752函，皇皇九亿多字。

没有人从体积上描述过《四库全书》的巨大，笔者能够想象到的是：金碧辉煌的文渊阁，此刻放大成了排列在金丝楠木架上的《四库全书》的华丽函套，乾隆皇帝自信的笑容，成了《四库全书》最生动的封面。

《四库全书》第一次排列在文渊阁里接受乾隆皇帝检阅的时候，光绪四年（1878年）出生的伦明是不可能看见人类历史上文字和图书的壮阔场景的。

伦明的图书，最早源于他父亲的收藏。

伦明的父亲伦常是个与书有缘的人。《伦明评传》记载："年二十八中咸丰十一年（1861年）辛酉科乡试举人。伦常善诗工书，与同乡谢䓖臣、邓蓉镜等皆一时名士，时有唱和。"[①]光绪十三年（1887年）伦明10岁的时候，随江西崇仁知县任上的父亲迁居，就读于崇仁县衙斋。父亲的藏书，在伦明幼小的心中，留下了不灭的印象，"予先代居望乡，藏弆图书甚多，自移居后，全散失矣"。又说，父亲夙好书，所至以十数簏自随。伦明的回忆，印证了他父亲在崇仁知县任上建毓秀书院，将自家藏书尽数捐献书院，供士子课读的事实。

没有史料记载伦明与《四库全书》结缘的具体年代，笔者只能从伦明藏书的范围和目的性上推断一个学者治学的轨迹。

伦明的书斋命名与众不同，去除了地域或环境的因素，也不张扬个人藏书的数量，却以个人终生的心志作为理想的旗帜。"续书楼"，暗藏了《四库全书》的体量，又体现了一个读书人的伟大抱负。在研究者那里，伦明的目的更加简洁明确：为了表明续修《四库全书》的志向和决心，遂将家中藏书处命名为"续书楼"。

① 罗志欢：《伦明评传》，广东人民出版社，2014，第9页。

以“续书”两字命名的书斋，为伦明所独有。文化人多以静、雅、趣等汉字命名书房，赋予它读书写作的日常功能，极少有人像伦明一样，凭一己之力，用一生时间，完善补充作为国家文化工程的巨书。

苏精先生的《近代藏书三十家》[①]一书中，伦明的名字和盛宣怀、张元济、傅增湘、梁启超、张寿镛、莫伯骥、周叔弢、郑振铎等大家并列，从藏书数量的丰富程度以及在学界地位影响力而言，伦明无法与他们并驾齐驱，然而，就藏书的功能、目的和志向而言，却无人可以与伦明比肩。所以，伦明用续修《四库全书》这个几乎不可能完成的宏伟目标，为自己的藏书室命名。

“续书楼”这个独一无二的命名，发源于伦明读书的思考。在《续书楼藏书记》和《伦明评传》中，笔者看到了伦明“续书楼”建立的基石和伦明心中的那张建筑图纸：

> 与其他藏书家不同，伦明藏书目的很明确，就是要续修《四库全书》。原来伦明读书眼光别具一格，他认为“书至近代始可读”，以为乾隆时编纂的《四库全书》并不完备，于清代尤为疏漏。他指出此书有三大缺点：一是由于七阁抄本“急于完书，以致缮校不精，讹错百出”。二是参加编修的大臣不识版本，往往以劣本充数，随意删节和篡改书中的内容。三是忌讳太多，遗

① 苏精：《近代藏书三十家》，中华书局，2009。

> 书未出，进退失当。因此，这部书大有增补、校勘和续修的必要。为了表明续修《四库全书》的志向和决心，遂将家中藏书处命名为“续书楼”。[①]

没有资料记载伦明藏书的数量。与伦明的朋友，东莞的另一藏书家五十万卷楼主莫伯骥相比，伦明藏书的数量当不可能超出。苏精先生认为，伦明藏书范围多为清人的诗文集，而莫伯骥的五十万卷楼顾名思义即是以量取胜了。在他之前，广东藏书家以卷数命名藏书楼的是清末同光之际的孔广陶“三十三万卷书堂”（即岳雪楼），莫伯骥后来居上，五十万卷的声势惊人，直逼近代我国藏书第一的刘承干“嘉业堂”六十万卷。他的藏书之多居民国以来广东第一，确是翕口同声公认。

对于以续修《四库全书》为目标的伦明来说，藏书数量多寡仅是一个方面，搜集收藏清人诗文集却更为重要。幸好那些黄脆的资料，留下了伦明藏书的时间轨迹和光阴年轮。所有的研究资料一致表明，伦明搜藏书籍的基础，奠定于他光绪二十八年（1902年）入读京师大学堂之时，而这条路的另外一头，大约终止于辛亥革命。此后抗日战争的炮火，严重地阻挡了他搜藏书籍的进程。

关于民国时期的续书楼，一个爱书如命的文人，恪守“鬻及借人为不孝”的藏书古训，告诉家里人等任何人不准擅自动他的

① 罗志欢：《伦明评传》，广东人民出版社，2014，第68页。

书籍。一般朋友难进他的书房。只有识书懂书的人，才有可能打开一扇门。陈垣、谢国桢、容肇祖、张荫麟、南桂馨、王重民、张次溪、胡适、刘半农等著述家，才是续书楼里的座上宾。

一个以搜藏书籍续修《四库全书》为人生目标的读书人，他的人生履历却并不像战争那样惊险和曲折。

作为藏书家，伦明的生平只是广东至北京之间一条漫长的直线。而这条长线上的每个绳结，都与读书、访书、买书、卖书、抄书、校书、藏书、编书关联。

光绪二十八年（1902年），25岁的伦明进入京师大学堂学习。由于住在烂缦胡同的东莞会馆，他从光绪十八年的探花东莞人陈伯陶那里借到了一本《四库全书略注》，并用工整的小楷抄录下来。

十三年之后，伦明再次北上来到北京的时候，已经将他多年收藏的精善书籍随同带来，那些书，成了他生命的一部分，而且，他还远赴上海等地访书，用书籍延续着生命。伦明作为北京大学教授的职业与身份，也从民国六年（1917年）开始。

《四库全书》，是乾隆皇帝的血肉，从它出生的那一天开始，乾隆就为它的未来作了精心的安排。

任何一本书，都有自己的外衣，即使朴素的大众读物，也会用厚纸做成封面，为内部的纸页和文字遮风挡雨。精装书，用坚硬的纸板做衬底，再用皮革、丝、棉、亚麻、人造革、漆布、聚氯乙烯涂料纸等作面料，在保护性功能增强的同时，突出了书籍的坚固、耐用、美观。在书籍进化的漫长过程中，诞生了环衬、护封、腰封、圆脊、平脊、条码、书签带、书耳、书角、书脚、飘口、书根、书顶、堵头布、勒口等繁多的名词，也有了平装、精装、豪华本的称谓，这些组成一部书的外观要素，就是人类的衣裳，是皇妃头上的凤冠，是女性的翡翠华饰和金玉宝钿。

至于与线装书形成了血缘关系的函套，则是保护贵重书籍的房屋，函套用最贴心的方式，呵护了文字和纸页的冷暖。

作为一个热爱文字，一生写过四万多首诗的帝王，乾隆皇帝肯定想起过函套这种书籍保护的形式。帝王的想象，超越了凡夫俗子的有限边界，让工匠们思维止步的函套，显然不能限制乾隆皇帝对一部巨书保护的宏观想象。文渊阁，就必然成为《四库全书》的巨大函套。我们可从祝勇先生描述故宫的散文中一窥文渊阁的真身：

> 文渊阁在故宫的另一侧，也就是故宫东路，原本是未开放区，今年（2013年）4月才刚刚对外开放。从太和殿广场向东，出协和门，透过依稀的树丛，就可以看见文华殿，文渊阁就坐落在文华殿的后院里。[①]

在一个读书人的眼里，文渊阁的每一块砖瓦，在漫长的时光里，成了中国文字经典的坚硬护封，成了《四库全书》的保护

① 祝勇：《故宫的隐秘角落》，中信出版社，2016，第193页。

神。乾隆皇帝的私家图书馆，成了人类的圣殿。

乾隆是一个有为的帝王，他的眼光，超越了属于他的那个时代。然而，他无法看到故宫的易姓换代，更不能预测《四库全书》的未来和最终命运。

光绪二十六年（1900年）出现的义和团，是《四库全书》劫难的导火索。义和团在帝国列强对中国的欺凌中产生，是菜园里必然结出的一个苦瓜。在“扶清灭洋”的旗帜下，义和团拔电杆、毁铁路、烧教堂、杀洋人、打教民，成了大不列颠与爱尔兰联合王国、美利坚合众国、法兰西第三共和国、德意志帝国、俄罗斯帝国、日本帝国、意大利王国、奥匈帝国等八个国家的军队入侵中国的借口。八国联军以镇压义和团的名义，大肆瓜分和掠夺中国。

史料的记载中，这支大约5万人的联军在北京所向无敌。侵略者将对义和团的仇恨扩张到了古老帝国和她所有的子民。北京古城沦陷于1900年8月14日，除了杀人放火之外，皇家禁地紫禁城、中南海、颐和园也成了他们偷窃和抢掠的宝库。

在八国联军的强盗暴行中，中国就是一个被咒语打开了石门的巨大宝库，金银珠宝之外，宫廷、王府以及民间的藏书楼，都是侵略者掠夺的对象。上海广益书局1913年出版的《都门识小录》有如下记载：“庚子拳乱后，四库藏书残佚过半，都人传言，英、法、德、日四国运去者不少。又言洋兵入城时，曾取该书厚二寸许、长尺许者以代砖，支垫军用等物。”一场劫掠，圆明园文源阁中的《四库全书》和御河桥翰林院藏书以及王府名宦所藏典籍，均被夺走，还有许多书籍，漏网之鱼一样散落到了民间。

《四库全书》的每一张纸页和书上的文字，都是人类生命的载体。九泉之下的乾隆皇帝，在陵寝中尸骨疼痛，但是，他无法在万众朝拜的威严中站立起来，重新回到他的辉煌之中。

幸好，古老中国的辽阔大地上，还有文津、文溯、文宗、文汇、文澜等藏放了乾隆皇帝梦想的五处宝阁。在帝王的想象中，强盗的魔爪再长，也不会伸到那些遥远的地方。

伦明不在《四库全书》遇难的现场，但他在遥远的南方感受到了文明毁灭的痛楚。一年之后，以京师大学堂学士身份来到了北京的伦明，仍然在宫墙上看到了战火的创伤，在夕阳里看到了中华文明的灰烬。

在《续书楼藏书记》中，伦明记载了自己的踽踽脚步。“壬寅（1902年）初至京师，值庚子之乱后，王府贵家储书大出，余日游海王邨、隆福寺间，目不暇给，每暮必载书满车回寓。”

伦明自述的文字简洁，惜墨如金，但震钧的《天咫偶闻》一书，为伦明的购书藏书勾画了一个清晰的背景：

> 大抵近来诸旧家皆中落，子弟不复潜心学业。每一公卿即世，其家所出售者，必书籍字画也。市贾又百万器之，不售不止，售不尽不止。有自国初守之至今，亦荡尽者。[①]

① ［清］震钧：《天咫偶闻》（卷十），北京古籍出版社，1982，第88页。

伦明与北京海王邨，是一个续书四库者命中注定的缘分。

“海王邨”这个地名，如今被遐迩闻名的“琉璃厂”三个字取代。然而，在伦明疯狂搜书的那个年代，“海王邨”，却是一个地方的大名和学名，而“琉璃厂”，只是它附加的一个字和号。

辽金时代，海王邨只是紫禁城外的一处郊区。到了元朝，这里开设了烧制琉璃瓦的官窑。由于明朝修建宫殿的需要，官窑规模扩大，此地成了朝廷工部的五大工厂之一。清末，此地更是建起了海王邨公园，成了琉璃厂市集的中心。北京城里最早的大型图书古玩市场就在此形成。海王邨和琉璃厂的血缘关系，“先”与“后”两个汉字就是它们最准确的界定。

笔者在琉璃厂一次次走过的时候，从来没有将这些街道和书店同《四库全书》联系起来。后人的粗疏，并非故意，只是由于时光久远，岁月倥偬，山一般的《四库全书》，隐藏在乾隆皇帝精心设定的藏书阁里。目光炯炯的乾隆皇帝虽然具有超常的预见，却也无法细致地想到，琉璃厂，这个《四库全书》滥觞的地方，日后会成为一个梦想续修《四库全书》的书生日日流连、散尽家财的搜书之地。

乾隆三十八年（1773年）朝廷开馆修纂《四库全书》的时候，“海王邨”这个地名日渐淡薄，而“琉璃厂”这个名字却因为古玩古籍而声名日隆。琉璃厂的另一种景观由一批学富五车的鸿儒耆宿组成，这是修建《四库全书》巍峨文字金字塔的杰出工匠群体。为了考证典故，这些编纂者经常去琉璃厂访书购书，切磋学问，琉璃厂无意中成了《四库全书》的第二个编纂处。清人翁方纲在《复初斋诗集》中记载了《四库全书》编纂的一个情景："每日清晨，诸臣入院，设大厨供茶饭。午后归寓，各以所校阅某书应考某典，详列书目，至琉璃厂书肆访之。"

《四库全书》的滥觞之处，一百多年之后，成了伦明的寻根之地。伦明的访书、购书、藏书，起于续修《四库全书》的目的，所以，他与书的因缘，贯穿了一生。光绪二十八年（1902年），第一次来到北京的伦明，只是一个京师大学堂的学生，琉璃厂就成了他经常光顾的地方，民国六年（1917年），伦明重回京都，受聘为北京大学教授之后，琉璃厂更是他出入往返的私家菜园。书籍，成了一个续书者的命之后，伦明的执着乃至迂腐，就发酵成了琉璃厂的流行故事，"破伦"这个不无贬义的名词，就成了一个书生的绰号。

"破"，在任何一个时代，都是贫苦的证明，都是寒酸的讽刺。民国时期的教授，收入待遇高于常人，购房屋、买汽车之类的高消费，都是一个文人正常收入的体现。只有伦明，被人用"破"字修饰，成了对一个大学教授的嘲讽。笔者在久远的资料中，找到了"破伦"这个名词的来源：

> 他为了购置图书，不惜四处搜求，如无余财，借债、押物也是常有的事。教书之余，他总是身披一件破大衣，脚蹬一双破鞋袜，出没于大小书摊之间，凡有用之残篇小册、断简零书，无不收纳。久而久之，北京大小数百家书铺伙计、沿街书摊小贩无不认识这位先生，

> 大家乐于向他提供图书信息，打趣地称他为“破伦”。[①]

“破”，显然是伦明的心甘情愿。伦明家境并不富裕，又无官职支撑，他的每一本书，都是自己省吃俭用、节衣缩食换来的。伦明自述：“余一窭人耳，譬入酒肉之林，丐得残杯冷炙，已觉逾分，遑敢言诸藏哉？”当他为了购书变卖家当，动用妻子妆奁时，夫妻矛盾无法避免。面对妻子的怨言，伦明写诗自嘲：“廿年赢得妻孥怨，辛苦储书典笥裳。”

伦明对书的热爱与感情，超越常人，令许多藏书家自叹不如。伦明曾用诗记录自己的爱书境界：“我生寡嗜好，聚书成痼疾。佳椠如佳人，一见爱欲夺。”

孙殿起先生的《记伦哲如先生》讲述了一个伦明购书的故事：

> 一日，伦明偶然听说琉璃厂晋华书局新近购进一批图书，便赶忙跑去看。见书目中有一部《倚声集》，心中窃喜，这正是他久访未得之书，便要购买此书。但书肆中人告知，刚刚派店里的伙计送往某宅了。伦明闻之，焦急万分，赶紧乘人力车追赶，他吩咐车夫抄近路，快跑，在某宅门外等着送书的伙计。一会，该店伙计夹书包而来，不等进门，便将所喜好之书半路“打劫”了。

① 罗志欢：《伦明评传》，广东人民出版社，2014，第91页。

笔者在陈旧的黑白照片上看到过20世纪30年代的隆福寺。那个年代，“破伦”也是这里的常客。这处坐落在北京东四北大街西的繁华之地，最盛时约有旧书铺四五十家，鳞次栉比。琉璃厂和隆福寺，因为搜书的因缘，与胸怀续书大志的伦明连在了一起。那个时候，伦明住在距琉璃厂和隆福寺不远的北京上斜街东莞会馆，他的房屋，成了书籍的家，人却难以插足。他的藏书，房间码放不下，便移出室外，堆至屋檐下。另外400多箱藏书，只得寄身烂缦胡同的旧东莞会馆。数十万册藏书，堆成小山，伦明便雇了一个叫李书梦的人专门看管和晒书。

续书楼，只有“破伦”这个名词，才能当得起它隐藏的抱负与雄心。

续书楼与五十万卷楼

冷寂东街路，年时访古勤。
书林空旧椠，肆友换新人。
榕寺苔生殿，诃林栋作薪。
只应徐与莫，赏析不辞频。

伦明所写的标题为《抵家作》的诗，一共六首，以上引用的这首末句有伦明的自注："徐信符、莫天一藏书最富。"

东莞麻涌人莫伯骥，字天一，以"五十万卷楼"主人的身份，在民国的广东藏书家中，独占鳌头。

苏精先生在《近代藏书三十家》一书中，用热烈的锣鼓，让东莞麻涌人莫天一粉墨登场：

> 近代广东藏书的风气很盛，而且各具特色，以民国以来较著名的几人为例，如伦明“续书楼”的清人诗文集，徐信符“南州书楼”的广东地方文献，潘宗周“宝礼堂”的专收宋本，而莫伯骥的“五十万卷楼”顾名思义即是以量取胜了。在他之前，广东藏书家以卷数名楼的是清末同光之际的孔广陶“三十三万卷书堂”（即岳雪楼），莫伯骥后来居上，五十万卷的声势惊人，直逼近代我国藏书第一的刘承干“嘉业堂”六十万卷。[①]

在一个县的狭小地域之内，竟有两个大藏书家脱颖而出，这从某一个方面折射了晚清和民国东莞读书风气之盛。望牛墩和麻涌，地域相连，口音一致。伦明与莫伯骥年龄相仿，两人从小认识，一同在家乡读书攻举业，后又同居广州城。他们的交往中断于1917年，伦明迁居北京，遥远的地域和落后的通信联络方式暂时让手中的风筝失去了掌控的长线。八年之后，伦明在《广东七十二行商报》上读到了莫伯骥的文章《读徐君信符中国书目学》。从此二人书信联系，往复不绝。

书籍，是人类交往的媒介。伦明和莫伯骥的交往，无关乡情和地域。只有读书和藏书，才会让这两个失联之人，重新在书海中相逢，并惺惺相惜。

笔者在发黄的史料中，看到胡适先生为莫伯骥书跋封面的

① 苏精：《近代藏书三十家》，中华书局，2009，第156页。

题签，看到了莫伯骥致伦明书信的手迹，两个大藏书家的友谊，是东莞的幸运，是广东文化的幸运。莫伯骥藏书，并无续修《四库全书》的雄心，而伦明藏书，也无莫伯骥的数量追求。莫伯骥的藏书之丰，与他开办报业、经营药品有密切关联。由于经商有道，致富有方，莫伯骥具有了广泛收藏图书的条件，而伦明收藏图书，只为了续修《四库全书》，所以无法在数量上与之争雄。

有关两个大藏书家的人生缘分和书籍情缘，《东莞时报》记者沈汉炎先生有一段文学化的描述：

> 1925年，注定是莫伯骥人生的转折之年。当年少时的同窗兼同乡、著名学者、藏书家伦明突然与他通信商榷拯救中国典籍事宜，收到信后，莫伯骥痛哭了一场，决心回归学界，潜心于版本目录之学。从此，这对20多年的老友重新开始往来，并成为近代中国的两个伟大的东莞籍藏书家。①

在如今出版社众多，人人皆可著述，出书几无门槛的现实中，已经少有人了解图书收藏的真实内涵了。不同的时代，赋予了“书籍”这个词不同的意义。

伦明和莫伯骥那个时代，图书收藏，是一项耗费巨大的精神

---

① 沈汉炎：《莫伯骥五十万卷藏书》，《东莞时报》2015年2月1日A6—A7版。

劳动。收藏，对读书人的眼光、知识、动机，有着严格的要求，在金钱财富方面，对收藏者更是一个巨大的挑战。

《续书楼藏书记》中，不乏记载伦明省吃俭用，节衣缩食，变卖家当购书的事例。珍贵的古籍本，高昂的书价，常常让伦明生出“见书如朝圣，个中苦楚波折，经济之窘迫，难以尽言”的叹息。那个时代的书价，超出了读书人的购书能力。“明刻一册十金，宋本以页计，一页二三十两。”贵如黄金的书价，有时连万贯家财的富商莫伯骥也感到重负。

莫伯骥收藏古籍图书，后人用了“发疯”两个字描述。莫伯骥收藏图书的举动，超出了常人的理解，他先是把生意蒸蒸日上的药店交给别人打理，自己全身心地投入图书收藏。三到四年间，莫伯骥的藏书就上升到了四十万卷。

有一次，莫伯骥得知南海藏书家孔广陶收藏的千余册图书流散到了天津，其中有《四库全书》中的部分古籍，极其珍贵，便立刻起程，千里迢迢赶至北方，花费万金，将那批图书赎回。莫伯骥刻意求书、不计成本的名声从此流传，各路书商，偶有发现，便立即通报信息，坐地起价，等待莫伯骥上门。民国十九年（1930年），晚清四大藏书楼之一的聊城杨氏海源阁遭受匪劫，珍本图书《孙可之集》流散，后被北平一书商获得。莫伯骥主动上门，重金求售。在付出了3000银元的代价之后，《孙可之集》成了五十万卷楼的镇楼之宝。

后来的研究者，看到了莫伯骥藏书从“福功书堂”扩张为“五十万卷楼”的过程，较之福功书堂，五十万卷楼不仅仅是数量的增加，更是质量的提高，其中善本，包括宋刻、元刻、明刻、影宋、精抄、旧抄、旧校、孤本、精校、名家写本、藏本等等。二十年间，莫伯骥花费20余万巨资，从全国各地搜集珍贵图书，被后人评价为“莫先生藏书之富甲于西南，精本秘笈几可以上企瞿杨，无惭丁陆”。将莫伯骥的名字与瞿镛、杨绍和、丁丙、陆心源晚清四大藏书家并列，足可见出一个藏书家的分量。

古代的藏书人，不仅是读书人，而且也是著书家，所以陈垣先生说：“粤人不读书则已，读则辄出人头地。”莫伯骥身后，留下了《五十万卷楼藏书目录初编》和《五十万卷楼群书跋文》七册。《五十万卷楼群书跋文》曾在他的家乡东莞的晒书会上亮相，晒书会上的亮光，盖过了东莞所有书肆图书馆的风头。在如今的旧书网上，七册朴素的线装旧书，被标以五万元的价格出售。

梦碎1937

伦明续修《四库全书》的伟大理想，最终被日本侵华的炮火粉碎。

伦明续修《四库全书》的宏伟大厦，最接近动工的一次，是1925年，奉天省的文化界人士，上书国民政府，要求索回暂时寄放在故宫保和殿中的文溯阁《四库全书》，并提出了开设校印馆、影印、校雠和续修的动议。远在北平的伦明起初并不知道这项由杨宇霆发起，张学良任总裁，翟文选为副总裁，金梁为坐办的盛大文化举措。由于伦明续修《四库全书》的贡献和影响力、知名度，时任安国军总参议和第四方面军军团长的杨宇霆热情邀请伦明参与。

伦明的参与，无异于一台轰然运转的机器注入了高质量的润滑油。1928年12月，伦明起草电文，以张学良、翟文选、杨宇霆联名的形式通电全国，并且用英文和德文对外通告。伦明执笔的文字，每一个都信心百倍地表明，《四库全书》即将开启一个新的时代。

> 阁书创始，美犹有憾，蒐求未遍，忌讳过深，秉笔诸儒，弃取亦刻，漏略不免，宜亟补苴。又况乾隆距今，时逾百载，家富珠璧，坊盛枣梨，或阐古义，或拓新知，冰水青蓝，后出更胜，不有赓续，曷集大成。加以鱼亥之讹，古籍多有，校雠之学，时贤益精，广参众本，旁稽异文，别成札记，附于书后。凡此三事，急待并举。

在“影印”“续修”和“校雠”三种续修方式中，伦明坚持自己的一贯主张，提出“既非原书，惟排印乃成一律，为省费省纸，且便于储贮计，缩之至小，如《云窗丛刻》中之《西陲石刻录》”的设想。在此基础上，伦明着手编成了《四库全书目录补编》，为续修的《四库全书》增加书目一万余种。

此后的进展，都是《四库全书》续修的噩耗。1929年1月10日，力主修书的杨宇霆被张学良以“谋反”的罪名杀死。雪上加霜的是，九一八事变，日本人占领东北，文溯阁《四库全书》搬至伪满“国立奉天图书馆”，从此落入侵略者手中。

续修《四库全书》计划流产，伦明返回北平的失望、无奈和悲痛，后人只能在1933年出版的《国闻周报》第10卷第35期《拟印四库全书之管见》一文中感受到，这是一个书生的无力和苦楚。胡汉民、张学良、吴铁城等国民党要人，以及袁同礼、李盛铎、傅增湘、张元济、陈垣、董康、周叔弢、张允亮、章钰、邢士襄等学界人士，都见证了无可奈何花落去的肃杀。

对于这套被誉为“千古巨制”和“中国文化的万里长城”的《四库全书》，日本帝国主义始终是个觊觎者。它先是用小偷的手法盗窃，然后用强盗的方式武力掠夺。20世纪20年代日本迫于国际压力，比照美、英等国的做法，退还一部分庚子赔款，指定其中一小部分用于“对华文化事业”。在对华文化事业的幌子下，日本人完全操纵了庚款的使用权。然而，强盗的嘴脸是无法用庚子赔款掩盖的，一点点掌握在侵略者中的庚款只能是《四库全书》续修的杯水，它无法推动文化的车轮。

穷凶极恶的日本侵略者，深深懂得文化和文明的价值，懂得只有毁灭一个国家的文化，才能征服人心。1932年1月28日爆发的淞沪抗战，十九路军奋勇抵抗。日军飞机将商务印书馆总厂和东方图书馆作为重点目标进行多轮轰炸，无数中华文化珍宝被侵略军的炮火吞噬，被称为中国文化中枢的商务印书馆八十多亩土地上，一片火海，厂房和机器焚毁殆尽。指挥这场战争的日军指挥官盐泽幸一没有隐藏侵略者战争的野心和实质，他毫无掩饰地表示：“烧毁了闸北几条街，一年半年，中国人马上可以恢复，把商务印书馆总厂及东方图书馆即中国最重要的文化机关焚毁了，中国人才永久不能恢复。”①

---

① 广东省政协文史资料研究委员会编：《淞沪烽火：十九路军“一·二八”淞沪抗战纪实》，广东人民出版社，1991。

五年之后，侵华日军进攻天津。地处城南八里台的南开大学，成了日军毁灭的首个目标，日军炮火瞄准校内高耸的木斋图书馆，几十万册宝贵图书和珍稀资料灰飞烟灭。炮击之后的轰炸，将南开大学和相邻的南开中学、南开女中、南开小学摧为平地。对教育机构的毁灭，已经超过了某些军事目标。炮击和轰炸之后，日军派出了骑兵与汽车，在校园各处浇洒煤油，纵火之后，中国教育的版图上，物质的南开大学已彻底消失。

南开大学校长张伯苓，在南京听闻了这场斩草除根式的文化灭绝，当即昏倒。在随后与蒋介石的会面中，张伯苓老泪纵横，哽咽不止。

日本侵华，毁灭中华文化，没有人是战火中的幸免者，没有物质可以逃过劫难。

伦明不在战火的现场，他无法看到中华文化结晶的珍贵图书正在北平遭到日军的洗劫，他无法听见在清华园里保护图书的文学院院长冯友兰先生悲壮的誓言：中国一定会回来，要是等中国回来，这些书都失散了，那就不好，只要我人在清华一天，我们就要保护一天！

这个时候，伦明已经回到了故乡东莞，为他的先人扫墓。在他的计划中，两个月后，他将回到北平，继续他续书的梦想。然而，日军侵华的炮火，阻断了他北返的脚步。卢沟桥事变，让一条畅通的长路突然阻塞，无奈之下，他滞留广州女儿家中。可以用度日如年来形容伦明的颓丧，远离了北平的续书楼，伦明的心没有一日安宁，脑溢血和全身瘫痪，魔鬼一般追随他而来。

伦明一生的心血，就是此时风雨飘摇的北京续书楼中的那些藏书。一个人的生命，如果与他心爱的东西相隔，那么，他的呼吸将会如同大雪中的竹子一样脆弱。在病床上苦苦煎熬的时候，伦明仍然没有想到，那些他用一生的付出换来的藏书，从此像一只断了线的风筝，离他远去。

叶恭绰、胡适、朱希祖、顾颉刚等，都是亲眼目睹过伦明藏书的人。续书楼的图书，在孙殿起眼中，“拥书数百万卷，分贮箱橱凡四百数十只，书房非有十楹屋宇，不得排列”。孙殿起先生的回忆，只是一种形象化的描述，最可信的事实，当是如今存于上海图书馆中共十三册的《东莞伦氏续书楼藏书目录》。

十三册《东莞伦氏续书楼藏书目录》，其实只是一个残存，专家考证，另有三册遗失。十三册目录中的藏书，所幸没有毁于战火，合众图书馆于1953年6月将目录中的25万册图书和15000种金石拓片捐献给了上海市人民政府，成为上海图书馆馆藏文物的重要组成部分。

没有任何资料准确地统计出续书楼藏书的数量，后人提供的数据只不过是时间的吉光片羽。伦明用一生时间搜集到的藏书，犹如河边的沙滩，后人只能看见沙子的反光，而不能数尽它们的数量。

对于读书人来说，书籍，就是他们的生命。日军侵华，就是中国图书的噩梦。著名历史学家、清华大学教授陈寅恪就因为战火，丢失了图书，痛不欲生。郭保林先生的《谔谔国士傅斯年》一书中有此记载：

陈寅恪随身带出北平的两箱文稿、照片拓本、古代东方书籍，以及多年批注的手册《蒙古源流注》《世说新语》《五代史记注》，书页空白处都有他密密麻麻的小楷批注，稍加整理就是一部学术专著，但由长沙经香港、安南至滇时，交由铁路托运，到达昆明住处，打开箱子却是一堆砖头瓦块，那珍贵的资料不翼而飞。陈寅恪顿时惊愕，几乎昏厥过去，好半天才哭出声来。手稿失窃，陈寅恪悲痛至极，茫茫世界，离乱人生，绝望和悲伤击倒一代学人！[①]

---

① 郭保林：《谔谔国士傅斯年》，作家出版社，2016。

廉泉清流

- 廉泉的源头
- 却金的纪念碑
- 陈建与《学蔀通辨》
- 陈白沙的得意门生

廉泉的源头

始于明代的“东莞古八景”，排名第一的黄旗廉泉，即是如今的旗峰公园的前身。《东莞市志》记录了一处著名景点的历史和它的往事：

> 黄旗廉泉，是明代东莞八景之首。廉泉何时取名不可考，……黄岭为东莞邑之祖山，山有泉清洌而甘，曰廉泉，古人嘉其名而悦其味，恒叹赏之。泉出石罅。这一带水多咸味，然此泉独甘淡，行人爱在此歇息饮泉。廉泉与广州市郊石门贪泉，皆扬名于宋代。两个意义相反的命名，均为劝告人们倡廉戒贪之意。自南宋绍熙二年（1191年），邑令为廉泉砌井，建亭立匾，此后多次修葺。过去，东莞县令上任，皆来此亭上酌泉，标榜其

为官清廉。中华人民共和国成立前，廉泉亭已毁。1982年，黄旗岭辟为旗峰公园，廉泉周边砌有水泥砖栏，游人日众。[①]

清末流传一首《东莞八景》民谣，其中第一景为“黄旗岭顶挂灯笼”。传说山顶有棵巨榕，树身有个枯洞，为秋后萤火虫密集之所，人们夜间远看如放灯笼。后来巨榕凋萎，此景不复存在。但明清《东莞县志》所载，皆以黄旗廉泉为“八景”之首。明邑令吴中有《旗岭廉泉》诗云：旗山苍苍秀如画，一脉寒泉出山下。不知谁为号廉名，疑是夷齐共称诧。甘如醴，寒如冰，尘埃不染清且深。何当遍汲九州饮，饮使贪夫皆洗心。

翻阅东莞的历史，笔者始终相信，一个大自然恩赐了“廉泉”的风水宝地，一定是清官辈出的温床。

黄旗山不是东莞海拔最高的山，也没有其他山岭与它相连，但是，由于一股天设地造的廉泉，这山便有了灵气，形成了风水，影响了人文。廉泉之水，不灌溉农田，却滋润了一代又一代东莞人的心田。

笔者在《东莞人物丛书》[②]中，无意中看到了一群如廉泉一般干净的东莞人，他们身份非凡，官位显赫，手中的权力，足可

---

① 东莞市地方志编纂委员会编：《东莞市志》，广东人民出版社，1995，第1596页。

② 中共东莞市委宣传部、东莞市文学艺术界联合会编：《东莞人物丛书》，广东教育出版社，2008。

以让他们富甲一方。

祁顺为官四十年，家业无所增，任内节约公费，积三千金。明代官场惯例，节约的公费，长官可用，祁顺却分毫未取，临终之时，祁顺留下遗言："若私此金，吾目必不瞑矣。"成化十一年（1475年）的时候，祁顺以一品官员的身份出使朝鲜，他拒绝了朝鲜的所有馈赠，只带两袖清风回来。祁顺的廉行，让朝鲜官员感到惊奇和不可思议。东莞人的历史上，就在此时出现了"却金"两个永垂不朽的汉字。

清廉，只是流贯在血管里的血液，它从来不是贴在脸上的金箔。东莞廉官名单，随着廉泉之水的流淌，漫弥于历朝历代。

黎攀镠以一个清官的身份出现，后人对其的评价是："在任上，他认认真真，廉洁自律。他生性俭朴，对自己及亲朋、下属，一切从严。他事无巨细，必是亲力亲为，从不假手于人。他限家眷'不得私自外出，交结游荡，致生事端'；他官署内的一切应用物件及日常柴米油盐，都是发出现银，按市场价购买，从不赊账，不拖欠；他以自己的实际行动，为百姓树下了榜样。"[①]这些誉词，最后以一个感人的情节得到印证。

道光十八年（1838年），黎攀镠奉旨调补江南河库道库，离开福建的时候，"生童赋诗，父老焚香者不绝"。这是一个古老

① 中共东莞市委宣传部、东莞市文学艺术界联合会编：《东莞人物丛书·东莞历史人物》，广东教育出版社，2008，第441页。

的故事，这些百姓感恩戴德、十里相送的情节，延伸到了历朝历代。百姓拥戴清廉官员的情节，黎攀镠开了东莞先贤的先河。

永乐二年（1404年）进士翟溥福，在《广东历史人物辞典》中的政德是“正统元年（1436年）任江西南康知府，明刑省罚，救治前守错判死囚百余人。沿鄱阳湖边筑石堤百余丈，方便航运。捐俸修白鹿洞书院，讲明道义，民知向学，人称江西第一贤郡守”[①]，却忽略了他为官的清廉。翟溥福“江西第一贤郡守”的评价，出自江西巡抚侍郎赵新之口。翟溥福66岁那年，告老还乡。赵新以“翟君此邦第一贤守也，何可听其去！”的言词挽留。致仕返乡是多次恳请之后的结果，在一个平淡无奇的人生过程中，返乡的翟溥福，遇到了百姓聚集送行的场景。《明史·翟溥福传》和嘉靖《广东通志·翟溥福传》以及《广州人物传》等历史文献，都出现了“辞郡之日，父老争送金帛，溥福不受，郡民挽舟行数里，泣涕而别”的描写。翟溥福走后，当地百姓建造祠堂，供奉香火，将对一位一去不再复返的官员的纪念，刻在了坚硬的砖瓦上。

山东按察副使郑敬在《广东历史人物辞典》中出现的时候，只有短短数语，但“廉洁奉公，拒收贿赂”八个字，却突出了文

① 管林主编：《广东历史人物辞典》，广东高等教育出版社，2001，第820页。

字没有的重量。这个曾任湖南道监察御史、江西按察司佥事、河南按察司佥事、云南按察司佥事，曾在多地为官的东莞人，廉洁自持，勤于处事。在上任山东按察副使之前，云南有土司援旧例，赠与离任的郑敬以金银珍宝。由于没有细节，那个送礼的土司隐退了，郑敬的家人不幸成了矛盾的另外一方，他们劝说郑敬收下已有先例的馈赠。郑敬勃然大怒，直斥家人："我司风纪二十年，平时有俸禄之享，仍惧不能称职，何况昧天良，败名节乎？"

一个在亲人面前怒发冲冠的人，实际生活中却是另外一种形象："郑敬勤于政务，食少事烦，年方四十，身体日弱，头发尽白，于是陈请休退。年五十八，卒于家，卒时家无余资，几乎无以为殓。"①

笔者对王缜的最初了解，并不是缘于他在《广东历史人物辞典》中的"强直敢言"和"迁云南参政，不迎合刘瑾，被罚米五百石，变卖家产以偿"的事迹，而是来自一套《梧山集》。这套繁体竖排线装的古籍，就是一个人的生平。王守仁的序言，不仅是宗亲的追悼，更是对《梧山集》的评价："古人后世而不朽者三，立言其一焉，如公之盛德丰功，赫赫在人耳目。……今公往集存，每披寻展读之，辄幸得所凭藉。以想见公之生平，而况

① 玉贝：《郑敬》，载中共东莞市委宣传部、东莞市文学艺术界联合会编《东莞人物丛书·东莞历史人物》，广东教育出版社，2008。

天下之大，四海之广且疏，及遥遥几百载后，未识公之面貌，又不获俎豆公之书，而竹帛有湮，史策无据，其何以美而传，传而爱慕，使夫闻风生感，懦夫立，贪夫廉，重为功于名教哉。”

在文献的描述中，王缜是一个敦厚持重、不苟言笑之人，而官场生活中的严厉和坚定，同他的严肃执着融为了一体。在转任礼科给事中的时候，王缜以白纻不属于正常上供之物的理由，反对征收百姓的白纻，又要求停止上清宫的修建。乾清宫火灾之后，王缜又上疏皇帝，请求将宗室之子奉养宫中，撤销南京新增的内容，以稳定皇室的根本。武宗皇帝西巡，王缜亦大胆上疏劝阻。

文献中的描述，让笔者一次次想起唐太宗时期的魏徵，魏徵的故事，总让笔者将之与王缜的直言进谏画上等号，只可惜，王缜生活的明朝，没有李世民。

一个直言进谏的官员，一定是个正直清廉的人，任何时候，正气都是他安身立命的根本。王缜出使安南的时候，国王用豪华的毡毯铺地迎接，王缜拒绝奢华和铺张，叱责对方，让其换掉。安南国馈赠的金银财宝，王缜一件未受。

如果以南宋为界的东莞历史，从李用开始，那么，以黄旗山廉泉为源头的清流，则是从祁顺滥觞。《广东历史人物辞典》记载祁顺“一品服出使朝鲜，谢绝供给，拒收馈赠。朝鲜君臣惊奇，为之筑却金亭”，开了东莞廉官的先河。祁敕，作为祁顺的三子，不仅传承了父亲的血脉，还继承了父亲的铁面和清廉。

京城百姓赐予的“祁佛爷”称号，让笔者误以为祁敕是个心慈手软的老好人，却不知是它的反面。作为刑部主事，祁敕处理案件不徇私情，从无偏袒。“他办案穷根究底，务求彻底弄清案情”，许多奸猾官吏，在祁敕的铁面之前不敢妄为。为了求得办案公平，祁敕不惧权势，甚至敢于触怒龙颜，被皇帝杖责。“祁佛爷”这个与祁敕的行为不相匹配的名字，只有在百姓的口碑中，才能找到答案：

有人以上好瓷器送给祁敕，祁敕坚拒而最终未能拒，就把那件瓷器交给学宫，供祭祀之用。原本可以私自处理的公款一年达数千金，他全数上缴，不占毫厘。其廉洁平正之名大著，致使权贵不敢犯，而百姓则赞不绝口，乃至形诸歌谣：“有影黄堂月，无痕碧水秋。”甚至有些人私自在家中把祁敕供奉起来。[①]

古代官员，无不以升迁为喜，以贬谪为悲，而不以升迁贬谪为意者，凤毛麟角。钟卿在民国《东莞县志》中出场的时候，用一个官场中的意外吸引了笔者。时任户部郎中的钟卿，在参加南郊祈谷仪式时迟到。后人无法知道钟卿迟到的原因和耽误的时辰，文献中龙颜不悦的后果，是贬谪的处罚，遥远的郴州同知，

① 丁义轩：《祁敕》，载中共东莞市委宣传部、东莞市文学艺术界联合会编《东莞人物丛书·东莞历史人物》，广东教育出版社，2008，第597页。

就成了钟卿到任的贬所和官职。钟卿在郴州“察狱赈饥，许多百姓赖以活命，郴人立碑颂德”。[1]

钟卿后来迁莱州府通判，入为南都水郎中，擢九江府，迁广西副使，再后历广西参政，转福建左布政使，显然与他不以物喜，不以己悲的心态有关联。文献称钟卿“为官数十载，清廉狷介，清风两袖”，这在他上任广西副使时表现得淋漓尽致。腊月之时，天气寒冷，钟卿无御寒冬衣，只穿一件单薄的葛衣，其妻见状不忍，用其私藏八百钱购置新衣。钟卿不贪拒贿，致使告老归家的时候，不仅身无长物，而且生计亦难维持。同官潘季驯正好巡抚粤东，听说钟卿家贫难支，便让当地官府送来管理盐池的公文，助其解困。使者来到钟卿家里的时候，衣着单薄的钟卿，正围炉取暖，得牒之后，钟卿立即投进火炉，看着它化为灰烬。众人惊愕不已。钟卿的回应，五百多年之后，依然掷地有声：“一境之利益，岂可一人独专，烧之，为汝辈开生路！”

督府李迁，是钟卿清廉的见证者，他令人制作了一块牌匾，亲书“清白”两字，赠予钟卿。钟卿身后，世人称其“百粤仪表，一代球琳”。

林烈出任福建盐运司同知分司水口的时候，并没有任何获得肥缺的得意。而在别人眼里，历任此职的官员，均财富暴涨，富贵无边。一个让官员捞得盆满钵满的地方，必定是一个风俗败

① 叶觉迈修，陈伯陶纂：［民国］《东莞县志》卷五十五《人物略五·钟卿》，民国十六年（1927年）东莞县养和书局铅印本。

坏、治安恶劣的场所。由于强盗出没，林烈之前的官员，都不会携妻扶子来此上任，而是捞够即走。只有林烈，上任之时，携家带口，不惧亲人或会沦为黑道的人质。上任之后，林烈革除陋规，实施公平交易，杜绝盘剥私吞现象，从此商至如归，盐政得以振兴。

林烈的功绩，在他死后得以彰显。林烈死于福建盐运司同知的任上，家中钱财，不满十金。当地百姓知道林烈廉洁，其家属无资财操办丧事，于是筹集了很多钱，送给林烈的家属。林烈的儿子，继承了父亲的性格，他坚拒了老百姓的好意，说："收下了这些钱，就是侮辱了先人！"这笔被林烈家人拒收的钱，被当地百姓用来在水口建了祠堂，以纪念一个有作为的清官。而福州的百姓，则将林烈入了名宦之列。

在丧事现场拒绝百姓资助的林烈长子林培，万历元年（1573年）中举之后进入仕途，历任湖广新化知县、南京御史，以直言著称，有"南林北马，台省增价"的美誉。

万历二十四年（1596年）春天的上疏，是林培人生中最危险的经历。上疏的起始，是两京科道官三十四人被削去官职，撤职为民。在御史马经纶、给事中林熙春、御史鹿久徵等数十人上疏抗争被减降俸禄之后，林培又写下了《时事大有可虞，乞慎喜怒、审好恶、辨忠奸、节采织，以杜乱萌保治安疏》，长篇大论，决心死谏。上疏的结果，林培已有预料，为了不让母亲受到惊吓，林培让弟弟侍奉母亲还乡。

神宗皇帝的愤怒，林培早有准备，贬职的结果，也尽在意料之中。林培没有想到的是，贬谪的地点和官职，却让他因祸得福，让人间的巧合上演。

林培以福建盐运知事的身份，来到了父亲林烈当年为官的地方。林培来到水口分司，至当地百姓为父亲建的祠堂祭扫的时候，他透过三十多年的时光，看到了父亲的清廉和功绩。水口的百姓，知道了林培的身份，感到万分惊奇和欣喜。两代人的故事，让他们多年前建造的祠堂充满了神性，看到林培，就仿佛看到了林烈。

在民国《东莞县志》卷五十九《人物略六・林培》的描述中，林培身长玉立，气度不凡，言行举止不随便，令人敬畏。五代同居，而不私一钱。

当许多人因为买官无门而苦恼的时候，却有人拒绝向自己敞开的买官门道。在东莞古代的清廉官员中，罗一道就是这样一个反其道而行之的人。罗一道初入刑部主事的时候，正值奸臣严嵩、严世蕃父子当权。严氏父子看中了罗一道的才华，暗示他用金钱打点就可以获得更高的职位。罗一道拒绝说："官位高低是命中注定，读书人应当知难而进，怎么能够用钱来乞求高升呢？"严世蕃从此记恨在心，百般压制罗一道，致使罗一道十多年内没有调职。

罗一道的儿子参加督学佘立主持的士子考试，先是被评为下等，之后又被评为优等。罗一道明白，佘立感恩当年罗一道主持考试时的公正，故而改变了儿子考试的成绩。罗一道立即给佘立写信，认为官员服务国家，不应该有任何私心。

罗一道在刑部主事、福建按察副使、湖广参政等职位上为官五十年，却与富贵两字从不沾边，家中只有遮风避雨的几间土屋，荒田二十余亩，遇上收成不好的年份，连稀粥都喝不上。

布衣陈益，先于他的胞兄广西兵备副使陈履进入笔者关注的视野。陈益冒着牢狱风险从安南引进番薯之后，被乡人以从异邦私带“妖物”蛊惑人心的罪名告发入狱，生死时刻，被时任户部郎中的陈履解救。陈履，是一个有口皆碑的清廉官员。他先是在蒲圻县令的任上目睹了民众的赋税繁重和流离失所，后来走进乡间，体察民情，实行免劳役、宽赋税和奖励耕织，数年之后，蒲圻百姓得以安宁。陈履离任的时候，出现了百姓恋恋不舍的情景，他们到衙署挽留，然后沿途相送。陈履走后，蒲圻百姓立祠，纪录一个有为官员的功德。

在苏州海防同知的任上，针对倭盗结患，陈履调遣兵船、缉捕盗贼、收缴赃物银两，手下官员萌生私欲。陈履察觉之后，及时制止，并用“贪婪必祸”的道理教育部属。由于陈履的以身作则和有效的启导方法，有非分之想的部将们都及时醒悟，悬崖勒马。醒悟之后的部属，致书感谢：“闻命惭赧交并，如梦甫醒，明公执法如山，诚药石爱我矣！”

陈履身后，被人用“陈履为官二十余年，家业田产依旧无增，世称廉洁之官”的评价留在《东莞县志》上。

古今中外的贪官，都是戴着面具的人，只有一尘不染的清官，才敢素面朝天。笔者经常在不畏权势、为民请命与清廉之间画上等号，而袁崇友的官宦生涯，为笔者的一己之见提供了有力的证据。

袁崇友的官宦生涯，从福建南安县令起步，他的铁面无私，则从一把火开始，他当着部属和百姓，将一叠请托求情的书信，在大庭广众之下，化为灰烬。由于历史没有记录下细节，后人不知道袁崇友当众焚烧书信时，有无公开那些钻营者的姓名，但是，那些瞬间化成了灰烬的文字，让所有参与了那些文字的人，从此望而却步。文献记载当地有官府畏惧的强人，侵占他人财产，衙门不敢过问，袁崇友却为民请命，让恶人受到惩处，从此以强硬闻名。

南安多逃税之人，由于受到差役暗中保护，年长日久，积重难返。袁崇友发现之后，严厉禁止逃税，严惩违禁的衙役，一时间积弊肃清，税足而民不扰。

袁崇友在任的时候，以南安土地贫瘠、市肆不盛的理由，拒绝缴纳专卖税。征税的官员来到南安的时候，没有见到袁崇友，心存怨恨。又有藩司巡查到此，袁崇友不愿意曲意奉承，自称有病，提出辞职。消息传到民间，百姓自发结队，阻塞道路，不让袁崇友辞官。此事被郡守知道，心里感动，亲自来南安劝慰。袁崇友调任望江县之后，南安百姓，自发为袁崇友立祠，将他的功绩刻在坚硬的砖石之上。

廉洁和清贫，往往具有因果的关联，即使位居人上的县令，也莫不过如此。后人记载袁崇友“生性廉洁耿直，除俸禄之外，更一无所取，所以常常入不敷出，要请求其父接济”。[①]袁崇友的父亲袁应文，从福建沙县知县步入官场，因为政绩突出，升御史，以贵州佥事出任地方官。在《广东历史人物辞典》的记载中，袁应文计擒纵容部下剽掠的杨乘龙。因反对巡抚陈某用兵缅甸，调广西，以云南布政使致仕。亦有后人记录袁应文“在贵州时间长，举凡当地土人出没之处，袁应文可谓了如指掌。有敢不听命的，便即可擒来处置，威慑所及，境内得以安然无事”。[②]当袁应文接到儿子要求接济的书信时，总是笑着回应：“儿子当个清高的人，要累得父亲当个污浊的人吗？”

《东莞人物丛书·东莞历史人物》根据民国《东莞县志》卷六十《人物略七·袁崇友》整理的《关于袁崇友的生平介绍》，定格了袁崇友的人生评价：天启元年（1621年），朝廷起用他为尚宝司丞，他奉命前往，去到潜山，托病而归。居家二十年而卒。临终前，出外与知交一一相见。死后，不但没有留下什么财产，反而留下欠条，并遗言说：“用生前所居住的房子偿还。”幸得县令李模为他办了身后事。

---

① 李成榆：《袁崇友》，载中共东莞市委宣传部、东莞市文学艺术界联合会编《东莞人物丛书·东莞历史人物》，广东教育出版社，2008，第648页。

② 李成榆：《袁应文》，载中共东莞市委宣传部、东莞市文学艺术界联合会编《东莞人物丛书·东莞历史人物》，广东教育出版社，2008，第628页。

黄旗山的廉泉之水，是大自然的造化，那些廉泉之水养育的清廉官吏，他们一生的口碑，是一个人的天然本性，无关清规戒律和朝廷倡导。进入《广东历史人物辞典》中的东莞清廉官员，是一个长名单，明季“东莞五忠”中的陈象明、苏观生，对官职和生命都在所不惜，钱财更被他们视为身外之物，他们生命的价值，已流经廉泉汇入了大海。

却金的纪念碑

“却金”，这两个永垂不朽的汉字，滥觞于祁顺。

祁顺以一品官服出使朝鲜的时候，是明成化十一年（1475年）。《广东历史人物辞典》用了“谢绝供给，拒收馈赠”概括了祁顺的出使过程。而祁顺，也用一首《满江红》，记录了他的朝鲜之行：

汉水风光，清绝处、海邦稀有。端的是、天生雄胜，地分灵秀。金马郡城传自昔，新罗人物皆非旧。记唐家、都府亦留名，熊津口。

鸥鹭狎，鱼龙吼。山入画，江如酒。使游人到此，贪欢忘久。佳会合超滕阁上，幽情不在兰亭后。想明朝、一别隔层云，频回首。

后人在赏析这首词的时候，认为此词用“鸥鹭”“鱼龙”“海邦”“入画”“如酒”，写出了汉水的风光。中间穿插了朝鲜的历史，写到了中国与朝鲜的关系。作者还以唐代阎都督滕王阁盛会，以及东晋王羲之兰亭曲水流觞雅集作比，表现了奉命出使，君臣会面，情谊交洽的场景。“整首词不严大国之威，无睥睨小国之态，颂其风光，赞其佳会，睦邻之情，友好之志，出于封建王朝使臣笔，自是难能可贵。”①

《满江红》这首词，并不是“却金”两个字的发源。

祁顺（1434—1494年），字致和，号巽川。17岁那年领乡荐（举人），天顺四年（1460年）登进士，殿试。殿试第一的祁顺，由于姓名与当朝皇帝“祁镇”之名音近，传胪不便，降为二甲第二人。人生的落差，瞬间到达，让人措手不及。

天顺七年（1463平）为兵部主事，奉命守山海关，代归，改户部督饷临清，累升户部郎中，升江西左参政。坐累，贬为石阡府知府。升山西右参政，历福建右布政使、江西左布政使，直至以一品官服出使朝鲜。《广东历史人物辞典》中，在介绍祁顺出使朝鲜时，用了“谢绝供给，拒收馈赠。朝鲜君臣惊奇，为之筑却金亭”记录，而杨宝霖先生，则在《祁顺及其〈巽川集〉》一文中，用了下列褒奖之语：“成化十一年（1475年）以一品服出

① 杨宝霖：《祁顺及其〈巽川集〉》，载中共东莞市委宣传部、东莞市文学艺术界联合会编《东莞人物丛书·东莞历史人物》，广东教育出版社，2008，第168—169页。

使朝解，朝鲜馈送，一无所取。弘治十年（1497年）十一月，卒于江西左布政使任上。祁顺为官四十年，家业无所增，任内节约公费，积三千金。明代官场的惯例，节约的公费，长官可用。临终，祁顺语妻与子曰：‘若私此金，吾目必不瞑矣。”[①]

祁顺，为东莞开了却金的先河。六十三年之后的嘉靖十七年（1538年），暹罗商人奈治鸦看持国王印信，来东莞进行货物贸易。承办此事的是南海知县李恺，李恺因为素有政声，被省府指派负责东莞进口商船的关税事务。在给省府的上书中，李恺明确“不封舶，不抽盘（盘点后抽分），责令自报其数而验之，无额取，严禁人役，毋得骚扰”的交易规条。暹罗商人奈治鸦看就是在李恺制定的规定下来东莞交易的。生意顺利，奈治鸦看心情大好，他求见李恺，以百金相赠。李恺不受，说：“彼诚夷哉！吾儒有席上之聘，大夫无境外之交，王人耻边氓之德，兹奚其至我？”[②]奈治鸦看毕竟是商人，他不相信李恺能够抵挡住百金的诱惑，他一再献金，李恺坚辞不受。奈治鸦看收回百金，和暹罗使者一同来到省府，请求用李恺坚拒的百金，在东莞建牌坊和却金亭。广东通判王十竹说：“忠信可以行于蛮貊，而良心之在诸夷，未尝泯也。”在王十竹的准允下，东莞官员选址演武场建却金亭，立却金坊。李恺调任尚书郎后，继任蔡存微将李恺却金的

---

① 杨宝霖：《祁顺及其〈巽川集〉》，载中共东莞市委宣传部、东莞市文学艺术界联合会编《东莞人物丛书·东莞历史人物》，广东教育出版社，2008，第164页。

② 《却金亭碑记》石刻。

故事勒石，在却金坊前立却金坊碑，翌年又在亭内立却金亭碑。

贪婪，是人性的弱点，是人类的顽疾。李恺却金的故事，无疑是值得歌颂的素材。所以，一个却金的情节，引发了却金坊、却金亭的出现。不仅如此，东莞县丞李楣发现了有坊无碑的疏忽，没有文字的建筑，不能很好地表彰李恺的功德，于是，李楣登门，约请嘉靖十三年（1534年）弃官回乡的南京刑科给事中王希文撰写《却金坊记》，然后立石于却金坊。

一年之后，东莞知县蔡存微又请广东监察御史莆田人姚虞撰写《却金亭碑记》，又将却金故事添了浓墨重彩的一笔。

石头上的却金故事，具有不朽的本质。五十年之后的明万历二十年（1592年）至万历二十七年（1599年）间，却金亭和却金坊在岁月的风霜中面色黧黑，广东省监察御史刘会和东莞知县李文奎下令重修，使其焕然一新。然而，两个官员不约而同出现了疏忽，他们没有为这次重修立碑，那些吝啬的汉字，与他们的功绩，擦肩而过。重修的石匠，只是在原来的两块石碑上，分别在碑文的末尾，磨去两行文字，刻上了“赐进士第、文林郎、巡按广东、监察御史闽惠安刘会重修”“东莞知县侯官李文奎督修”的字样。这两行补充的文字，虽然不是蛇足，但也只配充当前人的附庸。

却金亭和却金坊，它们的主人都是李恺。李恺的名字，出现在乾隆《泉州府志》卷四十二：“李恺，字克谐，号抑斋，惠安人。宋文肃公邴之后。嘉靖戊子乡荐第二，壬辰进士，授番禺令。……恺治番禺，廉干有才名，上官委掣东莞夷税，如额不染，夷首欢呼，奉千金为寿，恺却之。”[①]

却金之人李恺，在明朝嘉靖年间，成了一面明亮的镜子，它让那些与却金亭、却金坊以及却金碑有关的人，现出本色，露出真相。

撰写《却金坊记》的王希文，字景纯，号石屏。东莞城外圆沙坊人。嘉靖初年（1522年），上方伯东湖吴公《苏民十二策》，反映现实，针砭时弊，由是知名。嘉靖七年（1528年）乡试第一（解元），次年中进士，授刑科给事中。时明世宗明察英断，奉章甚少称旨，独于王希文多所采纳。当时太监多不法，而以广东市舶、珠池名媚川者，在大步，今属香港九龙、“新界”为甚。王希文疏奏革总镇太监，罢粤东珠池、市舶，又奏减芜湖、南赣、梅关等八省商税。王希文遇事敢谏，弹劾不避权贵，因此得罪辅臣夏言，改南京刑科给事中。南京提督织造太监李政恃威甚虐，工匠被勒逼死者甚众。希文莅任，工匠拦路哭诉，希文劾之，李政伏法。南京官屯，半为勋臣徐鹏举占据，希文劾之，削其地。希文以耿直为时所忌。嘉靖十三年（1534年）抗疏归，家居三十年卒。

撰写《却金亭碑记》的姚虞，嘉靖十一年（1532年）进士，在康熙《福建通志》中，仅仅留下了“字宗舜，福建莆田人”的寥寥记录。

立《却金亭碑记》的蔡存微，则在崇祯《东莞县志》卷八

---

① ［清］怀荫布修，［清］黄任、郭赓武纂：［乾隆］《泉州府志》卷四十二《明列传·李恺传》，《中国地方志集成·福建府县志辑》，上海书店出版社，2000。

《外志·贪酷传》中，留下了“晋江人，嘉靖二十一年（1542年）来知邑事，赃贪贿赂，惨极非刑，吮民膏血，民不聊生，母死匿丧。事后，拿问究赃，连夜遁去”[①]的耻辱文字。

同是康熙《福建通志》，重修却金坊、却金亭的刘会，却在繁体竖排的汉字中留下了美名：“号望海，惠安人，万历癸未（万历十一年，1583年）进士，初授萧山县令，筑西兴镇石堤，捍海为田数千顷。民祀之镇海楼。擢御史，白建储，请太子讲学。出巡广东，便宜发赈，以镪金置义仓。及莅云南，矿役方兴，阉珰横甚，会力持之，卒罢珰。出为江南参政，两载，致仕归。”[②]

与刘会名字并列，督修却金坊、却金亭的东莞知县李文奎，福建侯官人，进士，在崇祯《东莞县志》卷四《官师志·知县题名》中，亦留下了“万历二十一年（1593年）任非治剧之才，而有下士之誉。士子为建遗爱祠，历官藩臬”[③]的口碑。

祁顺的却金亭，建在异国的土地上，此节开头用“滥觞”二字定性东莞却金的源头，其实并不准确。如果离开官衙，将目光投向民间，脆黄的文献，记载了一个先于祁顺一百年、先于李恺一百七十年的还金故事。

还金故事的主人公，是一个被后人称为“普通村民”的善人

---

① 杨宝霖：《流芳千古却金碑》，载莞城千年文化编辑委员会编《莞城千年文化》，中国大百科全书出版社，2006，第181页。

② ［清］金鋐、郑开极纂：［康熙］《福建通志》，《中国地方志集成·福建省志辑》，凤凰出版社，2011。

③ ［明］张二果、曾起莘著，杨宝霖点校：［崇祯］《东莞县志》，东莞市人民政府办公室，1995，第181页。

袁友信。袁友信在行人过往的官道边，为路人免费施茶。有一个客商在此喝茶的时候，遗下了一个装有三百两银子的袋子，袁友信拾到，当天守候至夜，不见客人来寻。从此以后，施茶的袁友信，心里背了一个包袱。他每天挑着茶水，带着三百两银子，在路边等候那个粗心的客人。风雨无阻，一天不缺，他担心错过那个客人。

三年过去，袁友信头上添了几茎白发。有一天，一个过路客商停下脚步歇息，他一边喝茶，一边叹气，说："我喝过天下无数茶水，只有此处最贵。"袁友信问此话何讲，客人终于打开窗户，说了亮话："我曾在此饮了一碗，花了三百两银子。"袁友信再问，时间和日期，都和他心里的秘密天衣无缝。袁友信从茶担里取出包袱，和三年前的失物丝毫不差。客人为袁友信三年来的等候和诚实感动，欲将全部银子相赠，袁友信坚拒不收。客商无奈，只好委托当地人，用失而复得的银子，在此地建了一个凉亭，并用"还金"这个高尚的动词，命名了这个特别的亭子。这个建于明朝洪武年间的凉亭，被后人用阿拉伯数字，记录在纸上：亭长5米，宽4米，高5米，砖瓦结构。

拾金不昧。苦等三年，物归原主。袁友信的人生命运，从此改写。袁友信的口碑不胫而走，传到了京城。两朝皇帝，先后诏征袁友信入京为官。

袁友信拾金不昧的故事，离开民间口传之后，在宣纸上还原。民国《东莞县志》记载：

> 袁友信，初名友仁，温塘人。友信少失怙，事母孝，饬身一于规矩。尝筑云萝书舍，为读书所。博涉经

史，充然有得。洪武三十年（1397年），诏特征赴阙。诏曰："圣帝亲贤，四海仰咸熙之烈；明王吁俊，万年颂至治之休。朕荷天地祖宗之灵，中天建极，抚治万方。思得贤才，以弘化理。搜罗天下，擢用不遗，处士袁友仁，邃养裕于身心，风声达于家国。躬逢明盛，宜显勋猷。兹特下诏征求，赴京任用，共致太平之盛。事返上古之隆，所在有司，勉为劝驾，服兹诏命，驰驿趋朝。与闽人郑万年同被命。既至京师，以名犯仁祖庙讳，更名友信。旋奉命往董七闽经界。以才干称，事竣乞归。永乐五年（1407年），复被诏征。[①]

崇祯《东莞县志》卷六《艺文志》，亦载有明成祖《诏征旧征士袁友信诏》：

皇帝诏曰：海内重熙，每赖群工夹辅；乾坤再辟，尚资多士匡扶。朕荷天地宠灵，臣民推戴，克平内难，嗣服丕基。政既维新，人思求旧，征士袁友信，既荷先朝恩命，未究弘猷，宜摅夙昔忠忱，大张伟绩。兹特诏尔所在布按三司，敦礼再征，回京任用。于戏，求贤若渴，朕每爰立无方，藏器待时，尔宜效忠不怠。[②]

---

① 叶觉迈修，陈伯陶纂：［民国］《东莞县志》卷五十五《人物略二·袁友信》，民国十六年（1927年）东莞县养和书局铅印本。

② ［明］张二果、曾起莘著，杨宝霖点校：［崇祯］《东莞县志》，东莞市人民政府办公室，1995。

却金的纪念碑，虽然坚硬，但面积大小，容不下更多的人。东莞茶山邓屋人邓廷喆，就是一个游离于纪念碑之外的清廉官员。

邓廷喆康熙二十三年（1684年）由副贡中举，至京城候选。康熙四十九年（1710年）考授内阁中书，总揽处理官吏俸禄，后任顺天府乡试考官。康熙五十八年（1719年），安南王去世，王子继位，向清廷请求加封。朝廷派邓廷喆为册封安南正使，赐一品官服，经广西镇南关出使安南。临行之前，有商人行贿，求让其带货物随同出使，邓廷喆严词拒绝，此后精简随从人员和行装，将所有的人员关系置于广众之下，杜绝私人来往。到达安南之后，王子超越仪轨，要求按安南礼仪册封，邓廷喆不从，严词正色说："天朝典礼，谁敢陨越！"安南王子无奈听从。受封仪式圆满结束，安南王赠送邓廷喆许多财物，邓廷喆一概拒收。回国之时，安南大臣将礼物送至镇南关，坚决要求邓廷喆收下。邓廷喆不为所动，坚决拒收。康熙皇帝知道此事后，称赞邓廷喆维护国体。雍正元年（1723年），文臣武将奉命推荐廉洁多才之人，邓廷喆获内阁大臣一致推荐。邓廷喆获传旨嘉奖，获赐大批绸缎和貂裘，并被重用。

东莞人授官出使安南，邓廷喆并不是孤例。王缜出使安南的时候，国王铺设毛毡为拜具，并送金银珠宝。王缜令将拜具撤除，金银珠宝不受。

陈建与《学蔀通辨》

陈建和林光的出现，在明朝东莞学术的舞台上，似乎有横空出世的气象。

这两个人的出现，有研究者将之安置在时代的背景和东莞的文化氛围中，又用“必然性”为他们的成果作了背书。

五百多年之后，后人可以从天顺《东莞县志》和崇祯《东莞县志》中，看到明朝东莞的文化情景：

> 明朝声教广被，又赖贤令詹勋、卢秉安以德政化民，家有法律，户有诗书。……业儒者多，士风尤胜。迩年执政能敦化本，士崇气节，民兴礼让，淳厚复旧矣。[①]

① ［明］吴中修，［明］卢祥纂：［天顺］《重刻卢中丞东莞旧志》卷一《风俗》，《东莞历史文献丛书》，广东人民出版社，2017。

> 莞自唐宋以来，人物寖盛，士尚淳厚，农力稼穑，工不求巧，商能致远，素称易治。……田夫野老亦曾读书，樵童牧儿多解识字，人材轩冕，文学渊薮。[①]

广东省社会科学院副研究员陈贤波先生，用最具体的数字，论证了明朝东莞教育和文化的人才辈出：从洪武三年（1370年）至嘉靖三十四年（1555年）的一百八十五年当中，东莞出了529个举人，占广东全省的7.6%。[②]

陈建这粒良种落在风俗淳厚、诗书教化的肥沃土地上，官宦之家的出身，又为他日后的成长提供了足够的养分。在康熙《东莞县志》的记载中，陈建为“广南知府恩之季子”。明代方志学家郭棐，是第一个为陈建立传的人，在《粤大记》中，陈建的出身和科举仕途，呈一条欣欣向荣的生长直线：

> 陈建，字廷肇，号清澜，太守恩季子也。与兄越、超、赴皆领乡荐，而建为春秋魁。究心国家因革治乱之迹及道术邪正之机。两上春官，皆乙榜。以母老选授侯官教谕。日勤陶铸，贫生如袁栖梧等，分俸周之。与巡按潼川白公资论李西涯乐府，因著《拟古乐府通考》，

① ［明］张二果、曾起莘著，杨宝霖点校：［崇祯］《东莞县志》卷一《地舆志·风俗》，东莞市人民政府办公室，1995。

② 陈贤波：《陈建评传》，广东人民出版社，2014，第1—5页。

与督学潘公潢论朱陆同异，作《朱陆编年考》。督学江公以达命校《十三经注疏》成，代作上《十三经注疏》奏稿，迁临江府学教授，编《周子全书》《程子遗书》，大有造于来学。聘典试者凡四：江右、广右、云南、湖广。所得多名士，而滇士严清，后为名冢宰，时论多之。寻升山东阳信令。未几，以母老力告归养，时年方四十八岁，益锐意于著述。[①]

《陈建评传》[②]的作者陈贤波，从陈建福建侯官县教谕、江西临江府教授和山东阳信县令的低级职位上，判定陈建仕途并不坦达，但是，如果结合陈建一生的著述来审视，在陈建并不太长的官宦经历中，并非个人无所作为，而是他无意于仕途。

陈建辞官的原因和理由，被邓淳记载在《粤东名儒言行录》中，该篇文章，被后人引以为据。文中“职哀求终养，实为老母年逼桑榆，倚闾西望，度日如年，非图日后补用，乞亟俾得早归一日，记戴二天”的文字背后，应该有着陈建更深层次的思考和选择。文字背后的想法，笔者愿意将它同“辞官之后定居东莞，筑草堂于郭北，锐意著述，在其母逝世之后，过起隐居的生活”联系起来，找到逻辑因果。

辞官回归故里，是陈建作为一个史学家、思想家的分水岭。陈建的著述，以嘉靖二十三年（1544年）为界。在为官期间，陈

---

① ［明］郭棐撰：《粤大记》，广东人民出版社，2014。

② 陈贤波：《陈建评传》，广东人民出版社，2014。

建与督学潘潢论朱、陆异同，作《朱陆编年》二编；与福建巡抚白贲论李东阳《西涯乐府》，因作《拟古乐府通考》二卷；督学江以达命校《十三经注疏》，并代作《十三经注疏》奏稿。

回乡之后，陈建用隐居不出，开创了学术的另一种景象。陈建的思想，在宣纸铺成的沃野里奔驰如马，那些绝美的风景，化成繁体汉字，竖排在轻柔的纸页上。《经世宏词》《明朝捷录》《古今至鉴》《滥竽录》《陈氏文献录》，都是家乡赋予他的灵感。更为重要的是，除上述著作之外，陈建还写出了奠定他学术界崇高地位的《学蔀通辨》四编十二卷、《治安要议》六卷、《皇明启运录》八卷及其增订本《皇明通纪》三十四卷。

后人在评价陈建史学思想的关键处，用了“经世”这个画龙点睛的词。“陈建著述的突出特点，是‘盖为天下万世虑也’。其史学主要表现在两个方面，即‘究心学术邪正之分，及国家因革治乱’。而他史学思想的核心，则是经世致用——以现实问题为思考的起点和归宿。这对于明代后期史学思想的发展，具有积极的影响。”[①]

陈建是明代后期重要的程朱派理学学者，《广东历史人物辞典》陈建词条中，说他曾在王阳明心学流行的时候，“驳斥王守仁‘致良知’学说”。陈建的观点和驳辩，体现在《学蔀通辨》这部思想史著作中。这部书对王阳明《朱子晚年定论》所说的朱

① 吴怀祺主编，向燕南著：《中国史学思想通史·明代卷》，黄山书社，2002。

熹与陆九渊之思想“早异晚同”的说法进行了辩驳，用具体的史实说明朱熹与陆九渊的思想是“早同晚异”，朱、陆思想具有根本性的差异。

以详细的资料说明朱熹与陆九渊的思想早年是接近的；通过史料的编年排比，勾画了朱熹对陆九渊的学说从将信将疑到公开争论的历史事实；除了通过史料编年在时间上反驳王阳明“朱、陆早异晚同”的结论外，还采取了史料文字比勘的方法，来进一步辩驳王阳明的所谓“权诈阴谋”，这是《学蔀通辨》用追本溯源手段解决思想史问题的方式和方法。

在陈伯陶的笔下，“建貌寒素，人望而轻之。然性缜密，博闻强记，究心学术邪正之分及国家因革治乱之故”。[1]而现实生活中的陈建，则将北宋名相范仲淹“居庙堂之高，则忧其民，处江湖之远，则忧其君”的名言作为座右铭，置于案头，自称“虽不肖，诚不忘江湖耿耿”，“士君子得其时行其道，则无所为书，身后虚名亦何益耶”。一个不务虚名、不作虚文、惟以经邦济世为己任的人，才有可能把自己的史学与现实政治和国家命运结合在一起，《皇明资治通纪》就是陈建上述行为思考的集中体现。

作为明代第一部私撰的编年体当代史，《皇明资治通纪》记叙了元至正十一年（1351年）至明正德十六年（1521年）之间

---

① 何为云:《陈建的经世史学思想》，载中共东莞市委宣传部、东莞市文学艺术界联合会编《东莞人物丛书·东莞历史人物》，广东教育出版社，2008，第232页。

的社会生活和历史变迁。《皇明资治通纪》分前后两篇，前编《皇明启运录》先行刊刻，后编的撰述，与香山黄佐有命运的关联。香山黄佐，在《广东历史人物辞典》[①]中以“正德五年（1510年）解元，十五年进士，五试皆第一”的介绍出现。世宗即位始廷试，选庶吉士，授编修。历官江西佥事、广西提学、左春坊经筵讲官，迁侍读，掌南京翰林院事，再迁南京国子监祭酒，进宫詹学士。因与大学士夏言所论不合而归香山，卜筑禺山之阳，日与诸生讲学，从游者日众，“南园后五先生”多出自其名下；并潜心钻研孔孟之学，著书立说，成为岭南著名学者。黄佐看到了付梓之后的《皇明启运录》，对陈建提出继续撰写洪武二十五年以后的史事的建议：“昔汉中叶，有司马迁《史记》，有班固《汉书》，有荀悦《汉纪》；宋中叶，有李焘《长编》，皆搜载当时累朝致治之迹，以昭示天下。”然而明朝建国已近二百年了，却仍然“未有纪者”，所以“子纂述是志”，就应“盖并图之，以成昭化不刊之典”。黄佐的劝告，并未立竿见影。陈建以“愧乏三才，何敢僭逾及此”婉言推辞。好事多磨，最终柳暗花明。在黄佐的多次劝告下，陈建回顾自己半生，“素性有癖焉，自少壮时，癖好博览多识”，“每翻阅我朝制书，洎迩来诸名公所撰次，诸凡数十种，积于胸中”，尤其是皇朝由盛及衰的历史，让他触景伤情，不能自止。洪武二十五年之后的历史，重新来到了陈建的笔下，“下迄正德，凡八朝一百二十四年之事”，铺展在庄重的宣纸之上。

在黄宗羲的《明儒学案》中，陈建是一个缺席者，这当然不

① 管林主编：《广东历史人物辞典》，广东高等教育出版社，2001。

是陈建的过错，而是历史的误会。漫长的沉默过后，直到20世纪30年代，容肇祖先生在《国学季刊》5卷3期上发表了《补明儒东莞学案——林光与陈建》一文，这篇具有深水炸弹一般分量的论文，确立了陈建在明代理学史中应有的地位。

容肇祖教授在《林建传略》中的分析和论述，为后人撩开了历史的窗帘。容肇祖认为，在陈建的众多著述中，“著述今传者，《学蔀通辨》《治安要议》《西涯乐府通考》（以上三种有《聚德堂丛书》本）《皇明通纪》。清乾隆间，《通纪》列入禁书，经搜毁者不少。道光初修之《东莞县志》，遂不敢道陈建一字。其他乾隆以后所修之地方志，亦有不敢道其名者。陆陇其有《答徐建庵先生书》云：‘陈清澜立传，最足为考亭干城。’（《三鱼堂文集》卷五，12页）今《明史》及《明史稿》皆无传，或以后来禁纲之故删去。”①

陈建的学术地位，并不会因为《明儒学案》的忽视而被贬低。陈伯陶对陈建的评价，一再被后人引用，似已成为不刊之论：“建明体达用，可以开古今未决之疑，立百王不易之法，其为时所重如此。”②尤其是将陈建的学说与陈献章、湛若水相提并论，更是在容肇祖的论文中放大：“粤有陈献章，世称新会之学；有湛若水，称增城之学；至建书出，有称之为东莞学。”③

---

① 容肇祖：《陈建传略》，载中共东莞市委宣传部、东莞市文学艺术界联合会编《东莞人物丛书·东莞历史人物》，广东教育出版社，2008，第212页。

② ［清］郭文炳修：［康熙］《东莞县志》卷十二《人物四·理学·陈建》。

③ ［清］郭文炳修：［康熙］《东莞县志》卷十二《人物四·理学·陈建》。

陈白沙的得意门生

林光，是在《广东历史人物辞典》中闪亮登场的人物，词条中“筑室榄山，拜陈献章为师，来往问学近二十年。得白沙学问精粹，推为白沙第一弟子”[①]的定性，足以让后人仰视。

林光用一个细节，出现在容肇祖笔下：“少时，家贫无油，常就舂米的灯光读书。”[②]寥寥数字，让“凿壁偷光”“囊萤映雪”这些古老的成语，突然从辞典里走出来，同林光汇合。

林光17岁中秀才，成化元年（1465年）中举人，这些常见的科举经历，平淡无奇。巧合的是，成化五年（1469年）他入京会

---

① 管林主编：《广东历史人物辞典》，广东高等教育出版社，2001，第475页。

② 容肇祖：《林光传》，载中共东莞市委宣传部、东莞市文学艺术界联合会编《东莞人物丛书·东莞历史人物》，广东教育出版社，2008，第170页。

试，在神乐观遇到了一同下第的广东新会人陈献章。读书刻苦如陈献章、林光之辈，在教条和程式化的科举面前，竟然也有一败涂地的灰暗时刻。

两个广东举子的落第，没有成为他们沮丧的话题，倒是学问之道，让两个人走到了一起。在同船南返的漫长途中，两个人话题契合，意气相投。林光拜陈献章为师的决定，就在南返途中确立。

林光用了二十年的时间，问学于陈献章。林光以一个授业弟子的身份，恭敬地站立在新会白沙乡。他在榄山清湖找了一处离陈献章最近的地方，作为求取学问的住所。陈献章的学问和林光门生的姿态，让二十年的漫长时光，不知不觉地过去。

人的一生中，二十年只是一段不长不短的时光，但是，放在求取学问的读书阶段，却是超越了常态，成了漫长的苦修。后人已经无法知道，用二十年的时间，向一个人求取学问，需要多大的毅力，需要克服多少的单调和枯燥。史称“文武兼资，伟哉一代之能臣”的两广总督朱英，是替林光解脱寂寞和艰苦的人，他用做官的建议，劝林光开启一种新的生活。笔者在《南川冰蘖全集》卷四中，找到了林光的书面拒绝：

> 善学者不汲汲于施为成败利钝之际，而汲汲于吾心权衡尺度之间。其幽独细微，其事业勋劳也；其饮食起居，其进退去就也。宁学成而不用者有矣，未有不成而苟用者也。由是知士不患于不用，而患于无以致其用；不

> 患于无时，患于有时而无器。……自识学来，颇知岁月之难得，虽坐空乏势，若无以存活，而区区小志，终不敢变。实以学之无成，非有高尚远引之志，以求异也。

林光的韧性坚持，在成化二十年（1484年）结束。由于家贫和迫于生计，林光再次走上了科举之路，名列会试乙榜，上任浙江平湖县教谕，这个职务，是林光的为官之始，却也是他将始作为的起步。上司出巡的时候，林光看到，所有的教官生员，一律跪地迎接。林光大为不满，当即上《论士风疏》。林光为官之途，主考福建乡试和湖广乡试，任山东兖州府儒学教授、严州府儒学教授、国子监博士、襄王府左长史等职，被《广东历史人物辞典》用“勉励学子探本穷源，躬身修行”盖棺。

林光出于新会陈献章门下。这段经历，记载在屈大均的《广东新语》中：“新会志有白沙弟子传，弟子一百余六人。白沙之门，见道清澈，尤以林先生光为最。光字缉熙，东莞人，所上白沙书，得力过于甘泉，可直接白沙学脉。弟子传当首缉熙，白沙尝语人云，从吾游而能见此道践履者，唯缉熙耳。甘泉亦云，白沙夫子，崛起南方，溯濂雒以达于洙泗。当是时得其门而入者，南川一人；南川者，缉熙也。”①

师从陈献章的名士众多，辽东贺钦、番禺张诩、增城湛若水、顺德李孔修、东莞林光等皆佼佼者。张诩曾吹嘘，尊师脸上

① ［清］屈大均：《广东新语》，中华书局，1985，第312—313页。

有七颗北斗状的黑痣，这是朱熹投胎再世的记号。张诩对尊师的描述，明显是一副夸张的表情，所以，容肇祖在《补明儒东莞学案——林光与陈建》一文中说："林光与张诩同为陈献章的弟子，张诩不免浮夸，林光有《与张廷实（诩）主事书》，以规其失。"①

> 《行状》中"右脸有七黑子如北斗"。此朱子相也，若云白沙亦有，何吾辈之未见也？……又云："卓卓乎孔氏道脉之正传，而伊洛之学盖不足道也。"呜呼！斯言为过甚矣。……阁下以为伊洛之学盖不足道，仆恐白沙先生地下亦未以为然也。此启争端，添谈柄之大者，不可不思也。②

林光对张诩的批评告诫，在湛若水那里也有印证。湛若水认为张诩"往来白沙之门二三十年，未尝问学"。

林光的学问和思想继承了陈献章去思、去疑、去求自得的传统和学术衣钵。《南川冰蘗全集》中的文章，鲜明地体现了这一特点。陈献章在答复林光辛卯二月二十八日书中的一段话，可以看出师生两人学术的共通之处：

---

① 容肇祖：《补明儒东莞学案——林光与陈建》，《国学季刊》1935年第5卷第3期。

② ［明］林光撰：《南川冰蘗全集》卷五，中国文史出版社，2004。

> 承谕道学所见，甚是超脱，甚是完全，病卧在床，忽得此纸，读之慰喜无量，自不觉呻吟之去体也。终日乾乾，只是收拾此而已。此理干涉至大，无有内外，无有先后，无一处不到，无一息不运。会此，则天地我立，万化我出，而宇宙在我矣。往古来今，四方上下，都一齐穿纽，一齐收拾，随时随处，无不是这个充塞，色色信他本来，何用尔脚劳手攘？舞雩三三两两，正在勿忘勿助之间，曾点些儿活计，被孟子一口打并出来，都是鸢飞鱼跃。若无孟子工夫，骤而语之以曾点见趣，一似说梦。会得，虽尧、舜事业，也只如一点浮云过目，安事乎推？

林光的思想，在容肇祖的文章中，概括为“涵养深造，以求自得”，“重在心之自得，以心为一切事情的衡度，因此注重静养以为动应基础，这是他有得于陈献章的好处。他的思想，是从陈献章产生，但是他不是全无见解的”。[①]

---

① 容肇祖：《林光传》，载中共东莞市委宣传部、东莞市文学艺术界联合会编《东莞人物丛书·东莞历史人物》，广东教育出版社，2008，第175页。

书声琅琅

- 重建白鹿洞书院
- 弦诵之所
- 鞠躬尽瘁的山长
- 书院的种子

重建白鹿洞书院

翟溥福上任江西南康知府的时候，未曾想到，他的名字，会同朱熹复兴的白鹿洞书院联系起来，他的名字，会刻在四大书院之首的白鹿洞书院坚硬的石头上。

古人惜墨如金，在《明史》《广东通志》《东莞县志》的记载中，翟溥福与白鹿洞书院的关联，仅仅是“境内庐山白鹿洞书院，为南宋朱熹讲学之所，经元末兵燹，荡为瓦砾之场，溥福带头捐出俸禄并号召郡民捐款，重建殿堂及书斋、号房，聘邑中耆宿何博士为师，选民间俊秀子弟受业。每月初一、十五，溥福定期为生徒讲课，读书风气，为之大振。《白鹿洞志》称兴复之功，溥福为当代冠冕”等寥寥文字。

上文中的“元末兵燹”，是白鹿洞书院历史上最深的一次创伤，四个汉字的背后，是文化的深重灾难。白鹿洞书院的空前劫难，降临于元朝至正十一年（1351年）。天下大乱，战火纷飞，是乱世的描述。劫难过后，白鹿洞书院除了贯道溪上的濯缨、枕流两道石桥之外，所有的殿堂楼阁全部毁于大火。这场大火，让白鹿洞书院，成为了一片废墟，成为失去了人烟的地狱。十五年之后的1366年，与宋濂齐名的著名儒生王祎上任南康府同知。上任伊始，王祎做的第一件事，便是察看白鹿洞书院。但是，王祎的脚步，却在部下的描述中中止了。最熟悉当地情形的人告诉王祎，白鹿洞书院离南康城，虽然只有十五华里路程，但道路荒芜，遍地都是荆棘和灌木丛。近来朝廷下令进贡巨大杉木，运往南京盖建大殿，为朱元璋登基作准备，民工进山伐木，去往书院的道路勉强可通，但是，虎豹拦路，危险四伏，如果前往，必须多带武士随从。别人口里的猛兽，成了王祎心中的豺狼虎豹，于是，知难而退，就成了南康同知的必然选择。几个月之后，王祎克服了恐惧，带领众多随从，鸣锣开道，终于到达了白鹿洞书院。

王祎眼中的白鹿洞书院，在周銮书的《庐山史话》一书中，被描绘成："殿堂楼阁都没有了，瓦砾成堆，荆榛遍地，有的树已经长成几围大了，满目荒凉景象。王祎只能从一些残垣断壁来想象当年书院的宏大规模，弦歌之声完全被山鸟唱和所代替了，只有贯道溪中的泉水，依旧在静静地流。王祎十分感慨，当时各路征战正在紧张进行，他没有任何力量可以恢复白鹿洞书院的旧观，慨叹之余，在《白鹿洞游记》中写道：从朱熹以来，'守其成规，二百年如一日也。而今隳毁乃如此，余亦无如之何也'。

王除了作为书院被毁坏的见证人，写下这篇游记外，没有任何作为。”[①]

南康知府翟溥福在王袆眼中的破败荒凉中出现的时候，是七十年之后的明正统元年（1436年）。文献没有翟溥福来白鹿洞时的描述，在后人的想象中，翟溥福脚下的崎岖曲折和眼前的凋敝荒芜，和元至正二十六年是相同的景象。翟溥福去白鹿洞书院的那天，在后人的笔下，有“乘坐舆轿，出南康府城向北经五里牌、罗汉岭，到达白鹿洞，但见断墙残垣、荒草丛生，一片凄凉”的描述。在令人惋叹的废墟面前，翟溥福没有像王袆那样，留下一篇无奈的《白鹿洞游记》，而是捐出薪俸，倡导白鹿洞书院的修复。

翟溥福倡导修复白鹿洞书院，并不是一个知府的心血来潮。这个永乐二年的进士，博古好学，崇拜朱熹的理学思想，白鹿洞书院的破败，尤如他眼中的一粒沙子、肉中的一根芒刺。因此，恢复朱熹时代的学术盛景，自然就成了他的抱负。

回到府衙之后的翟溥福，立即召集府县官员，倡议重建白鹿洞书院。消息传开，南康府所辖的星子、都昌和建昌三县士民叶刚、梁仲、杨振德、万志谦、彭孟鲁、余康常、杜子诚、杜子章等人带头响应，捐钱出力。官府的力量和民间的支持，让翟溥福的倡议很快就变成了现实。重修白鹿洞书院，从正统三年（1438年）秋七月开始，至当年冬十二月完工，礼圣殿、大成门、贯道

① 周銮书：《庐山史话》，上海人民出版社，1981，第106页。

门、明伦堂、两斋、仪门、先贤祠和燕息之所，先后恢复，容光焕发。

2018年11月2日的《中国文物报》，发表了黎华的文章《明初白鹿洞书院的振兴》，在“翟溥福重建的白鹿洞书院”一节中，描述了接下来的情节：

> 正统七年，监察御史张仲益来南康，听说重建了白鹿洞书院，非常高兴，他说：“能兴文教，郡守之美事也。”乃择日巡视白鹿洞书院，在游览时，他对翟溥福说：“重建白鹿洞书院，不可以没有碑记。”他们商议要请一位德高望重、文才出众的学者来写，一致认为太子宾客兼国子祭酒胡俨是一个很好的人选。于是写信给胡俨，胡俨高兴地答应了，并称赞翟溥福之举，胡俨认为翟溥福重建白鹿洞书院是“达治本知先务”，作为郡守是抓到了重要的一环。他还认为：“他日有贤者兴，道明德立，以嗣夫先贤之教者，则溥福今日兴建实为之张本矣。”[1]

翟溥福重建的白鹿洞书院，奠定了明清两代白鹿洞书院的基本格局，白鹿洞书院复闻于天下。翟溥福致仕后定居在星子境内，其后代繁衍生息在这块美丽的土地上。

---

① 黎华：《明初白鹿洞书院的振兴》，《中国文物报》2018年11月2日。

弦诵之所

翟溥福致仕之后选择异乡定居，是一个后人无法破解的谜。面对那些枯黄的文献，笔者只能认定，白鹿洞书院，应该是翟溥福的一个情感寄托，是一处让他流连的精神之所。没有人可以推测和想象：如果翟溥福选择回到家乡，看到东莞的书院和学宫，又会作何感想？

东莞地方文献中，对东莞学宫的最早记载，始于崇祯《东莞县志》。笔者在这部大书的卷三《学校志·学宫》中，找到了明朝的书声："邑旧有学宫，在县治南二里许。"后人对这所学宫的跟踪，一直延伸了七百多年。南宋淳熙十三年（1186年），学宫迁建于东城外黎氏地，其址历七百六十余年不变，历代多次修缮，为东莞培育了众多人才。[①] 源自《东莞县志》的记载，则印证了这些历史。“东莞自晋宋以来，家事诗书，里有弦诵，咸建书院于乡，以教子弟。”

黎氏地，是一个消失了的地名。在杨宝霖先生的《东莞学宫》一文中，有它的来龙去脉。“黎氏义祠是纪念宋元两朝黎氏对东莞学宫的贡献。黎氏四世祖黎晦捐地建学宫，黎晦曾孙、七世祖黎友龙捐资建尊经阁，十二世祖黎琼捐学宫前的鱼塘……”[②]

杨宝霖先生的文章中，有描述黎氏四世祖黎晦捐地兴建学宫的情节。南宋淳熙十三年（1186年）的时候，揭阳人王中行就任东莞县令。上任之后的第二个月，王县令朝拜孔庙。这次出行，被崇祯《东莞县志》用“闯于榛菅间者，曰学也。栋宇绵蕞，弦诵寂寥”记于纸上，于是与东莞绅士商量迁址。黎晦，此时以学右的身份，出现在县令王中行的现场。黎晦自告奋勇，主动请求：“某有地在东城外，术者谓当世出科第，与其私之吾家，孰若公之一邑。”

杨宝霖先生，将县令王中行《迁学记》中的文言，化成了如今通俗易懂的白话：

---

① 赵水平：《育人之佳所，人才之渊薮——东莞科举文化之书院篇》，《东莞日报》2021年5月31日。

② 杨宝霖：《东莞学宫——留在东莞老人记忆里的文物》，载莞城千年文化编辑委员会编《莞城千年文化》，中国大百科全书出版社，2006，第245页。

> 王中行《迁学记》中我们可以了解到当时的情景：文门庑和殿堂层层地建立，傍着殿堂的庑，做成书斋，两间相向；依着正中的建筑物建起楼阁，与堂相连。这样，各部门的负责人都有办公场所，并安置有厨房、仓库。祭孔子的器具，以前都不合制度，全部换去，并且配补齐全，小如桌椅床铺之物也很完备。和以前比较，学宫变化很大。学宫落成后，还要分配任务，让各都（地方行政单位，以都管村）补养学宫的建筑。把公田拨为学田，免其租税；民间无主之田，全部拨归学宫。学宫每年的收入比以前增加了一倍，又增加弟子的名额来充实学宫。此次迁建学宫，从兴工到落成仅用两年时间，可谓神速。[①]

黎氏对东莞学宫的贡献，延续了几代人，黎晦的捐地，只是一个开始。

宋末之时，学宫的经史阁毁于兵乱。元至元二十八年（1291年），黎晦的曾孙黎友龙，以一己之力，重建了经史阁（尊经阁）。这段史实，记录在崇祯《东莞县志》卷六《艺文志一》中，李春叟的《重建经史阁记》，为东莞学宫的兴衰留下了重要的文字证明。

---

① 杨宝霖：《东莞学宫——留在东莞老人记忆里的文物》，载莞城千年文化编辑委员会编《莞城千年文化》，中国大百科全书出版社，2006，第246页。

一百七十三年之后的天顺八年（1464年），东莞县令吴中重修学宫，建会馔堂于明伦堂之北，并于学宫后购地，增筑号房四十余所，黎友龙的五世孙黎琼捐学宫前鱼塘两口，以佐诸生膏火。黎琼的善举，文献亦无遗漏，黄结的《重修儒学记》和钱溥的《东莞县儒学修造记》，分别成为崇祯《东莞县志》和民国《东莞县志》中的条目。

后人一直以为南宋淳熙十三年（1186年）迁建于东城之外黎氏地的学宫，是东莞最早的学府，却不知一所名为力瀛的书院，是它的前辈，是东莞学府的先驱。

力瀛书院，和一个名为邓符的人密切相关，这个书院的创始人，曾任广东阳春县令，他移居屯门镇桂角山下的岑田村之后，开始构思一座书院的蓝图。邓符的功德，记录在《邓氏师俭堂家潜·四世祖符协公家传按语》中："公性笃学，好交贤士。解任后，筑室桂角山下，创力瀛书斋，建书楼，读书讲学。置客馆、书田城于里中及郭北。修桥梁，发膏火，以资四方来学之士。乐育英才，多所造就。"

力瀛书院的旧址，如今成了香港的地盘。在城市的高楼大厦中，古老的建筑往往尸骨无存，这是时代的趋势和大多数书院的命运。

在文献的记载中，东莞，曾经是一个学宫和书院遍布的地方，书声，曾经是东莞大地上最悦耳的音乐。崇祯《东莞县志》，让笔者回到了那个书声琅琅的农耕年代。

"旧载书院凡九所……新建书院凡二十二所。"三十一所书院，已成隔世，只有一所名为鳌台的书院，几经修葺之后，成了东莞书院唯一的种子。

笔者在枯黄的故纸堆里，找到了明代东莞书院的名字。旧载九所书院为圆沙书院、养正书院、西石书院、象冈书院、城南书院、凤冈书院、宝冈书院、宁溪书院和鳌台书院。新建的二十二所书院，有龙头书院、道山书院、西垣书院、丹山书院、迎凤书院、凤楼书院、凤台书院、图南书院、朝阳书院、德生书院、盂阳书院、盂山书院、盂溪书院、七桂书院、飞鸾书院、同寅书院、金鳌书院、凤山书院、鹏南书院、濯鳞书院、中石书院、天南书院。这三十一所书院，星火一般分布在莞城、潢涌、靖康、北栅、鸡鸣冈、大宁、厚街、金鳌洲、茶山、石排、大汾等东莞辽阔的土地上。

上述这些书院，远非东莞书院的全部。明代东莞人王希文笔下的旗峰书院，就漏网于笔者的搜罗中。在《旗峰书院上梁文》中，后人看到了历经百年的旗峰书院在嘉靖年间重修的史实。王希文还在《题旗峰书院》一诗中写道：青紫峰亭远俗尘，百年遗迹又重新。山如有主还须我，地不虚灵只在人。草色绿回秋后雨，梅馨煖入酒前青。斯文胜会元非偶，默想应知协鬼神。

由于出生晚，宝安书院和龙溪书院，都不在明代东莞书院的名册目录上。而在东莞书院的历史上，这两所书院却声名显赫，超过了它们的先辈。

清朝初期，书院发展遭遇了来自朝廷的巨大阻力。为了防止利用书院讲学议政，聚众成势，危及清朝统治，清政府严禁创设书院。在顺治九年（1652年）颁布的禁令中，有“各提学官……不许别创书院，群聚徒党，及号召地方游食无行之徒，空谈废业”的条文，直到康熙年间，政策才有所松动。雍正十一年（1733年），朝廷正式下谕，鼓励各地创办书院，并且给予经费上的支持。宝安书院，就是在朝廷政策的松动之下，得到了喘息的机会。

宝安书院前身为宝安义学，由知县郭文炳于康熙二十八年（1689年）捐俸银120两兴建。三百多年过去了，宝安书院已经片瓦无存，唯一让人感到安慰的是：宝安书院葬身之处，立起了一所中学，使三百多年前的读书声得以延续。

在一个没有照相机的时代，沈曾同用《宝安书院碑记》，为后人记录下了宝安书院的全貌：

> 计纵十有三丈，横七丈四尺有奇。前临卫街，后抵社仓。东宝安仓，西温氏宗祠……临街面南，屋三楹，广三丈有六尺，深一丈四尺有五寸。正中设重门，旁则守舍，居之司启闭。次讲堂三间，广如前，深二丈有四尺……又次为重屋，广亦如之，深如讲堂之数……楼之高三寻，俯盂山如案，城外黄旗峰矗立云际，耸翠檐牙之外……两旁翼以席舍，各九室，室广丈有一尺，深如其广加尺者二。……楼后附墙为轩，其数七，北向，广深称其地之隙，庖廪湢井之属备具焉。周以缭垣，树之薪木。统而仍其名曰“宝安书院”……

鞠躬尽瘁的山长

书院山长，皆为名士。

历史上的名士，都可以超越记忆，在枯黄的纸页上找到名字，李黼平、张维屏、何仁山，这三个名列《广东历史人物辞典》的人，都与宝安书院发生过关联，“主讲”，是他们在宝安书院留下的痕迹。

在文献的记载中，张维屏、何仁山与宝安书院，仅仅是讲授的因缘，而李黼平，则以山长的身份，与宝安书院血肉相连。

李黼平与东莞的因缘，起源于道光四年（1824年）。两广总督阮元，是他与东莞结缘的介绍人。

《广东历史人物辞典》中的李黼平，是广东嘉应州（今梅州）人，与宋湘、黄香铁、黄遵宪、丘逢甲并称为“嘉应五大诗人”。李黼平的成就，超越了诗的范围。后人在文献中，可以看到他的《毛诗细义》二十四卷、《易刊误》二卷、《文选异义》二卷、《读杜韩笔记》二卷、赋二卷、骈体文一卷、制艺四卷、《堪舆六家选注》八卷、《小学枵言》二卷、《说文群经古字》四卷以及传奇《桐花凤》等，这些文章，与他的《著花庵集》八卷、《吴门集》八卷、《南归集》四卷合起来，被时人称誉为“著述甚丰”。

著述甚丰，只是就数量而言。李黼平诗的成就，王瀣评价为“不特粤中之冠，直有清二百余年风雅宗主也”，戴季陶则称：“绣子先生清才绝俗，一代儒宗。诗集并擅众妙，超绝等伦，盥薇诵读，如聆钧天。”而“粤诗冠冕”，则是学海堂八学长之一曾钊的加封。

道光四年（1824年），在两广总督阮元的推荐下，54岁的李黼平，来到东莞，出任宝安书院山长。这一年，是李黼平人生中的一个重要转折点。作为一个为政宽和、廉明的官员，他竟然在江苏昭和知县任上以改革漕运陋规为奸吏诬陷而入狱七年。阮元的知人善任，让重新获得了自由的李黼平，找到了最好的人生去处。只不过，在宝安书院施展才华的李黼平，没有想到，接下来的八年时光，成了他生命剩余的所有日子，而东莞宝安书院，则成了他鞠躬尽瘁的归宿。

在后人的评价中，李黼平并不是一个成功的地方官员，由于不谙官场游戏规则，导致被小人暗算，遭遇牢狱之灾。综其一生，以进士及第，点翰林，号为太史，可谓荣耀。然其本质是书生，旧话说，慈不领军，仁不主政，黼平于政治毫无历练，以翰林外放，骤知一繁剧冲之小富县（昭文为常熟分疆，后亦重归母体），土豪劣绅既多，靠吃漕运之刁民尤众，其不谙官场游戏规则，已蹈险辙，更自诩“不粘锅”，“职浅供文字，交疏无是非”，是三年后因漕事等亏挪罪落职系狱，昭文晋绅皆漠然视之之由也。其“莅事一以宽和慈惠为宗，不忍用鞭扑，狱随至随结，公余即手一编，民间因有‘李十五书生’之目”。[①]

对于东莞，对于宝安书院来说，李黼平的到任，无疑是一种幸运，而对于不谙官场游戏规则的李黼平，这可能是一个重要的解脱。东莞和宝安书院，是他晚年的柳暗花明。而命运，似乎也为他主持宝安书院铺平了道路。

十九年之前的嘉庆十年（1805年），进士李黼平请假回广东，无意中以山长的身份，主讲广州越华书院，在短短的两年时间内，“以实学教人，铸史镕经”，“每课必举本题宜采之经传、故事，详悉开示，校阅评论，动至数百年，非经义灿然者，不列优等。自是诸生咸知讲求实学，购访遗篇”。[②]后人评价李黼平执掌越华书院时，用了“此举实开广东教育经世致用之风气，使粤中文风为之一变，培养出一大批崇尚实学的士人”的赞语。

李黼平主持越华书院期间积累的经验，无意中成为他日后就任宝安书院的财富。漫长的八年，李黼平有了充分的时间，实践他的“以实学教，铸史镕经”，莞城文风，因为他的到来而为之

---

① ［清］赵尔巽撰：《清史稿·儒林传》，中华书局，1977。

② 李吉奎：《序》，载［清］李黼平《李黼平集》，广东人民出版社，2020。

一变。

李黼平对于东莞乃至广东教育的贡献，记录在《清史稿·儒林传》中。李黼平的门人梁廷枏说："师屡主讲席，高足生以千计，飞腾去者指不胜屈。"

道光十二年（1833年），是李黼平主持宝安书院的第八个年头，也是他的生命结束的最后时刻。包括李黼平在内的所有人，都没有料到死神到来的时候，竟然毫无征兆。在东莞读书人的哀伤中，梁廷枏记录了李黼平逝世的时间和详细经过：

> 吾师之主讲宝安书院也，及此八易寒暑矣。院左文昌神祠，以道光十又二年十有二月二十二日落成。先一日，师率诸生习礼毕，返院，坐未定，汗出不可止。医至，气已绝矣。会城学者得之意外，相传以为无疾坐化。岁晚讣至，始悉其详，急拏舟往哭，且送灵輀之返。[①]

多种文献，均以无疾而终定义李黼平的逝世。在一个医疗不发达，仅靠中医望闻问切判断病情的时代，一个人的猝死，只能是佛语中的安然坐化。如果从现代医学的表现分析，李黼平很可能死于心肌梗死，"汗出不可止"，即是急性心梗的最重要症状。

所有的人，都不可能预见李黼平的生命，结束在东莞宝安书院八年的门槛上。他的鞠躬尽瘁，为东莞培养了一大批精英人

---

① 《李黼平与东莞》，载［清］李黼平《李黼平集》，广东人民出版社，2020，第567页。

才。一百八十多年之后，东莞市政协编写了一本厚重的《李黼平集》[①]，笔者在这本由广东人民出版社出版的繁体竖排的精装书中，找到了许多人对李黼平的评价和悼念。那些用文言和繁体汉字组成的颂词，是宝安书院山长八年贡献的写照。离开《李黼平集》，笔者又在叶觉迈修、陈伯陶纂的民国《东莞县志》[②]中，看到了如下的盖棺论定：李黼平被列为本县自唐至清千余年间四十九位寓贤之一。有清一代，广东省籍的东莞寓贤，含李黼平不过五人；易言之，李黼平乃系为东莞文化教育事业作出过杰出贡献的非本县籍先贤，值得东莞民众永远纪念。

“寓贤”，在所有的地方志中，都是一个让人尊敬的名词，皆为一段在异乡留芳的历史。宝安书院山长的寓贤封号，李黼平当之无愧。梅州人丘逢甲的一首诗，让“寓贤”这个词增添了分量：

岭南论流派，独得古雄直。
混茫接元气，造化入镵刻。
百年古梅州，生才况雄特。
宋公执牛耳，光焰不可逼。
堂堂黄(香铁先生)与李(绣子先生)，亦各具神力。
我欲往从之，自愧僵籍湜。
耆旧今凋零，思之每心恻。

---

① ［清］李黼平：《李黼平集》，广东人民出版社，2020。

② 叶觉迈修，陈伯陶纂：［民国］《东莞县志》卷五十三《寓贤略·李黼平》，民国十六年（1927年）东莞县养和书局铅印本。

书院的种子

砖瓦石头虽然坚硬，却也不是时光的对手。八百多年过去，那些盛极一时的书院，已经片瓦无存，只有鳌台书院，成为了东莞书院残留的种子。

书院的死亡，是历史的必然，是后人无法挽回的结果。如果怀想书院，就只能驱车去厚街镇的鳌台书院，凭吊那些逝去了的书声。但是，即使是修葺之后尽显庄严肃穆的书院，再也无法在其中寻找到讲学的司会和会约簿，听到讲会中的歌诗。

那些比建筑更柔软的仪式，早已在东莞大地上失传。只有从脆黄的故纸中，依稀可以让后人眺望到李黼平们朦胧的影子。

鳌台书院，修旧如旧之后，近乎美轮美奂，但是，失去了学子和官课、坐课、命题、批卷、焚香、云板、歌诗等内容形式之后，精美的古代建筑，也只是一个没有灵魂的空壳。

李黼平的门徒梁廷枏，没有记下宝安书院的辉煌，却用《粤秀书院志》一书，录下了粤秀书院的布局和形制。书院前有旷地，为考课甲乙观录、启馆时官员列队、诸生迎送的场所，左右有两座隔栅，左额题为“成德”，右额题为“达材”。经过嘉庆二十五年（1820年）重修后，书院东西宽约30米，南北长约125米，由中、东、西三部分建筑组成，中路为四进院舍，前为大门，二座大堂，三座讲堂，后座为御书楼。大门与大堂之间，为一庭园，植满梧桐、柳树。庭中有一木坊，额书“撷秀育英庭”。穿过庭园就是大堂，檐匾额书“敦诗说礼”。书院西斋有五贤祠，祀周、二程、朱、张五子，以张九龄、崔与之、李昴英、陈献章、湛若水、方献夫、霍韬、黄佐、海瑞、庞嵩、何维柏等人配祀。这些熠熠耀眼的名字，都是广东儒林之光。

讲堂前两翼为排舍，上堂阶正中横匾题“明体达用”，这是诸生听讲和考试的场所，立屏上书白鹿洞书院学规十八条，其主要内容是：一、严朔望之仪；二、谨晨昏之令；三、居处必恭；四、步立必正；五、视听必端；六、言语必谨；七、容貌必庄；八、衣冠必整；九、饮食必节；十、出入必告；十一、读书必专一；十二、写字必楷敬；十三、几案必整齐；十四、堂室必洁净；十五、相呼必以齿；十六、接见必有定；十七、修业有余功，游艺有适性；十八、使人庄以恕而必专所听。[①]

由于文献的粗疏，笔者无法知道东莞的书院，是否同梁廷枏

① 叶曙明：《广州传》，广东人民出版社，2020，第556—557页。

笔下的描述一致。书院的讲学，与笔者曾经经历的小学、中学课堂，有着哪些差异？幸好，东莞失传了的情景，可以在资料中找到记录。

司会，如今是一个陌生的名词，但是在书院时代，却是一个深入到了每一个听众心里的人物。司会以主持人的身份宣布讲会开始之后，接着是三声云板，然后是司赞宣布童子歌诗。歌诗之后又是三声云板，然后进入主讲的正题。

书院讲会这个严肃的过门，只是讲会的一个序幕，在接下来的仪式中，文字记录了主讲人和听众之间的秉笔者和讲友，还有一个质疑者。

书院讲学过程中的质疑者，是书院有意识安排的一个必要角色。质疑者，不是一个可有可无的人，更不是一处门面的点缀，即使至高无上的帝王讲经，也必须有大臣以问难者的身份在场。

书院讲学过程中的“难”，以动词的面目出现，它以难倒讲学者为目标。成语“执经问难”，就是这个汉字的生动体现。有学者在解释“问难”时，用通俗易懂的语言表述：“执经问难，就是拿着经典和老师讲：刚刚讲错了吧？或这儿没讲清楚，没听出它是什么意思。经典中疑难的地方都要去质问，所以后来就形成了难这种文体，如东方朔的《答客难》等等。难，这种论辩式的文体，是从经学中发展出来的，形成一种辩论的风气。”[①]

在漫长的书院年代，主讲者和问难人的机锋，其实是学术

① 龚鹏程：《书院如何讲学》，微博“龚鹏程大讲堂”。

的肥沃土壤和阳光，不同观点的交锋、碰撞、终会擦出智慧的火花，结出思想的硕果。

书院的山长，另外一重身份是教师。片瓦无存的宝安书院，已经看不到李黼平讲台上的风采，更无法眺望曾经有过的问难和辩论。倒是在厚街的鳌台书院，还能依稀看到历史的影子。

笔者眼中的鳌台书院，一派容光焕发，即使修旧如旧，细心的人，也可以想象到它的沧桑和曲折。文化的口红，无法掩盖皮肤的皲裂。这所明成化十二年（1476年）由东莞先贤王恪创办的书院，历经五百多年依旧不倒，可以算是东莞建筑的奇迹了。

在文献的记载中：鳌台书院原址坐落于厚街长生庙侧，今乡贤亭附近，清乾隆二十一年（1756年）书院进行第一次重建，移建于现址菊塘坊菊山之侧；光绪二十六年（1900年）书院进行第二次修复重建。1908年鳌台书院成为鳌溪小学的分校，中华人民共和国成立后书院改办为厚街中心小学。20世纪60年代至70年代期间，书院主体建筑被完全拆毁，只剩下大门匾额和断成两截的石联，两侧厢房和正门后来被改建成可用于教学办公的楼房，直至1998年9月中心小学迁址。2008年书院经历史上第三次涅槃重生，由厚街镇政府斥资两千余万元重建，并于2012年12月竣工。①

鳌台书院之所以成为明清两代东莞的著名学府：一是书院自

① 赵水平：《育人之佳所，人才之渊薮——东莞科举文化之书院篇》，《东莞日报》2021年5月31日。

创办以来，出过王缜、王应遇两个文进士和王万年一个武进士以及二十多名举人；二是有庄有恭状元、冯愿榜眼和陈伯陶探花用题词的形式，为书院捧场。

创办鳌台书院的王恪，是一个颇有声望和口碑的东莞名人。《广东历史人物辞典》和《东莞历史人物》中，都有他的事迹。这个明景泰七年（1456年）的举人，曾官至广西庆远府同知、宝庆知府，为政清廉。去官之日，宝庆建祠奉祀之。王恪是一股可以归入黄旗廉泉的清流，是一个可以同祁顺、黎攀镠、翟溥福、彭谊、郑敬、祁敕、钟卿、林烈等人并列的廉官，《东莞历史人物》，用“恪洁己爱民，久著廉能之绩，辞荣避禄，独怀恬退之心，平生自奉俭约，薪俸收入外，丝毫悉归公用，居家暇则课僮仆耕耘，以勤俭谦让训子孙，而身教居多”褒扬他，令笔者感到不足的是，上述两书，均笔墨简省，隐去了王恪创办鳌台书院的功德。

王缜，是从鳌台书院走出去的进士，所以，他的名字，就成了鳌台书院的荣光。如果不是文献的白纸黑字，恐怕不会有人在王恪和王缜两个名字之间，画上血缘的等号。在为官清廉的人生中，王缜和他的父亲王恪一脉相承。王缜以兵科给事中身份强直敢言，弹劾官员，出使安南，拒收馈赠，迁云南参政，不迎合刘瑾，被罚米五百石，变卖家产以偿。正德间任右副都御史，巡抚应天，镇压刘七农民起义，又治郧阳，令罢烦费，惩罚贪虐宦官吕震、李文。嘉靖二年（1523年）擢南京户部尚书的人生经历，将他与一座书院的名字融为一体。

王缜的《梧山集》，是一部复活了的著作。五百年之后，王缜的家乡厚街镇人民政府出资，重印了《梧山集》。《梧山集》的序言，是心学宗师王阳明的手笔。王阳明用“岭南厚街王氏，吾宗也”开头，文中追忆了与王缜认识的过程及印象，高度评价了王缜立德立功立言的功德：“要均可以前质古人，后示法于来者”“幸公之盛德、丰功并立言而不朽之三俱矣。”

王阳明的序言，作于两广总督任上。那时，王缜已经离世四年，他的儿子王宏久，专程来到广西，拜见正在梧州梧山书院讲述“诚急”与“知行合一”和“此心光明”的哲学大家，并求得了他的宝贵序言。

鳌台书院，在20世纪恢复了它的原貌。重建后的鳌台书院，占地面积4000多平方米，总建筑面积2650平方米，由正门、中堂、魁星楼构成东西走向的三进结构，南北共有十二间厢房，主要用作展览、培训、创作、教学等用途。鳌台书院的新貌，是它的创办人王恪无法想象的变迁。鳌台书院，以一星火种的悲壮，延续了东莞所有书院的理想。当笔者以一个游客的身份走进这幢建筑时，看到由状元、榜眼、探花的题词和从这里走出去的进士名字组成的光荣榜时，笔者觉得应该在书院的中堂上，摆放一套《梧山集》，让古人的文字，成为一座古建筑的广告词：五百年鳌台书院，弦歌不绝，文笔生花，是东莞至今唯一曾有状元、榜眼、探花留迹墨宝的书院。正如《梧山集》序二谭紘所言：“后世人读其书，想见其为人。虽时异代更，未尝不赫赫如昨日事也。”

煮海为盐

- 盐中的东莞
- 香山离异
- 盐民的苦难

盐中的东莞

人类的生存，与一种叫“盐”的调味品息息相关。大海，是盐的巨大储存库，所以，南海边的东莞，与盐血肉相连。盐中的东莞，与生俱来，盐的历史，与人类生活史一样悠久和漫长。

考古学认为，远在新石器时期，东莞就有了盐业生产活动。深圳咸头岭沙丘遗址中的红烧土块堆积，被认为“是古人留下的制盐遗迹”[①]，距今约七千年。香港屯门涌浪新石器时代晚期遗址中出土的红烧土块、器座、炉箅、灰烬等炉灶遗迹及特征与咸头岭遗址的遗物相似。东莞虎门的村头遗址出土的土盔形陶釜有固定支烧的烟炱痕迹，很有可能与煮盐有关。

---

① 容达贤：《古代深圳的盐业生产》，载《深圳文史》第四辑，海天出版社，2022。

食盐的历史，远远超越了人类咸涩的口感，成为社会稳定和国家财政赋税的重要一环。统治者利用手中的权力，设立了一系列为了控制盐业生产与流通的机构，将盐业生产纳入了王朝的统治体系。

汉武帝统一南越国之后，加强了对盐业生产和销售的管理，先后在全国27个郡设置了38处盐官。位于珠江口濒海之地的东莞，从此以盐的名义进入了国家管理的版图。

汉武帝元封元年（公元前110年）的时候，东莞尚未立县，在南越九郡中，东莞属南海郡博罗县。南海郡番禺县的一处盐官，治所就在如今的东莞境内。

三国时期，盐业生产的战略意义更加突显。东吴甘露元年（265年），国家在东官场设置带有军事性质的盐官——司盐都尉。东晋咸和六年（331年）东官郡设立的时候，东官太守一职，由时任司盐都尉的何志升担任，领宝安、安怀、兴宁、海丰、海安、欣乐六县。

盐的需求，取决于人口。魏晋南北朝以来，中原人大量南迁，岭南地区人口剧增，用盐量增加。尤其是安史之乱以后，国家经济重心开始南移，加上晚唐时期的岭南政局相对稳定，东莞盐业生产的地位更加突出。

东莞盐业的初具规模，有赖进入到宋代之后的发展。北宋初年，东莞盐业形成了东莞盐场和归德、黄田两处盐栅。到了北宋中期，新增设官富盐场，归德、黄田两处盐栅，升格成为盐场。北宋末年至南宋初年，又增设了叠福场。北宋元丰三年（1080

年）成书的《元丰九域志》记载："靖康、大宁、东莞三盐场，海南、黄田、归德三盐栅。"《宋史》则称："广州东莞、靖康等十三场，岁鬻二万四千余石，以给本路及西路之昭桂州、江南之南安军。"

东莞盐场的蒸蒸日上，可以通过一则广告来印证。南宋绍兴三十年（1160年），广东提盐司在东莞招置盐户：

> （绍兴三十年五月）二十八日，广东提盐司言：禀义郎高立，前监广州靖康、大宁、海南三盐场，任内同专典宋初，招置盐户莫演等六十二名、灶六十二眼，乞推赏事。……今来监官高立、专典宋初，招置到盐户，虽增置灶座数多，缘每岁止煎到盐三千余石，若不比附降等量行推赏，又虑无以激劝。

盐中的东莞，是古代的历史。由盐的生产而形成的盐场的管理和组织制度，由盐的贸易而形成的墟、埠的管理和缉私制度，深刻地影响了珠江三角洲的地方历史进程。《珠江三角洲盐业、城市与地方社会发展》一文的作者，总结归纳了东莞盐业的四大历史贡献。[①]

① 李晓龙、陈萍：《珠江三角洲盐业、城市与地方社会发展》，载东莞展览馆、中山大学历史系编《珠江三角洲盐业史料汇编——盐业、城市与地方社会发展》，广东人民出版社，2012。

一、盐业促进了古代东莞人口的集聚。东莞西南沿海的许多大族，多因为宋代盐业而迁居于此。咸西麦氏，“曾大父元，靖康盐场大使”；[①]长安蔡氏为“邑名宗”，初居靖康，后迁居咸西；[②]北栅凤冈陈氏一世祖陈常秩曾在广府从事盐政，熟悉靖康盐场，宋季举家从南雄迁至大宁北栅，后世再迁至沙头、归德场涌口里、福永、燕川、海南栅第二十多处地方，世代以盐为主业，并建立村庄；[③]虎门白沙郑氏祖为潮阳人，宋季郑宾任职惠阳，其子署广东盐课提举司期间，曾经过虎头门，“遭风涛之险，得及武山燕子窝，爱其山水清胜。后谢官归，遂买田筑室以居，舍宁洲田若干亩”，后人迁至白沙，成为巨族；[④]彦氏于宋咸淳十年迁至东莞靖康乌沙桥东，其后世迁往新安过江，四世祖贵华公曾任靖康场大使；[⑤]沙井新桥村曾氏，南宋初年由广州迁居东莞县归德场新桥里，其后人散居深圳、香港两地。此外还有南栅王氏、大宁谭氏、怀德邓氏、赤岗何氏、社岗叶氏等。[⑥]

---

① ［明］陈琏著，杨宝霖辑佚：《琴轩集》卷二十九《墓表》，东莞市厚街镇桥头村民委员会，2000。

② ［明］陈琏著，杨宝霖辑佚：《琴轩集》卷二十七《墓志铭》，东莞市厚街镇桥头村民委员会，2000。

③ 陈创业编著:《宝安燕川陈氏族谱》，1995，宝安档案馆藏。

④ ［明］陈琏著，杨宝霖辑佚：《琴轩集》卷十七《序》，东莞市厚街镇桥头村民委员会，2000。

⑤ 《彦氏族谱》第7页，宝安档案馆藏。

⑥ 邓慕尧:《盐业——虎门的发祥产业》,《东莞日报》2006年5月21日A2版。

宋末丞相文天祥之弟文璧弃官举家迁往“新安县十五都根竹园”[①]，世代为盐，三世祖中训公之子应麟公“乐兴好施，征为归德场官。守祖父之业”[②]；其四世祖起南公“自动抱辟土开疆之志，不欲与兄同居，见白石厦田地膏腴，遂出居焉，创田五十顷……富必冠邑。”[③]

宋制规定，户至三千为上县。宋乾德元年（963年），东莞户逾三万，县称上第。虽屡经战乱，明代东莞仍属大县。洪武二十四年（1391年），东莞县户24968，丁口76364。明嘉靖三十一年（1552年），东莞造册25362户，其中灶户达6653户，超过总户数的四分之一，可见从事盐业生产的人数之众。

二、盐业促进了古代东莞经济的发展。

唐末之前，粤盐尚未形成产业，仅供自给。关于粤盐的外销，五代后汉乾祐二年（949年），兵部侍郎于德辰上封中“湖南见食岭南盐，请置官纲于湖南立务榷卖”，透露了粤盐外济的信息。

盐业的发展，带来了墟市的繁荣。明初，东莞仅有墟市9处，到了天顺年间，墟市增加到了16处；崇祯年间，有固定的墟场30处，不定期的10处，其中地处沿海的有太平墟、大宁墟、沙头墟和涌口墟4处。清朝康熙年间，东莞墟市进一步繁荣，已经

---

① 《文氏族谱》，第32页，宝安档案馆藏。此处“新安县”即东莞县，宋末新安尚未立县。

② 《文氏族谱》，第34页。

③ 《文氏族谱》，第36页。

猛增到了37墟12市。清末民初，多达68墟27市。古代的墟市，至今仍有遗迹。虎门镇一条名为“思贤冲”的道路，竟然是由古代的“私盐涌”转化而来，当年的私盐贩卖，命名了这条永垂不朽的道路。

后人在论述东莞盐业兴旺时，有过抒情的描写：

> 东莞坐拥几大盐场，就像坐在金山银山上一样。市场货如轮转，江上漕运繁忙。贸易带动丝织业、陶瓷业、冶铁业，以及甘蔗、茶叶、莞香、果木等农业生产，一派蓬蓬勃勃的景象。用那副家喻户晓的对联来形容当年的莞商：“生意兴隆通四海，财源茂盛达三江”，也是非常贴切的。无论是在大庾岭的古驿道上，还是从东江入西江、出桂江、漓江，经灵渠入湘江的航道，或入北江，越大庾岭，出赣江，通江西的路线上，都可以看到东莞盐商仆仆风尘的身影。[①]

莞盐的产量、盐课和田赋，在元、明、清三朝，都呈现了增长的态势。清顺治年间，东莞境内盐课银3334两，同期田赋70314两，盐课占田赋比例为5%；乾隆年间，东莞境内盐饷10921两，同期田赋71098两，盐课占田赋比重达15.4%。

---

① 叶曙明：《制盐售盐：东莞曾经的支柱产业》，《羊城晚报》2019年8月10日A08版。

表1　东莞各盐场盐课表

年代 场别	元大德年间	明初	清顺治年间	清乾隆年间	
				额引	饷银
东莞场	582引 折合钱1164锭	2271引	课银990两	6148引	3275两
黄田场	412引 折合钱824锭	1477引		折合银12296两	
归德场	2518引 折合钱5036锭		课银1048两		
靖康场	2058引 折合钱4116锭		课银891两	9703引 折合银19406两	4371两
香山场	1784引 折合钱3568锭	课银 221两	课银405两	6406引 折合银12812两	3275两

表2　东莞境内历代田赋表

年代 县别	元代	明初	清顺治年间	清乾隆年间
东莞县	12697石	天顺六年55920石 折银13980两	27987两	30099两
新安县			11264两	10998两
香山县	4447石	天顺六年20380石 折银5095两	31063两	30001两

三、盐业促进了古代东莞文化的发展。从唐至清，东莞士子参加科举，先后有258人考中进士，1774人考中举人，其中2人高中榜眼，2人高中探花。两位榜眼均出于明代。明清时期，东莞书院远近闻名，至清代书院达35所。而沿海享有盛名的几家书

院，多与盐业相关。如靖康的象冈书院，系明永乐年间乡人蔡克恭等人所建；靖康书院由知县郭文炳建，盐场大使俞子麟监修；位于北栅的凤冈书院和位于大宁的宁溪书院，均于天顺年间由乡人陈珪创建。[①]筹建书院的蔡克恭和陈珪都是当地的盐业大户。

四、盐业促进了古代东莞城镇的兴起。东莞立县，始于东晋咸和六年（331年），但是东莞的城池，可以在更久远的三国和盐业兴盛中，找到坚硬的痕迹。东莞城市的肇始，起于三国东吴在东官场设司盐都尉，大兴土木，修筑城池和司盐都尉官署。

为了对付倭寇盗匪，查缉流民，保障盐利，明朝洪武年间，东莞在沿海设置了虎门寨、南头寨，在内陆设置了东莞守御千户所、大鹏守御千户所和白沙、中堂、缺口镇、福永、官富等几个巡检司。巡检司还受广东巡盐御史的直接管辖。东莞城池，在明代洪武年间扩建。在砖砌旧城的基础上，“洪武十四年（1381年）辛酉开设南海卫，甲子岁（1384年）指挥常懿始筑新城，广包钵盂山、道家山，于城内俱砌以石，周围七里五分（一千二百九十九丈）”。[②]嘉靖年间，加筑月城；万历元年（1573年），知县董裕营修四百三十二丈；崇祯十一年（1638年），知县汪运光增筑城楼，将原北关木架换成石制。[③]

---

① ［清］郭文炳修：［康熙］《东莞县志》卷八《学校》。

② ［明］吴中修，［明］卢祥纂：［天顺］《重刻卢中丞东莞旧志》卷二《城池》，《东莞历史文献丛书》，广东人民出版社，2017。

③ ［清］邓廷喆、陈之遇纂：［雍正］《东莞县志》卷三《城池》。

香山离异

东莞的版图，是一片鲜嫩的桑叶，不断被岁月的饿蚕吞食。

东莞版图的第一次缺失，是香山镇的独立。脱离东莞之后，它以一个县的建制，与东莞称兄道弟。盐业的发展，是东莞版图缩小的催化剂，它一方面带动了珠三角地区的经济发展，尤其是渔盐业与海外贸易，另一方面，随着盐场的扩展，政府的缉私越来越难以开展，朝廷只有逐渐通过建置立县，加强管理。这些新分出来的行政单位，逐渐演变成为今天珠江三角洲的重要城镇。

香山，是唐朝至德二年（757年）在东莞县文顺乡境内设置的一个军事营镇。香山立县，从东莞分裂，始作俑者，是一个名叫梁杞的进士。《珠江三角洲盐业史料汇编——盐业、城市与地方社会发展》一书，用“宋元丰五年（1082年），广东运判徐九思采用邑人进士梁杞的建议，上请立县，以便地方管理”[①]一句带过。

广东人民出版社2022年4月出版的《中山传》中，作者叶曙明提供了详细的线索。梁杞是北宋庆历六年（1046年）的进士，登科之后，授连州司理，后升桂阳令。到任之后“恤孤寡，抑奸猾，作陂池，教种艺，平赋役，弭盗贼”而深得民心。梁杞仕途畅达，不久升任北部员外郎，再以朝政郎通判鄂州军事。梁杞的仕途中止在北宋熙宁元年（1068年）七月的京师、河朔、辽南、莫州等地的地震、暴雨中，在对自然灾害的恐惧和朝中政治斗争的不安中，梁杞致仕还乡。

回到香山之后的梁杞，看到了家乡的百业繁荣和人烟阜盛。“梁杞觉得，香山的地境、人口、物产，已达到一个县的规模了，现在作为东莞县的一个乡，与县治隔海相望，咫尺天涯，无论对官府管治，还是百姓生活，都有诸多不便，应该自立为一县。他不断游说广东的官员，希望得到他们的支持。北宋元丰五年（1082年），终于说动了广东转运判官徐九思，把香山的山川风土情形，叙了个奏疏，请朝廷改香山为县。”[②]

然而，时机并未在梁杞的奏疏中来到。朝廷没有准奏，只是同意设立香山寨，派驻寨官一名，仍然属于东莞县管辖。

香山寨设立，为七十年后的香山立县埋下了伏笔。而梁杞，

---

① 东莞展览馆、中山大学历史系编：《珠江三角洲盐业史料汇编——盐业、城市与地方社会发展》，广东人民出版社，2012，第5页。

② 叶曙明：《中山传》，广东人民出版社，2022，第100页。

也成了香山县的功臣。

香山寨设立，东莞县为此划出了三百九十七顷六十六亩田地，在作秋粮可收获一千三百七十八石的前提下，香山寨只须上缴东莞县二百七十八石，其余的全部留作自用。

梁杞去世六百年后的清康熙三十八年（1699年），广东梁姓在广州修建梁氏先贤千乘侯祠，作为广州、肇庆两府梁氏合族祠堂，供奉孔子弟子梁鳣、春秋时梁国君主梁康伯以及赞助兴建祠堂的各房先祖神位，梁杞一脉，也有两位族贤，配享奉祀。

建筑繁衍，让梁杞的家乡曹边立起了梁氏大宗祠、怀杨梁公祠、前宇梁公祠、玄鄂梁公祠、灿文梁公祠、木生梁公祠等一众梁氏祠堂。从香山民众脱胎而来的中山人，在曹边学校内立了一尊塑像，基座上的文字，彰显了主人的功绩：梁杞，宋进士，鄂州通判，倡立香山为县，祀乡贤，1007—1102。

梁杞，其实只是香山立县的首倡者，他是接力跑的第一棒选手，一个名叫陈天觉的人， 接过了他的接力棒。陈天觉绍兴八年（1138年）试博学宏词科，特赐进士第。科举高中之后，陈天觉被授朝议大夫。他的官场生涯并不长久，绍兴二十二年（1152年），他回到了故乡香山。

陈天觉的聪明和前瞻，回乡之后得到了有力的彰显。他利用香山寨每年向东莞上缴二百七十八石粮食时，途中屡屡受到盗匪拦劫的事实，向东莞县尹姚孝资进言，立香山为县。向有“治才精敏”之誉的姚孝资，深感陈天觉言之有理，香山一旦立县，田赋、盐税、徭役，都可以直接输送广州，不必再绕东莞一圈，对于朝廷和地方，均是有利无害的事。

姚孝资于绍兴二十二年（1152年），郑重向朝廷上疏，再次以上述理由请立香山县。

朝廷的准奏，突然成了香山的喜讯。“香山县”这个名词，第一次以繁体竖排的形式，出现在宣纸上。从此以后，香山离开了东莞，归广州管辖，又从南海、番禺、新会三县的濒海之地，划出一部分，扩充香山。香山县下辖十乡，仁厚、德庆、永宁、丰乐、长安、永乐、长乐七乡，都是东莞身上割舍的肉。

在《香山县志》的记载中，香山县“广二百九十里，袤二百一十二里，海屿周回，凡七百里。陆路东至大字都鸡拍村，西至龙眼都叠石村，南至恭常都沙尾村，北抵县港”。[①] 香山县的人口，由于“户近万”，被称于上第。香山设县之后，香山盐场的发展规模继续扩大，到明初编户时，香山盐场丁灶户达到二万多。

东莞的历史，半部是盐的历史。东莞版图的变化，其实是盐场设置的变化。盐业开发的直接后果，导致了行政区域的缩小，引起了府、州、县的建制增多。在盐的作用下，东莞失去了香山，即现在的中山、珠海、澳门，明代后期，东莞又被划走了一块，即如今的深圳、香港。

---

① 叶曙明：《中山传》，广东人民出版社，2022，第106页。

盐民的苦难

盐的历史，贯穿了东莞的社会生活史。《东莞古代史》[①]一书，从先秦到清代的漫长历史中，大都贯穿了“盐官的设置”“盐业生产”“制盐业鼎盛”“海禁与走私”等与盐关联的内容。

由东方盐官司盐都尉开幕的东莞盐业，历经久远，其实真正的主角，是那些流血流汗、命运悲惨的盐丁和灶户。

粤海设官办盐，虽然始于西汉，但制盐业的社会化生产，则源于宋代。

北宋时，广东共有12个盐场，东莞占了3个。宋代盐田属于官有，招募盐户煮盐，产品实行专利。神宗时，海盐收购价为每斤5钱，销售价为每斤47钱；孝宗时，收购价为每斤47钱，

① 谌小灵主编：《东莞古代史》，广东人民出版社，2016。

销售价为每斤160钱。海盐专利，是宋朝一笔巨大的财政收入。《宋会要辑稿·食货》[①]列举了一个事例：高宗绍兴元年（1131年），南恩州阳江县一个新盐场，占地124亩，开灶67口，一年收盐708400斤，扣除廨宇、盐敖、司房等建造费外，得净利钱19250贯。1133年，广州盐仓每年课利30万贯以上，潮州10万贯以上，惠州5万贯以上，南恩州3万贯以上。海盐的利润，被孝宗时的户部侍郎叶衡描述为："今日财赋，鬻海之利居其半。"

海盐生产成本低。文献资料，用简省的笔墨，降低了海盐加工的难度：在盐田掘地为坑，坑口横架竹木，铺上篷席，再堆上咸沙。海潮涨时，"咸卤"淋在坑内，潮退后提取咸卤，用细篾编成、牡蛎灰泥固的竹盘盛放，在釜中煎炼即成盐。

记载在屈大均《广东新语》中的盐田生产，分为生盐和熟盐。生盐成于日晒，熟盐经过煎煮。东莞煮盐不用铁锅而用竹锅。竹锅用篾细织而成，表里都先施以蜃灰，再涂上泥，使锅弥密无缝。锅大8尺，深4尺，叫作牢盆。一口锅可盛卤20余石，用柴火煎煮。一昼夜可成盐16石。晒盐用池，池底用石砌成。池大1丈，深3寸。晴天，将卤盛入池中。夏秋天气，一天可成盐2石左右；冬天和春天，一天成盐1石左右。最好的盐田，一年可得盐200石。

海盐生产简单，但盐民灶户的生活却毫无诗意。

由于盐田受官府控制，所有的盐田，均由政府拨给。盐户的

---

① ［清］徐松辑：《宋会要辑稿·食货》，中华书局，2006。

生产，必须在官府的严格控制下进行，生产之后的盐，以课盐的名义，绝大部分上交给政府。课盐的上缴标准为，每丁一年交盐6引（小引，每引200斤）15斤，全课之外，每亩盐田还要交纳盐税2斤8两。

洪武年间，盐课的上缴中，出现了“大引”这个词。在小引的基础上，大引增加200斤。大引的出现，增加了盐户的负担。众多盐户，由于受到官府极重的剥削而不断逃亡。嘉靖二十一年（1542年）的时候，广东官府对盐田和盐丁进行了一次清查，发现广东盐课提举司所辖14个盐场的盐丁减少了9293人。

盐业的专利政策，靠严刑峻法来维护。宋太宗时，规定私煎私贩成盐一两者，决15杖，200斤以上者，黥刺解京处置。三人以上成伙私贩、持武器及为首者处死。

南宋绍兴年间（1131—1162年），为了控制远在海中的东莞县大奚山（今香港大屿山）岛民，“朝廷招降朱祐等，选其少壮为水军，老弱者放归，立为外寨，差水军使臣一员弹压，官无供亿，但宽鱼盐之禁，谓之腌造盐”。[①]表面上，似乎朝廷通过立为水军和立为外寨的办法，成功地控制了大奚的居民，并让外寨居民自由从事鱼盐生产，但是，根本性的官民矛盾，并未化解。严刑峻法，也不是浇灭烈火的水。宋淳熙十二年（1185年），朝廷布告：“广东水军统领兼以巡察海道私盐，带衔每考批书，必

① ［明］吴中修，［明］卢祥纂：［天顺］《重刻卢中丞东莞旧志》卷一《山川》，《东莞历史文献丛书》，广东人民出版社，2017。

会盐司有无透漏纵容大奚山私贩事节，方与放行。如有捕获私盐数目，却与依格推赏。”[1]

大奚山盐民的反抗，终于在庆元三年（1197年）的“峻行禁戢”的高压下爆发。这次暴动的规模，引起了官府的震惊。朝廷出兵，“悉夷灭之”。成书于南宋中期的《舆地纪胜》一书，记录了此事：

> （大奚山）在东莞县海中，有三十六屿，居民以鱼盐为生。《朝野杂记》云：大奚山者，在广东岛中。庆元三年，提举徐安国捕盐，岛民啸聚为盗劫，万登为首，杀平民百三十余人。

朱元璋统一天下之后，对盐民的管控更加严厉。“籍天下户口，置户帖、户籍，具书名、岁、居地”，“毕以其业著籍，人户以籍为断”。[2]明初定制，对灶户的编审也尤为严格，濒海有盐灶，则定为灶籍。“凡军、匠、灶户，役皆永充。”[3]“令有司点闸比对，有不合者，发充军，官吏隐瞒者处斩。”[4]明朝正统年

---

① ［清］徐松辑：《宋会要辑稿》卷二十八，中华书局，2006。

② ［清］张廷玉等撰：《明史》卷七十七《食货志》，中华书局，1974。

③ ［清］张廷玉等撰：《明史》卷七十七《食货志》，中华书局，1974。

④ ［明］王圻编撰：《续文献通考》卷二十《户口考》，上海古籍出版社，1988。

间（1436—1449年）的南海黄萧养暴乱，对珠三角地区造成了剧烈的社会动荡，盐场和盐业生产，也深受其害。在林希元的《陈民便以答明诏疏》中，有“灶丁消耗，遗下盐课，无人办纳”的描述。

动乱平息之后，明朝廷于天顺六年（1462年）在广东和海北二提举司实行了盐册制度。据天顺年间《东莞县志》记载：“洪武初，场官曰提领，后改曰大使，吏一名，曰攒典，率栅长以督盐丁办纳盐课。”[①]东莞县境内四场，靖康场在十六都，六栅；归德场在十二都，十三栅；东莞场在十一都，四栅；黄田场在十都，四栅。

栅甲制的具体设置，出现在户部郎中陈履的笔下：“东莞靖康一场，内分六栅，每栅内分十甲，俱僻处海滨，土坼民瘠，自前朝准灶户告承浮丁煎办盐斤，实为随地利民至意。例以一人耙卤，一个采薪，一人烧火，合三人为一丁，每丁递年纳盐六小引零十五斤，折征银四钱七分二厘，名曰丁盐银。此外任民自煎自办。”[②]

东莞盐业的另外一次打击，来源于康熙初年的迁海政策。朝廷一声令下，沿海居民，悉数内徙五十里。在严苛的迁海潮流中，出现了“尽夷其地，空其人民”“毁屋庐以作长城，掘坟茔而为深堑。五里一墩，十里一台，东起大虎门，西迄防城，地方

① ［明］吴中修，［明］卢祥纂：［天顺］《重刻卢中丞东莞旧志》，《东莞历史文献丛书》，广东人民出版社，2017。

② 佚名：《上两广盐运使司□老恩师书》，载［清］陈德心纂修《凤冈陈氏族谱》卷十一，清同治八年刻本。

三千余里，以为大界”“民有阑出咫尺者，执而诛戮”的惨状。

迁海之后，灶户迁移，田园荒芜，盐课缺征。至乾隆二十年（1755年），广东各府州县共缺征银3845.8两。[①]然而，朝廷惘顾百姓死活，不分灶田和民田，将盐课缺口，一概加征。

一身两役的重负，让盐民苦不堪言。从正德年间开始，靖康场灶户，就不断抗议。清人陈似源在《复靖康场大使吴璧书》中，极言灶户之苦：“敝里经迁徙之后，重以加增之税，县、场两役，供办繁难，是以灶户比民户为苦，而场课比县课难征，且有无粮白丁，虚粮绝户，株连赔累，更堪怜恤。”陈志敬的上疏，则是致仕官员为水深火热中的盐民发出的第一声呼喊。“目睹盐丁一年四季，修箕挖井，蓄漏积咸，伐薪煎煮，扬水晒沙之艰辛，但地方盐政任意增额升科，添役加赋，致使盐丁辗转流离，抛妻弃子。”他比对柳宗元《捕蛇者说》揭露苛政，愤忿陈词：“佥事陈大珊、李默，兼有司之苛政者，甚于永州之蛇。”但“若毒之乎”何如“更若役复苦赋”，“吾斯役之不幸未若复吾赋不幸之甚也”！[②]

隆庆年间，陈志敬之孙陈履，更是以一篇《上司鹾陈公祖书》，痛陈盐弊，为盐民大声疾呼。陈履列举了弊端六条，然后

---

① 乾隆二十一年十二月十二日，杨应琚：《题报乾隆二十年分广东盐田池塌荒弃缺征银两事》。中国第一历史档案馆藏，内阁户科题本，档室号：02-01-04~14970-017。

② 邓慕尧：《〈悬榻斋集〉回归摭萃》，载［明］陈履撰《悬榻斋集》，广东教育出版社，2005。

为盐丁请命："其艰苦盈于触目，而疾痛逼于切肤，艰苦彷徨，莫知底止！是以不得不备历艰苦，仰于尊严，伏乞体天地之心，遵祖宗之制，将其所言事理，批行府县有司，如果查勘不虚，乞赐垂仁矜恤，一切杂泛差役，亟赐蠲除，鹾海生灵，赖以立命，地方幸甚。"

诗人李春叟，也在为盐丁请命的人群中。只不过他的呼吁，扩展到了银场。"东莞人李春叟，南宋宝祐四年（1256年）省试中选。因荐授惠州司户。他对盐丁、矿人之苦，深怀恻悯，曾上书朝廷，痛陈盐课、银场重税的不合理，吁请废除。朝廷最终采纳了他的建议，取消银场重税。香山的盐丁、矿人，无不为之欢呼。"①

① 叶曙明：《中山传》，广东人民出版社，2022，第74页。

风情万种

- 靖康海市
- 象山古刹
- 龙穴春涛
- 凤台秋霁
- 海月风帆
- 觉华烟雨

靖康海市

东莞是片风情万种的宝地。东莞的风景，从明朝东莞名儒陈琏的《鹾场夕照》诗开始。

虎门日落暮潮来，归鸟翩翩作阵回。
煮海竞烧烟万灶，收盐多积雪千堆。
溪山绚彩曦光驭，屯栅增辉霁景开。
氛祲已销鲸浪息，不教蜃气结楼台。

《鹾场夕照》中的“虎门”，定位了靖康盐场的地理位置。作为东莞知名度最高的盐场，康熙《东莞县志》对之有诗意的描述：“靖康，古盐场也。其土广漠，其水斥卤，其民皆灶户，十口之家，十人熬盐，百口之家，百人熬盐。飞鹅、卧象美景出焉，其气多蜃气。”[①]

崇祯《东莞县志》载陈士俊《东莞场志序》说：“东莞盐场，地属东莞县，而其官与课，则属广东盐课提举司。”[②]靖康盐场衙门的所在地，在今长安镇沙头村，至今沙头村仍有“衙前”的地名。

后人在解读陈琏的《鹾场夕照》时认为：陈琏的诗，详细介绍了鹾场的黄昏美景。傍晚，夜幕降临，远远的大小虎两山，并没有安静下来。相反，随着晚潮的来临，更是咆哮不止。海鸥等飞鸟此时联队结阵，翩翩展翅，悠然飞往老林。煮海熬盐的人们竞争般地点燃万灶大火，引起烟雾如云，萦绕大地。收盐的百姓，已经将雪花般的白盐， 拢作百千堆。远处的大深溪山，此时绽放绚丽云彩，如同驾驭曦光；南栅北栅，同样增添光辉霁景。大地逐渐平静，海浪好像也要休息。海市蜃楼奇景，不会出现，诗人才依依不舍地离开海边。[③]

出现在今人笔下的盐场风光，直接用了陈琏诗的标题命名。相同的风景，在明清东莞八景中，换成了“靖康海市”。靖康盐场，依然是此景的主角。屈大均的《广东新语》描述虎门与龙穴岛之间的大海时，用海市蜃楼的奇景，作了文字的生动描绘：

---

① ［清］郭文炳修：［康熙］《东莞县志》。

② ［明］张二果、曾起莘著，杨宝霖点校：［崇祯］《东莞县志》，东莞市人民政府办公室，1995。

③ 张铁文：《宋代东莞八景》，载《东莞风情录》，广东人民出版社，2015，第132页。

> 尝有积气如黛，或如白雾，鼓舞吹嘘，倏忽万化。其为城阙、楼台、塔庙诸状，人物、车骑错出于层峰叠巘之间，尤极壮丽。舟行其中，弗见也。自外望之，变幻斯见。即之辄远，离之复近。虽大风雨不能灭。人以为蛟蜃之气所为云。其气或大或小，晴则大，阴则小，五色光芒不定，或如旌旗戈甲，则兆其地有兵革；如仓廪，则兆其地丰登。居人每候之，以知灾祥。岁正月初三、四、五日，必一见。不见，则以为怪。[①]

人间的奇景，都会不胫而走。时被贬惠州的苏东坡从东莞资福寺住持处得知，便乘船而来。但海市蜃楼的奇景，并未因为大文豪的到来现身，东坡居士难免失望。陪同他的祖堂禅师，建议他以文祭祀。苏东坡欣然采纳，当即挥洒灵感，作长短句，然后焚化。自然界奇迹的出现，无意中神化了心灵虔诚的苏东坡，海市蜃楼，在海上慢慢浮现。崇祯《东莞县志》卷五《人物志》称："即成楼台人马之形，络绎不绝。"[②]兴奋之际，苏轼再次赋诗，可惜原诗在明末已失，无从稽考。靖康海市反映了宋代东莞沿海人居之盛和人员流动之频繁。

世间的美景，尤其是那些和"时代八景"之类联系在一起

---

① ［清］屈大均：《广东新语》卷二十二《鳞语》，中华书局，1985。

② ［明］张二果、曾起莘著，杨宝霖点校：［崇祯］《东莞县志》，东莞市人民政府办公室，1995。

的风光，都会被诗词关注，进入书籍。鹾场夕照和靖康海市成为宋、明八景之后，就被无数的诗词装扮和歌颂。东莞诗人陈琏、尹兆蓉，东莞县令周天成，凤冈书院创始人陈珪等人，都留下过笔墨。

清雍正间诸生、虎门南栅人王镜的《靖康海市歌》，流传至今：

君不见靖康之涨有奇观，春夏之交海气蟠。
倏忽变幻莫纪极，五都之市群惊看。
为楼为阁为台亭，出没隐见有其形。
人物交易何杂沓，若近若远唯闻声。
移舟欲觅了无迹，骇然一再三叹息。
曾闻胜赏有坡公，由来奇状奇人识。
海市何为在靖康？邑志纪胜胡可忘。
一岁数岁出无定，无乃天地献其祥。
乃知此景非为怪，一六精华气所届。
岂献宝藏于龙宫，实隐秀灵于澎湃。
海自晏兮河自清，人既杰兮地效灵。
一见再见各征瑞，不兆伟人兆太平。
靖康海兮靖康海，市景浮空霞绚彩。
此景胜兮景乃名，顾景愿兹长不改。

象山古刹

宋代东莞的象山古刹，是庆林寺诗意化之后的名词。象山，又称卧象山，它的地理位置，被崇祯《东莞县志》和嘉庆《东莞县志》，分别记载在宣纸上。“在靖康场庆林寺后”，“庆林寺在县南六十里、靖康乌沙村卧象山麓。田地七顷六十八亩三分，粮米四十石九斗八升一合，夏税麦四升九合二勺。”[①]

人间所有的风光，都会有诗为证。康熙《东莞县志》，收录了明朝黄受益的《象山古刹》诗。

高高突起如苍玉，万古名高更幽独。
不向金门驾玉舆，却作青山卧乡曲。

---

① 张铁文：《东莞风情录》，广东人民出版社，2015，第134页。

昔谈不二法门中，鳌更劫换毗耶空。

借问禅僧何处去，长鲸卷浪翻秋风。

在《广东历史人物辞典》[①]中，东莞人黄受益擅长词赋古文，学生多达数百人。永乐十八年（1420年）因官府威迫而应试，考中不仕。而在民国《东莞县志》中，则记有“都御史卢祥、副使郑敬，俱出其门。雅志不喜仕。永乐庚子（1420年），有司强入试。果以《春秋》中选。遂隐居不出。鸣琴赋诗，洒然自得。年五十五卒。有文集十二卷”。[②]

禅林名寺，必然信众云集，香火不绝。象山古刹今已不存，香火无踪，它的盛景，记载在宋末元初东莞名儒李春叟的《陈氏舍田记》中：

庆林寺为祝圣道场所，比丘大众结香火缘，阇黎钟响，摄衣升堂，坐吃常住饭，净洗钵盂，果腹而去。几劫修来，受兹供养，我佛弟子，能三篾绕肚，空心坐佛否？诸佛神通，能以虚空中推转食轮，化大地作香积厨否？世尊尚尔乞食，何况汝等比丘僧！夏禁足，独口不可禁，街坊持钵，绕城市，化斋粮，作诸佛供，饥来吃饭，不免口腹累人。非藉十万檀越，发大愿力，这一粒

---

① 管林主编：《广东历史人物辞典》，广东高等教育出版社，2001。

② 叶觉迈修，陈伯陶纂：［民国］《东莞县志》卷五十五《人物略二·黄受益》，民国十六年（1927年）东莞县养和书局铅印本。

米甚处得来？靖康场李公元亨，故昭州恭城县尉孙也，尝发大悲心，捐己田百亩余，入寺供僧。陈大孺即李公再世孙妇也，积善好施，未瞑目前，嘱其子割先畴，以附益之，志未竟，不幸而殁。厥子罗州李君彦忠，遂拨舍田五十亩，归之寺，以成母志。一门三世，齐发肯心，同栽善果，如是布施，宜受是果报，万口赞叹。诸佛护念，子子孙孙，福德无量。

象山古刹之所以成为名胜，宋代建寺的悠久历史，只是缘由之一，捐献田地的乌沙人李元亨和妻陈氏、儿李佳，更是用自己的善行和气节，为庆林寺镀上了忠烈的金箔。

李佳，名列《广东历史人物辞典》[①]，他人生中最值得书写的内容，与他母亲陈氏密切关联。陈氏出身不凡，系乌沙陈屋村陈姓五世祖陈富文之女，大户人家女儿，素有教养。陈氏不仅贤淑，而且明理，她上对家翁，下对小姑，体贴入微。元军南下，宋室危亡之时，她明知卵石相抗，胜利无望，仍令独子李佳勤王，阻挡元兵铁蹄。她以岳母刺字的悲壮，告诫儿子："汝宜竭忠事主，勿以我故，怀有二心！"为了让儿一心事主，了断亲情挂念，她跳海自尽。李佳授为潮州府教授之后，还乡拜母，才知母亲投海永别。李佳悲伤至极，在乌沙筑望亲堂，朝夕哭祭。后人为了纪念陈氏，建了"忠烈祠"，在一个专门祭祀男性

① 管林主编：《广东历史人物辞典》，广东高等教育出版社，2001。

的肃穆之地，为她招魂。离开了家族的祠堂，后人还在国家的祭祀之地，南宋覆亡的新会崖山国母殿中，找到了“故宋同死国难烈妇陈氏之神位”。陈氏，同文天祥、张世杰、陆秀夫、熊飞同列“宋八义士”。陈氏投海，被后人评价“比宋军二十万大军覆灭，还要壮烈”。封建时代，女子有姓无名。后人在墓碑上，意外地找到了陈氏的名字：淑姬。

李元亨一家三人，并非出家之人，他们与庆林寺的因缘，仅仅是寺庙与施主的关系，即便只是佛门口的居士，他们也用气节与风骨，为一座古刹镀上了信仰的金身。

象山古刹，明代之后，衰败成一片残垣。庆林寺坍塌之后，欧阳伯瑄在此筑石室读书，延续象山文化。一个人的读书经历和象山古刹的残迹，留在陈琏的《象山石室记》中：“靖康之象山，有石室焉，爽朗幽静，诚学者藏修之所。欧阳伯瑄日读书其中，讽诵六艺，搜猎百家以求理趣。暇则仰视云岚，俯聆风籁，有得于中，则歌咏自适，无纤毫戚戚意，不啻如李谪仙之于匡山，范希文之于长白也。……伯瑄读书石室中，其地静，其心静，盖得优游于学矣，又奚患不逮古人欤？”

龙穴春涛

宋时的乌沙笔架山，是当地的制高点。站在笔架山上，可以看到龙穴岛海面的汹涌春波和流金大海。

龙穴春涛在宋代东莞八景中排列第四，而且，它的风光，一直延续到了明代，与“靖康海市”合璧。

宋朝，以盐为中心的东莞经济中心，分布于沿海一带，靖康地区，自然风光无限。靖康海市、象山古刹、龙穴春涛、魁星古迹、蛎浦渔歌等景点，几乎都与大海相连。龙穴山以宋时东莞一景进入民国《东莞县志》时，有非常生动鲜活的描述：

龙穴山（旧志作龙穴洲），在城西南七十里，高二十丈，周五六里。龙穴洲在县南大海中，尝有龙出没其间。春波澄霁，蜃气结为楼观城堞，人物车盖往来之

> 状，人尝见之。邑中八景所谓靖康海市即此。上有三山，石穴流泉，在咸海中，味独甘美。番舶回者，必汲之。……海市天晴则大，阴则小，每岁正月初三、四、五日，必一见。[①]

古人与古代文献，比之今人今文，多有可信之处。但“邑中八景，所谓靖康海市即此”，将不同朝代、不同命名的风景重合，不知出于何种考虑，也许，古人标新立异，不愿意重复和沿袭前人的思路，也未可知。

相同的一处风景，龙穴春涛在前，靖康海市在后，今人在记录这一景两名的奇观时，显然注意到了其中的变化。“此种海市蜃楼属自然奇观，本是少见的虚景。但它一出现，十分奇妙。盐田消失后，海市蜃楼奇景再也不是‘每岁正月初三、四、五日，必一见’。但龙穴岛与笔架山之间的合澜海（又名合兰洲）海景依然美妙可人。”[②]

龙穴春涛的美景，不乏诗人的推波助澜。陈琏、欧阳瑄、李森、骆颂嘉、尹树琪等历代东莞诗人，都对此情有独钟。明代东莞诗人在《合兰洲》一诗中写道：万派清源会合，千层巨浪春撞。洲尾渔航个个，波心鸟影双双。四句诗，引出了后人的解

---

① 叶觉迈修，陈伯陶纂：［民国］《东莞县志》卷六《舆地略五·山川二·龙穴山》，民国十六年（1927年）东莞县养和书局铅印本。

② 张铁文：《东莞风情录》，广东人民出版社，2015，第136页。

读："诗中写合兰洲大海交汇处，无数河流涌入，形成河海交汇，咸淡混合，一片翠绿，与蓝天辉映，海天一色。海风吹起千层巨浪，互相冲撞，激起无数浪花。看那合兰洲尾，一艘艘巨大的渔船，遥遥看来，却只是那么一点点儿，好似一个个的小玩具船，近处波翻浪涌之中心，一双双海鸥飞鸟，互相追逐嬉戏，形成一幅画样的海景美图。"①

作为一种光学现象，海市蜃楼折射了一种虚幻的美丽奇景，这种并不常见的现象，被古人赋予了神力，龙的出没，竟然引来了大文豪苏东坡的兴趣。苏东坡用了强大的诗文，唤醒了龙穴奇观，为龙穴春涛增添了浓墨重彩的一笔。

在今人的印象中，海市蜃楼已数十年难得一现，几乎被记忆遗忘。而无数东莞诗人笔下的龙穴岛，也出现了归属的变化。随着珠江出海口主航道的划分，龙穴岛与大、小虎山、万顷沙一起，最终划为番禺管辖。而历代独为东莞所有的海市蜃楼奇景，被宝安、番禺共享，从而成为三地共有的风景。

石桥秋月，是宋代东莞八景之一。明代诗人欧阳瑄用一首《石桥秋月》诗，将石桥秋月与靖康盐场的繁荣作了关联：石桥高高如砥平，海波帖帖犹冰凝。秋空无瑕银汉白，孤蟾独伴长庚明。村居夜作车声涩，谁饮朱门歌吹急。山河倒影落人间，玉露瀼瀼桂花湿。

---

① 张铁文：《宋代东莞八景》，载《东莞风情录》，广东人民出版社，2015，第136—137页。

诗中的石桥，指普安桥。在崇祯《东莞县志》中，普安桥在县南獭步村（今乌沙头一带）。宋元祐四年（1089年），邑宰李岩以长石二丈，跨为九架，民便往来，至今赖之。康熙《东莞县志》则有“后水迁入港内九十余湾，又在此筑堤四千一百二十丈，即咸潮堤”的补充。

文献疏漏，今人无法在文字中看到普安桥成为东莞八景的故事，更为遗憾的是，由于咸潮冲击，海岸线前移，桑田成了沧海，普安桥失去了人类通行的基本功能而无奈成了海堤的一部分。普安桥的消失，是东莞大地上自然风景的移除，然而，自是心有不甘，在后人的演绎中，通济红石桥取代了普安桥，连正史崇祯《东莞县志》，也用“通济桥在乌沙”的定性，来为一种风景招魂。通济桥取材于东莞独有的红砂岩，碧水衬托江桥，自成一景，所以后人也惘顾偷梁换柱的破绽，让通济石桥立于“东莞八景”的光荣榜上。

后人用通济石桥在秋凉月夜里发出的“车声”，断定此桥于乌沙的重要性。乌沙通济石桥桥头，原有仙桥庵，如今败于岁月，荡然无存。但仙桥庵门楣上的对联，被人记录下来：卧象侧身闻妙偈，飞鹅引颈听真经。其二：灵秀昭象岭，德泽普仙桥。楹联中的桥、庵，与秋月相伴，一片朦胧凄美。

凤台秋霁

自然风光，是城市风水的重要组成部分。风水轮转之下，风景也会改朝换代。在“八景”的旗号下，宋代的东莞八景和明清时代的东莞八景，更换了不同的面孔和性格。

作为政治、文化中心的东莞县城，在明朝的时光中，第一次进入东莞八景，凤台秋霁和市桥春涨两大景点，分别以第一和第三的排名，傲立于东莞所有的风光之前。虽然姗姗来迟，却是后来居上。

明朝的东莞八景，不仅文人有诗为证，而且有多首民谣，为这些世所公认的景点，插上了传播的翅膀。

黄旗岭顶挂灯笼，市桥春涨水流东。
凤凰台上金鸡叫，宝山石瓮出芙蓉。

靖康海市亡人趁，海月风帆在井中。

彭峒水帘好景致，觉华烟雨望朦胧。

凤台秋霁的排名，并非民谣传唱的第三。康熙《东莞县志》中，凤台秋霁为八景之首。明末东莞五忠之一的陈象明，在《凤台诗社重修记》中，也将凤台秋霁列在第一。“宜夫吾莞之名山大川，若水帘、石瓮、风帆、海市之景，皆瞠乎其后，而斯台独岿然首出者欤？又宜诗社中君子，皆耆英硕德，合和抱璞，为国之祯，为人之瑞，而为少年后进之所仪型者欤？”

凤台秋霁，因凤凰台而得名；凤凰台，因民间传说而得名。最早的凤凰台，是一处名为凤凰岗的高地，在民间传说中，凤凰岗上有灵芝草，神仙经常骑着凤凰，来此地栖息。凡人看不见神仙，只看见凤凰吃灵芝草。因为凤凰的缘故，人们将此地命名为凤凰岗。 南朝梁武帝时代，有道人来此地修炼和传道，并筑凤凰台。由于筑台毁草，凤凰从此不再飞来，此地便更名为道家山。

道士崔紫霞的故事，将道家山和凤凰台，上升到了一个神奇的高度。崔紫霞是在罗浮山修道的名士，经常来往于罗浮山和道家山。他羽化于道家山，后人在此筑崔霞仙遗履亭纪念他，并将山下的两条巷命名为紫霞里和紫霞坊。

明代东莞诗人在《道家山》诗中，将道家山比作蓬莱仙境，上有琼台玉宇和十二阑干，迤逦多姿，引人入胜。“胜游何处觅蓬莱，十二阑干迤逦开。丹灶火销龙虎伏，碧梧枝老凤凰来。春风瑶草烟霞窟，夜雨桃花锦绣堆。一自仙人骑鹤去，石坛陈迹半苍苔。”

凤台秋霁之所以名列明清八景之首，在崔紫霞的故事之外，还有诗的因素。东莞诗人张其淦在《东莞诗录》卷七引《吟芷居诗话》中说：“邑城内有凤凰台，胜景也。何止斋、罗思贻、陈靖吉及梁柏庭、梁乐道、任东桥、李思朋辈先后结诗社于此。提壶挈榼，刻烛催诗，吾邑诗人，于斯为盛。”

发轫于凤凰台，延续了五百多年的凤台诗社，是东莞历史上最耀眼的一道文化风景，它和凤凰展翅、道士修仙一同构成了秋光之下的凤台美景。

在诗的旗帜下，道家山成了东莞文人活动的胜地。凤台诗社的雅集，坚持到了抗日战争前夕，徐夔扬、杨鹤宾、徐亦良、崔斯浚等人的抗战爱国诗歌，为五百多年历史的凤台诗社，划上了一个圆满的句号。

在东莞八景中排名第三的市桥春涨，在崇祯《东莞县志》中却是名列榜首。明洪武年间（1368—1398年）随父戍南海卫迁居东莞的诗人黄棠，用一首《市桥春涨》诗，为崇祯《东莞县志》的八景排名站台：

我寻仙迹到仙桥，怪事相传非一朝。
晓见坊楼悬荇藻，夜听春浪拍云霄。
千家月出龙鼋过，万井鸡鸣渤澥消。
贩鬻至今人杂众，尚疑蜃气欲为妖。

宋初的东莞县城，形容枯瘦，面积狭小。那个时候的到涌，是东莞的主河道，同时兼作了县城的护城河，那个时代的市桥，只是一条简易的护城木板吊桥，它的名字，原为建炎桥，后又改为通济桥，没有人可以透过木头的简陋，看到它日后成为八景的风光。

随着人口的增加，莞城地界不断扩大，到元代的时候，县城的边界，扩展到了今天的西城楼，护城桥在时光中失去了它的卫护功能。元朝大德四年（1300年），东莞地方行政长官达鲁花赤下令，将可以起吊的护城桥，改建成一座固定的大木桥，并用“德安”这个吉祥的词作了命名。德安桥的宽阔，超越了与它相连的西正街和市桥街，在河面的衬托下，德安桥显示出了一种宏大的气势，人们来到这里，心旷神怡，流连忘返。德安桥的成功架设，引来了茶楼、酒肆的设立，尤其是那些流动的摊贩，早晚两市，在宽阔的桥面上买卖。中心地带和必经之地的优势，让德安桥一带，人流熙攘，市声嘈杂。从此以后，德安桥的名字逐渐被市桥取代。

然而，木头终究不是时光和风雨的对手，清乾隆五十七年（1792年），市桥的大梁已经腐朽，东莞知县史藻主持重修，在桥的主要承重部位，砌以花岗岩。市桥焕然一新，以脱胎换骨的面貌，立于街市中心。

20世纪50年代，东莞开挖了人工运河，到涌的运输功能，从此结束。后来的水泥铺盖，让到涌成为了一条暗河，市桥的使命与辉煌，寿终正寝。

海月风帆

古代的风景，一旦进入到文人笔下，总免不了和故事、传说连在一起。明清东莞八景之一的海月风帆，也是从一个故事开始。

宋朝的兀坐禅师，云游四方，来到一处名叫金牛山的地方，见金牛山前，一片汪洋大海。海风轻吹，水波荡漾，禅师站在山岩上，顿生一种被大地环抱、被大海安抚的感觉。夜幕降临，月亮从海面升起，世界晃动着一片碎银，人间的喧嚣嘈杂，都在皎洁的月色里消失。禅师被这片美景迷住，迈不开了脚步，便在此地建寺庙长住，又将金牛山改名为海月岩。

另一个版本的民间传说源于《广东省东莞市地名志》[①]。相

① 广东省东莞市地名委员会编：《广东省东莞市地名志》，广东高等教育出版社，1987。

传宋太祖赵匡胤后裔赵野仙云游至此，见一片汪洋，海风吹拂，绿波泛起，时有帆船往来。夜间，月亮升起，云端一片银光，照得海面格外明亮，赵野仙便在蟹壳岩上书“海月岩”三个草体大字，故名。

绍兴年间，曾经重修过黄旗山廉泉的东莞县令张勋，见海月岩风光优美，实乃风水胜地，便在此处建亭，并悬“海月岩”一匾于岩洞之上。海月岩山势凹凸，岩石奇特，像锅、碗、杯、筷等厨具。海月岩的蟹口处有一古井，不知何年何人修建，在文献的描述中，离古井三米处有一小山洞，迂回曲折，通往海月岩后，长达60米，每当月照海面，帆船往来，便有帆影投入井口，倍感奇特，故有“海月风帆在井中”的景致。故事的口口相传，免不了被文人演绎、放大。

海月岩与海紧密相连，住在附近的人家，均以出海打鱼或海上运输为业，也有人因为生存艰难，远涉重洋，到海外谋生。大海，既是渔民的饭碗，也是他们的坟场，在一个船小浪大，仅靠指南针和罗盘顶风战浪，而且无法预测天气风云的年代，不知有多少人死于大海，葬身鱼腹。一旦男人出海，家中的父母、妻子和儿女便提心吊胆，每天傍晚，他们便会站在海月岩上，眺望亲人平安归来。后来，有人在井里看到了自己的倒影，无意中发现了亲人的影子，看见无边的大海中，亲人驾着木船。思亲心切的幻觉，竟然引来了大家的观望。成为八景之后，海月风帆逐渐神化，变得玄妙，传说只要在井中看见自己的亲人，然后将思亲的信物投入井中，便可到达亲人的船上。更为神奇的是，传说中有个新婚少妇，日日在海月岩上盼望出海谋生的丈夫归来，一望数年。一日她口渴，去井边打水，突然看见丈夫的航船，看见船上掌舵的丈夫，她不顾一切地跳入井中，结果落到了丈夫的怀里。

这个故事的喜剧结局，让一口古井与大海相通，为悲苦的生活，注入了幸福的情节。人间的悲欢离合，让一口古井，让一处风景，作了载体。

关于赵野仙的故事，除了“海月岩”三个草书大字之外，还有他题海月岩的两首诗以及民国《东莞县志》对他的记载：“赵东山失其名，邑人，系山濮邸。性高古，不谐流俗。遇谈国事，则掩耳不闻。尝登凤凰台以舒怀抱，其志行汗漫，视世间事无足当其意。数来亭头，游法性寺、海月岩，每凭高瞻望崖山之云，则悲歌慷慨、涕泄潸然。逢佳山水，诗成，刻于石。野仙，则其自号云。”①

布衣草根，津津乐道于故事传奇，而文人骚客，则多现实描摹。明末清初广东著名学者屈大均在《广东新语》中记载：“东莞海月岩侧有石井，深六七尺，窥之，辄见风帆来往，或有诗云：井底风帆人尽见，非关倒影海中来。”②

凤台诗社创始人之一的陈靖吉，亦有《海月风帆》的诗，记录下海月岩上的绝美风景。

---

① 叶觉迈修，陈伯陶纂：［民国］《东莞县志》卷五十四《人物略一·赵东山》，民国十六年（1927年）东莞县养和书局铅印本。

② ［清］屈大均：《广东新语》，中华书局，1985，第159页。

海月岩前天接水，岩上临之若无地。
舶棹风清商客回，江程千里片时至。
神飙吹送十幅蒲，惊欧飞鹭为前驱。
危樯过尽千复百，更无行迹流江湖。

海月风帆，只是明清时代东莞最有代表性的风景之一。景点虽然面朝大海，但它没有春暖花开，它远离了海产与鱼获。由于近海，东莞古人类最基本的食物，与海密切关联，一种叫蚝的软体动物，成了蚝岗古人的主食。

以蚝的名义进入东莞八景的，只有宋朝的蠔浦渔歌。民国《东莞县志》，是最早为蠔浦渔歌拉开大幕的告示："合澜海在城东南六十里，乌沙、沙头二村之前，与新安分界，二山对峙，海中潮为所束，故名。中有蚝田。"[①]蠔，是蚝的另一个名字，蠔浦，是指长安、虎门直至深圳一带的蚝田。蠔浦居民，对蚝了如指掌，他们一眼可以分辨蚝的优劣。靖康古村一带的蚝，为远近闻名的优质海产。《南海志》定性说："南土谓蠔为蚝。甲为牡蠔。合涧洲牡蠔，土人重之，语曰：合涧一蠔，虽不足豪，亦可以高也。"[②]民国《东莞县志·物产·蚝》更有较详的记载："合澜海有蚝田，潮退往取，渔姑蜑妇咸出，谓之打蚝。以木制

① 叶觉迈修，陈伯陶纂：［民国］《东莞县志》卷十五《舆地略十三·物产下·蚝》，民国十六年（1927年）东莞县养和书局铅印本。

② ［元］陈大震、吕桂孙撰，广州市地方志编纂委员会办公室编：《元大德南海志残本（附辑佚）》，广东人民出版社，1991。

如上字形，横尺许，其直数尺，上挂竹筐。女郎一足踏横木，一足蹈泥，手扶直木，稍推即动，其势甚轻捷。既至，凿蚝得肉，置诸筐。遇潮长，相率踏歌而还。有咏之者曰：‘一岁蚝田两种蚝，蚝田片片在波涛。蚝生每每因阳火，相累成山十丈高。’又曰：‘冬月珍珠蚝更多，渔姑争唱打渔歌。纷纷龙穴洲边去，半湿云鬟在白波。’”①

潮起潮落，沧海桑田，在大自然不可阻挡的变迁中，蛎浦渔歌，成了最早消失的风景。

---

① 叶觉迈修，陈伯陶纂：［民国］《东莞县志》卷十五《舆地略十三·物产下·蚝》，民国十六年（1927年）东莞县养和书局铅印本。

觉华烟雨

中堂地方无山，属于传统意义上的水乡，觉华寺选址于此，不符合“天下名山僧占多”的常理。但是它的佛缘，却可以在南宋景定四年（1263年）从政郎、广州清远县令李涛的《觉华寺记》中，找到蛛丝马迹。“绍兴初，广州东莞县文顺乡归化里春堂村（今名中堂）徐邦彦得观音像于江流，堂以奉之。绍熙三年（1192年），邑令张君勋，命僧宗鉴为之主。明年，请于州，乞旧觉华寺额之。”

张勋出任东莞县令，是东莞名胜古迹的福音。这个推崇地方名胜，大规模地兴建文化设施的地方官员，重修过黄旗山的廉泉旧址，兴建过海月岩的风景亭，觉华寺遇上了张勋，犹如他乡遇到了故知。觉华寺在中堂这片肥沃的土地上拔节生长的时候，遭到了一次挫折。宗鉴和尚未能完成县令的建寺嘱托，鞠躬尽瘁。

接过宗鉴和尚接力棒的妙昙和尚，在前人绘就的蓝图上，一点一点前行。咸淳二年（1266年），将仕郎徐渊和教谕何汉青两人，施舍田地八十亩。后又经过十多年努力，至宋末祥兴年间（1278年）觉华寺基本定成。

在清远县令李涛的笔下，竣工之后的觉华寺已相当完备，殿阁、宝像、植物、器具、用具，无所不备。那些记录在《觉华寺记》中的名词，琳琅满目：宝殿、法堂、后堂、宝阁、经阁、东西廊、钟楼；释迦如来、文殊、师利、普贤、观音善萨、摩诃迦叶、大阿难陀、大梵天王、大天帝、释金刚、密迹应真、五百尊、定光岩主；梅、竹、茶、水松、杂木花草；宝华玉座、铜风铃、铁灯笼、钟鼓、铙钲、螺铃、杵磬、炉钵；若塔、若井、若池、若堤、若渡舟、若放生桥。

《觉华寺记》，是李涛县令应僧人鉴清求请而作。县令对鉴清说："彼所住寺，名曰觉华，凡彼所作种种佛事，皆以佛理而得成，就佛理为觉，佛事为华，此觉此华，人所共有。……有物混成，先天地生，克己复礼，天下归仁，一切众生，皆证圆觉，诸佛世界，犹如空华，以此为证，应如是住。"僧人鉴清的回答，亦在县令的记录中："善哉，善哉！应如是说，君居永安，见无尽说，亦复如是；我居资福，见东坡说，亦复如是；老子亦如是，孔子亦如是，佛亦如是，众生亦如是，彼亦如是，此亦如是，古亦如是，今亦如是，如是如是。"

建成之后的觉华寺，在时人眼中，呈现庄严气象。"梵宇浮图，高逼云汉，远观隐隐，若在烟雾中，然宝安八景，所谓'觉华烟雨’是矣。”但是，在庄严的经文声里，觉华寺的僧人却将空门净地念成了人间的名利场。在张铁文《明清东莞八景》一文中，有“觉华寺和尚不断扩充地盘，侵占农田，巧取豪夺，引起周围农民的反抗”的记录。[①]

“巧取豪夺”这个只属于恶霸的成语，竟然成了对觉华寺佛门弟子的描述。这些恶行，与出家人的慈悲格格不入，势同水火。所以，一座寺院的黯淡，就是必然的结果。明朝正德五年（1510年）的时候，觉华寺呈现了衰落的景象。附近的村民，冲破了袈裟的伪装，夺回了属于自己的寺田。失去了田租，和尚们没有了生活来源，只好离寺而去，另谋生路。到了这步田地，觉华寺的衰败就难以挽回了。由于僧去寺空，到了嘉靖初年，觉华寺承受不起风雨的侵蚀而倒塌。废墟之上，草木疯长，蟾蜍蛤蚧，蛇鼠虫蚁，肆意横行，高大的木棉树上，毒蛇攀缘，捕捉鸟雀。曾经金碧辉煌、香烟绕袅的寺院，一时断了人迹。

崇祯十五年（1642年），有成和尚雄心勃勃，试图恢复觉华寺，但是虎头蛇尾，连观音菩萨的白衣殿都未能完成。

清初，古愿和尚募捐，得到了平南王参将文天寿的支持，重建了觉华寺大殿、后殿和山门。

光绪年间，勉强支撑的觉华寺终于褪尽了繁华，再次破落，赖菊园、刘尧墀等人的竭力倡修，也未能抵得过民国时期的

---

① 张铁文：《明清东莞八景》，载《东莞风情录》，广东人民出版社，2015，第164页。

兵燹。

任何一个时代的“八景”，都被文人骚客和闲情逸志者，寄予了太多的期望，然而，没有一个景点，是时间的对手。千年过后，砖木腐朽，山水变迁，除了那些坚硬的山岭，曾经辉煌一时的盐场、石桥、古刹、亭台，都褪尽了铅华，消失在循环往复的时光中。八景之外的山水，被文字有意无意地遗忘，但是，它们顽强的生命力，它们在日渐萎靡的山水中显露出来的个性特点，难以让人忘怀。离东莞县城东北16公里处的燕岭，就是这样的一个地方。

燕岭，是一处小型山脉，面积为25000平方米，是它能够绵亘的范围的最大数值。组成燕岭山体的，是颜色鲜艳的红砂岩。红砂岩虽然坚硬度不如青石花岗岩，但它的美观，让其他岩石望尘莫及。红砂岩命里注定了它要成为建筑材料，燕岭，上天指定了它成为东莞及远近城市的采石场。

燕岭的开采，始于何年，史无记载。《广东省东莞市地名志》，只笼统地说：“古时此乃一巨大采石场，经历年开采，形成别具一格的奇特景象”。[①]幸好，燕岭以文物的身份，进入了《东莞文物图册》，书中明确地论定：“是明、清时期开采红砂岩作建筑材料的采石遗址。石排镇境内东江南岸丘陵延绵1.457公里山体均有人工开采痕迹，以‘十八房间’‘补天石’为主要景观

① 广东省东莞市地名委员会编：《广东省东莞市地名志》，广东高等教育出版社，1987，第380页。

遗存，面积25000平方米。”[①]

上文中的“痕迹”二字，实在是过于轻描淡写。无论是图片展示或是实地观光，燕岭古采石场，都是惊心动魄的人工景观，那些刀劈斧削的山体，那些巨大的红色砂岩，那些垂直的石壁，还有它们在水中的巍峨倒影，都可以让一个才思枯竭的人，展开想象。明清时代的石匠，他们的劳动智慧，燕岭采石的宏大劳动场面，都可让人回到那个时代，甚至可以让人吟诵起李白《秋浦歌》中的诗句：炉火照天地，红星乱紫烟。赧郎明月夜，歌曲动寒川。

一个没有进入“八景”的古采石场，在今人的描述下，呈现出独特的魅力。“下为三百多亩一泓碧水深潭，上为重迭峥嵘的奇峰。峭壁深潭，相映成趣；果林环抱，鸟语花香。有‘仙女散花’‘十八房间’‘鳄鱼潭’‘飞鼠岩’‘老鹰崖’‘田螺精’‘鹩哥墩’‘鱼跳龙门’等造型生动的胜景。还有刻于清代的2米多高、苍劲有力的‘咸钦燕岭’四个大字。还有崇祯之子逃难住过的‘太子间’。”[②]

---

① 东莞市文化局、东莞市文档管理委员会编：《东莞文物图册》，中国建筑工业出版社，2005，第23页。

② 广东省东莞市地名委员会编：《广东省东莞市地名志》，广东高等教育出版社，1987，第380页。

路上的家园

- 乱世流离
- 千古一灯
- 落地生根
- 海禁与迁界

乱世流离

《简明广东史》[1]将逃避战祸，纷纷携家人出走的自发流徙的南渡者，称为“流人”。他们迁徙的路线，是从黄河流域进入长江流域，一部分则流入珠江流域。

珠江三角洲的东莞，是这些从遥远的北方跋涉而来的流人的一处新家园。流人南迁，虽是无奈，但无意中为人口稀少的岭南带来了活力。“宋元时期，中原战乱，大量移民经南雄珠玑巷中转纷纷南迁东莞，不仅为东莞发展增加了劳动力，而且也带来了中原和江南先进生产技术和文化，在开垦荒芜、筑堤修桥、传播文化和培育人才等方面发挥了重要作用，为宋元东莞的开发和明

① 蒋祖缘、方志钦主编：《简明广东史》，广东人民出版社，2006。

清东莞的繁荣奠定了基础。此时，农耕人口的增加和东莞大堤的兴修使农业得到前所未有的发展，制盐业达到鼎盛，以莞香贸易为代表的商品经济开始兴盛。东莞的经济空前发展，逐渐成为广东经济中心之一。”①

那个名叫赵玉女的皇姑，正是流人队伍中的一员。她的出发时间，到达东莞的日期和路途中的艰辛波折，都已成谜，文献中仅有简略的记录：“赵玉女（1159—1245年），南宋高宗女，流散民间，被起兵勤王之江西赣县令东莞人邓铣收留，后许配其子惟汲为妻。宋光宗即位后，玉女得认为皇姑，其夫惟汲被封为‘税院郡马’，附城主山村之女婿黄寿昌被封为‘郡马婿’。”②

赵玉女的故事，本质是乱世中的悲剧，文献的缺席，不知隐匿了一个弱势女子多少的艰辛磨难和命运不幸。后人的文章，将乱世的苦水，兑成了俗世的鸡汤，给赵玉女的悲惨，续上了一条光明的尾巴。“皇姑流落民间，而获江西赣县县令、东莞人邓铣收养。邓氏勤王有功，其子邓惟汲遂及配皇室（皇姑），恩封税院郡马。皇姑洞明人情世故，眷恋东莞田园风光，因之夫妻奏请归故里，获光宗恩准。”③

七百多年过去，皇姑赵玉女的故事，只残留在一棺坟墓上。东莞名儒张其淦，用一篇《宋宗姬墓记》，隐隐约约让后人看到

---

① 谌小灵主编：《东莞古代史》，广东人民出版社，2016，第95页。

② 李君明编：《东莞文人年表》，广东人民出版社，2015，第67—68页。

③ 张铁文：《宋皇姑赵氏墓》，载《东莞风情录》，广东人民出版社，2015，第58页。

了八百年前的情景。

张其淦赋予了赵玉女“宗姬”的尊称，点明了她宋徽宗之孙、高宗之女的真实身份。红颜薄命的宗姬，在战乱中流落到了东莞，被邓铣收留，并与其子邓惟汲成婚。婚后生育四子。沦落民间的宗姬，却有着不贪图富贵、不羡慕荣名的美德，“既藏晦于生前，只上书于身后（其子邓林，以母手书上闻）。光宗悯之，诏赐祀田十顷”。

国破家离的乱世中，赵玉女是一个认命的人，所以，在张其淦的笔下，宗姬的命运，既可叹，又可幸。赵玉女以87岁的高寿，卒于宋淳祐五年（1245年）二月初七日。皇姑的身份，让赵玉女有了“诏命官谕葬，并命当时的风水明师、大宋国师厉伯韶亲自主庚，选址造墓，立‘坤申向之原’”的哀荣。赵玉女死后，葬于石井，这棺建于宋淳祐六年（1246年）的大坟，明清两代三次重修。

皇姑赵玉女的故事，只是宋室南渡移民大潮中的一个例子。《中山传》[①]一书中，记载了皇室苏妃和胡妃离宫南逃的故事。那个时期的香山，尚未脱离东莞，所以那些故事，都与东莞这个名词密切关联。

苏妃的故事，记载在《槎滘罗氏族谱》中的《珠玑徙居事志》中：

---

① 叶曙明：《中山传》，广东人民出版社，2022。

南宋建炎年间（1127—1130年），皇宫中有一位苏妃，貌美如花，但秉性贪淫，激怒了皇上，被贬入冷宫。后来她设法逃了出来，装扮成丐妇，行乞于京城。南雄府始兴县牛田坊有一富人叫黄贮万，奉官府之命，备船运粮上京，遇到苏妃在码头唱歌乞讨，见她外表虽然污糟邋遢，但明眸皓齿，却是掩藏不住，举止动静，都与俗人不同，便把她收容在船上，回家后纳为宠妇，改姓张氏。后来虽然知道了她的身世，但自以为这事神不知鬼不觉，只要不对外声张，便可瞒天过海。

不久，皇上想起了苏妃，想召她出冷宫，才发现早已鸿飞冥冥。由于龙颜震怒，敕兵部尚书行文各省司道府县，严行访缉，但经年没有下落。直到黄贮万的一个家仆，因事被逐出门，怀恨在心，把这件事泄露出去，京师沸传。兵部尚书张英贵担心皇上责怪他访查不力，伪称南雄府始兴县牛田坊有贼作乱，流害平民，冒奏皇上准行，派兵进驻南雄府牛田坊，以建兵寨为名，要荡平这个地方。

由于有在京做官的亲戚通风报信，牛田坊的村民便往南逃走，星散在珠江三角洲各地。

苏妃在另一个版本中，变成了胡妃，时间也往后推延了一百多年。由于兄长胡显祖得罪了权臣贾似道而被牵连逐出宫门，胡妃流落街头为丐，被南雄保昌县富户张贮万看中收留，纳为小妾。事情传开之外，牛田坊人担心朝廷问罪，立即离开珠玑巷逃灾躲难。辽阔的珠江三角洲，成了鱼群的汪洋大海。

赵玉女的故事，与苏妃、胡妃有很多不同，但战争离乱，改变了中原人的命运，也为遥远的岭南，注入了活力。由于文献的白纸黑字和文物印证，赵玉女的故事有迹可寻。同治元年（1862年），东莞县学郑荣有在《宋宗姬墓》中，记录了赵玉女和邓惟汲婚后所生的四个儿子：邓林、邓杞、邓槐、邓梓。并且用“石井村边多古树，树里杜鹃啼不住。岭头华表何崔巍，行人道是宗姬墓。宗姬生长帝五家，乱离无奈凤随鸦。南渡君臣安积弱，东官门户自豪华”的诗句，为后世留下了一幅苍凉的画面。

千古一灯

赵玉女和赵必瑑，都是宋朝的宗室，他们最后以东莞作为人生的归宿之地，都是命运的安排。他们在皇室的血缘里相融，却没能在东莞的土地上相逢。

千角灯，可能是赵玉女和赵必瑑共同留给东莞唯一的文化遗产。在千角灯的渊源和知识产权方面，文献分歧，无法判定。《东莞千古一灯——千角灯》一文，将千角灯归功于赵必瑑家族。“千角灯是东莞赵氏家族制作的，赵家确是宋朝皇族后代，其先人在南宋时落户莞城西郊栅口（现莞城三中一带），后迁至城内文顺坊，在解元坊立祠，到东莞后第二代赵崇鉥和第三代的赵必瑑是历史上少见的父子同榜进士，并从赵必瑑时开始制作千角灯。”[1]民间传说中，千角灯根据史料记载是赵匡胤的小妹赵美容，也是我们常说的皇姑，当时逃难定居东莞时，凭着对八角宫灯的记忆，指导东莞的艺人进行扎做，并一直流传了下来。

如果赵美容的故事成立，那么，赵美容和赵玉女，可以看作是同一个人。皇姑本就稀罕，皇姑逃难的故事，更是不可多遇，东莞一县，山川河流并不广阔无边，不可能两个皇姑同时青睐这片土地。

千角灯在东莞亮相，无论谁拥有知识产权，都是赵姓的专利。只是皇姑赵玉女和千角灯连在一起的时候，宫灯的故事则更为传奇，更符合读者的阅读期待。

由于千角灯高贵的皇家血统，注定了它一开始就不是民间的俗物。流落到东莞之后，千角灯十年扎制一次，它悬挂在赵氏宗祠内，为赵氏家族新添男丁举行的开灯仪式所用。在灯的家族内，千角灯可称得上巨大，它由灯顶、灯柱、灯体、灯带和灯尾五个部分组成。灯顶是用金属线条扎出圆形大宝顶和8条立体彩龙的骨架，一共8条大角，每个角有3条灯带垂下，24条彩带上，绘有山水、花鸟和人物等图画，灯体由三角形、长方形、梯形等200多个浮凸立体结构拼接而成。

千角灯由千个角千盏灯组成，在书画、剪纸、刺绣等多种艺术形式的手工扎制之下， 庞大立体，灿烂辉煌。来到东莞的皇

---

① 叶映云：《东莞千古一灯——千角灯》，载莞城千年文化编辑委员会编《莞城千年文化》，中国大百科全书出版社，2006，第210页。

室宫灯，并没有水土不服，“千角灯”这个名字，显然不是宫廷的原配，因为它吻合了东莞方言“千角千灯人丁兴旺，千花本同树，千角本同根”的吉祥寓意和谐音。

千角灯的民间性过强，以致它缺席了《东莞县志》等正史，唯有属于家乘的《赵氏族谱》，记录了此事。赵氏家族定居莞城之后，曾有一分支迁居塘厦，这一支人保留了一本残旧的族谱，千角灯在族谱中出现，赵姓人倾注了满腔的心血，制作千角灯，让它点燃照亮十年的时光，并在十年的节点上，用另一盏千角灯为它接力。如此复杂的灯，从无图纸，全靠前人口传心授。由于未能成为商品，进入市场流通渠道，千角灯的式微，是必然的命运。

千角灯，诞生于遥远的宋朝，它最早属于宫廷，属于赵姓家族，然而，在漫长的岁月时光中，千角灯消褪了它的贵族属性而成为大众的观赏之物。它的束之高阁，它的远离实用，让一盏不再属于赵姓的巨型宫灯逐渐走向衰亡。

千角灯的复活，是皇姑的阴魂未散，是赵氏家族的精神不熄，在抢救性的发掘之后，千角灯在几个老艺人手里，焕发生机，它以宽3.5米，高4.5米，一千只角和一千盏灯的独特形貌，呈现在世人眼前。

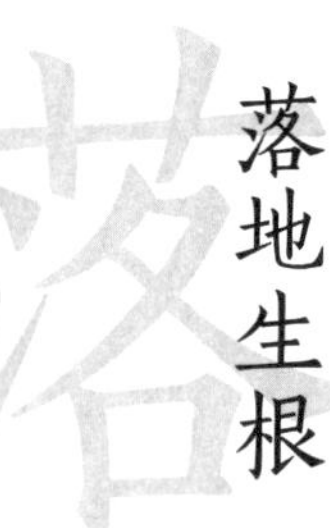

落地生根

任何朝代，东莞都是一片肥沃的土地，那些千里迢迢辗转而来的中原移民，就是一粒生命力极强的种子。落地生根，就是他们必然的结果。

北人南迁，是一个漫长的过程，是一部由五次移民高潮组成的历史。秦开岭南，赵佗率五十万大军入粤，推动了岭南地区的第一次移民高潮和民族融合。汉武帝时期，平定南越与岭南形成了岭南地区的第二次移民高潮。三国两晋南北朝时期的中原动乱，流人南迁，形成了历史上中原向岭南地区的第三次移民大潮。北宋末年北方连年战火，难民南逃，形成了第四次移民浪潮。南宋末年抗元失败，军民南迁，涌入岭南，是第五次移民高潮。

对于东莞来说，宋元时期的移民潮，最为典型，具有鲜明的特点。

南宋灭亡之后，朝廷和抗元军队的幸存者，留在了岭南特别是沿海地区，东莞的地理位置，成了他们的一个定居选项。赵宋宗室，如同一群惊恐的鱼，游进了东莞这片水草丰茂的湖泊中。他们以隐姓埋名的方式，潜伏喘息。度过了元初的血与火之后，才逐渐恢复赵姓。赵锡年等人编订的《赵氏族谱》，就记述了皇室幸存者与僧人为宋末帝陵在赤湾建陵的事。以文璧为代表的文天祥后人，也以东莞一带，作为隐居潜身之地。

文璧是文天祥的胞弟，他跟随兄长参加了抗元战争，文天祥兵败，文璧见大势已去，只好率部投降。之后文璧选择东莞县三都六图黄松岗鹤仔园（今深圳市宝安区松岗根竹园村）隐居，在元朝屡次征召下出仕，官至谏议大夫、广西宣慰使。文璧死后，葬于鹤仔园附近的尖岗山。后来子孙繁衍，成为当地的望族。文天祥的侄孙文应麟，则走了和文璧相反的路，他耻于仕元，携家眷避居于东莞县的东诸（疑即今深圳光明华侨畜牧场的东周村），种树栽花，专事陇亩，终身未仕。文应麟一支，人丁兴旺，先迁福永凤凰岩岭下村，再迁深圳西部、中部各地，又迁东莞、香港各地。文天祥族裔，以近万人数，分布于珠江三角洲。

宋元时期从粤北一带进入的南迁移民，并非一站式迁入目的地，而是在南雄珠玑巷停留，继而寻找适合居住生存的地方。当濒临海洋、平原广袤、土地肥沃、气候温润的东莞出现在南迁移民眼中之时，东莞，就成了他们的风水宝地和理想家园。据《东莞古代史》的资料统计，宋元时期，自南雄迁入东莞的家族就有

41族。而这41族，并不是宋元时期东莞移民的全部。41族中，宋代南迁的有39族，元代南迁的有2族。[①]南雄珠玑巷氏族的南迁，主要在宋代，宋代南迁的39族中，南、北宋之际南迁的有14族，占35.9%；宋元之际南迁的有10族，占25.64%。两个时期合计占61.54%，几乎是宋元时期的三分之二。[②]

宋元之际迁徙东莞的移民，还有从粤东的潮汕、梅州地区转迁而来和由广州、惠州两府转迁而来的。各种途径迁徙而来的移民，与东莞当地居民融洽相处，不仅为东莞发展提供了新的劳动力，而且也带来了先进生产技术和文化，对东莞经济、社会和文化的开发作出了重要贡献。

李春叟以移民世家大族中的一员出现在妹夫熊飞起兵抗元现场的时候，正值熊飞兵败回莞之际。东莞人畏惧战争，亦担忧摊派粮草兵饷，纷纷逃离家园。熊飞大怒，张榜告示，限民众三日返家，否则发兵杀戮。民心惶惶之际，李春叟挺身而出，力谏熊飞。熊飞素来敬重李春叟，听从劝告。在那个群雄四起，烧杀掳掠的乱世，李春叟用自己的贤能仁慈，阻止盗寇侵犯，让民众免于祸患。景炎二年（1277年），元军攻入广州，哨骑将至东莞，吕师夔、张荣实进军在即，民众畏惧不已。李春叟毅然与张元吉携手，拜见两位元军统帅，以死相争，成功阻止元军劫掠东莞，民众得以保全，被陈琏赞谓“掉三寸舌，活一邑命”。元人深知

① 谌小灵主编：《东莞古代史》，广东人民出版社，2016，第109页。

② 谌小灵主编：《东莞古代史》，广东人民出版社，2016，第109页。

李春叟威望，任命他为东莞县令，李春叟坚辞不就。

南迁移民，为东莞贡献巨大，李春叟，只是移民世家大族中的一个代表。大量的移民，在东莞这片落地生根的土地上置田兴家，立围建舍，开枝散叶，很多成了以后的世家望族。这个时期的北人南迁，奠定了日后东莞族群姓氏的基础。宋元时期，东莞社会具有相当影响力的移民大族，有张、王、陈、李、赵、丁、瞿、黎、何、尹、方、叶、梁、丁、罗、邓等十多个姓氏。

东莞张氏，在《琴轩集》卷十七《东莞张氏族谱序》和卷二十九《墓表·种庵张先生墓表》中，是唐朝宰相张九龄之弟张九皋的后裔。移居福建福清后，其族人张岘，宋兴盛时任惠州海丰尉，曾至东莞，乐其风土淳厚，于是在此安家。传到张淑一代，家族已十分富有。张淑之后，家族显赫，长子官至梧州司法，尤其是其曾孙张元吉和张登辰二人，是宋末抗元名流。民国《东莞县志》记载，当元兵至菉兰村，宋守将殉难时，元吉使其弟张登辰以家资贿赂元军，为一邑请命，后元兵放弃侵扰，莞邑获安宁。元代，登辰摄县丞，广州府欲增税额，登辰力陈要旨，邑税得以按旧规收取。后来在元皇庆间张氏修族谱时，县令郭应木为其作序。在明初第九世孙再修谱时，陈琏应请作序，感叹道：“东莞著姓，以张氏为首。”

东莞王氏大旗，从王泰开始举起。王氏最早的源头在福建莆田，落户东莞之后至王德明一代，已成为东莞望族。王德明家族中的诸多族人，都是南宋至元末明初东莞有影响的人物。自王德明开始，三代不为官，王护轩公开表明祖上受宋恩厚而不仕元，但在盗贼蜂起的元初，仍“出谷以赈乡人”，不负祖训。

石排王松隐家族非王泰后裔，但对东莞宋元时期贡献和影响颇大。南宋中叶，王松隐由南雄宦游东莞，择居于石冈（今石排镇）。修筑东江堤（又名福隆堤）延袤万余丈，护田九千八百余顷，民赖其利，后又三次加修或补修。

陈氏家族，在东莞肥沃的土地上生根分蘖，枝叶茂盛。

亭头陈氏，始自先祖陈侻于南宋建炎年间从福建同安迁东莞。陈侻曾孙陈应辰，陈应辰长子陈益新，陈益新长子陈庚，次子陈纪，都是东莞名士。东莞历史上第一部志书《宝安志》，出自陈庚之手。

燕川陈氏，先世居洛阳，为避兵火，陈氏之朝举公偕三子于北宋末迁南雄珠玑巷。长子康道、三子康运继迁东莞归德场涌口里（今宝安沙井），康道之孙友直迁燕川（今宝安松岗镇燕村）。

茶山燕喜堂陈氏，亦是金兵南侵时避乱于南雄。先祖陈彦清南宋庆元二年（1196年）进士，任福建泉州刺史，任满从水路回，经东莞逢流寇四起，水陆两途皆绝，遂寓居东莞茶山。

茶山另有塘角陈氏一支，先祖陈应甲，南宋宝祐年间授广东南雄府郡守，为避乱偕子迁徙茶山塘角。

桥头陈氏先祖为汴梁人陈誉，北宋靖康年间为岭南靖海军节度使，卒于官任，其子陈晏以父荫补官。南宋绍兴二十七年（1157年）为东莞县令，定居于东莞厚街桥头村。其后裔陈琏为明洪武二十三年（1390年）举人，历官桂林、许州、滁州、扬州和四川等地，后改南京通政使，复迁南京礼部侍郎。其一生博古通经，尤以文学知名，兼善绘画、书法。致仕归田后，于莞城同德街建万卷堂书屋，著有《琴轩集》《归田稿》等。

北栅陈氏，唐大中年间由江西石城县竹园迁居南雄保昌严塘里，南宋建炎年间，陈常仕宋为朝奉大夫，宦游广州，于大宁（今虎门大宁村）安家，传六世。陈述迁北栅（今虎门北栅），遂为北栅陈氏一世祖。至今为东莞望族。

东莞李氏家族，先祖为南雄人，南宋时，李卓自南雄柯子里迁居东莞靖康乌沙村（今长安镇乌沙），传至第三代李用，迁居东莞白马（今南城白马），即成大器，一部《论语解》被朝廷青睐，受南宋理宗御赐“竹隐精舍”匾额。李用的形象，被咸淳年间的广东提刑刘叔子令人作画像，挂于县学祭祀。李用的长子李春叟，除继承家学，致力教育，著成《论语传说》和《咏归集》之外，劝熊飞起兵勤王，谏阻熊飞莞邑扰民，面对元军死争而使莞邑免于战火。李春叟的口碑，在陈琏 “名重缙绅，仁治乡邑，流庆后裔，真可谓有德君子矣”的评价中光彩照人。李用的两个女婿熊飞和叶刚，死于南宋抗元战争中，被誉为东莞义士。

塘厦李氏与白马李氏，先祖均为李卓。

李秋家族中的先祖李金为宋朝县尉，宋末避乱迁居东莞。李秋“慷慨有志略”，宋末元初之时，李秋与李春叟、张元吉、翟龛等人，为东莞保境安民作出了贡献。

塔冈李氏唐末迁江西吉安，北宋真宗年间迁南雄。第四代仙之迁番禺鹭冈，仙之第四子性道，性道次子韬迁居东莞塔冈（今东莞东坑镇塔冈）。

茶山李氏，南宋建炎年间从南雄保昌南迁东莞莞城，第八世李定道于明洪武十四年（1381年）避乱于茶山。

赵氏家族带有天然的皇家血统，这个高贵的家族与东莞的渊源，始为赵必瑑祖父赵汝桧为广东盐干，父亲赵崇鈾为广东侍盐干的官职，举家迁东莞栅口。据陈琏《琴轩集》卷二十九《墓表·宋朝散郎秋晓赵公墓表》记载，赵氏系出宋濮安懿王，高祖曾于福建做官。南宋咸淳元年（1265年），赵崇鈾、赵必瑑父子同中进士，名重一时。熊飞起兵勤王时，赵必瑑“以家资三千缗、米五百石赡军，以宽邑人之力”。南宋之后，著有《覆瓿集》六卷的赵必瑑自嘲“诗人只宜住茅屋，天下未尝无菜羹”。

翟氏家族，先世居休宁（今安徽休宁）。靖康之变后，翟徽为了避乱，迁徙南雄，继迁东莞莞城。翟徽为北宋元祐二年（1087年）进士，官至工部郎中。生九子，男孙36人，其子孙后代中有多人科举高中，仅南宋一朝就有：长子翟杰，绍兴五年（1135年）进士；次子翟侃之子翟景先，淳祐七年（1247年）进士；景先之子翟龛，咸淳六年（1270年）乡荐第一，为东莞主簿。

翟氏家族人杰，以翟杰、翟龛最为出众。翟杰，南宋淳熙七年（1180年）任化州司户。归田之后，建桂华书院，“集四方英杰相与讲学穷经。……当靖康之季，学校荒芜，人才散失，杰独能型方训俗，振兴绝业，其功甚伟”。翟龛则在宋末兵荒马乱之际与李春叟、赵必瑑、张元吉等人与元兵周旋，保护东莞平安。

叶氏家族。当南宋熊飞以布衣起兵勤王的时候，叶刚、叶判、叶钊三兄弟与其一起浴血奋战，同抗元军。叶氏源自福建仙游，叶氏三兄弟之曾祖父叶颙为南宋绍兴元年（1131年）进士，官至尚书左仆射兼枢密使。致仕后定居南海大圃乡。祖父叶元章，官翰林院孔目，出宰南雄。至父亲叶纯佑一代，迁居东莞京山。叶刚原配李氏乃李用之女、李春叟之妹，第二房夫人为熊飞之妹。

罗氏家族从罗贵南宋绍兴元年（1131年）从南雄珠玑巷迁徙冈川大良都古甲萌底村开始，后罗贵子清之迁东莞英村，再由七世孙罗亨信迁居莞城西门。罗亨信，明永乐二年（1404年）进士，选翰林院庶吉士，历任工科给事中、吏科给事中、山西道监察御史、都察院右佥都御史、都察院左副都御史等职，是明朝正统年间督镇西北边陲的功臣。为官恪守其职，尽显忠勇，战功卓著。莞城谚语“东门古，西门罗，南街邓，北街何，市桥下有只大鹏哥”，因名人效应不胫而走。

东莞邓氏，先居江西吉水白沙里，北宋开宝年间过南雄珠玑巷。邓符为东莞邓氏之祖。邓氏入莞，并非战争避难，而是出于风水原因的主动选择。邓符是北宋崇宁四年（1105年）进士，精通堪舆。南游东莞时，邓符看见乐挂角山（今属香港“新界”）风景秀丽，山水灵动，便在此筑力瀛书楼，收徒讲学。邓氏子孙，繁衍兴旺，后人分布于东莞竹园、鲤鱼石、莞城南街、福隆、雁田、锦田、元朗、大埔、屏山、白蚝、怀德等地方，人口已逾百万。邓元亮之子邓惟汲，娶宋宗室女赵姬，封税院郡马。

作为移民中的世家大族，丁姓、梁姓、方姓、尹姓、何姓、黎姓等家族，都在东莞这片土地上扎根，他们的繁衍生息，让东莞这片土地，一片人丁兴旺。

海禁与迁界

海禁的历史，可以追溯到宋朝雍熙二年（985年）。《宋史·食货志》记载，赵光义于太平兴国初年（976年）规定私自与海外诸国贸易者，满一百钱以上判罪论处，十五贯以上就在脸上刺字发配流放到海岛。

海边的东莞，生存与朝廷严苛的海禁令息息相关。

北宋时期的海禁，似乎影响有限。到了明朝之后，社会政局不稳，盘踞于东南海岛的方国珍、张士诚余部，与海盗、倭寇武装力量勾结，向内地扩张，频频骚扰濒海之地。明太祖朱元璋一贯奉行重农抑商政策，轻视海外贸易，为了加强海防，朝廷实行了海禁政策。

这些禁令具体包括：

严禁下海通番贸易。洪武四年（1371年）十二月诏中："仍禁濒海民不得私出海。”洪武十四年（1381年）十月诏令中，“禁濒海民私通外诸国”，洪武三十年（1397年）四月，再次实行渔禁，“人民无得擅出海，与外国互市”。这些记录在《明太祖实录》中的禁令，让广阔的南海边断绝了人影。

禁止将违禁物品输往国外，违者依法处置。明代陈仁锡的《皇明世法录》卷七十五《海防》中，记载了违禁物品和违者处置的内容：“凡将马、牛、军需、铁货、铜钱、缎匹、绸、绢、丝、绵私出境货卖，及下海者，杖一百；挑担驮载之人，减一等，物货船车并入官。于内以十分为率，三分付告人充赏。若将人口、军器出境及下海者，绞；因而走泄事情者，斩。其拘该官司及守把之人，通同夹带，或知而故纵者，与犯人同罪；先觉察者，减三等，罪止杖一百，军兵又减一等。”

禁止民间使用番货，违者法办。番货的真实面目，其实是进口商品，后人虽然不知道番货的具体内容，但可以在《明太祖实录》中，看到严苛的规定。洪武二十七年（1394年）正月，禁民间用番货，并不许贩鬻，商家现有存货限三个月内销尽。民间祭祀，用松柏枫桃诸香代替，违者犯罪论之。“两广”所言香木，只准本地使用，不许贩往岭北货卖。

在此之外，还有不准沿海地区擅造适于航海的二桅以上违式大船的禁令。除领有号票、文引许令出洋外，其余船只不许下海。沿海小民撑使单桅小船，领有执照于海边近处捕鱼采薪者，不许扰害。

朝廷禁令，还在山海要害处设置巡检司，置弓兵，专一盘诘奸诡；又于海盗出没及海商活动频繁的海岛“迁其民”，“虚其地”，切断其与大陆居民的联系。

永乐至宣德年间，朝廷派遣郑和七次远渡西洋，这场政治意味浓厚的官方行动，并不意味海禁的放宽。嘉靖年间，海禁变得更加严厉， 民间海上贸易受到更加严格的限制，经济受到沉重打击。

改朝换代之后，海禁依然没有放松，而是变本加厉，在原有基础上，实行了更加残酷的政策。当“海禁”和“迁界”这个词结合之后，漫长的海岸线上，就上演了人间的劫难悲剧。

“迁界”这个动词在东莞出现，始于清顺治十八年（1661年）：顺治十八年（1661年）实行海禁，强迫江南、浙江、福建、广东沿海居民分别内迁30里至50里，不许商、渔船下海，史称迁界。

“迁界”，并非一个从天而降、突如其来的行动。早在顺治四年（1647年），清廷就下令广东实行海禁，不许国内商人下海贸易。由于郑成功海上反清势力日益壮大，顺治十二年（1655年），朝廷再一次颁布禁海令。迁界令的发布，建立在两次海禁的基础上，建立在对郑成功海上反清势力恐惧的基础上。

清廷迁界令规定，山东至广东沿海居民迁居内地。广东地区，为此进行了两次行动。康熙元年（1662年）二月的第一次迁界，包括东莞在内的广东24州县沿海并所有附近海岛（澳门除外）的居民，皆被迫内迁50里。在严苛的规定下，界外禁止通行，民房全部拆毁，田地不准耕种，禁止出海捕鱼，凡越出界外者立斩，且限期三日。清军沿村催迫撤离，沿海人民仓皇逃难，留恋乡土不愿迁走的村民惨遭杀戮。两年之后的第二次迁界，在50里的基础上再内迁30里，原来不在第一次迁界24州县范围内的顺德、番禺、南海、海阳四县沿海居民，也受到波及。广东四年之内的两次迁界，范围甚广，涉及28个州县、20个卫所，被迫迁徙人数数十万，抛荒田地共566万亩。[①]

东莞是迁海的受害者，由于靠海，沿海的大片地区（包括如今虎门、长安、沙田和厚街等地）深受两场迁海劫难之苦。康熙元年（1662年），朝廷派平南王尚可喜与副都统科尔坤、兵部侍郎介山到东莞勘界，科尔坤和介山审察东莞地形，划定边界。东莞沿海居民在官兵的逼迫驱赶之下，“栖楼露处，艰苦万状”，暴力迁海的惨景，记录在陈伯陶纂的《东莞县志》卷三十二《前事略四·国朝一》中：“西自圳头山，东望莲花峰，中驻蚁公岭，分插三旗，在旗外看，凡80余乡，刻日尽迁于旗内。寻于三旗相对处，路筑长堑为防，山列墩台为守，海树桩栅为阑，居民片帆不许出海，违者罪至死。”

更为详细具体的村名地形，也记载在杜臻的《粤闽巡视纪略》中，东莞自小虎山历大虎山、门寨等境（缺口镇、蚁公山、白沙大山、大岭山）至三角山为边界，界外距海从三十五里至一二里不等皆属迁移。科尔坤和介山的视线里，距海三十五里的

① ［清］阮元修、陈昌齐等纂：［道光］《广东通志》卷二百五十五《刘秉权传》，《广东历代方志集成》，岭南美术出版社，2008。

村庄有新村、柏树、矮冈；距海三十里的有白泥坑、心田寨、龙眼、北栅围、大宁墟、溪冈、大坑、钟屋地、羊湾尾、怀德、长坑、独树；距海二十八里的有河潭冈；距海二十六里的有田尾；距海二十五里的有钟屋围、横树头；距海二十里的有社冈、增田；距海十五里的有官涌、新地；距海十里的有坐尾、阔澳；距离九里至一里的有：石岐村、竹洲、金洲、角嘴崖、小捷、坐头、侧冈尾、上角、白石凹、白石、下路、沙头、乌沙、白石沙、上沙、大井、上仪、咸西、萧边、涌头、田寨等，俱属迁移，共迁50余乡，抛荒田地836顷。

人去屋空，田园荒芜。迁界带来的惨状，并没有在康熙元年（1662年）二月划上一个句号，雪上加霜的第二次迁界，紧接着在康熙二年（1663年）八月到来。第二次迁界，以30里为限，在官方划定的边界内，“西自大涌口、沙塘坊，东至大山下、白头山，各插一旗，又远指彭峒山命插一旗”，此后，东莞知县郑向报迁谓“大涌口当在迁例”，将沙塘坊旗改插涌口墟石山顶上。于是，刘家坑、宅尾、坑尾、桥头、斗涌皆在界外，只有桥头乡留一半。康熙三年（1664年），总督卢崇峻谕令桥头照界半存，不用迁徙。[①]海南栅乡第一次迁界时因近虎门寨被留为护卫，至此被划入了迁界范围。

用一场空前的浩劫，来制造无人区，百姓的苦难，可谓深

---

① ［清］杜臻：《粤闽巡视纪略》，载《文渊阁四库全书》，台湾商务印书馆，1986。

重。民国《东莞县志》卷六十六中，记载了方佐朝对迁界的反抗：

方佐朝，字仲匡，号柱堂。东莞亨美人。读书知大义。康熙初海氛未靖，下令迁界，四乡庐墓外皆墟。亨美之西南二社，死者十之四五，佐朝痛之。值科尔坤、介山巡边，佐朝率男妇千余人叩于马前泣诉。招男妇随行里许，哭声震野，乃给谕免役。佐朝于距乡半里大陂边结栅盖茅，令得栖息，及复界，无转死沟壑者。[①]

迁海对广东沿海生民的摧残，《广东新语》亦有记载。屈大均在《广东新语》卷二《地语·迁海》中描述：

岁壬寅二月，忽有迁民之令。满洲科尔坤、介山二大人者，亲行边徼，令滨海民悉徙内地五十里，以绝接济台湾之患。于是麾兵折界，期三日尽夷其地，空其人民，弃赀携累，仓卒奔逃。野处露栖，死亡载道者，以数十万计。明年癸卯，华大人来巡边界，再迁其民。其八月，伊、吕二大人复来巡界。明年甲辰三月，特大人又来巡界，遑遑然以海防为事。民未尽空为虑，皆以台

① 叶觉迈修，陈伯陶纂：［民国］《东莞县志》卷六十六《人物略十三·方佐朝》，民国十六年（1927年）东莞县养和书局铅印本。

> 湾未平故也。先是，人民被迁者以为不久即归，尚不忍舍离骨肉。至是飘零日久，养生无计，于是父子夫妻相弃，痛哭分携，斗粟一儿，百钱一女。豪民大贾，致有不损锱铢，不烦粒米，而得人全室以归者。其丁壮者去为兵，老弱者辗转沟壑。或合家饮毒，或尽帑投河。有司视如蝼蚁，无安插之恩，亲戚视如泥沙，无周全之谊，于是八郡之民，死者又以数十万计。民既尽迁，于是毁屋庐以作长城，掘坟茔而为深堑。五里一墩，十里一台，东起大虎门，西讫防城，地方三千余里，以为大界，民有阑出咫尺者，执而诛戮。而民之以误出墙外死者，又不知几何万矣。自有粤东以来，生灵之祸，莫惨于此。①

唐代白居易“文章合为时而著，歌诗合为事而作”的观点，在清朝残酷的迁海政策中，屡屡被文人和现实印证。番禺岁贡生黎彭祖作《徙民吟》长诗，控诉暴政。清代诗人邓锡祯在《移村诗和祁尔琮韵四首》中，描述了清初东莞被迁界祸害的景象：

> 平芜四野片云低，回首长川日欲西。
> 古庙已荒苔自长，故山无主鸟空啼。

---

① ［清］屈大均：《广东新语》卷二《地语·迁海》，中华书局，1985，第57—58页。

行人泪逐猿声落，孤客思从草色迷。
每向梦中寻旧址，几回惊叫恼邻鸡。

故园归去欲何之？愁见鸺鹠在一枝。
迁客无家空拜望，孑遗随处竟流离。

疮医剜肉宁存骨，薪负怜裘岂顽皮？
往事不堪回首处，鸟啼花落总堪悲。[①]

在文人骚客的诗文中，后人看到了疮痍满目。

迁界之后，大量的房屋树木遭到毁坏。海南栅在康熙元年（1662年）时移村，百姓插居星散，无处聚集。虎门的宴冈村，已经成为瓦砾之地。

人口急剧减少，也是海禁迁界带来的恶果。明崇祯五年（1632年），东莞户籍13768户，人口85730人，至迁界之后的康熙二十八年（1689年）前后，东莞户籍只剩下8674户，人口41198人，人口几乎减少一半多。

东莞经济，在海禁迁界中也遭到了重大打击。东莞盛产莞草，迁界之后，界外种草之地尽失。捕鱼，是沿海居民和疍民的谋生手段和主业。清初时期的虎门大宁、靖康、双冈以及到滘、

① 杨宝霖主编，邓进滔整理：《邓锡祯诗集　邓蓉镜诗文集　邓寄芳诗集》，上海古籍出版社，2011。

大汾等地，都是疍民集居之地。迁界之后，疍民们不准下海，无法捕鱼，失去了主要的经济来源。养殖业，在海禁迁界中遭受灭顶之灾。陈伯陶纂《东莞县志》卷十五《舆地略十四·物产下》里，记载了东莞合澜海，在城东南六十里，乌沙、沙头二村之前，与新安分界，二山对峙，有蚝田。当地人以采蚝为生。屈大均的《广东新语》则说“东莞、新安有蚝田”，且有打蚝歌：“一岁蚝田两种蚝，蚝田片片在波涛。蚝生每每因阳火，相叠成山十丈高。”由于严禁出海，迁界后的蚝田，大量弃置，满目荒芜。海禁迁界之下，盐业也不能幸免。迁界之前，靖康盐场有灶丁2320丁，迁界时如鸟兽散，复界之后，陆续召回灶丁1215丁，盐业生产，深受影响。由于战乱和迁界，许多拥有沙田的地主，在战乱中丧生或者逃亡，大片沙田荒弃。迁界之后的广东沿海，市集萧条，贸易冷落。镇口，是虎门最盛的墟场之一，历经迁界和康熙年间的谢昌、李积凤暴动后，墟市贸易遭受沉重打击，一蹶不振。虎门附近的田尾、太平、东煮、大宁、沙头、广济、涌口等，皆在迁界之列，全部遭到破坏。

春风吹又生

- 不灭的香火
- 天怒人怨
- 俗世的图腾
- 香草美人

不灭的香火

人口变化，是某种意义上城市的生长史。人口的潮起潮落，与迁徙、战争、自然灾害密切关联。

东晋咸和六年（331年）东莞立县的时候，人口约2.5万人。地广人稀，村庄寥落，是婴儿期东莞的第一声啼哭。至唐开元、天宝年间，东莞人口才超过2.6万人，人口增长缓慢，与落后的生产力不无关系。到了宋乾德元年（963年），东莞户逾三万，称上第。元大德八年（1304年），东莞户籍达到了24598户，其中“南人户24394，北人户204，另僧道户374”[①]。经历了1400多年之后，东莞人口至清乾隆十一年（1746年），突破至44.6万。

---

① 田根胜、阎江主编：《历史的风采：东莞历史文化的弘扬》，广东高等教育出版社，2008，第14页。

后世学者，为东莞历代人口发展，提供了一组数据：

明洪武十四年（1381年），全国开始制定包括出生婴儿在内的户籍册，东莞县为183里（每里110户），共20130户。在明宣德七年（1432年）黄册统计中，东莞有户23732，丁口88100；

洪武二十四年（1391年），户24968，丁口76364；

永乐元年（1403年），户26782，丁口91020；

永乐十年（1412年），户21304，丁口79674；

宣德七年（1432年），户23732，丁口88100；

天顺六年（1462年）黄册，户24450，丁口152795；

成化八年（1472年），户24677，丁口141455；

弘治五年（1492年），户24875，丁口141962；

正德七年（1512年），户25157，丁口142263；

嘉靖元年（1522年），户25099，丁口142471；

嘉靖三十一年（1552年），户25362（民户12264，军户4891，灶户6653，各色匠户103，官户2900，力士户5，僧户5，疍户1412），丁口143336（男86936，妇56400）；

隆庆六年（1572年），户26153，丁口142598（是年分割新安县，户7608，丁口33971）；

万历十年（1582年），户19068，丁口107032；

崇祯五年（1632年），户13768，丁口85730（男49784，女35946）；

明末清初，连年战乱、灾害，人口锐减过半。

清康熙二十八年（1689年）以前，户8674（民灶匠僧疍俱在内），丁口41198（男25134，妇16064）；

康熙三十五年（1696年），编审新增男子104丁，妇女75口；

乾隆五十一年（1786年），男妇446802（内民丁295232，妇151570）；

嘉庆元年（1796年），男妇465570（内民丁305780，妇159790）；

嘉庆二十三年（1818年），男丁321285；

宣统元年（1909年），民籍男丁1043693（客籍疍民不计在内），是嘉庆元年（1796年）的三倍。

据李汉魂题编的《广东年鉴》载，民国二十三年（1934年），东莞有164340户，881938人。民国三十年（1941年），天大旱，饿死11000多人，逃荒46000多人。此时人口约160000人。民国三十五年（1946年），有182649户，881938人。民国三十七年（1948年），有642955人。[①]

洪武二十四年（1391年）之前的东莞人口，由于缺乏国家普查机制，数据零散，只有一些蛛丝马迹可寻。

宋乾德元年（963年），朝廷命令各州登记户籍和人口。时东莞户籍超过3万，常住人口约为15万。

元代实施行省制度，行省之下设路、府、州、县四级。东莞属广州路管辖，为中等县。元代将户口分为南户、北户、僧户、

① 转引自田根胜、阎江主编：《历史的风采：东莞历史文化的弘扬》，广东高等教育出版社，2008，第14—15页。

道户。据元大德《南海志》记载，元代东莞县共有24598户，其中南人24394户，北人4户，僧尼354名，道士20名。人口数仅次于南海县（67166户）和番禺县（27641户）。[①]

在东莞人口变化的曲线上，出现过“寇乱”这个词。这个一般与战争连在一起的词，影响了东莞人口的增长。仅有明一朝，方志记载的寇乱就有三十余起。寇乱原因复杂，明初时期的寇乱主体，主要是元末乡豪势力的残余。明朝中后期，广东吏治腐败，百姓生存处境艰难，部分山区农民被迫落草为寇，而明朝严酷的海禁政策又严重地影响了沿海居民的生计，山寇和海盗一度层出不穷，沿海的东莞，一时成了寇乱的重灾区。

苏有兴造反，是明初东莞一次较大规模的寇乱。洪武十四年（1381年），苏有兴置营于湛菜村，残杀村民，焚烧官船，围攻城池，扰乱乡邑。在《明太祖实录》中，“南雄侯赵庸帅兵讨东莞诸盗，凡克寨十二，擒贼万余人，斩首三千级”。苏有兴之乱造成的后果是，致使许多乡民纷纷逃离东莞，使明初东莞人口锐减。

兵祸战乱时期，百姓逃亡，土地荒废，户籍散佚，人口统计是一个无法完成的任务。直到明朝初年朱元璋在全国范围内推行户帖制度，中国的人口，才有了一个较为准确的数字。洪武三年（1370年）十一月，户部推行“核民数，给户帖。户各具乡贯、

---

① ［元］陈大震、吕桂孙撰，广州市地方志编纂委员会办公室编：《元大德南海志残本（附辑佚）》卷六《户口》，广东人民出版社，1991。

丁口、田宅、僮婢、畜产，户部印验之”的制度，这场相当于人口普查的户帖验发行动，让东莞的人口户籍，有了一个可信的数字。

明朝对户籍人口统计的严格，超过了后人的想象。户帖设计了帖、籍两联，两联骑缝处以字号编为勘合，用半印钤记。户帖文书，由户部发至州县，州县提调官将辖区内百姓一一清点，将每户的原籍、户种、住址、人丁和生产信息填写在户帖上并押名，填完之后撕下籍联，将户帖交由各户收执。军队的介入，让户籍审核严苛到了令人恐惧的程度。朝廷派出军人，挨家挨户比对核实，对于隐瞒、躲避的人员进行严惩，官吏处斩，百姓充军。

洪武十四年（1381年），朝廷建立了比户帖制度更加完备的黄册制度。黄册制度规定，以户为单位，按职业性质区分籍属，主要有民籍、军籍、匠籍三大类。在民籍之下，还有儒、医、阴阳；军户还包括校尉、力士、弓兵、铺兵；匠中除了承应匠役的匠户之外，还有厨役、裁缝、马、船等。民、军、匠三大类之外，还有濒海的灶户、寺庙的僧侣、观里的道士、养马的马户、守陵的陵户、看园的园户、砍樵的柴炭户、种茶的茶户、承应买办的铺户等等。黄册之上，用白纸黑字详细记载了各户的乡贯、姓名、年龄、丁口、田宅、畜产。黄册造成之后，各户必须逐年填报丁口、田产的变动情况，由官府核实，不许隐漏。明朝政府还用每十年调查一次户口产生，重新更制一次黄册的大造措施，防止由于人口、地权变化所引起的赋役负担不均。大造中的黄册，设计了一式四份，分别由户部、布政司、府、县保存，送户部保存的册面用的是黄纸，所以称为“黄册”。

入籍，并不是所有家庭的福音。由于入籍必须纳税，所以许多贫穷人家都逃避入籍，又由于隐口现象严重，在籍人口数要低于实际人口数，所以官府要对那些隐瞒、躲避的人员实行处斩、充军的惩罚。

为了加强基层户政的管理，明朝廷建立了里甲制度，用以保障黄册的顺利实施。里甲制度规定，城中曰坊，设有坊长；近城曰厢，设有厢长；乡都曰里，每110户为里，设有里长，每10户为甲，设有甲长。有专家统计，东莞县有183里，在广州府内仅次于南海（351里）、新会（238里）。[①]里甲制度是套在居民脖子上的一根绳索，制度规定，农业者不出一里之间，朝出暮入，作息之道相互知。邻里之间，相互监视，相互举报，如有知情不报者要受到连坐，离乡必须持“路引”（即一种离乡外出的证明）。

洪武二十年（1387年），在黄册和里甲制度的基础上，朝廷又下诏，编制鱼鳞图册，核定全国土地。朱元璋派国子监学生，下到全国各地丈量土地，以交赋一万石额区为一区，一区的耕地编为一册，册中绘出田地的形状，记录四至范围、面积和田主姓名等信息。

明代东莞户籍和人口的变动，与全国人口变化大致相当。

---

① 梁方仲编：《中国历代户口、田地、田赋统计》，上海人民出版社，1980。

东莞户籍人口数最高年份的天顺六年（1462年），为152795人，最低年份出现在洪武二十四年（1391年），为76364人。明初东莞人口较少，均在10万以内，天顺六年（1462年）猛然突破了15万，此后一直到隆庆六年（1572年），人口波动幅度不大，基本上保持在14.2万左右。万历十年（1582年）之后，东莞人口逐渐下降，这与广州及珠三角一带的人口变动基本趋于一致。

由于避税的原因，人口统计中，多有漏网之鱼。所以正史中明代东莞在籍人口，仅为纳税人口，非纳税户人口数据难以统计，明代东莞实际人口数量，应该更多。

天怒人怨

户籍人口变化，是考察自然灾害的一个窗口，自然灾害是战乱之后生民减少的一个重要原因。《东莞古代史》[①]一书，将“天灾人祸”排为人口流失的第二大因素。

由于是天灾，人力无法抗拒，所以前人编纂的文献和正史、野史、别史、外史、杂史和逸事等，都不讳言自然灾害。一般的地方志，都会将自然灾害列入重点的《大事记》中。

东莞历史上的自然灾害，最早记录在案的是五代时期的象灾。一句话的恐惧，让故纸堆里的读者记忆了一千年：“五年（962年），象群践害庄稼，后主命官捕杀。”[②]

---

① 谌小灵主编：《东莞古代史》，广东人民出版社，2016。

② 东莞市地方志编纂委员会编：《东莞市志》，广东人民出版社，1995，第7页。

象灾，是自然灾害的一个异数，只有饥荒、旱涝、台风、地震，才是自然灾难的常态。

古代的东莞，是一个多灾多难的地方。《东莞市志》[①]的《自然灾害》一章中记录的水灾、旱灾、风灾、霜冻、地震、冰雹、病虫害、疫病，触目惊心。从宋至道二年（996年）闰七月的水灾到民国三十六年（1947年）天花流行的一千年中，灾害给东莞造成的伤害和苦难，远远超出那些竖排的繁体汉字和砖头一般厚重的文献资料的记载，人间的悲惨让千百年之后的人们都感到了疼痛。

《东莞文人年表》[②]中，东莞自然灾害的记录，比比皆是。从唐玄宗开元二年（714年）开始的“天大旱，民大饥。簕竹开花，结实如麦，乡民采而食之，死者无数”开始，共有59条自然灾害的记录。那些触目惊心的灾难，多集中于水旱、风，灾害多的年份，多集中于明、清两朝：

明正德八年（1513年）夏四月，霪雨，山洪暴涨，南门城外平地水深五六尺，民舍尽毁。

明嘉靖三十年（1551年）六月，久雨大水，霪雨震雷杀人。

① 东莞市地方志编纂委员会编：《东莞市志》，广东人民出版社，1995。

② 李君明编：《东莞文人年表》，广东人民出版社，2015。

明万历四十四年（1616年）五月，福隆堤决，田尽淹漫，房屋荡。七月大水，城东一带民居多倾圮。

明崇祯三年（1630年），山洪暴发，梧桐山崩，城倾圮数十丈。

清康熙三十三年（1694年）闰五月初二日，东莞大水，坏民房，决堤损禾，舟入莞城东湖，城北白浪如山。

民国四年（1915年）7月中旬，水灾，4米以上水位持续5天，沿岸基围皆崩决。临江乡镇淹没殆尽，受灾面积33.6万亩，受灾人口13.74万人。

民国二十一年（1932年）8月31日，山洪暴发，石龙北站洪峰4.71米，4米以上水位持续14天。水自莞城南门入，城内大水灾，历时一昼夜，塌房无数。受灾面积11.6万亩，受灾人口8万人，死10余人。

民国二十三年（1934年）8月24日，水灾，石龙北站洪峰4.61米，4米以上水位持续4天，沿江堤围溃决，堵口复堤甫竣，8月23日，赤坎、黄家堂、水贝等处复决，溺毙甚多，石龙水深及腰。受灾面积6.4万亩，受灾人口4.7万人。

民国三十三年（1944年），东江大水，淹死及饿死362人，仅寮步、万江、企石三个区卖儿卖女379人。

旱灾和水灾，是一对灾害的双胞胎。旱灾是跟随在水灾之后的恶魔，渺小的人类，无法阻挡它的脚步。

唐开元二年（714年），东莞旱。大饥。竹有华实如麦，并枯死。民采食之。

清顺治五年（1648年）春，东莞旱灾，斗米千余钱，民有相食者。

清乾隆五十一年（1786年），东莞旱，大饥，斗米五百钱。

清光绪二十四年（1898年）春，东莞旱，有竹华（花），米腾贵。饥民抢米店。

民国二年（1913年）春，连续四个月不雨，禾稻失收，米飞涨，贫民被迫出卖儿女。

民国三十二年（1943年），天大旱，饿死11000人，向外逃荒46000余人。

风，是雨的一个关联词。东莞的风灾，主要集中在春秋两季的台风，台风来临，必然是暴雨肆虐。风雨交加形成的灾难之烈，不在旱灾之下。

宋开宝八年（975年）十月，广州飓风，大雨水起，一昼夜雨水二丈余，海为之涨，漂失舟楫。

宋淳祐五年（1245年）夏五月，广州台风大作，夜潮不得退，霪潦暴至，溺二千余家。

明永乐二十年（1422年），广州飓风暴雨，潮溢，漂没庐舍，民溺死三百六十余口，坏仓粮二万五千二百余石。

清康熙十六年（1677年），秋，飓风暴雨，拔木、拔屋，坏民居无数，雨中有火光。

清乾隆三十七年（1772年）七月二十日，飓风大作，船上岸，坏船伤死人无数。

清同治元年（1862年）六月三十月，狂风汛潮，覆舟无数，水暴至高丈余，濒海居民溺毙甚惨，疍户沉溺甚多。

清同治十三年（1874年），八月十三日飓风，风从东南起，倾刻潮高二丈，浊若泥滓。澳门坏船千余，溺死者万人，捡得尸者七千，香港死者数千！香山、顺德围破塘决，沿海民被淹死，受伤严重，东莞、新安次之。

民国二十一年（1932年），狂风暴雨，建筑物被毁无数，灾情为数十年未见。

文献中记录的自然灾害，不止水、旱、风三类，只是地震、冰雹等造成的危害和损失，远不能同水、旱、风灾害相提并论，尤其是文献中记录的霜冻和雪，几乎难以给东莞带来太多伤害。

自然灾害带来的直接损失触目惊心，肉眼可见，自然灾害的连锁反应，更是社会动乱的重要原因。天顺五年（1461年），东莞大饥荒，赤地千里，饿殍遍野，黄涵聚众两百余人，剽窃博罗县，被知县吴中镇压。天启六年（1626年），东莞大旱，灾民无食，饥民闯入富民梁无倾家中抢劫粮食。

成功镇压了暴动饥民的知县吴中，深知饥荒的危害，于是大力推行劝赈政策，动员富民出谷赈济灾民。隆庆六年（1572年），知县董裕劝民赈灾；崇祯十七年（1644年），知县林有本劝赈，李觉斯、陈葆一、简知遇等乡绅，积极响应，救活灾民11365人。

县令吴中面对富户时作《劝借赈饥疏》："汝等千斯仓而万斯箱，富而易处彼，则一箪食而一瓢饮，贫实难堪。斯时也好为仗义之人，莫作守钱之房，或千斛或万斛，广捐仓库之储，或十缗或百缗，勿惜刀锥之利。"[①]又说："繇是大姓皆感发，倍捐资镪，遍给饥民，所活凡数千人。"[②]

与吴中借助民间力量赈济的方式不同，知县董裕的救灾，更加依赖地方精英，更加注重计划和步骤。他首先与庠弟子游志松、黄思睿、谢鲲化等人讨论劝赈的可行性，然后才"延阖邑绅士大夫、乡之耆彦、里之保伍"等地方精英，广为宣谕，"每约给以义济簿，令出粟百石以上，给之冠带，三千石以上旌之华匾，署之姓名，多寡俱载册籍，垂之无穷"。董裕用奖励的方式，

---

① 吴中：《劝借赈饥疏》，载［明］张二果、曾起莘著，杨宝霖点校：［崇祯］《东莞县志》卷七《艺文志二》，东莞市人民政府办公室，1995。

② 卢祥：《义民题石碑》，载［明］张二果、曾起莘著，杨宝霖点校：［崇祯］《东莞县志》卷七《艺文志二》，东莞市人民政府办公室，1995。

极大地调动了士绅阶层赈灾的积极性：

如太学生张淡粟八十石，张烈粟四十石，各约乡民，如茶山叶琼西北隅张汝兴俱粟一百石，西北隅陈尧乡粟七十石，茶山钟燮可、宝谭胡希教、北隅外陈绍英、良平钟文辅、沥山张立、西北隅黎干，俱粟三十石，圆沙张九德未承谕议之先，出粟于约以为好又首倡。茶山李日嵩前后输粟五十石，圆沙张素前后输粟八十余石，黄家山苏津银二十两，庠生钟鼐具粥以招困馁，用米至五石，后捐百金备义济。桥头张烈、陈绍英出粟之外，复施粥至于半月。其余出粟三十石以下，银二十两以下者，不可胜计。

官府主导下的赈灾，充分发挥了具有地方影响力的在乡官宦、士绅乡贤和约社、保甲等基层组织的作用。崇祯《东莞县志》卷七《艺文志二》中的《董侯济荒记》，有赈灾具体过程的记载："命椽吏郑贵嵩经略，约社远近乡耆在官者濮梅、姚观等二十八人，分置城郭，由外六巡司所统，凡遐陬僻境，莫不毕至。各约主正副按籍盈缩，以某甲优溢赈某乙孤贫，通融分给，凡散谷二千零七十石有奇，银八百八十两有奇，共济过饥民一万九千有奇，各约各里条分缕析以报。"[①]董裕赈灾过程中，出现了"义仓"这个名词。县令将赈饥剩下的三百石粮食和五十两银子"储在义仓，以备他日其效"。这是东莞最早建立义仓的记录。

---

① ［明］张二果、曾起莘著，杨宝霖点校：［崇祯］《东莞县志》卷七《艺文志二》，东莞市人民政府办公室，1995。

人祸，常常隐在天灾的背后，隐在文字的背后。《东莞市志》文字缝隙中一条消息，与四百多条生命关联在一起：“（道光）二十五年（1845年）十二月，石龙镇新街演戏失火，烧死烧伤男女400余人。”①

① 东莞市地方志编纂委员会编：《东莞市志》，广东人民出版社，1995，第10页。

俗世的图腾

人类的生活史，就是人类的风俗史。在没有文献记录起点的风俗长河中，东莞人类历史中的岁时、生产、婚嫁、节庆、丧葬、饮食、服饰、信仰等风俗，就是一部长篇巨著。

所有的风俗，都是古老的存在。出生于东莞的民俗学家容媛认为，习惯在人们的脑海里牢不可破，任你怎样声嘶力竭都无济于事。

容媛这句话的所指，是中国人生活中最重要的传统节日春节。民俗有极强的稳定性，它极少见风使舵，中途变卦，它符合民俗学家的观点，“东莞的人保守性深，迷信神权亦利害，故视旧历过年，为一年最重要的事务，除了清理债权债务外，还有以下的麻烦的手续”。[1] 在容媛的列举中，东莞民俗中的春节，具有

---

① 容媛：《东莞旧历年例》，载东莞市政协编《东莞风俗叙述与研究》，广东人民出版社，2008，第1页。

酬神、尾祃、谢灶、团年、卖懒、初二日祀神、开祃、开年、初四日、初七日、开灯、十三日、十五日、年具、扫屋、门神等丰富的内容，其中的酬神、尾祃、卖懒、开祃、开灯，都是东莞民俗独特性的体现。

酬神，其实就是许愿。许愿的内容并不广泛，仅仅是祈盼合家平安，但是许愿的方式却庄重而虔诚。酬神的人，摆果盒一盘，燃烛焚香，在神前庄重下跪打珓。两片用蚌壳、竹片或木片制成的杯珓，它们被打珓人掷于地时呈现的状态，决定了主人的悲喜哀乐。“但以取得二次胜杯（一阴一阳的名曰胜杯）、一次宝杯（两只阴的），或二次胜杯为标准。”[①]

打珓这种普通的日常生活行为，竟然也会出现让人意外的情况。为害作恶的强盗，通过许愿的方式，求取获得更多的财货。如果那年分赃较多，则称生意顺利，以为是神的庇护和旨意才不被官府捕获，所以在年底酬神的时候，会选择黄道吉日宴酬党羽喽啰。更让人料想不到的是，酬神之后的强盗，从此金盆洗手，不再出山。作恶多端的强盗，并不是一朝醒悟，弃恶从善，而是畏惧神灵。专家的解释，颇能让人信服：“酬神以后，倒不再出山劫掳，他的意思以为前者胜利是由于神的庇祐，现在旧愿已酬，神的责任已卸，如果不守神的信实，恐有不测之祸。故强盗酬神之后，无论如何技俩也不敢触犯神威。倘若他的喽啰不守规矩，

① 容媛：《东莞旧历年例》，载东莞市政协编《东莞风俗叙述与研究》，广东人民出版社，2008，第1页。

私自劫掠回来的什物，他也不肯坐地分赃，以失信义；宁可待开了年，许了新愿之后，马上如故做他的生意亦不为过。如此看来，强盗为民间所厌恶的，亦有守义之时；神为民间可仰慕的，亦有助纣为虐之日。”①

尾祃和开祃，是有内容关联的祭祀仪式。尾祃，其实是用一个比较生僻的名词取代了另一个通俗名词“牙祭”的年终宴请仪式。每到年底，地主或富人家的帮工，都会出席主人安排的宴请，主人用祀奉土地的鹅或鸡、猪肉、鲮鱼款待辛苦了一年的伙计。这场温情礼貌的酒席，其实包含了一个重要内容，这是大家心照不宣的秘密。每一个人明年的去留，都在主人微笑客气的言词中决定。而开祃，则是一个轻松的场合，同样的三牲美味，只是主人对大家新的一年里辛苦劳作的期望，少了辞别的沉重和失望。

卖懒，在东莞春节年俗中是特色鲜明，有别于其他地方年俗的一道仪式。在乡村民众和成年人的理解中，“懒”，是属于小孩的缺点。在孩童向成年人转化的过程中，懒是一种必须去除的惰性。年三十晚上，家长备好一个鸭蛋、一个茨菇和一支燃烧的线香，送给孩子，听他们唱卖懒歌：卖懒仔，卖懒儿，卖得早，卖俾广西王大嫂；卖得迟，卖俾广西王大姨；今晚齐全来卖懒，明朝恭喜做新年。孩子一边唱，一边走到街巷的土地神那

① 容媛：《东莞旧历年例》，载东莞市政协编《东莞风俗叙述与研究》，广东人民出版社，2008，第1页。

里，将线香插入香炉，然后回去，将鸭蛋分给长辈吃。

卖懒，其实是和团年连在一起的词。东莞人将除夕称为团年，将一年中最好的菜肴都集中在团年的餐桌上。卖懒，文献的记载是在饭前进行。小孩唱的卖懒歌，还有一些更加吉祥的祝福语言："卖懒仔，卖勤来，鸡春擘壳随皮蜕，富贵荣华跟我来。"

开灯的年俗，似乎也为岭南仅见。开灯的本意，是为去年出生的男孩祝福和庆贺。开灯的日期，一般在正月初二至正月十三日之间。将大的八角纸灯（灯瓣里每瓣画一个诸如仙姬送子、八仙贺寿、状元及第之类的民间故事）挂在祠堂正中，两旁和大门口均挂莲花一对，土地、地主、灶君、井君、床头婆和街头巷尾的土地，均配享内凿花纹的小纸灯一个。祭祀完毕，由家长用小刀剖开灯瓣，名曰开灯。开灯之后，纸灯早晚点亮蜡烛，直至十三日到来。

民间风俗根深蒂固，既有传承，也有差异。东莞地形有山区、丘陵、埔田、水乡的多种形态，加之当地居民、客家和疍民的三种组合，风俗习惯也便呈现多姿的局面。有的风俗，只在一个地域甚或一个群体中流传，但它的影响力和生命力却依然强劲。

卖身节，是属于东坑镇的一种独有的民俗，它的雇工属性和历史，都让一种民俗前所未有地和农耕血肉相连。卖身节，本质上是一个墟市，这个以"卖身节"命名的墟市展陈商品：农具、工艺竹编、百货、小吃等等，但最重要的商品却是人，是那些承载了“雇工”本质的劳动力。

卖身节起源于明末清初，一年一次的卖身节固定于每年的农历二月初二日举行庆典。相传的故事，是东坑镇塘唇村一卢姓大户雇长工耕作，附近的穷人闻之，前来受雇卖身。其他大户人家，亦来挑选雇工，逐渐形成了劳动力的墟市。早在1928年，《民俗》周刊第十五、第十六期就发表过刘建青的文章《东莞风俗的一斑》，卖身节，出现在他的笔下：

> 各乡贫苦的人家，都携着儿子来这里找寻雇主了。而各处的雇主，也就来这里找寻雇童了。如果大家讲得允肯，那雇童就跟那雇主回家去做工。那些雇童的工作，总离不了耕田、看牛这几种。除了赚得饭吃之外，完全没有工钱。只是到了年尾的时候，由雇主给他一套新衣服和一双鞋子，就算是报酬了，所以叫作“卖身”。

刘建青文章中的“雇童”，其实是成年人。苦难时代，有太多失去了土地的农民，他们生存的唯一办法，就是为地主打长工。东坑一带，田少人多，求雇更难，于是，东坑一带流行卖身的木鱼歌：“往日卖身无兴趁，只为谋生卖俾人。工钱多少唔敢论，千祈唔好打蒙巾。”每年的农历二月初二那天，那些为了生计重负的人，头带竹帽，身缠蒙巾，早早出门，他们希望找到一个好的雇主。如果回家的时候，面无喜色，蒙巾依然缠在腰间，手中没有从墟市上带回的小食品等手信，全家人的脸上，就会愁云密布。

东莞独一无二的卖身节与其他习俗的相通之处，只在农历二月初二这个特定的日子。当这个日子从唐诗宋词中穿越而来的时候，后人可以看到土地诞、社日的影子。王驾的《社日》诗，每一句，似乎都有卖身节的影子。民国《东莞县志》说东莞人“二月社日集同里者，祀土神，以祈丰年。命师巫鸣钲鼓，各入家禳祀”。“祭社分肉，小儿食之，使能言。入社后，田功毕，作谚曰：赖人傍社。”[①]

农历二月初二又是开耕节，在这个皇帝都要象征性扶犁播种的日子里，东莞民间的卖身节，就在雇主寻找长工，贫家寻找雇主中获得了最好的存在感，卖身节，也就成了雇主与雇工之间最看重的日子。在一个农耕开始的日子里，在土地上生活的人，都对接下来的日子，寄托了希望和憧憬。后人在写东坑卖身节的文章中说：“在东坑附近的雇工，也多在这天上墟‘卖身’。‘卖身的合约’，多是二月中旬开工，冬至节前结束。从这一点来看，卖身节与开耕节相联。卖身者头戴一顶‘鱼鳃甲’的竹帽，肩搭一块‘蒙巾’（是一块方巾，平时可擦汗水，扛东西时可以护肩，下河洗澡时可以遮住下身换衣服，购物时可以作包袱），等财主来买。一旦合约讲成，雇主请雇农上茶馆吃饭。雇农‘卖’了身，得了定金，当年工作有着落、生活有着落，也就在墟上买

---

① 叶觉迈修，陈伯陶纂：[民国]《东莞县志》卷九《舆地略八·风俗》，民国十六年（1927年）东莞县养和书局铅印本。

些家庭必需品和东西回家庆祝。同样地主、富农也纷纷来东坑，挑选合意的雇工。他们身上有钱，也愿意在集市上吃吃喝喝，并购回一些农具、日常用品。”[①]

鬼的历史，和神的历史一样漫长悠久。“鬼”和“神”两个汉字组合之后产生的词，充满了神秘意味，演绎出了无数的故事。东莞的民俗，给鬼和神划出了清晰的界线。神，是人们的崇拜对象，它超越了心灵暗示和心灵抚慰的功能，让人们看到了希望，企求达到某个目标。而鬼，则是让人们恐惧的贬义词，是人们驱赶的对象。禳鬼，就是东莞民俗的一种庄严仪式。

禳鬼的方法，一般都会避人耳目，暗地里进行，所以显得神秘和阴森。在《禳鬼与喊惊——东莞民俗杂谈》一文中，作者袁洪铭介绍了两种禳鬼的方法。贿鬼的步骤，共分请罪、许愿和贿赂三步。孩子生病，家长认定为鬼怪作祟，于是在病孩房门口的墙角里，插上点燃了的三支线香，然后低声念叨，向鬼请罪。在请罪的同时，向鬼表白愿意给它酒食冥镪，请它快点离去，使病人早日痊愈。许愿之后的当天或者翌日晚上，主人将预备好的纸船、纸马、纸人、冥钱、香烛和三杯茶、三杯酒、两碗白饭及一碗鸡蛋猪肉滚汤，置于一个竹箕之上，然后叫一年老妇人，点燃香烛捧着祭品，放在病者房门口的地上供奉，一边焚烧纸物冥

① 张铁文：《东坑卖身节》，载《东莞风情录》，广东人民出版社，2015，第407页。

钱，一边念诵祷词：

> 某年某月某日，某姓弟子某某（即指病者），行得有前无后，冲犯神明，望你大怀见谅，打开赦门，俾弟子某某身中疾病，快好快过。今晚有鸡春（鸡蛋也）水饭，金银几千，俾你饮酒食肉，分派各人，此后唔（不也）关弟子某某事。弟子某某乃系铜，你系铁，与你一生一世无拿捏（即无关系也）；你系铁，弟子某某乃系铜，与你一生一世有相逢。床头唔种竹，唔取留神宿；床头唔种蕉，唔敢留神大半朝（半朝晨也），你有坛归坛，无坛归庙，无庙在阴凉树下遛（东莞方言，即游玩也）。呵！抓船！抓船！一时抓船，万年吉庆。[①]

祷词念完之后，立即将病者的房门关掩，然后端着竹箕走出家门，来到最近的三岔路口，将茶、酒、饭、汤等物，倒在地上，或者由端竹箕的妇人吃掉。回家之后，老妇人不能进入病人的房间，更不可与病人见面，否则于病人不利。这个仪式称为捧节箕。

逐鬼的步骤，建立在贿鬼的法术失灵的前提上。病人病情未见好转，或者病势更加沉重，这个时候必须请男巫出动。男巫来到之后，在神前摆一张八仙桌子，放置香烛，还有一杯清水，几

---

① 袁洪铭：《禳鬼与喊惊——东莞民俗杂谈》，《民俗》1933年第一二三期。

根桃枝、柳枝和鸭蛋、大米等物品。巫师吹响牛角，声音低沉，让人心里发紧。响角声停之后，巫师口中振振有词，念诵那些无人能懂的咒语。然后用桃枝蘸了杯中的清水，洒在病人的房里，又在病人的床头和房门上，贴上许多符咒。最后的程序是将准备好的桃枝和柳枝，交给病人贴身佩带，直到病愈。

喊惊，与禳鬼有相似之处。喊惊，亦与疾病有关，只不过喊惊的对象，是受了惊吓之后发烧惊悸的孩童。喊惊之人，不必惊动巫师，只须病孩的母亲、祖母或者邻里的妇人充当。

喊惊的对象都是孩童，从来没有成人，可能与孩童心智发育尚不健全有关。家长认为受了惊吓之后，孩童的魂魄就离开了身体，补救的唯一方法，就是将他们失去了的魂魄呼喊回来。如果魂飞魄散，孩子一定会生病，甚至夭亡。

喊惊没有固定的时间，晚上、正午、早上，都可以是喊惊的时辰；至于进行的地点，门口、檐下、床头，都是收魂的场所。还有一种被称为“打席”的喊惊，地点在十字街头的土地庙。

晚上喊惊最为常见，喊惊者将三炷点燃的线香插在地上，然后将蔗麸、纸钱和冥镪一并点燃；把菜刀或剪刀在地上拍出响声，一边将病孩的衣服在火光上来来回回晃动，一边将备好的大米撒向四面八方。

正午喊惊的地点，一般都在屋檐之下，具体方法是将塘水、海水和井水混合的三性水装在碗里，另取一个米斗，里面放置七盏油灯、一面明镜和一把木尺，点燃油灯和蔗麸之后，将三炷线香插于地上，一边将孩子的衣服在空中招摇，一边念念有词，同时用筷子在三性水中搅拌。正午喊惊，旨在令孩子从受惊于水中解脱出来。恐孩子魂魄跌落水中，无法自返，所以用筷子、木尺作桥梁。

早上喊惊，地点多在门口，方法与晚上喊惊相同，唯一的差异是，仪式完成的时候，再用两根木棍搭成人字形，以绳捆扎，然后将病孩衣物从其下穿过。

打席喊惊，是所有喊惊中最特殊的一种方式。由于病孩病势沉重，各方医治均无疗效，其家人便怀疑孩子正在投胎别人家，所以要施以法术，阻止孩子的死亡。打席喊惊，就是请来老媪数人，每人各执一捆席子，携带上香烛冥纸，在十字街头的土地庙边，焚化香烛冥纸，不断拍打展开的席子，一直打至回家，病孩的魂魄就会在老媪们的拍打和呼喊中回来。

所有的喊惊，都有神秘的喊词，作法者，或唱或吟，那些词，直通阴曹地府，让作恶的小鬼惊心。

> 男人关，女人关，猪狗畜生关，飞禽百鸟关，金丝蝴蝶关，深水鲤鱼关，圆毛三十六般关，各种关神都过了，过了关神同年走来归。

孩子丢失了的魂魄，通过了一道道难关，重新附体。

床头婆喊惊的内容，与喊寅时关的又有不同：

> 床头花公，床尾花婆，十二婆姐，十二奶娘，追回某某同年来归，来归根基稳养，寿命延长，睡得落床，

眠得落觉……

夜晚上演的常见喊惊，内容丰富，词也最长：

> 东方米粮，西方米粮，南方米粮，北方米粮，四大方、五大路米粮，米粮落地人神起，刀响一声魂魄齐，某年某月某日某某（小孩名字）同年（即魂也，俗称“喊惊”为“喊同年”）来归呵！请到九天玄女、王母六娘、洪山教主，追番某某同年来归，来归觉醒觉瞓，觉醒觉乖，一觉还一觉，二觉到天皓（“皓”字读厚音，即天光也）。猫儿老鼠吓起惊，猪狗畜生吓起惊，飞禽百鸟吓起惊，牙鹰白鹤吓起惊，圆毛三十六般吓起惊，扁毛三十六般吓起惊……①

东莞的民俗，曾吸引著名历史学家、民俗学家顾颉刚先生前来考察。顾颉刚来东莞的时间，记载在容媛的《东莞城隍庙图说》中：“中秋节前数日，顾颉刚先生同家兄元胎到东莞旅行，顾先生游城隍庙时，曾将城隍庙的神名录出，又将庙中神的位置绘了一图。”②

① 袁洪铭：《禳鬼与喊惊——东莞民俗杂谈》，《民俗》1933年第一二三期。

② 容媛：《东莞城隍庙图说》，《民俗》1928年第四十一、第四十二期合刊。

城隍庙，属于神鬼信仰风俗，顾颉刚在他绘制的《东莞城隍庙图》中，记录了城隍庙的方位和所有城隍菩萨、天尊大帝、玄坛元帅、车公大将。

东莞城隍庙，是宋时的建筑，配享了数百年的香火。据《东莞县志》记载："城隍庙在城西九十步，宋时已有之。邑令李岩有重修记。洪武二年三月朔，上在朝阳殿梦一臣，幞头象简，一白髯老人随之。高呼舞蹈，称臣东莞城隍，老臣邑中钵盂山土地谨奏陛下：东莞岁中致祭无祀鬼神，一次不敷，乞敕有司递年祭三次！庶幽魂得以均沾。上觉而异之。召礼臣议，乃封东莞城隍显佑伯，仍管城隍司事。赐伯爵仪仗，暨异锦龙缎一端，印曰'东莞城隍之印'。"①

容媛对《东莞县志》中的记载作了自己的解释。容媛认为，明初邑人何真举粤降明，得封东莞伯，太祖利用神权，以便制御，于是城隍亦得受伯爵封号。自加封以后，邑人更觉得他灵应，信仰更深。故邑人祀神的香火，自然是城隍庙最盛的了。

城隍庙的图示，在容媛的笔下，化作了城隍、北帝、东岳、地藏王、阎罗天子、十殿阎罗王、包公丞相、金花夫人、光华大帝、玄坛元帅、六祖禅师、都土府、齐天大圣、十二奶娘、磨地夫人、洪山教主、长寿夫人、鸡谷夫人、媒公媒婆、无常爷、转运太师、劝善太师、救苦天尊、车公大将、急脚先锋、当年太岁、

---

① 容媛：《东莞城隍庙图说》，《民俗》1928年第四十一、第四十二期合刊。

桃柳二仙、猪猪大王、牛王大将、财帛星君、三瘟相公等符号。

风俗，是一种礼仪，民间风俗多而繁的地方，必是礼仪之邦。南宋理学家楼钥说：“国家元气，全在风俗；风俗之本，实系纪纲。”明代史学家郑晓在《论风俗》中说：“夫世之所谓风俗者，施于朝廷，通于天下，贯于人心，关乎气运，不可一旦而无焉者。”东莞民俗众多，大年初一游黄旗、春节拜义家、龙舟、舞狮、企石人皇诞、水南交盘会、端午陆上游旱龙、黄仙翁诞、东莞盲佬歌、新涌游会、东莞咸水歌、迎神赛会、茶山公仔等等，都是留传百年千年的习惯和崇拜。

香草美人

东莞是一座具有男儿血性的城市，但是，当它与香、草两种植物联系起来之后，它的沧桑大地，就会显得妖娆妩媚。

香的历史，和人类的文明史一样漫长。香的发现，和远古人类洞穴寄居时的取火有关。人类无意中发现燃烧的草木中有香气产生，这些香气具有提神醒脑、免疫避邪、杀菌消毒的功能，于是便留心采集、保存那些香料。

自有香以来，各地便争相命名，抢占话语注册权。白木香、女儿香、牙香、沉香、榄香、鸡骨香、青桂香、黄熟香、马蹄香等等，令人眼花缭乱。“莞香”这个词的出现，源于清初屈大均的《广东新语》。在《香语》一卷中，屈大均专列了一项“莞香”，用了很长篇幅，讲述了莞香的产地、香农、种作方式、土壤选择、采香方法等，他无意中以代言人的方式，让莞香取代土沉香成为了“香”的代名词。《东莞古代史》[1]，将莞香放在了宋元时期东莞农业商品化的首位，书中引用元代陈大震、吕桂孙《南海志》卷七《物产》中的话：“惟榄香为上香，即白木香材，上有蛀孔如针眼，剔白木留其坚实者。小如鼠粪，大或如指，状如榄核，故名。其价旧与银等。今东莞县地名茶园，人盛种之，客旅多贩焉。”[2]嘉庆《东莞县志》也用“莞香至明代始重于世”印证了陈大震、吕桂孙的断言。屈大均进一步陈述：“盖自有东莞所植之香，而诸州县之香山皆废矣。昔之香生于天者已尽，幸而东莞以人力补之，实之所存。”[3]《东莞古代史》转述屈大均的原意认为：“明代各地天然生长的土沉香已被人采伐殆尽，而东莞适逢其时大规模植香，加上屈大均使用了‘莞香’这一名词，莞香便成为后来土沉香的专用名词。屈大均指出这种香属乔木，必须通过凿香才能收获莞香，并认为莞香是祖辈‘所始’，莞人世世代代‘益享其利’。”[4]

香名的演变，多依赖于民间故事。文史学者杨宝霖考证莞香命名时，从女儿香入手。“何谓女儿香？‘香农以香为业，凡所开凿，其女儿先择其尤者藏之，亦以此得名。然其香率皆香角，

---

① 谌小灵主编：《东莞古代史》，广东人民出版社，2016。

② ［元］陈大震、吕桂孙撰，广州市地方志编纂委员会办公室编：《元大德南海志残本（附辑佚）》卷七《物产》，广东人民出版社，1991。

③ ［清］屈大均：《广东新语》卷二十六《香语·莞香》，中华书局，1985。

④ 谌小灵主编：《东莞古代史》，广东人民出版社，2016，第128页。

块小而文理可玩，不待爇而知其美也。’[①]女儿香最初的名称为土沉香，学名*Aquilaria sinensis*（Lour.）Gilg，瑞香科常绿乔木，产海南、广西、台湾、福建等省，广东的肇庆市栽种亦多，不过在种香的历史上，以东莞最为有名，所以又称莞香。”[②]

莞香珍贵，为朝廷贡品。民国《东莞县志》卷九十八记载：“明末时，此香贵重。如是故，入国（清）朝后，遂登贡品。”[③]莞香进贡朝廷，始于清世宗雍正七年（1729年），“三月初四日，署广东巡抚傅泰向朝廷进贡莞香，计有东莞天丝香山一座、东莞悠远香结一个、东莞香结五个、东莞上品青香四盒、东莞顶选青香一盒”。[④]

莞香产自山野，却为贵族社会所有、所喜爱。明末四公子之一的冒辟疆与秦淮名妓董小宛的日常生活，与女儿香密不可分：

> 黄熟出诸番，而真蜡为上。皮坚者为黄熟桶，气佳而通；黑者为夹栈黄熟。近南粤东莞茶园村，土人种黄熟，如江南之艺茶，树矮枝繁，其香在根。自吴门解人

---

① ［清］钱以垲撰：《岭海见闻》卷三。记女儿香命名之由者，尚有《广东新语》卷二十六《香语》、［清］吴绮《岭南风物志》、［雍正］《广东通志》卷五《物产》、［嘉庆］《东莞县志》卷四《物产》。各书所言，大同小异。

② 杨宝霖：《女儿香今昔谈》，载《自力斋文史农史论文选集》，广东高等教育出版社，1993，第247页。

③ 叶觉迈修，陈伯陶纂：［民国］《东莞县志》卷九十八《杂录下》，民国十六年（1927年）东莞县养和书局铅印本。

④ 李君明编：《东莞文人年表》，广东人民出版社，2015，第720页。

剔根切白，而香之松朽尽削，油尖铁面尽出。余与姬客半塘时，知金平叔最精于此，重价数购之。块者净润，长曲者如枝如虬，皆就其根之有结处，随纹镂出。黄云紫绣，半杂鹧鸪斑，可拭可玩。寒夜小室，玉帏四垂，毾㲪重叠，烧二尺许绛蜡二三枝，陈设参差，台几错列，大小数宣炉，宿火常热，色如液金粟玉。细拨活灰一寸，灰上隔砂，选香蒸之。历半夜，一香凝然。不焦不竭，郁勃氤氲，纯是糖结。热香间有梅英半舒，荷鹅梨蜜脾之气，静参鼻观。忆年来共恋此味此境，恒打晓钟，尚未着枕。与姬细想闺怨，有斜倚熏笼，拨尽寒灰之苦。我两人如在蕊珠众香深处。今人与香气俱散矣。安得返魂一粒，起于幽房扃室中也。①

由于产量增加，进入宫廷和贵族生活的莞香又以日常生活用品的属性进入了千家万户。莞香的大量流通，形成了交易市场。明末清初，莞香交易在东莞寮步形成了墟市，它与广州花市、罗浮药市、廉州珠市并称为广东四大市。在屈大均的笔下，莞香氤氲，香满人间。“当莞香盛时，岁售逾数万金，苏松一带，每岁中秋夕，以黄熟彻旦焚烧，号为薰月。莞香之积阊门者，一夕而尽，故莞人多以香起家。其为香箱者数十家，藉以为业。”②清

① ［清］张潮编：《昭代丛书》，上海古籍出版社，1990。

② ［清］屈大均：《广东新语》卷二十六《香语·莞香》，中华书局，1985。

代东莞学者邓淳写有《广东四市》诗，其《东莞香市》如下：

宝安自昔擅奇香，迁地栽培总弗良。
堪羡嘉名君子贵，剧怜纤手女儿藏。
审声铁格称为上，辨色硃斑价最昂。
任是市场夸累万，阊门一夕可能偿。

莞香名气太盛，溢出了中国，成了东南亚国家的奇货。香港，成了莞香出口的中转站。后人从文献中出来，在想象中看到了遥远的明末清初，看到了《清明上河图》一般的寮步香市。

东莞的初冬，是一个没有寒气的宜人季节，也是莞香酝酿上市的最好时机。东莞各地的香农，将准备了一个秋季的莞香挑到了牙香街上，那些装满了莞香和香农希望的担子，在街道上排成了两条长龙。那些迫不及待的莞香商人，几天前就在那些飘着旗幡的牙香街的客栈里静候，等待一年一度的香市到来。

成交之后的莞香，用人力装运上船。寒溪河码头上一片白帆，大小船只，几乎都与莞香有关，它们的目的地，都是香港。船队扬帆之时，南巫佬们鸣响火炮，点燃整棵的香木，众人神情庄严，一齐面向南海，双手合十。码头上烟雾缭绕，香气弥漫，连绵不绝的船队，在隆重的祭祀仪式中启航。

有人从考古出发，以茶山京山、东城柏洲边等地出土的数十个东汉博山香炉为依据，推断出莞香在东汉已经流行的结论。但东莞宋代普遍种植莞香，早已是文献的共识。莞香种植，主要集中在大岭山、寮步、清溪几处，大岭山的鸡翅岭、马蹄岗、金桔、梅林、百花洞、大沙和寮步的牛眠石、杨梅树、上底、雷家村、刘屋冚、浮竹山、良边香园、富竹山、石步、石龙坑、岗头等地方，香树成林，郁郁葱葱。这些村庄，成了莞香的风水宝地。

莞香如人，择地而居。屈大均深知莞香特性，故有精当论断。在《广东新语》卷二十六《香语》中，屈大均断言：

> 凡香，先辨其所出之地，香在地而不在种，非其地则香种变。其土如鸡子黄者，其香松而多水熟；沙黑而多土者，其香坚而多生结，能耐霜雪；又以泥红名朱砂管者，或红如曲粉者，硗确而多阳者为良土。……凡种香，先择山土，开至数尺，其土黄，砂石相杂，坚实而瘠，乃可种。其壤纯黄纯黑无砂，致雨水不渗，潮汐润及其香，纹或如饴糖，甜而不清，或多黑丝缕，味辣而浊，皆恶土也，不宜种。[①]

自然界所有的草，它最早的温床都在野外。但是，有一种野草，被人类招安，改变了命运，并且用了一个“莞”字，为它命名。那个为这种草命名的人，已经隐姓埋名，不知所踪，后人只能在繁体竖排的文献中，找到它的出处和来历。东汉许慎在《说文解字》中说：“莞，草也，可以作席。”而更早年代

① ［清］屈大均：《广东新语》卷二十六《香语·莞香》，中华书局，1985。

的《诗经》，也有“下莞上簟，乃安斯寝”的句子，清朝的屈大均更是在《广东新语》卷十六《器语》中说：“莞丛生水中，其中茎圆美。”不仅如此，屈大均还引伸发挥：“莞故与蒲相连，蒲下而莞上，故《周礼》司几筵，有蒲筵莞筵，蒲粗而莞细也。《诗》：下莞上簟，簟凉而莞暖也。《礼》曰：莞簟之安。言其细精可以安人也。”屈大均甚至还考证出东莞具名：从莞草莞席而来。

一种生长于水边的野草，被人类赋予如此高的评价，皆因它的实用性和经济价值。从草席、草帽、草扇、草篮、草袋到形成一个产业，莞草走过了漫长的生长之路。由于莞草富有经济价值，明朝的时候，东莞开始大面积人工种植，而且形成了大穗红芽、白芽仔、黑仔、石竹等品种。莞草大面积种植和盛产的直接结果，就是为草织业提供了更为优质的原料，并促使草织业的分工更加细化、更加专业，促成许多草织作坊的诞生和发展。

莞草成为商品的记录，始于宋文帝元嘉年间（424—453年）。一千五百多年前，东莞的草席，以商品的形式进入市场进行交换。

在没有命名“莞草”之前，东莞水草最早见于史籍《古今图书集成》所引《宋起居注》：“御史中丞刘桢奏，风闻广州刺史韦朗于广州所作……绿沈屏风一床，杂白莞席三百二十二领。”民国《东莞县志》也有类似记载：“莞席近销行外洋，靖康濒海诸乡种植愈伙，制作愈工，每一席庄用男妇百数十人，获利甚巨，实出产一大宗”，“花席产东莞，以销美国为最多，此外，通商各埠均有行销。”[①]《东莞市志》将通商外销的草织品，化作了具体的数据：

> 1901—1906年，每年运到香港的街市草（即缚物水草）3750吨，扭草1250吨；日本草1600吨。东莞席类每年出口量约10万包。到1914年，草织品的产销达到高峰，每年输出草织品约18万包，草田面积增加到2.6万多亩，年产草量约1.75万吨。1938年11月，东莞沦陷，水草及草织品销路几绝。抗日战争胜利后，水草生产仍处于低落时期。1947年总产量为3488吨，许多厂商处于奄奄一息状态。[②]

莞草繁盛的中心，文献记载于厚街，人工种植莞草，始于厚街上下石角围。后来的发展，让莞草漫延到了道滘、莞城、石龙、望牛墩、太平等乡镇，逐渐形成了较为完整的草编行业。人工种植，取代自然野生，是莞草的脱胎换骨，人工草比天然草具有洁白明亮的优势，草织品更加适宜出口。鸦片战争前后，东莞草织一度兴盛，石龙、万江等地，一时成了草织的主要产地，道滘水乡，更是莞草遍地，家家户户都与草织密切关联。

驰名中外的莞草织品，有鱼荐席、白连席、宁波席和红绿席等。道光至咸丰年间，莞席大量外销，世界各地，都有东莞的影子，联栈、质栈、东栈、端记、万全栈这些有名的商号，与远在大洋彼岸的英国、法国、荷兰和美国、印度联系了起来。

---

① 叶觉迈修，陈伯陶纂：［民国］《东莞县志》卷十四《舆地略十二·物产中·草类·莞》，民国十六年（1927年）东莞县养和书局铅印本。

② 东莞市地方志编纂委员会编：《东莞市志》，广东人民出版社，1995，第273页。

东莞水草，有研究者找到了其与郁南连滩的血缘：

> 到了乾隆末年，靖康盐场彻底裁盐改稻，蓄淡冲咸，鸦片战争后第二年，清廷又兴屯田养兵，沿炮台一线围滩造田，相应地滩田水朗、咸草复苏。洋人的注目自然引起商贾的利欲。连滩草织价高利厚，显然是草质优良，工艺精细，于是人工种植水草便从连滩引入，先在厚街三屯、上下石角试种，此举功成又招雇连滩工人使之技艺生根，草耕草织之利迅速推广。虎门凭借优越的集散条件，成了东莞沿海草织的加工贸易中心。……咸丰年间（1851—1861）太平墟已出现如“昌隆”等专事加工的大型草织作坊，当时多为粗加工的穿鼻绳和地席。同治年间（1862—1874），商人资本扩大，太平的“源合”厂常住工人五六百人，还在郁南、连滩、莞城等地开办作坊和商行。德国染料的引进，推动了工艺革新，多色印染，使粗放型产品向精细型发展。[①]

莞草莞席被外国人青睐的盛况，被东莞人邓蓉镜记载在《诵芬堂诗歌抄》中的《东莞竹枝词》里：

> 滨海家家织席忙，年来获得倍寻常。
> 西人最爱新花样，不数白莞三百张。

① 邓慕尧：《草织——虎门近代外贸的领军商品》，载《虎门文史》第一辑，广东人民出版社，2013，第27页。

名园名人

- 马上的张穆
- 东安群骏图
- 水墨丹青的故园
- 可园，一个武将的杰作
- 生死之交
- 岭南画派的滥觞

马上的张穆

知道张穆的名字，最早不是从他画马的宣纸上，而是从张家玉抗清的队伍里。从浪漫的丹青笔墨到尸横遍野的战场，这中间隔着南方到北方的遥远距离。

张穆的名字，紧随张家玉其后，出现在《明季东莞五忠传》中："至镇平，赖其肖以众万余人降。（《鹿樵纪闻》）按原文云：'其肖以众万余人从之。'考《张铁桥年谱》，其肖系家玉遣张穆致书招降。"[1]而在《张家玉集》一书中，点校者杨宝霖先生则表述得更为直接："三月，家玉至潮惠，派张穆招降镇平（今广东省蕉岭县）赖其肖，得万人，又招降啸聚山林的黄元

---

① 九龙真逸（陈伯陶）著，罗志欢、郑丽华点校：《明季东莞五忠传》，广东人民出版社，2013，第152页。

吉、黄海如等，又得万人，分为五营。”[①]这段历史，在容庚教授的《张穆传》中亦有记载。

在与张家玉起兵、拥唐王入闽、招降镇平赖其肖之前，张穆的脚步在崇祯六年（1633年）就到达过北方，其时27岁的张穆，思立功边塞，欲投奔山海关督师杨嗣昌，然而命运却让他止步。心有不甘的张穆，又以总兵陈谦幕僚的身份，献策于镇将陈邦傅，不被重视和采纳，才有了此后的唐王朱聿键入闽，张穆来谒东莞同乡大学士苏观生，苏观生以御史王化澄疏叙张穆为靖江王党人，摈不录。

报国一再受挫，足可令人心灰意冷，悲观失望。然而，在张穆的命运中，太常寺卿曹学佺出现了，他以张穆贵人的姿态，上疏推荐。笔者在《铁桥集·附录》中，找到了这封决定了张穆命运走向的《荐张穆疏》：

> 臣闻六师之出，必有先锋后劲，即今之见选用郭禧、陈秀是也，而车左车右，夹辅至尊，岂可无人？臣已荐游击段成龙，获备驾前之用矣！兹复得一人曰张穆者，广东东莞人，才能用众，谋裕韬钤，盖亦不易遘之士。为此荐举，伏祈陛下授以职衔，资以兵甲，俾与段成龙謦控，互资击刺。臣实保其堪为爪牙，而一旦足备

① ［明］张家玉撰，杨宝霖点校：《张家玉集》，广东高等教育出版社，1992，第200页。

> 缓急也。穆亦能文，因以文章谒，臣以谓此时所重，在乎敌忾，故惟以甲胄之士进。

曹学佺的上疏，收到了立竿见影的效果。圣旨中“张穆既称勇力能文，便可上马杀贼，下马草露布，着御营兵部试用”的回复，冲破了一切阻拦，让张穆实现了沙场报国的愿望。张穆奉诏随兵科给事中张家玉募兵潮惠，就成了水到渠成的事。

张家玉认为，赖其肖是可用之人，于是，张穆用一封书信，让赖其肖归降。文献中记载的史实，缺少情节和细节，让后人充满了疑惑：一封书信的力量，如何胜过万千兵马？

笔者在容庚、汪宗衍辑录的《铁桥集补遗》卷二中，见到了招降书中的文字：

> 尝闻声气感通，针石为应，岂虚语哉？仆客岁残秋，仙源误入，徘徊形胜，披拂光风，不谓孔融亦识刘备，倾尊促席，不尽良宵，沥血披衷，有如一日。方运祚播迁，不堪凌替。近闻将军整练之众，虎豹如林。当时把手之期，不意正在今日。家翰科持节西来，有事王室，知将军师次城下，冀接鸿图。昔东南延誉，已非一朝，祖士稚之渡江，徐无山之连骑，能迟望丰采乎？

赖其肖在这段文字面前心悦诚服的归降，是张穆书信达到的效果。然而，一个三百多年之后的人，却产生了疑惑，张穆的劝降书，未见泰山压顶的气势，也没有让人胆寒的锋芒，如何让赖其肖放下刀枪，前来归附？

笔者的疑惑，在东莞人陈伯陶的《胜朝粤东遗民录》卷四《赖其肖传》中得到了答案。唐王朱聿键在福州改元隆武招兵买马之时，张穆满腔热情，昼夜投奔。有热心人指引了一条近路，即由镇平（今广东省蕉岭县）直抵上杭，可节省时间，缩短路程。张穆大喜，采纳了这个建议。出现在陈伯陶笔下的赖其肖，并非等闲人士。“镇平僻处万山，衢通四省。先是，钟凌秀啸聚十余万，久方削平，甲申国变后，盗复起，道为之梗。其肖素以豪杰自命，为宗族所推，至是练乡兵自卫。”张穆没有在江湖人称的赖公子赖其肖把守的关隘面前犹豫和退缩，也没有被一方豪强的威势吓倒。他对赖其肖的拜访，不仅没有被刁难扣留，而且礼为上宾，出现了“赖其肖留穆夜宴，出美人侑觞。张穆赋诗答谢，有‘千岫白云留马足，一尊红烛对蛾眉’之句，两人于是结为好友”的戏剧性场面。

张穆与赖其肖在镇平夜宴欢饮的时候，没有人可以预料到，不久之后张穆的一封书信，可以使赖其肖放弃山寨营垒，归附明军。书信的力量，全赖那个晚上的美酒欢饮和言语投机。

由于明朝的大势已去，张穆与张家玉亦好景不长。就在招降赖其肖和黄元吉之后不久，清军南下，汀州事变，隆武帝朱聿键死，张家玉和张穆如鸟兽散，回到了东莞。

张穆与张家玉的人生分水岭，出现在隆武元年（1645年）十一月。隆武帝之后，苏观生等人拥立隆武之弟朱聿𨮁于广州，而于魁楚、瞿式耜则拥立桂王朱由榔于肇庆。广东两帝并立，形同水火，交战于三水。外敌面前的内讧，张穆为之悲愤和叹息，毅然作出了归隐东莞的选择，而张家玉则起兵于到滘，誓死抵抗清军。

永历元年（1647年）十月，张家玉战于增城，寡不敌众，在身中九箭之后坠马，在突围无望中，跳入野塘，悲壮尽忠。张穆闻讯，作悼诗两首，在《哭家文烈》中，后人看到了张穆的不死之心和一个忠烈臣子的气节：

昔当壮年万事轻，身骑快马横东城。
与兄意气作兄弟，立身每励为人英。
世悲叔季各出处，嘉尔献策名峥嵘。
文采风流曲江旧，墨渖翻浪如长鲸。
一朝群鼠折地轴，两京失陷无完城。
身余黄冠返故里，揭竿斩木随死生。
只手独出建旗鼓，虎豹复集如雷轰。
呼天饮血誓报国，转战千里无援兵。
层城复合得市众，未睹大敌先呼惊。
阵移不复溷水固，日暮犹闻钲鼓声。

回到东莞之后的张穆，筑东溪草堂于东湖（今莞城北郊），以作晚年栖息之所。这一年，张穆47岁。人到中年的张穆，在家乡开始了一个画家的起步。

莞城，是东莞的政治、文化中心。莞城离张穆的家乡茶山，有数十公里的距离。筑于莞城的东溪草堂，并未能让张穆的脚步扎根。以诗画自娱的张穆，经常出门旅行访友，文献中“既学道又信佛法，皈心道佛，数迁其家”的行踪记载，在张穆自己的诗文中亦有印证：“余家东湖，去芥庵一水间，或放舟常亲空隐老和尚，晤澹归大师夜话……”而茶山，则是张穆的血缘之地，一个游子，不可能割断自己与故土的脐带。

容庚在《张穆传》中对于张穆回乡之后的描述，复现了元末的一幕，它同何真眼中的情景，高度吻合。

> 茶山，东莞巨镇也。背山临水，周围百里皆浅泽。及宣德隆庆间，科第鼎盛，里皆殷富，造七孔石桥，高壮雄伟，为邑中冠。万历中，刘、陈、袁三姓以大贝明珠起家，家辄千万，争夸斗美。天启旧积渐销，樗蒲一掷百万以为奇豪，智者已知其盛极而衰矣。崇祯八年，穆抵家山，故旧多死丧。作诗自励。崇祯十五六年间海内骚动，土人窃发，贫贱奔投他方，焚掠石冈，南社失守，茶山东西相连十里，犹能会合声势，土人相望不敢正视。至事少平，意见分歧，罢不复御。顺治四年十月，土人兼程夜袭，焚杀掳掠，寻拔去。五年四月大饥，土人空巢而下者数千人，各乡不能固守，乏食相从，死亡十之七。穆三月中，犹居莞城东郭，知旱必及乱，归经里门，僦舟载家口还新沙。

天下大乱、民不聊生的情景，张穆用诗记在纸上："里门枯草破垣齐，邻屋无烟白露低。社酒坛边思故老，沙鸡自咽路旁藜。""狐狸昼处旧华居，恶木交衢不及锄。愁问居人懒垂手，长饥犹畏长官驱。"

避难，是乱世中的一个动词。张穆离开故土，迁往遥远的罗定州东安县，还有另外一个原因，他赖以栖身的东溪草堂，被清兵焚毁，一个无家可归的人，只好将栖身的眼光，投向远方。偏僻的东安，成了张穆人生最后的落脚之处。

张穆为何选择遥远的云浮石鳞山作为栖身之所，秘而不宣，也是后人心中的一个疑惑，幸好容庚的文字，为后人提供了答案：

> 泷水县隋置，僻在东粤，崇峦峻岭，瑶僮据地，累世为梗。万历四年，始定其地，改名罗定州，东安县属焉。康熙六年至九年，韩允嘉任知县，以诗赠穆。穆和答，有"政闲驯鹤亲书幌，税薄归人就石田。朝来多辱琅玕赠，久愧贫居侣米船"之句。

东安群骏图

张穆告别抗清战场的标志，是离开马鞍，在东莞和东安的大地上行走，但是，那群随他在战场上驰骋杀敌的战马，却随同他回到了故乡，并且伴随终生。

张穆不是马夫，他不用精细的草料和缰绳牵引马群，宣纸和笔墨，成为他指挥战马的辔头和口令。

一个战场杀敌的勇士和在宣纸上倾泻丹青的画家之间的距离，是肉眼无法看到的。在所有的文献中，张穆似乎跳过了学习阶段，直接进入了名画家的行列。

在《广东历史人物辞典》[1]和其他文献中，张穆都是一个“性倜傥，工诗，善击剑。擅长画山水兰竹，画马尤其有名”的

① 管林主编：《广东历史人物辞典》，广东高等教育出版社，2001。

名士，但后人对张穆丹青的研究和欣赏，都转移到了马上。对山水兰竹的爱好，是那个时代画家共同的兴趣，而对于动态的马的着迷，却是一个壮志未酬的战士的深情寄托。

张穆的马，没有师承，也没有模仿，甚至连临摹的痕迹都未在宣纸上流露过。关于张穆的无师自通，后人有以下诠释："线条的用笔似乎可归结于他的书法功力，而更主要是他切身把马看成生活的亲切伙伴。从爱马、租马、饲养马、骑马等都有深切的体验，加上他对绘画的天分才华，所以他画马的成绩，是自己扎实努力探索中而取得的。"①

张穆的爱马，并非上文中所说的租马，而是不惜重金买马。东莞人谢创志认为："张穆不惜高价买马，仔细研究马的习性，日夕与马一起。"② 这个观点在古人的著作中也得到了有力的印证。屈大均在《广东新语》卷十三《艺语·诸家画品》中说："穆之尤善画马，尝畜名马曰铜龙，曰鸡冠赤，与之久习，得其饮食喜怒之精神与夫筋骨所在，故每下笔如生。尝言韩干画马骨节皆不真，惟赵孟頫得马之情，且设色精妙。又谓骏马肥须见骨，瘦须见肉，于其骨节长短，尺寸不失，乃为精工。又谓马相

---

① 谢文勇：《试论张穆画马》，载中共东莞市委宣传部、东莞市文学艺术界联合会编《东莞人物丛书·东莞历史人物》，广东教育出版社，2008，第355—356页。

② 谢创志：《张穆和他的诗》，载中共东莞市委宣传部、东莞市文学艺术界联合会编《东莞人物丛书·东莞历史人物》，广东教育出版社，2008，第366页。

在骨，其腹前有两蓝筋尝微动者则良，前蹄后有灶谓之寸金，马奔驰时，后蹄能击到寸金，谓之跨灶。跨灶高一寸者为骏，低者次之。寸金处常破损如豆大，有血流出不生毛，是为跨灶之验。凡马皆行一边，左前足与右后足先起，而右前足与左后足乃随之，相交而驰，善骑者于鞍上已知其起落之处。若骏马则起落不测，瞬息百里，虽欲细察之，恒不能矣。故凡骏马之驰，仅以蹄尖寸许至地，若不沾尘然，画者往往不能酷肖。”①

铜龙和鸡冠赤两匹名马，是张穆最好的“模特”，它们从走进主人的生活到与主人融为一体，再到赋予情感和人性，这是一条超越了师承的捷径。马的每一个动作神态甚至每一茎须毛，首先在张穆的眼光中细细篦过，然后被准确定位。

没有一个画家对马的熟悉，对马的情感，能够超越张穆。在与铜龙、鸡冠赤的朝夕相处中，张穆眼光的解剖刀，切开了马的皮肤，看到了马的肌肉和筋脉，然后深入到了骨髓。在张穆的宣纸上，唯有马可以入画，唯有马，可以对话，可以超越物种。所以，在后人的研究中，省去了梅兰竹菊和苍鹰，直接进入了马的世界，并且用“爱国热情”为张穆的马插上翅膀。韩纯玉在《蘧庐集》中，为张穆赋诗道：“用之疆场一敌万，如何闲置荒坰畔。壮心烈士悲暮年，永日披图发长叹。”(《题张铁桥画马》)张穆画马，知音众多。李黼平说：“虽然役不汗一马，承平武备犹当修。谁持此画责真骨，我知岛王不敢留。龙驹万匹出水献，付与大帅

① ［清］屈大均：《广东新语》卷十三《艺语·诸家画品》，中华书局，1985，第366页。

防河州。”(《南归集》中《张穆之画马》)。张庚在《国朝画征录》中，用“画马为岭表好手”的赞誉评价张穆，而屈大均在《广东新语》中对张穆画马的引述，更是成了东莞画家最早的一篇画论。

张穆的马，寄托了平生之志，他的马，曾经成为张家玉的珍藏。张家玉战死之后，这幅画不知所踪，后人看不到了赠马的雄姿，只能在文字上，读到张穆悼念张家玉的两首诗。

张穆的马，笔者只在精美的印刷品中看过，缩小之后，这些马失去了战场的风烟和画家的嶙峋瘦骨，已经没有了原生的气息。幸好，张穆的生命，还能以珍贵文物的形式，被收藏在博物馆和美术馆里。笔者见过太多的国画八骏图，那些后人的手笔，大同小异，面目模糊，那些以数字命名的马匹，从一到百，从百到千，代代相传，从未改变。只有张穆的八骏图，让笔者认识了那些马的个性、气质和名字。

八骏，在古人的丹青中，不是一个敷衍的群体符号，而是一个个鲜活的生命。它们的名字，记载在《穆天子传》卷一中，赤骥、盗骊、白义、逾轮、山子、渠黄、华骝和绿耳等八匹骏马，共同组成了群马奔腾的图画。而在《拾遗记·周穆王》中，则是另外一种称呼：“王驭八龙之骏。一名绝地，足不践土；二名翻羽，行越飞禽；三名奔宵，夜行万里；四名超影，逐日而行；五名逾辉，毛色炳耀；六名超光，一形十影；七名腾雾，乘云而奔；八名挟翼，身有肉翅。”张穆的八骏图，最早的一卷，作于顺治四年（1647年）他41岁的时候，画作上，有他自题的一首诗：“穆王西返八龙空，留影犹能绝世雄。身染瑶池五云彩，至今毛鬣散秋风。”无独有偶的是，这首诗，又被他重题于顺治十八年（1661年）为汉英所作的八骏图卷中。可见他的自喻自叹，始终刻在心里。

张穆丹青中的独马，都是征战疆场的奇骏。对胜利的渴望，冲锋陷阵的勇猛，是战马独有的神情和姿势，从战场上退下来的张穆，最熟悉战马的特性，而他的朋友，也从张穆的笔墨中，看到了张穆不死的雄心。韩纯玉题其画马诗云：

铁桥年已七十五，醉里蹁跹拔剑舞。
余勇犹令笔墨飞，迅扫骅骝力如虎。
维执萧萧古白扬，血蹄卓立明秋霜。
昂然顾盼气深隐，风鬃雾鬣非寻常。

陈恭尹的《朱廉斋以张穆之画册索题为作磨痒马歌赠其象郡之行》也称：“战士场中不一嘶，瑶池可到谁为御……”

现存广州艺术博物院的《七十龙媒图卷》，是张穆画马技法的集中体现。这幅纵25.5厘米、横1068.5厘米的画作，是香港人杨铨的旧藏，是他于20世纪70年代捐赠。画上张穆题款：“辛酉腊月为公叔世兄作《龙媒图》卷，得七十体似。”作为画作的说明和阐述，后人轻而易举就找到了辛酉的年号，康熙二十年（1681年）的时候，张穆已经是75岁高龄了，所以屈大均有“铁桥老人七十五，画马画鹰力如虎”的誉评。

张穆的《七十龙媒图卷》，以73匹骏马，细腻地营造了群马自由的生活状态。

张穆另辟蹊径，舍弃了“群马”的传统命名思路，直接用七十三这个具体的数字，张穆的写实，深入到了马的细节。

马与河流的天衣无缝，是《七十龙媒图卷》呈现在欣赏者眼中的第一画面。开卷之后，即见黑白二马交头直立，另一马举脚腾空，回头和三马呼应。又见六马奔跑至河边，而河边二马交头相呼正欲下河涉水，小河中各色马十五匹，饮水或戏水，神态生动。河滩边上，两马跃起，作上岸姿态。岸上马匹四十，有的站立观望，有的低头吃草，或滚尘嬉戏，或踢腿跃腾，姿态各具，生动活泼。有细心的欣赏者，提出了一般人难以发现的存疑之处：在涉水过河的群马中，有二匹马仅露出头部，另有一匹小马，坐于地上。后人认为，此三匹马，疑为别人所加，理由在于过河二马，线条板硬，墨色沉滞，位置安排拥挤，缺少空间，后一小马卧于不显眼之处，似有离群之嫌。

张穆作《七十龙媒图卷》的时候，已经离开了故乡，在东安县的麒麟山上筑草堂隐居。在云浮地方志的记载中，张穆的许多朋友，前来寻访，在此唱和，留下了许多诗词。张穆用一首《麟山秋思》，将东安与东莞串联起来：

山馆初寒陨夜霜，径边残菊剩丹黄。
石塘鱼跃观明月，水槛鸦啼春白杨。
一壑已甘贫亦足，故园翻是老难忘。
千峰路邈寻津寡，小洞三株只自芳。

一座荒山，随着张穆的脚步，热闹了起来，今释、屈大均、陈恭尹等人的诗，为麒麟山带来了前所未有的文化气息。张穆的心，也未被草庐困住，许多时候，他的脚步越过山的阻隔，到达了远处。在容庚的文字中，张穆“前后尝游楚南，上衡岳，泛湖湘，东行入留都，历吴越，所作纪游诗，皆奇杰可诵。海内诸名士多与之游，如侯官曹学佺，仁和今释，宁都魏礼、曾灿，秀水朱彝尊，归安韩纯玉，粤人邝露、屈大均、陈恭尹、高伊、释今无等，均有诗人投赠”。

张穆远足过的地方，几乎就是半个中国。张穆与地理学家刘献廷的见面，不在南粤，也不在刘献廷的居住地天府大兴，他们在苏州相遇。两个故乡相隔万里、年龄相差33岁的忘年交，在异地他乡赋诗吟哦。历史，记下了“广阳学派”代表人物刘献廷的喜悦之情：“我生燕山下，君住罗浮巅。相去万余里，苍茫隔风烟。我年三十君七十，南溟绝塞谁通连？金阊忽相遇，会合非徒然。庞眉拄杖指天外，招我把臂谈重玄。……西湖重遇又经春，笈里烟霞别有神。还期遍走齐州地，同作天台采药人。”刘献廷的诗留下来了，却不知道张穆是否回赠了他的骏马。

如果不是刘献廷的诗，后人无法想象，耄耋之年的张穆，奔走忘年。莫非他笔下的骏马，天天从纸上走下来，背着它的主人，阅遍名山大川，遍访天下好友？

张穆和他的马及诗，终止于容庚的笔下。据《张穆传》记载：隐居东安后，戴竹皮冠，支藤杖，广袖宽衣，年八十余，步履如飞，一日无病卒。

水墨丹青的故园

陈琏的去世和张穆的出生，之间隔了一百五十多年，后人很难从这两个人身上，找到逻辑的关联，只有丹青，能够让他们之间的距离拉近。

容庚认为："吾邑画家以明陈琏为首，其题《方方壶武夷山水图》有'我亦平生亲画史，落笔时时追董米'之句，又《山水图为敦生作》云：'敦生携我昔作图，复索新吟耀桑梓。'罗亨信《为姑苏朱以信题琴轩山水》诗有云：'琴轩先生太丘裔，学海汪洋富才艺。董贾文章世共珍，米高山水尤清致。'今真迹不可得见，见之自穆始。穆晚年遁迹东安以终，见其首不见其尾，知已其犹龙乎。"[1]

---

[1] 罗亨信：《为姑苏朱以信题琴轩山水》，载［明］罗亨信撰，香权根整理《罗亨信集》，上海古籍出版社，2011，第247—248页。

陈琏以《琴轩集》《归田稿》留名史册，但是他的丹青却湮没无闻。《广东历史人物辞典》①亦无其画名画作的只鳞片爪。张穆之后，笔者只在一处名为可园的私家园林里，看到过纸上的丹青，即使专门研究陈琏墨迹的文章，也只是引用罗亨信的《题琴轩山水》诗，在此之上铺陈。

朱万章的《陈琏传世书迹考》②认为，陈琏之书为明朝最早之广东名人墨迹。陈琏“以文学知名，兼擅绘画、书法”“陈琏于书画之造诣尤深。他擅画山水，宗法董源、米芾，惜无画迹传世。”朱万章从罗亨信诗句“峰峦浓淡列远近”“天光云影含模糊”“碧海茫茫曲涧通”和陈琏的《题扇面山水》“云过山疑动，风来树欲颠。长江波浩浩，应有未归船”中，推断出了“在明初岭南画坛清寂无为之时，陈琏开岭南山水画之先声，堪称明代岭南画坛之先驱”的结论。

由于无墨迹传世，致使容庚、朱万章等人对陈琏画作的评价，在后人的印象中，总免不了有雾里观花、虚无缥缈的感觉。张穆之后东莞的水墨丹青，在陈琏这里，被命运开了一个悲剧性的玩笑。这个空白，直到张敬修的出现，才用一座园林建筑填补了。

张敬修建造可园的初衷，只是为了自己的居住休闲，并无让一座私家园林成为东莞标志性建筑和为东莞丹青延续血脉的雄

---

① 管林主编：《广东历史人物辞典》，广东高等教育出版社，2001。

② 朱万章：《陈琏传世书迹考》，载中共东莞市委宣传部、东莞市文学艺术界联合会编《东莞人物丛书·东莞历史人物》，广东教育出版社，2008，第127—128页。

心。后来的一切，都是一个战场归来者的无意插柳。

道光末年的水深火热和连绵战火，让张敬修难以安心读书，为了出人头地，他按照当时惯例，花钱捐了个同知的官职，在东莞城里修筑炮台，议论兵法，演习枪法。

张敬修似乎看见了自己的未来和前程，他在家乡东莞的努力，没有白费。几年之后，他终于等来了机会，朝廷以在籍修筑炮台之功，任官于广西，又以捕获农民起义领袖的功劳，升为庆远县同知。

张敬修上任广西镇压农民起义军，被正史用“平思恩巨盗”记录在纸上，张敬修剿灭的对象，被冠以盗贼、匪人，而在民间的话语中，张敬修的敌人，则被赋予了“起义”的正面形象。对立的史观只因评价的标准不同，而在个人的经历和战争行动中，张敬修的出生入死却是相同的。

升为庆远同知之后，张敬修“历官柳州、梧州、平乐、百色各地，皆捐资募勇、备器械、勤于捕务。时湖南盗贼雷再浩、李世德等为乱于桂林，广西罗大纲又起于平乐，张敬修保危城，防堵省会，救援外郡，屡著劳绩，升为以知府用”[①]，但是，张敬修人生的顺风，中止于道光二十九年（1849年），这一年，广西盗贼蜂起，攻城略地，战火蔓延，而地方官员则因为粮饷欠缺、

① 杨宝霖：《武而能文、工书善画的张敬修》，载中共东莞市委宣传部、东莞市文学艺术界联合会编《东莞人物丛书·东莞历史人物》，广东教育出版社，2008，第459页。

兵员不足的原因决定招抚起义者，张敬修反对这种绥靖策略，认为招安等于变相鼓励起义，会引起更多人的仿效。由于建议没有被采纳，张敬修一气之下，以弟弟病逝、母亲患病的理由，辞官回到了东莞。

张敬修的辞官，应该是一种深思熟虑的选择，即使因生气所致，踏上返乡之路的张敬修，绝无可能想过还有重新出山的一天。回到东莞之后，张敬修立即将“可园”两个字奠基在离东莞西城门一箭之遥的博厦。此时张敬修的心迹，可以通过大门两旁的门联而一目了然：未荒黄菊径，权作赤松乡。后人从道光二十九年（1849年）的这幅对联上，看到了张敬修胸中的陶渊明和张良，还有后人用现代汉语道出了张敬修辞官时的自负：“事后多年，张敬修回忆此事说，如果当时取纳自己的意见，花几十万银元，就会平定广西，不使后来用上千多万银元，还治不好太平天国的起义。”①

张敬修的东山再起，受惠于尚书杜受田。

1850年7月，道光皇帝派两广总督李星沅为钦差大臣，前漕运总督周天爵代理广西巡抚，从广西、广东、湖南、贵州、云南、福建六省调集兵勇一万多人，镇压洪秀全的拜上帝会。在那个尚未发明金属手铐、脚镣的时代，信心满满的江协副将伊克坦布带了二十四担棕绳，准备捆绑即将到手的俘虏，不料中了起义

---

① 张俭东：《可园创建人张敬修》，载中共东莞市委宣传部、东莞市文学艺术界联合会编《东莞人物丛书·东莞历史人物》，广东教育出版社，2008，第451页。

军的埋伏，那些为敌人准备的绳索，反过来成了官军的镣铐。伊克坦布的战马跑过了追赶的敌军，却不幸马蹄陷入桥缝，跌入江中，被乱石砸死。

这个时候，尚书杜受田在广西人口中听到了张敬修这个名字，尤其记住了张敬修辞官前镇压起义军的对策，他觉得在兵败如山倒的时候，应该起用熟悉广西战场情况的官员。于是，在杜受田的推荐下，张敬修进入了皇帝的视野。

张敬修本来已经冷却的血，在朝廷的激励下，重新沸腾起来。1851年2月，张敬修在家乡东莞招募了三百子弟兵，驰往广西前线。

张敬修日夜兼程的时候，洪秀全的太平军已经抵达了距离武宣县城三十里的三里圩，知县刘作肃看不到援兵，急得几乎上吊，幸好广西代理巡抚周天爵在绝望之时赶到。

张敬修赶到广西的时候，太平军用退兵之策击败了广西提督兼前线指挥向荣的兵马，又用三面夹击的方式，让周天爵陷入了重围，在即将全军覆灭的危急关头，张敬修三百人的队伍恰巧赶到，在混战中，张敬修的人马也被太平军分割，张敬修未能扭转战局，却在混乱中冒死救出了周天爵。

张敬修的救命之举，换来了周天爵的上奏。张敬修的广西浔州知府和皇帝赏赐的四喜攀指、大小荷包，就是广西巡抚上奏之后的结果。张敬修的威望和名声，从此开始起步。

张敬修扬名之后，有人建议他酬谢举荐恩人杜受田。对于这个从未谋面的举荐者，张敬修却有异于常人的认识，他说，杜文正（受田）推荐我，是为了国家，不是为了我个人，不是我应当去酬谢他，相信他亦不肯受我的酬谢，但这样的知遇之恩，我是不敢忘记的，只是怕自己无所建树，对不起他而已。

为了报答杜受田的举荐之恩，张敬修确实竭尽了全力。洪秀全率领起义军攻占永安州，建立了太平天国之后，张敬修招募了七千新兵，加上旧部两千人，用九千兵马把守六黎冲口，封锁通往梧州的道路，参加围剿太平军。

在与起义军的直接交锋中，思恩县的唐元修、柳州的李志信和来宾县的谢开八几支武装，都败在张敬修的手下。在与唐元修的起义军交战的时候，张敬修仅率四百多精兵，快速行军三昼夜，直接冲入两千多敌军阵中，获得大胜。咸丰三年（1853年）二月，张敬修获悉武缘、迁江两县农民起义军，准备与兴安县起义军联合，攻打桂林。张敬修先发制人，各个击破，先后击败武缘、迁江、兴安的起义军。

战场上的节节胜利，让张敬修军威大振，并在凯歌声中升任广西按察使。

张俭东《可园创建人张敬修》①一文中，此时出现了居巢的名字，这个日后成为可园座上宾和岭南画派启蒙祖师的画家，以幕僚的身份，出现在张敬修身边。在张敬修的胜利中，居巢也获

① 张俭东：《可园创建人张敬修》，载中共东莞市委宣传部、东莞市文学艺术界联合会编《东莞人物丛书·东莞历史人物》，广东教育出版社，2008，第449—457页。

得了同知衔的奖赏。

不幸的是，张敬修在此后同陈金刚、郑金亦的天地会起义军的梧州水战中大败，被撤去官职。心有不甘的他，以报仇雪恨和戴罪立功的心理留在广东提督叶名琛的军营里效力，不料又在同李文茂的浔州水战中铩羽，而且还被红巾军的炮弹击中大腿，掉入江中。

两场败战之后，张敬修自感恢复无望，加之疗伤需要，于是作出了辞职回乡的选择。

张敬修回到东莞的时候，他看见了可园正在故乡的土地上缓慢生长。

可园，一个武将的杰作

一百七十多年之后，张敬修的可园，成了游人如织的旅游景点，成为了岭南四大名园之一。这是张敬修生前无法想到的结局和盛景。

张敬修是一个战场上的勇士，同时也是一个世俗生活的热爱者和享受者。他心中的可园，是他预留的一条退路，所以，每逢人生挫折，他便要退隐故乡，在他精心建造的园林里疗养伤口，抚平伤痕。

可园的砖瓦奠基于道光三十年（1850年），那是张敬修在广西因为建议遭拒不忿辞官回乡的选择。建筑需要时间，需要金钱，但是张敬修缺乏一座园林成长需要的耐心，他对园林的热爱敌不过尚书杜受田的推荐，他以东山再起的姿态离开了家乡。

从辞官回乡到东山再起，张敬修在家乡的日子不足一年。他心中的可园，仅仅是离开纸上的蓝图在大地上奠基的建筑轮廓。没有人知道，张敬修此去广西，需要多少岁月，刚刚萌芽的可园，是否能够继续生长。

可园的传奇，首先是它的建造时间，很难有张敬修这样的主人，放任他的私家园林，在十四年的漫长时间里，任意开花结果。而且，这漫长的十四年时间，张敬修大多在战场上出生入死。一个出入于枪林弹雨的人，能否活着回到家乡，享受可园的荣华富贵？这肯定是张敬修无法回避和经常思考的话题。

可园建成于清同治三年（1864年），漫长的十四年，正是张敬修带兵在外的岁月。每次在可园走过的时候，笔者都产生过关于建造资金来源、何人主事等一系列疑问。可园的导游词粗疏，不具备深入细节的主观，无法让游人穿越古老的砖瓦，回到可园建造的现场。

笔者在杨宝霖先生编著的《东莞可园张氏家族诗文集》中，找到了可靠的线索：

> 张敬修自道光二十五年（1845年）出仕以后，带兵在外，虽三次“赋闲家居”，但时日无多，且第三次（咸丰十一年七月）在可园养伤，可园的建造基本完成。第二次“赋闲家居”时间最长，共三年半，可园的建造，以此时期为主。在第二次“赋闲家居”的三年半中，张敬修伤病交加，可园建造工程，料理需人，何人辅助？书无明文。但张嘉谟《邀山阁记》“汝其知所处

矣（你大概知道怎么做了）”一句，泄露其中消息：可园建造工程辅助人是张嘉谟，至少，邀山阁的建造，是张嘉谟指挥的。[①]

历经十四个春秋才完工的建筑，在张敬修那个时代的东莞，它的漫长可能史无前例。

在笔者最早的想象中，一座用十四年时间建造的园林，应该和苏州的拙政园、留园、狮子林、网师园那样占地宏阔，集中了天下的佳山秀水，却没料到张敬修的可园，却是一处螺蛳壳里的道场。

可园的面积，以亩为单位，精确到了小数点后一位数。3.3亩，约2200平方米，是它自竣工至今一百六十年间始终未曾修改过的数字。

可园的小，笔者相信是张敬修有意为之。这不是猜测，张敬修自撰的《可楼记》用“幽”和“览”两个汉字为一座园林作了规划定位：

居不幽者，志不广；览不远者，怀不畅。吾营可园，自喜颇得幽致；然游目不骋，盖囿于园，园之外，不可得而有也。既思建楼，而窘于边幅，乃加楼于可堂

① 杨宝霖编著：《东莞可园张氏家族诗文集》，广东人民出版社，2008，第713页。

> 之上，亦名曰可楼。楼成，置酒落之。则凡远近诸山，若黄旗、莲花、南香、罗浮，以及支延蔓衍者，莫不奔赴，环立于烟树出没之中；沙鸟江帆，去来于笔砚几席之上。劳劳万象，咸娱静观，莫得遁隐。盖至是，则山河大地，举可私而有之。苏子曰：“万物皆备于我矣。”

可园的土地，最早并不姓张。在文献的记录中，可园的原址，是冒氏的宅园。后人从居巢的题咏中，找到了土地交易的线索：“水流云自在，适意偶成筑。拼偿百万钱，买邻依水竹。”一百七十多年之后，当年出卖宅园的冒氏，已经不见了踪影，但是张敬修和可园，成了东莞文化的一处地标。时间像水一样，漫过了岁月光阴，没有人关注当年张敬修和冒氏交易的情景和细节。别人的家道中落和张氏可园的兴起，充满了偶然性。

可园的成功和它日后成为岭南四大名园之一的盛名，肯定是出卖宅园的冒氏没有预料到的结果，在与张敬修的交易中，冒姓人家，不会想到张敬修是一个经济实力雄厚、懂得建筑营造和艺术审美的高人。一块平常的土地，在张敬修的手中，开出了奇异的花朵。

对于建造私家园林来说，在道光三十年（1850年）的时候，博厦也许不是最好的地段，可园的前身，是一块外形不规整的多边形地块。南面原为过村石板路，隔路为张家祖居，北面为风景秀丽的可湖，西面为邻家杂屋，东面则为花圃，看不出这个地方的风水。

有建筑研究者认为："张敬修文武兼备，著有《可园剩草》，精绘兰石。居家时间常和文人墨士吟诗作画，岭南名士郑献甫、陈良玉、简士良、居巢、居廉等是该园常客，对可园的筹划兴造必有深刻影响。"[①]可园的建造，张敬修"聘来了当地的名师巧匠，模仿广西、江西名园式样，集岭南园林之大成，大胆创新，别开生面，形成了自己独特的风格"。[②]

由于土地面积的限制，可园只能在小巧上做文章。可园的巧妙和精致，已经到了无一寸土地闲置的建造极致。可园内的每一幢建筑、每一处景点，都天衣无缝地镶嵌在园林的肌体上，像一个美人的五官，自然天成。

可园的楼台亭阁，像一串珍珠，串联在金线上。那些璀璨的珠宝，被人工命名为可堂、可楼、可轩、可亭、邀山阁、问花小院、博溪渔隐、滋树台、擘红小榭、花之径、环碧廊、湛明桥、曲池、草草草堂、双清室、雏月池、雏月池馆、绿绮楼、壶中天和拜月台、假山涵月、石山、可湖、可舟、茉莉田、息窠、观鱼簃、香光阁、昔耶室、花隐园。建筑研究者，用"金角银边"形容可园的格局："可园的建筑内容非常丰富，厅堂室舍、廊榭房

---

① 邓其生：《东莞可园的园林建筑艺术》，载中国建筑学会、建筑历史学术委员会主编《建筑历史与理论》（第二辑），江苏人民出版社，1982。

② 邓其生：《东莞可园的园林建筑艺术》，载中国建筑学会、建筑历史学术委员会主编《建筑历史与理论》（第二辑），江苏人民出版社，1982。

轩、亭台楼阁，一并俱全。它运用南方传统民居、庄寨、园林的布局手法，把居住、防卫和游览三方面统筹考虑，别出心裁地构成了它的特有个性。其主要特点是建筑沿外围边线成群成组布置，‘连房厂厦’地围成一个外封闭内开放的大庭院空间，其中布置山池花木等，把建筑、山池、花木和外围美景融为一体。”[①]

东莞，不是园林的世界，可园只是张敬修无意中留下的杰作，每一个到过可园的人，无论是游客还是怀古之人，都会在走出可园大门的时候，将可园同顺德清晖园、佛山梁园和番禺的余荫山房相提并论。“粤中四大名园”的赞誉，可园当之无愧。

---

① 邓其生：《东莞可园的园林建筑艺术》，载中国建筑学会、建筑历史学术委员会主编《建筑历史与理论》（第二辑），江苏人民出版社，1982。

生死之交

战场，是士兵的生死之地，绝对不是丹青的温床。只有张敬修和居巢居廉的联手，打破过铁定的规律。

东莞人张敬修和番禺人居巢、居廉的第一次见面，历史无从记载，笔者在文献中找到的线索，只是杨宝霖先生在《居巢居廉与东莞可园张氏》中的一句话：“张敬修在道光二十五年（1845年）‘服官粤西’之前，以画友交及‘二居’。”[①]他们三个人之前的交往，被历史无声勾销，只有“画友”这个词，成了后人研究他们的唯一指引。

张敬修的出身和生平，绝不是一介赳赳武夫。在杨宝霖先

---

① 杨宝霖：《诗画传家的可园张氏》，载《东莞可园张氏家族诗文集》，广东人民出版社，2008，第723页。

生的文章中，张敬修“其父张应兰，乾隆四十五年（1780年）附贡生。主持家政的张敬修仲兄张熙元，道光九年（1829年）增贡生，后任揭阳儒学训导、德庆学正。张敬修的家学自有其渊源，他的文化素养较高，能诗善画。喜交纳文人。对寒士如简士良（东洲）、罗珊（铁渔）辈，屈节相交，并不时周济”，这个特点，贯穿了张敬修的一生，也将他与居巢、居廉的友谊和丹青喜好延续到了军营。

居巢的友人符翕在《居古泉先生六秩寿序》中说：“曩有东莞方伯张公，领巨军，眷怀旧雨，累函相招，旋至营。”相似的内容，也出现在后来的岭南画派创始人之一的高剑父的文章中，只不过，写这篇文章的时候，他正在师从居廉学画，“师弱冠失怙，依从兄巢以居，师伯梅生固善画，与东莞张德甫为画友。时值粤乱，德甫办团卫里，军以勇称，奉师檄词广西防剿，因聘梅生兄弟入幕”。[①] 高剑父用梅生、德甫的尊称，取代了居巢和张敬修的名字，但文章的内容，和符翕的文言，走在一条相同的路上。

张敬修在广西征战，前后共十二年时间，十二年里，居巢始终以幕僚的身份，伴随在张敬修左右。

在笔者查阅过的文献中，几乎没有居巢、居廉同张敬修战场上奋战杀敌的场景，白纸黑字的行间，都是他们之间切磋画艺、丹青酬唱的描写。在战场的背后，张敬修的军营，成了一间画室，里面聚了一群丹青描画的文人墨客。

① 高剑父：《居师古泉家传》，《中央日报》1949年9月22日。

咸丰元年（1851年）五月，张敬修以招募的七千兵马，破太平军于象州，获朝廷四喜攀指和大小荷包的奖赏。这场胜利，被军营中的居巢用一副《连捷图》画在纸上，居巢还赋诗于纸上，作为《连捷图》的配角和说明：书生分无肉食谋，空尔行叹复坐愁。闭门弄翰聊颂祷，好音旦夕传飞邮。这幅收藏在香港中文大学文物馆中的国画作品，没有刀枪厮杀的战争场面，也没有人类相残的血腥，居巢巧妙地用莲子和藕节，寓意深刻地表现了张敬修的胜利和自己的祝福。不仅居巢的宣纸上隐藏了战场的硝烟，后人甚至还在张敬修的军营里，看到了喜庆的洞房红烛，看到了新人拜天地的和平景象。

居玉徵，是居巢的长女，她的良辰吉日，在战争的间隙中进行。时官任广西知府的梅州人张其翰，用诗题记录了一对新人的太平盛世：

> 番禺女史居玉徵，吾粤名士居先生溥女孙也。善书画，工吟咏，家德甫观察为相攸，得于丹九参军，遂谋定焉。咸丰二年前一日，成婚于桂林。观察即席以团扇索绘事，玉徵为画牡丹，丹九填词以谢冰人，两美双绝，时传为佳话，形之歌咏。

战争年代的婚礼，与和平时代的洞房花烛，并无区别，笔者的兴趣，落在“善书画”“工吟咏”和“画牡丹”“填词”等动词之上。丹青翰墨，不仅是张敬修、居巢的喜好，而且也是居玉徵、于丹九等后辈的热爱和传承。

居巢，只是张敬修军中的幕僚，是一个可远可近的角色，但在文献的记录中，张敬修和居巢的关系，似乎到了形影不离的地步。

居巢如同张敬修的影子，在有光线的地方，居巢总是恰到好处地现身。在军中如此，即使回到了家乡东莞，居巢也是紧随在张敬修的左右。

张敬修第一次回东莞，闲居了七个月，第二次回到东莞的时候，足足度过了三年多的时间，这些相加之后的漫长时光里，后人都看到了居巢的身影。可园的昔耶室，就是居巢起卧的居所。

“昔耶”这个后人不知其意的词，只有当它出现在可园景点之列的时候，才会脱离迷雾，面目清晰，通俗易懂。这个来源于园主人命名的词，如今依然和可堂、可楼、可亭、可轩、邀山阁、问花小院等众多的汉字并列在可园的风景之上，但游客一一走过可园中的楼台亭阁和房间时，没有人会联想到画家居巢。笔者也是一个熟视无睹的盲人，后来由于写作的需要，深入可园的砖瓦石头，才发现“昔耶室是居巢在东莞可园长期的住所，但在可园中的具体位置没有提及，今人难以妄断”[①]。

“昔耶室”这个名词，经常出现在居巢的笔下。

---

① 王红星：《可园综论》，载《东莞可园》，华南理工大学出版社，2011，第11页。

居巢《今夕庵诗抄》中的《古泉画我小影置梅花中，戏题七绝句》，就有昔耶的出场："昔耶寄迹好池台，客子光阴数举杯。莫抚头颅伤寂寂，梅花于我尽情开。"《今夕庵诗抄》中的另一首《咏可园并蒂菊》诗中，昔耶同样是诗中的主角："莫怪平泉寄昔耶，深秋群卉俪春华。"笔者在广东省博物馆中看到的"昔耶"，出现在咸丰九年（1859年）居巢赠与张家齐的《野塘闲鹭图》扇面款识中："己未四月园居即事，成此并拟山谷道人演雅诗意，汝南仁弟大人两正。居巢并识于昔耶室。"由于和生活起居关联，昔耶室在时光中同居巢融为了一体，成了大树上美丽的攀缘寄生，以至居巢将自己的诗集，命名为《昔耶室诗》。

由于张敬修财富雄厚，性耽风雅，住在昔耶室里的居巢从未产生过寄人篱下的感觉。这段时期，广州诗人陈良玉与居巢同住可园，成为张敬修的座上宾客，莞地诗人简士良、罗珊、何仁山等，也经常来可园雅集，除了举盏赋诗，咏梅赏菊，居巢还与东莞诗人登钵盂山，访资福寺。居巢将他的心情感受，化作诗行，留在纸上。在《今夕庵诗抄》中，处处是东莞的风土人情和佳山胜水。

可园中的一砖一瓦，更是居巢见景生情的景点。笔者在《张德甫廉访可园杂咏》组诗中，见到了居巢的笔墨，可园、可堂、可舟、可亭、可楼、邀山阁、问花小院、博溪渔隐、滋树台、擘红小榭、花之径、环碧廊、茉莉田、湛明桥和曲池等十五处美景，排列在他的诗行中。后人在居巢的诗中感慨："幸好居巢记下可园这些景名，否则，百年之后，任人臆说了。”[1]

张敬修与居巢、简士良、何仁山、罗珊等人植梅于罗浮，着手重修梅花村结邻偕隐的时候，时光已经来到了咸丰八年（1858年），他们的合谋以及展望的美好图景，突然被太平军翼王石达开部将石镇吉进攻粤东北，梅州即将失陷的消息打破，两广总督黄宗汉，急忙起用张敬修督军东江。江西按察使，是一个急如火燎的任命，军情的紧迫，竟然让张敬修来不及让居巢同行。

望着张敬修远去的帆影，心有不舍的居巢作《白梅图》，寄寓深情，他用文字表现的款识，让后人看到了揖别的一幕：

> 补梅罗峤方寻约，筹笔龙荒又借才。寄语翠禽相怅望，功成长揖早归来。已未仲春，德甫廉访大人方约同人补梅罗浮，适有督师东江之行，作此奉寄，殊无足观，欲使知山灵相望，不减苍生待命也。番禺布衣居巢并识。

张敬修上任江西按察使，并不是他与居巢的隔离，而是一场短暂的分别。到任之后，张敬修即以书简招之，这个情景，被居巢记载在《张德甫廉访招游豫章，留别诸同社》中：

---

① 杨宝霖：《居巢居廉与东莞可园张氏家族》，载王红星主编《东莞可园》，华南理工大学出版社，2011，第193页。

桂海归来得几时，又从庾岭度鞭丝。
流离未有安居策，衰老偏轻去国思。
待补平生行脚债，重申夙昔素心期。
罗浮只在芒鞋底，游倦相寻倘未迟。

在文献的记录中，居巢起程于咸丰十年（1860年）正月初八，春节的余庆，依然浓郁，这似乎让居巢有些依依不舍，脚步也未免有些迟缓和沉重，以至三月十四日才到达南昌。

张敬修在江西按察使的职位上只有两年左右的时间，他的致仕，与身体和病情有关。在《可园创建人张敬修》这篇文章中，作者用演义的语言描述了张敬修的这段经历："张敬修见皇上如此看重自己，含着热泪，带着医生，身上裹着药物，赴江西上任。当时清政府为镇压农民起义，国库空虚，各地军饷任务繁重，因此事务日多，精神消耗加重，皇上给他的职务也加重，要他兼代布政使。这样，张敬修主持江西一省财政大权。无奈伤病亦加重。张敬修终于积劳成疾，支持不住，请求病休。"①

张敬修回归可园的时间是咸丰十一年（1861年）七月，文献资料，没有记载张敬修归途的工具和天气，却记录了一个随同他从南昌回到东莞的人，那就是居巢。

① 张俭东：《可园创建人张敬修》，载中共东莞市委宣传部、东莞市文学艺术界联合会编《东莞人物丛书·东莞历史人物》，广东教育出版社，2008，第456页。

伤病交加的张敬修，将人生最后两年零五个月的时间，全部留给了家乡，留给了可园，而居巢，则陪伴了张敬修人生中最后的光阴，并为他的上路送行。张敬修与居巢两人的友谊，后人用了“生死之交”这个成语形容。在《东莞张氏如见堂族谱》中，张敬修的侄儿张嘉谟，也用一段文字，为张敬修和居巢的生死之交，作了可信的证明：

故人番禺居梅生布衣巢，避地至东莞，公资给之屡年矣。弥留之际犹以为念，嘱侄善视之。且为之筹□粥之费，送之归里。

岭南画派的滥觞

在《广东历史人物辞典》[①]中，居巢一作居仁，字梅生，号梅巢，居室曰今夕庵，清番禺人。廉之从兄。尝任广西张德甫按察军幕。工画，山水、花卉、鸟禽皆成一家之法。尤精于草虫。亦精书法，能诗词。卒年七十余。著有《昔耶室诗》《烟语词》《今夕庵读画绝句及题画诗》。

作为一个画家，世所公认的是，可园是居巢的风水宝地，他在那里居住的时期是他绘画的鼎盛期和高峰期。居廉作为居巢的堂弟，是母亲和姐姐病逝之后的孤苦伶仃之人，全凭堂兄携归教养和传授画艺。居廉早期的绘画作品，无论是技法构图，题材选择还是画上的题诗，都是临仿居巢的。居廉的绘画，半生都在堂

① 管林主编：《广东历史人物辞典》，广东高等教育出版社，2001。

兄的阴影里度过。

年长17岁的居巢，对堂弟居廉倾其所有。后人将居巢、居廉合并为“二居”相称，实在是亲缘和绘画成就的相加和融合。“二居”与张敬修及其家族三代相交甚厚，在张氏提供的优越环境中，“二居”的绘画创作进入了黄金时代——后人对“二居”这一时期的绘画和生活的这一概括是非常准确的。唯一不同的是，居巢住于可园，而居廉，则住在与可园一路之隔的道生园。道生园园主张嘉谟与居廉的关系，等同于可园园主张敬修与居巢的关系。

道生园，是晚清东莞的一道风景，它的消失，是命运的安排，如果道生园命运不绝，延续至今，当与可园并肩而立。

可园与道生园，张敬修和张嘉谟伯侄，共同栽培了岭南两朵最美的奇花。道光二十五年（1845年），张敬修任官于广西之时，16岁的张嘉谟便放弃了举子之业，随伯父从军，他被委以重任之后，便辅助张敬修完成修建营垒、办理兵饷军械以及往来公文撰写等事务。

咸丰六年（1856年）五月，张敬修在与太平军的浔江水战中大败，在中炮伤足堕水的危急关头，张嘉谟拒绝了伯父为了避免同归于尽令他撤退的命令，他激励将士，整顿营垒，誓死相守。此后父亲去世，他随张敬修回到东莞，从此侍奉母亲，不再复出。张嘉谟坚守家乡的决心，从未动摇。同治初年，云贵总督岑毓英亲写书信，邀请张嘉谟入帐效力，他以身体有病婉拒了好意。

居廉的绘画艺术，成熟于可园。1864年张敬修去世之后，居廉才长住道生园。这一住，就是近十年。张嘉谟和居廉年龄相近，性格相似，两人交情深厚，亦师亦友，张嘉谟的热情，让居廉衣食无忧。

张嘉谟与居廉亦师亦友的关系，在《印象可园》一书中，有令人信服的分析：

他自小从堂兄居巢习画，并跟随张敬修作战于广西，约30岁后，应张敬修、张嘉谟之邀，居廉客居东莞道生园近十年且常往返于可园和道生园之间。

为使居廉安心作画，张嘉谟派人四处搜奇花异草，鸟雀虫鱼，以供居廉写生之用。居廉在东莞过着无忧无虑的惬意生活，丰厚的生活资源，饶有诗情画意的名园为其提供了优美的创作环境。他在可园和道生园所作之花鸟草虫册页，尤其是后来被称为“宝迹藏真”的十几本花卉草虫册，成为他早期花卉画作之经典作品。

张嘉谟与居廉年龄相仿，志趣相投，两人相交甚笃。居廉长期在道生园居住，与张嘉谟互相切磋画技。两人常一起合作，张嘉谟常为居廉写题画诗。两人还合作有《兰石图》《瓶蕙蒲石图》《菖蒲兰石图》；居廉所画的《得寿图》《寿石图》《紫藤图》《疏梅月影》等，均由张嘉谟题诗。

后人将张嘉谟和居廉的亲密关系，用“古泉石、鼎

> 铭兰”予以准确概括。而张嘉谟，也用一首诗表明了他与居廉的友谊和交情：我与君结交，敢云金石友。画理共相参，朋颇称耐久。[1]

“居派”，是东莞土地上生长出来的名词。这个由“二居”派生出来的现象，从一粒良种，到发芽长叶直至开花结果，是一个过程，是一个与东莞可园，与张敬修、张嘉谟密不可分的过程。它沐浴着阳光雨露，拒绝揠苗助长。这个过程，《印象可园》一书作了一个逻辑的梳理：

> “二居”跟随张敬修和张嘉谟在可园和道生园生活居住多年，他们绘画创作的环境完全是一个充满了花卉虫鸟的美妙世界，可园与其周围的珠江三角洲田园浑然融为一个整体，构成了一种清新灵秀的自然与文化氛围，影响和决定了他们的画风。寓居可园时期是居巢、居廉绘画（主要是花鸟画）的鼎盛期与高峰期。“二居”以岭南人的眼光来看岭南，以乡土的物产作为绘画的对象。他们以写生为实为旨趣，其绘画清新明丽，灵动地表现了岭南四季常绿的大地上蓬勃的生命力。他们极具地域色彩的创作，形成了个性鲜明的“居派”绘画

---

① 东莞市可园博物馆编：《印象可园》，广东人民出版社，2014，第108—109页。

面貌，突破了当时风靡全国的文人花鸟画固有的程式，完全是一种创造性的岭南风格。[①]

“居派”这个词，如同水流花开，完全是自然的产物，它没有石破天惊，然而，此后的发展和延伸，超出了所有人的想象，“二居”这棵树上，结出了“岭南画派”这个硕果。他们襄助军事的角色，彻底被丹青诗词掩埋。

岭南画派这个词，是高剑父、高奇峰和陈树人等人的共同开创，它是一个绘画流派成就和风格成熟的标志。它的源头，却在可园，从居廉开始。

高剑父在可园临摹老师居廉作品的时候，可园主人张敬修已经去世了三十一年。张敬修未能看到可园丹青繁盛的景象，未能看到居巢居廉的山水花鸟，在宽阔无边的宣纸上远行。

光绪二十一年（1895年）的时候，高剑父在可园寄居了四五个月，他将全部的时间，都用来学习居廉的绘画技巧，高奇峰，则从兄长高剑父处转授，而陈树人，由于聪敏俊雅，勤奋好学，更是获得了别人没有的机缘，他被居廉看中，居廉撮合了他与居廉孙女居若文的姻缘。被称为“岭南三杰”的高剑父、高奇峰和陈树人共同撑起了岭南画派的大旗，在多达五六十人的居廉弟子中，他们三人是最杰出的代表。

---

① 东莞市可园博物馆编：《印象可园》，广东人民出版社，2014，第111页。

张敬修早逝，没来得及看到一个画派从他的园林中发源，但后人从可园的砖瓦中，看到了不朽的水墨丹青。大型工具书《辞海》，用简洁的语言，归纳了岭南画派的艺术特点：“他们的作品，多写中国南方风物，在运用中国画传统技法的基础上，融合日本和西洋画法，注重写生，笔墨不落陈套，色彩鲜丽，别创一格。”

与陈琏传世的墨迹甚少相比，命运更加偏爱张敬修。他留下来的字画，大多得到了好的保存。后人用列表的形式，罗列了张敬修的十六幅作品，而这些斗方、扇面、轴和册页，还不是全面的统计，那些散落在海内外的丹青，深深地隐藏着主人的面目。

可园，让张敬修留下了不朽的名声，但是，作为一个官员，张敬修却不在黄旗山廉泉的清流之中。

每一次进入可园，笔者都会在建筑和风景之外产生一个疑问：一座如此富丽堂皇的园林，需要花费多少银两？张敬修修建可园的钱，从何处得来？

修建可园耗费多少银两，始终是一个谜，所有的文献，均忽略了这个话题，但是，一座占地3.3亩的豪华园林，与巨资之间，应该匹配。大多数文献均用“雄于财”描述了张敬修的富有，却隐去了张敬修财富的来源，只有张俭东的《可园创始人张敬修》一文，用一句“他在镇压各地不断涌起的起义中，和别的县官一样，‘一年清知府，十万雪花银’，搜刮了不少民财”[①]，暴露了张

① 张俭东：《可园创建人张敬修》，载中共东莞市委宣传部、东莞市文学艺术界联合会编《东莞人物丛书·东莞历史人物》，广东教育出版社，2008，第450页。

敬修的财源。

张敬修的暴富，始于咸丰元年（1851年），他在战场上救出了被太平军围困的广西巡抚周天爵之后，得到了尚书杜受田的推荐，得授广西浔州知府。在围剿太平军的过程中，张敬修充分利用了自己懂粤语方言的优势，同被围困中的太平军做起了生意。在张俭东的文章中，张敬修对财富的渴望和攫取金钱的手段，超出了笔者的意料。“张敬修利用刚刚获得的好名声，仗着自己会讲方言土话，在围攻中，和太平军做起‘买卖’来。交易前，双方放火烧火堆，打空炮，喊杀连天。在茫茫的烟雾中，用船将枪、火药、粮食、猪肉等，换取太平天国大量的白银、黄金、宝物。从此，张敬修暴发起来。张敬修这一行为，对洪秀全在永安筹建太平天国，无疑是极大的支持。太平军所以能在永安半年时间，从容讨论各种事务，张敬修的‘支持’，是有‘功’的！关于这件事，有龙启瑞的《纪事诗》为证：‘东勇尤狡黠，与贼为弟兄。更于阵前立，土音操其乡。苞苴互相投，烟焰何茫茫……’”①

龙启瑞是道光二十一年（1841年）的状元，因在广西镇压太平天国的功绩而升江西布政使，龙启瑞的这首诗，引用并不广泛，笔者只在马学春的论文《太平天国粮食仓储供应制度研究》中见到过踪影。作为一个证据，这首诗少被人关注，显然与其欠

---

① 张俭东：《可园创建人张敬修》，载中共东莞市委宣传部、东莞市文学艺术界联合会编《东莞人物丛书·东莞历史人物》，广东教育出版社，2008，第452—453页。

严谨有关。

张俭东的文章，还有张敬修财富来源的进一步描述：“1852年4月4日，洪秀全下令太平军突围。4月5日晚上出发，沿途抛置大量金银财物，引得清兵去抢。张敬修得到留守永安的命令，当然乘机搜刮了大量钱财。”①

张俭东的《可园创建人张敬修》一文，虽然不是严谨的论文，但是在张敬修和可园的研究中，提出这个被研究者有意无意忽略的话题，开启了一种思路和角度。

张敬修那个年代，黄旗山是居巢居廉写生的景点，也是张敬修、张嘉谟、陈良玉、简士良、罗珊、何仁山等人笔下的风光。可园的邀山阁，是东莞建筑的最高点，黄旗山，则是东莞自然风景的最高海拔，站在邀山阁上，可以眺望到黄旗山上的“灯笼”，登临黄旗山，也可以一览可园的全貌。从可园到黄旗山的距离只是快马的一鞭，或者是轿夫脚下的半个时辰。天气晴朗的日子，人们的肉眼，可以将可园和黄旗山连成一线，夜深人静的时候，黄旗山下的人，可以隐约听见可园传来的古琴声。

可园所有的景点中，绿绮台并不是原装的风景，在最早的建筑布局中，它是一个缺席者。在杨宝霖先生的论文中，绿绮台是为一张古琴安置的暖巢。“张敬修购得唐绿绮台琴，因名可园中一楼为绿绮楼，并作《予既得绿绮台琴，因检〈峤雅集〉读之，

① 张俭东：《可园创建人张敬修》，载中共东莞市委宣传部、东莞市文学艺术界联合会编《东莞人物丛书·东莞历史人物》，广东教育出版社，2008，第453页。

杂书所感七绝四首》诗，居巢关于此琴一连作了三诗：《德甫廉访既得绿绮台琴，因检〈峤雅集〉读之，即事成咏》《题邝湛若绿绮台遗琴拓本》《就绿绮台拓摹畸人像，题此当赞》。”[①]

也许可以用“鹤立鸡群”这个出自东晋戴逵《竹林七贤论》中的古老成语，形容绿绮台琴在可园中的地位。

绿绮台琴到达可园的日子，粗疏到只剩一个年份。不同的文章，均有一个相同的记载：咸丰八年（1858年），张敬修辗转得到绿绮台琴。一张出自唐朝、具有皇室血统的名琴的转手细节，就被寥寥一行汉字轻易掩盖。后人只能在可园的繁华中，遥想那个盛大的场面。

由于绿绮台古琴的到来，可园张灯结彩，容光焕发，可园曾经的光芒和荣耀，都被一张稀世古琴遮盖了。张敬修的客人，闻讯蜂拥而至，几乎踏破了坚硬的石质门槛。居巢、居廉、陈良玉、简士良、罗珊、何仁山等人，眼睛放光，满脸喜悦。

在这些观赏绿绮台琴的客人当中，有一个被文献忽视了的人。这个日后与绿绮台琴生死相依的读书人，由于年少的缘故，没有成为众人的中心，但是，绿绮台古琴身上，永远刻上了他的名字：邓尔雅。

---

① 杨宝霖：《武而能文、工书善画的张敬修》，载中共东莞市委宣传部、东莞市文学艺术界联合会编《东莞人物丛书·东莞历史人物》，广东教育出版社，2008，第476页。

邝湛若的绿绮台

绿绮古琴的变卖转手，是张敬修生前没有想过的故事。而且，令所有观赏者出乎意料的是，以购买的方式接手绿绮台琴的人，就是他们之中的客人。

邓尔雅花巨资买下绿绮台琴的时候，无论如何都没有想到，后世的俗人，会用“收藏”这两个汉字与他的购琴联系起来。

在后人的想象中，绿绮台琴“唐武德二年”的制作年代和宫廷血统以及“岭南四大名琴之一”的声誉，一定可以囤积居奇，让它的身价插上升值的翅膀。

所有的文献，都没有绿绮台琴身价的记录，邓尔雅的巨资，始终是后人猜测的一个谜。在记录这个发生在1914年8月东莞可园的情节之时，也只有“邓尔雅毅然以千金购下，希望琴以传人，人以传琴”[1]的简单描述。

没有价格的器物，才能潜藏巨大的价值，这些隐藏在交易深处的商业原理，是精明投机者的发财秘籍。后人的眼光落在绿绮台古琴身上的时候，许多人都忽略了邓尔雅一介书生的身份和传统文人的精神气节。

得到绿绮台琴之后，邓尔雅视如珍宝，他的欣喜和珍爱，多次通过他的诗文表露。从《双琴歌题邝湛若遗像》《纪得绿绮台琴》《绿绮台记》《绿绮台琴史》《绿绮古琴拓本》等诗文以及为绿绮台所得篆刻的系列印章中，我们看到了邓尔雅内心的崇敬和笑容。邓尔雅的《绿绮台记》，拂去了岁月时光的尘埃，让后人看到了一介书生耗费巨资购琴的真相：

明季邝湛若先生蓄古琴二：曰南风，宋理宗物；曰绿绮台，唐制而明武宗物也。出入必与俱。庚寅，广州再陷，先生抱琴殉国，王渔洋有《抱琴歌》及“海雪畸人死抱琴”之句，海雪，先生所居堂名也。初，武宗以绿绮台赐刘某，先生得之于刘家，至是，骑兵取鬻于市，归善叶犹龙（佚其名，以祖荫锦官衣卫指挥同知）见而叹曰：“噫嘻！是御琴也！”解百金赎归。……继归马平杨氏，杨氏世善琴，随将军果氏来粤，寄籍番禺。其裔字子遂者，值咸丰戊午之役，以琴托其友，友

① 陈莉：《邓尔雅评传》，广东人民出版社，2017，第80页。

> 私质诸吾邑张氏可园。光绪壬寅，余识子遂于潘氏缉雅堂，子遂述此事，相与痛惜久之。又十余年，张氏益式微，琴亦残甚，室壁蠹蚀，每以为憾。余知张氏子孙不能守，谋得见之，首尾小毁，安弦试弹，已病敝痹。甲寅八月，始以廉值有之，摩挲再四，断纹致密，土花晕碧，深入质理，背镌分书“绿绮台”三字，真书“大唐武德二年制”七小字。……琴成距今千三百年，虽不复能御，然无弦见称于靖节，焦尾见赏于中郎，物以人重，固有然者，非经海雪之收藏，安知不泯然与尘劫而俱尽也。

购琴的真相，就是邓尔雅内心的真实想法。一百多年之后，笔者以一个局外人的身份推测，如果此琴不曾为邝湛若拥有，绿绮台琴的价值，在邓尔雅眼中，将会大打折扣。即使此琴年代悠久，尽管它出身高贵，它在珍藏意义上的光芒，将会黯然失色。邓尔雅没有任何掩饰，他旗帜鲜明地用“物以人重”作了购买绿绮台琴的理由。在他心中，绿绮台琴就是邝湛若的化身，就是“海雪畸人死抱琴”这句诗的最好诠释。

抱琴殉国

邝湛若在邓尔雅心中的重量，可以用泰山来比拟。

邝湛若，名露，号海雪。笔者对邝露的了解，来自粤剧舞台。《天上玉麒麟》和《蝴蝶公主》，是广东南海人邝露在粤剧舞台上的演绎。在粤剧舞台上，邝露用洒脱浪漫、传奇色彩和忠贞不屈塑造了一个诗人与英雄的光辉形象。由于邝露落拓不羁，情感丰富，通晓兵法以及骑马、击剑、射箭等多般武艺，喜爱收藏和文物鉴赏，精于骈文，书法自成一格，又出任过南明唐王时期的中书舍人和出使广州，一生充满故事，所以最易成为舞台上的戏剧形象。

戏剧是艺术的演绎和塑造，现实生活中的邝露，除了诗人、书法家的身份之外，还是一个品格高尚的琴人。在邝露的平生珍爱中，有两张名琴，一张为今藏于山东省博物馆的宋琴南风，另一张为1914年邓尔雅用巨资购买的唐琴绿绮台。

南风曾是宋理宗赵昀的内府珍品，绿绮台则为明武宗朱厚照所有。帝王宫廷的高贵血统，让两张古琴价值连城，名扬天下。

天下所有的名琴，除了高贵的出身和皇家血统之外，无不经历曲折，命运坎坷。南风和绿绮台如何历经磨难艰险落到邝露手中，由于时光的久远已难以考证，但邝露成为新的主人之后，它们的经历就逐渐清晰。传奇，是天下所有名琴的必然经历和命运。

古代的琴人，对古琴的珍爱，形同生命。在文献的记载中，出生于书香之家的邝露，琴不离身，“出游必携二琴”。在邝露那里，琴是生命的一部分。一个爱国者的生命中，可以没有金钱物质，却不能缺失寄托心志的七弦琴。因此，当敌人兵临城下，面对死神的时候，邝露用生命实践了他对琴的承诺，人在琴在，琴亡人亡。

永历四年（清顺治七年，1650年），露奉使还广州，遇清兵围城。他把妻儿送回家乡，只身还城，与守城将士死守达十个月之久。是年十一月，西门外城主将范承恩通敌，导致广州城陷。此时，邝露已将生死置之度外，恢复名士风度，身披幅巾，抱琴外出，适与敌骑相遇。敌军以刀刃相逼，他狂笑道：“此何物？可相戏耶？”敌军亦随之失笑。然后，他慢步折回住所海雪堂，端坐厅上，将自己生平收藏怀素真迹和宝剑等文物，尽数环列身边。抚摩着心爱的古琴，边奏边歌，将生死置之度外，绝食，最后抱琴而亡，死时年仅四十七岁。

抱琴而亡，是人类死亡最庄严的形式。它的悲壮和崇高，超过了战场上所有的血腥。“抱琴而亡”四个汉字，升华了一种古老乐器的精神内涵，将人类的肉体生命与器物的灵魂融为一体。

邓尔雅不在邝露抱琴殉国的现场，但他穿越两百多年的漫漫时光，看到了一个诗人的爱国气节，听到了七根丝弦在人的指头上发出的镗鞳之声。邓尔雅对邝露的崇敬，对古琴的理解和热爱，从此开始。

在邓尔雅的心里，世界上所有价值连城的器物，只有古琴没有铜臭的气味，那是一种不能亵渎的天地精灵，从七根丝弦上发出的声音，都是天籁。

天籁之音

邓尔雅从东莞张氏后人手中购得绿绮台琴的时候，他的心情一定错综复杂，百感交集。时光流逝了一百多年，如今的人，隔着一个时代，已经无法看到一个人的内心世界和听见一张琴的天籁之音。

笔者愿意将七弦琴看成是弦器的始祖。在笔者的臆想中，没有一种乐器比七弦古琴更久远，更没有任何一种乐器比古琴更能穿透人心，在人世间留下不朽的故事。由于古琴的出现，人世间才会产生“知音”这样千古不朽的名词，才会出现伯牙、钟子期、聂政、公明仪、蔡文姬、嵇康、阮咸等流传后世的名字，才会让伯牙摔琴谢知音、聂政学琴报父仇、公明仪调弦对黄牛、蔡邕访友闻杀音、完颜璟雷氏琴殉葬、乐古春艳遇得古琴等故事从弦上走下来，与后世相遇。[1]

古琴历史悠久，它出现的年代，有多种说法，但都与“古老”这个词关联。人世间没有一种乐器像古琴这样，用七根弦串联起伏羲、神农、黄帝、尧、舜、禹这些远古时代的圣贤。

在没有音乐的混沌时代，第一个凝集乐音，再用材料和丝弦再现天籁之音的人，一定是人世间的天才，他是神派来人间传播福音的使者，所以，伏羲的出生，只能是圣灵感孕的结果。伏羲从风流动的声音中，感悟并制定了音律。

在古琴没有发明之前，世界上最美妙的声音都是野性的、自然的、无法捕捉的。伟大的伏羲，第一个将风一般不可捉摸的美妙声音收进一个由桐木和丝弦组成的魔盒之中，然后在手指上跳跃展示。

清人徐祺认同伏羲发明古琴，用丝弦感通万物，在《五知斋琴谱·上古琴论》中，他用文字展示了一件乐器的来路：

> 琴这种乐器，创始于伏羲，成形于黄帝，取法天地之象，暗含天下妙道，内蕴天地间灵气，能发出九十多种声音。起初是五弦的形制，后来在周文王和周武王时，增加了两根弦，是用来暗合君臣之间恩德的。琴的含义远大，琴的声音纯正，琴的气象和缓，琴的形体微

① 殷伟：《中国琴史演义》，云南人民出版社，2001。

小，如果能够领会其中的意趣，就能感通万物。[①]

古琴之后的乐器，钟磬簧笙，丝竹管弦，五花八门，没有人能够数清人世间能够称得上乐器的发声物，无论它们形体如何变化、形状如何创新、演奏方法如何花哨、制作材料如何高端、表演场所如何转移，它们都是古琴的子孙。单纯的音乐可以悦耳，但是无法通灵，更不可能将一个世界浓缩于匣中，储存于弦上。古人将七根弦上的声音，接通了正心、修身、齐家、治国、平天下的内涵，接通了天地宇宙。

古琴发明于创世之神，它的诞生，一开始就注入了贵族的血统，所以，古代的帝王君臣都精通琴艺。世间的君臣，人类的道德，都包容在弦上。伏羲以“琴”命名的乐器，用“禁”的含义规范了人世间的伦理，即禁止淫邪放纵的感情，蓄养古雅纯正的志向，引导人们通晓仁义，修身养性，返璞归真，和自然融为一体。伏羲面对群臣，诠释了古琴与治世的要义：

> 寡人今削木为琴，上方浑圆取形于天，下方方正效法大地；长三尺六寸五分，模仿周天三百六十五度，一年三百六十五日；宽六寸，和天地六合相比附；有上下，借指天地之间气息的往来。琴底的上面叫池，下面叫沼，池暗指水，是平的，沼借指水的暗流，上面平

① 转引自殷伟：《中国琴史演义》，云南人民出版社，2001，第3—4页。

静，下面也跟随平静。前端广大，后端狭小，借喻尊卑之间有差异。龙池长八寸，会通八风；凤沼长四寸，和合四时。琴上的弦有五条，来配备五音，和五行相合。大弦是琴中的君主，缓而幽隐；小弦是臣子，清廉方正而不错乱。五音之中，宫是君，商是臣，角是民，徵是事，羽是物，五音纯正，就天下和平，百姓安宁，弹奏琴就会通神明的大德，与合天地的至和。①

这段引自《中国琴史演义》中的文字，不可能是作者的现场耳闻和纪录，后人的现代汉语翻译，遵从了真实准确的原则，再现了古琴发展史上最重要、最生动的场景。

在后人的推测和想象中，群臣茅塞顿开，感受到了古琴无穷的奥妙，君臣对话，让一种乐器登上了哲学与人伦的最高峰。在伏羲的号令中，工匠们上山，砍伐桐木，精心制成样板，颁发天下。天下百姓，遂按图索骥，从此古琴繁衍，世代不息。人类最灵巧的手指，第一次在弦上纵跃翻飞，闪躲腾挪，曲尽世间奥妙。郑觐文先生的《中国音乐史》记录古琴指法四百多种，正是手的功能的最好展示和指法的发展与繁衍。古琴指法，“属于左手者有五十二种，属于右手者有五十种，更有古指法五十种，再加以轻重化法（如一挑有圈指弹出者，有竖指弹出者，有弯指轻弹者），细分之有四百多种，一法有一法之特点。自古音乐从未

① 殷伟：《中国琴史演义》，云南人民出版社，2001，第3页。

有若此之繁复者。”[①]

古琴的漫长历史，从伏羲始祖开篇，从此蔓延不绝。后人通过文字看到的号钟、绕梁、绿绮、焦尾和齐桓公、楚庄王、司马相如、蔡邕等名词，都是琴的经典，都是不朽的故事。

邓尔雅不是琴家，但他是一个深谙琴理的文人，他知道，一张琴，就是一个世界：一张琴，从做成之后的首音到焦尾之时的弦绝，就是一个琴人的一生。所以，1914年8月，他从可园主人张敬修的后人手中购下绿绮台琴的时候，心中无以名状，他轻轻地抚摸绿绮台琴，立即感受到了邝露的体温。

① 郑觐文：《中国音乐史》，大同乐会，1929。

绿绮台琴的苦难

邓尔雅心中山一般伟岸的邝露，远不是绿绮台琴最早的主人。对于千年历史来说，绿绮台琴之于邝露，也不过是短暂的寄托，是它漫长路途中的一处驿站。

世界上所有的名琴，都有非凡的出身。中国古代的帝王都是古琴的知音，凡是世上最好的乐器，他们都要收入宫中。绿绮台琴作为世上的珍稀，必然有高贵的出身。笔者在所有文献中见到的绿绮台，都是一张黑漆仲尼式的皇家面孔，通体细密的牛毛纹，折射出一千四百多年的岁月沧桑，“绿绮台”三个汉字，用隶书体刻在琴底颈部，龙池右侧则是“大唐武德二年制”七个楷体字。

岁月沧桑，时光漫长，已经无人知道绿绮台琴出自何人之手。绿绮台琴问世的唐朝，正是制琴名家辈出的盛世，京城路氏、樊氏，江南张越、沈镣，蜀中雷俨、雷威、雷霄、雷迅、雷珏、雷文、雷会、雷迟，无不大名鼎鼎，出自他们手中的古琴，价值连城。所有的琴家，都以得到一张名琴而自豪得意。可以断定，绿绮台琴如不是出自制琴名家之手，明武宗断不会将它藏入宫中。

世上的每一张名琴，都有各自不同的命运。出身高贵，并非注定一生钟鸣鼎食、荣华富贵。绿绮台琴命运坎坷，这是一千四百多年前制作它的工匠和拥有它的明武宗朱厚照所没有想到的。九泉之下的主人，如果知道他的珍爱流落民间，一定心如刀绞，痛不欲生。

屈大均在《广东新语》中记录了绿绮台琴和它的行踪。绿绮台与春雷、秋波、天蠁一起，被誉为“岭南四大名琴”。明武宗朱厚照将琴赐予刘姓大臣。从刘姓大臣到邝露之间，是一段漫长的光阴，这段历史可惜被岁月湮没了，笔者无法找到其中的关联脉络。现有的文献，只是记载了琴归邝露之后的踪迹，此前的经历遭遇，已经成了一个难以破译的谜。

世事难料。所有的研究者，都只能在刘姓大臣到邝露之间留下空白，文献也只能用“明末散出民间”来敷衍后世。

邝露殉国，绿绮台落入了清军之手。这个不知道名姓的清兵，不知道这张琴的来历和价值，只是谋划着如何将邝露的平生之爱兑换成银子。于是，一个爱财的士兵，抱着绿绮台琴，来到了街市。

对于一张价值连城的古琴来说，这个清兵仅仅是个爱财的小人，他无法看出“绿绮台”三个字的奥秘，更不可能知道“大唐武德二年制”的价值，他眼中只有银子。万幸的是，绿绮台古琴没有被埋没，它无意中遇到了知音。

许多文献在叙述这个重要转折时，异口同声地描述：

> 琴被清兵所抢得，售于市上，为归善（今惠阳）人叶龙文以百金所得。（百度词条“绿绮台”）
>
> 湛若既殉难，绿绮台为马兵所得，以鬻于市。（屈大均）
>
> 初武宗以绿绮台赐刘某，先生（邝露）得之于刘家，至是骑兵取鬻于市。（邓尔雅）

这是一个没有争议的情节，也是一个不可忽略的过程，可惜的是，后人在以可园绿绮楼为背景的写作中，屡屡忽略了绿绮台琴从清兵至叶龙文过渡的重要过程，即使曾与绿绮台琴密切相关的岭南四大名园之一的东莞可园，在编辑出版可园的图书中，也有意无意地隐匿了这个戏剧性的情节。后人的粗疏，总是捡了芝麻，丢了西瓜，所以，再近的历史，也常常面目模糊，云山雾罩。

一张名琴的波折，并没有在此终止，只要世道坎坷，绿绮台琴就免不了流离失所。归善人叶龙文，是一个慧眼识珠的人，他在热闹的街市上看到了那个摆卖名琴的清兵。历史常常忽略细节，在史无记载的地方，笔者能够想象得到叶龙文（亦有文献写为叶犹龙）见到绿绮台琴时的惊异和狂喜，此时的叶龙文，肯定心跳加速，他开始怀疑自己的眼睛，等他定下心来，仔仔细细打量那张琴之后，才相信了这个意外和惊喜。笔者见到的所有文献，在记录一个人的欢欣时，仅仅用了“见而叹曰：‘噫嘻！是御琴也’”一笔带过。

慧眼识珠的叶龙文，肯定不是等闲之辈。邓尔雅在《绿绮台记》中注明为“佚其名，以祖荫锦官衣卫指挥同知”，只有具有书香官职背景之人，才有可能认识一张琴的真实面目。

历朝历代，都有造假之物。抗金名将岳飞的孙子岳珂，在其记载遗闻轶事的《桯史》一书中，就揭露过古琴造假。由于此事为岳珂亲历，所以为后世信服。

南宋嘉定三年（1210年），有一士人携一张名为“冰清”的古琴，来到酷爱鉴藏古琴的北京官员李奉宁家，用传家宝的名义让主人当即心动，爱不释手。冰清古琴形制奇特，通体断纹鳞波，刻有晋陵子的铭文，又有“大历三年三月三日上底蜀郡雷氏斫”和“贞元十一年七月八日再修，士雄记”的落款。李府家中上下宾客，都认为此琴为唐代古物，稀世之珍，不可多得。还有人引经据典，搬出《渑水燕谈录》中有关冰清古琴的记载，证实此琴生自唐代制琴名师雷氏之手。就在主人即将花巨资交易古琴之时，岳珂站了出来，他力排众议，从避讳和凤沼孔眼无法探笔写字的理由，让所有人醍醐灌顶，茅塞顿开。岳珂认为，本朝仁宗皇帝赵祯即位以来， 当避讳“贞”字，古琴的凤沼中的贞字从卜从贝，而且贝字有意缺笔，少了旁点。两百多年前的唐人，如何知道为宋朝的皇帝避讳？

在古琴的历史上，岳珂火眼金睛识破伪琴的故事，至今为后世的琴家乐道，也记住了《桯史》中的警告：“今都人多售赝物，人或赞孅，随辄取赢焉。或徒取龙断者之称誉以为近厚，此与攫昼何异，盖真蔽风也。”

叶龙文的眼光没有辜负绿绮台名琴，他当得起“慧眼见真”这个出自佛教经典《无量寿经》中的词语的褒扬，他没有丝毫犹豫，当即“解百金赎归”。

时光流逝，后人已无法听到绿绮台琴在惠州西湖上的凄伤之音，也不可能考证出弹奏的曲调，但从座中诸子的声名影响来看，绿绮台琴遇到了最好的知音：

屈翁山，即番禺屈大均，“岭南三大家”之一；

梁药亭，药亭为南海梁佩兰的号，“岭南三大家”和“岭南七子”之一；

陈独漉，即顺德陈恭尹，其父陈邦彦为南明抗清英雄、“岭南三忠”之首。与屈翁山、梁药亭齐名。

今释，广东丹霞别传寺名僧。

应叶龙文之邀游览西湖欣赏名琴的四个人，有一个共同的身份：诗人。这些力主抗清、名气高洁的岭南名流，动情流泪之后，为绿绮台琴泼墨挥毫，作长歌赋。

绿绮台，可园最美的风景

笔者曾经认为，具有一千四百多年历史的唐代古琴绿绮台，历经磨难之后，被叶龙文收藏，当是最好的结局。然而，没有眼睛能够看得见千里之外的山河，也没有预言家能够占卜到绿绮台琴未来的命运。

绿绮台琴与可园的缘分，其实是古琴的磨难与波折。绿绮台琴是如何从叶龙文处流落，最终被马平杨氏所得，后人的所有解释，都附会于邓尔雅的《绿绮台记》：

> 继归马平杨氏，杨氏世善琴，随将军果氏来粤，寄籍番禺。其裔字子遂者，值咸丰戊午之役，以琴托其友，友私质诸吾邑张氏可园。

邓尔雅及后来的文章，均没有交代绿绮台为何归于马平杨氏，马平杨氏，又如何从叶龙文处得到名琴。历史的粗疏之处，常常有故事发生，可惜的是，所有的情节和细节，都被岁月埋葬了，无处掘墓，无人考古。

广东古琴研究会副会长莫尚德先生在《广东古琴史话》[①]一文中用白话翻译了邓尔雅的《绿绮台记》，认为“以后琴归马平杨氏，他们世代都弹琴，随果将军来粤，寄籍番禺，值咸丰戊午（1858年）有兵灾，杨氏子孙名子遂的把琴托朋友保存，朋友却私自把琴典质给东莞张氏可园”。

《邓尔雅评传》[②]在交代这一线索时，虽然简洁，却更为清晰：后来此琴由叶龙文后人保存了数代。太平天国时期，此琴落入平县杨氏家中，杨氏后裔将此琴交付东莞朋友陈氏保管，而朋友私自押在东莞张氏当铺。时当铺主人，乃明末抗清名将张家玉后人。深知此琴的重要性，于是张敬修当以重金，陈氏无力赎回。

那个违背杨氏信任与嘱托、私自将绿绮台抵押的人，是绿绮台的灾难，所幸的是，它遇到了张敬修。可园博物馆原馆长王红星先生认为：“张敬修收藏绿绮台琴，应凝聚了身为一员武将的张敬修追崇英雄忠贞不屈的思绪”。[③]

笔者从王红星先生文章中“咸丰八年（1858年），张敬修辗

① 莫尚德：《广东古琴史话》，载广州市政协文史资料研究委员会编《广州文史资料》，广东人民出版社，1986。

② 陈莉：《邓尔雅评传》，广东人民出版社，2017。

③ 王红星主编：《东莞可园》，华南理工大学出版社，2011，第4页。

转得到绿绮台琴。张敬修专门在可园中命名一楼为‘绿绮楼’，以宝藏之”的叙述中看到了张敬修的欣喜和珍惜。

在可园一楼五亭六阁十九厅十五房的古典格局中，绿绮楼并不是最高的建筑，也没有最气派的设计，有关资料中“此楼按照古制‘狭而修曲’修建而成，歇山顶，青砖砌筑墙体。内侧沿楼设廊道，廊道设风雨槛窗。人依廊栏，石山伫立，紫荆淡雅，石榴花开，龙眼苍翠，廊榭环绕，花木扶疏，竹影参差。随曲廊移步，景随步移”的世俗描述仅仅是一种外相，并没有让它鹤立鸡群，唯有绿绮台，用千古的琴声，使它奇峰峻拔，一览众山。

绿绮台琴，以贵宾的身份，被隆重地置放于绿绮楼的中心位置。绿绮台琴到来的那天，绿绮楼里的红木桌椅、雕花门扇和丝绸布幔乃至桯几上的精致景德镇瓷器，都成了陪衬。不仅如此，可园中的所有楼阁亭榭和花草树木，都一齐向这张来自遥远唐朝的古琴致敬。绿绮台琴，辗转来到东莞，从此成了张敬修可园的镇园之宝。

张敬修以当铺主人的身份，得到了无价之宝绿绮台琴，他在可园绿绮楼中一遍遍抚摸古琴的时候，只有欣喜涌上心头，他不会想到，坚硬的砖瓦，也有衰败的时光。

可园幽深，所有的建筑和花草树木，均掩藏了张敬修曾经的当铺主人身份和他用重金当琴，让陈氏无力赎回的手段和心机。

古琴易主

绿绮台琴在张敬修可园的绿绮楼上吸引文人骚客们击节赞叹的时候，邓尔雅，正是座上的一个客人。

文献只记载了“邓尔雅与可园张家素有交往，对于邝露高风亮节，邓尔雅一直深为钦佩”的事实，却没有人知道，在绿绮楼上欣赏名琴古声的时候，邓尔雅有没有过“江州司马青衫湿”的心境。与白居易诗里的琵琶相比，古琴显然更久远，更多经典故事。

邓尔雅在可园欣赏绿绮台琴的时候，总是想起抱琴殉国的英雄邝露，他从未想过，绿绮楼上的绿绮台琴，还会有易主的时候，他更没有想到的是，有朝一日，自己会成为这张名琴的新主人。那个时候，建园的张敬修已经不在人世，可园，也随着张敬修的离去而逐渐暗淡。

绿绮台琴和可园，是相互依存的关系，它们的存在，如同车的两个轮子，形似鸟的一对翅膀。邓尔雅亲眼见证了可园的兴盛和式微，那座岭南著名的私家园林，和那张邝露曾经拥有过的古琴，构成了血缘般的荣辱关联。

在关于绿绮台古琴一节中，《邓尔雅评传》有“民国初年，张家逐渐中落，要靠变卖家藏度日”的描述。[①]九泉之下的张敬修，已经不能为他始创的园林力挽狂澜了。

一座园林的衰落，同时也是一张古琴式微的开始。

1914年，是绿绮台琴命运的又一次转折。是年8月，邓尔雅听到了可园后人变卖家藏的消息。一丝忧虑，开始从夜深人静的时刻弥漫，逐渐占据了他的心。邓尔雅想到的是，当一个世家不能以他们擅长的书画谋生的时候，家财的散失，当是不可避免的结果，邓尔雅想到了绿绮台古琴……

邓尔雅用“探访”开启了他与绿绮台古琴的缘分。《邓尔雅评传》如此记载了一张名琴的易主：

> 1914年8月，当听说张氏子孙在变卖家藏度日，邓尔雅就预知此绿绮台琴必不能守，遂前往探访，只见绿绮台琴的尾巴已经损坏，琴身已被虫蚁所蚀，不禁悲从心生。邓尔雅毅然以千金购下，希望琴以传人，人以传琴。[②]

---

① 陈莉：《邓尔雅评传》，广东人民出版社，2017，第80页。

② 陈莉：《邓尔雅评传》，广东人民出版社，2017，第80页。

绿绮台古琴，当它以珍稀宝贝的身份易主时，新的主人，一定充满了喜悦，那个从邝露的尸体上夺得古琴的清兵如此，那个辜负杨氏重托、私自质押古琴的未名者更未能逃脱，可园主人张敬修得到古琴，以宝藏之，亦不免得意，只有邓尔雅，念英雄邝露，购殉国遗物，虽是残琴，已经绝响，却无丝毫遗憾。

邓尔雅得手绿绮台琴之后的心情，通过一个篆刻名家最擅长的方式体现。他用坚硬的石头，记录了这个瞬间。笔者在文献中看到了邓尔雅作于一百年前的印："绿绮台"，并留下了"摩挲再四，断纹致密，土花晕碧，深入质理，背镌分书'绿绮台'三字，真书'大唐武德二年制'七小字，十四年八月得邝湛若藏唐琴绿绮台"的边款文字。在邓尔雅心目中，唐琴绿绮台，只为英雄邝露留名，其他的拥有者，都是过客与陪衬，可以忽略。

邓尔雅，出身书香门第，幼承家学，善小学，精鉴赏，工诗文，篆刻书画俱精，门人弟子众多，被研究者称为"金石印人、文字学人、书画奇人"。因为邝露的缘故，绿绮台琴被邓尔雅赋予了传奇色彩和爱国气节，一张古琴，超越了器物的属性升华为人与精神的象征。

在一个金石印人眼里，文字可以说话，石头最有温度，邓尔雅一生中，用诗词、文章、印石、拓片等多种方式为绿绮台琴树碑立传，远远超过了对一件器物的热爱，只有从历史中逃难出来的琴家，才能看到古琴背后的人物，那是人的风骨和气节。

《邓尔雅诗稿》中，随处可见到绿绮台的影子，邓尔雅刻刀走过的石头上，多是与古琴关联的文字。后人在《双琴歌题邝湛若遗像》等诗中读到“双琴南风、绿绮，出亦琴，入亦琴，海雪之堂二雅文心，今我见琴如畸人，急弦亮节难为音，自然有奇气，自然有奇意，人间不能名，希声闻上帝”这样发自心灵深处的文字时，如何能够无动于衷？

笔者在黄脆的文献中，见到过邓尔雅分赠给章太炎、西神祠丈、高旭、张其淦、苏曼殊、容庚、容肇祖等人的绿绮台古琴拓本，当受赠者读到拓本上的附诗时，立即就看到了一张古琴和一个古琴收藏者的情怀。

名士名琴亡未亡，岿然若见鲁灵光。
畸人亦有凌云作，古调如闻海雪堂。
愿学谪仙怀犹抱，亲窥赤足境难忘。
先生往矣流风水，余韵而今极绕梁。

容肇祖是邓尔雅的外甥，由于血缘亲情的关系，面对绿绮台琴拓片，他比旁人更加准确深入地理解舅舅的内心情感和精神寄托。在写于1944年的自传中，这个中山大学的历史学教授，回忆了邓尔雅与绿绮台琴的往事：

1920年（民国九年庚申）我23岁。我在广东高师三年级。这年，我与四舅母表妹兰微结婚。我翻译莫泊桑《余妻之墓》投《小说月报》发表。邓尔雅四舅获得绿绮台，我得有绿绮台琴拓本，题词云：“风入桐秋，月窥帘寂，绿绮梧桐庭院。奏罢南风，抱残峤雅，飘零土花斑点。广陵散，宫声往，畸人剩幽怨。水山远，暗情移，爨桐无恙，弦未上，焦尾早经泪染。问古调谁弹，坐空斋银烛重剪。想牙琴邓牧，后世子云难见。”

容肇祖教授眼中的绿绮台琴，已经不再风华正茂，暮岁之琴，像人一样风烛残年，琴面斑驳，空无一弦，面对沧桑世事，只能哑口噤声。但是，容肇祖知道，一张残琴对于一个读书人的价值和寄托。

饱经磨难、颠沛流离的绿绮台古琴，终于以一副哑琴的沧桑在邓尔雅那里得到了最温暖的安置。

1929年，是绿绮台古琴一生中最静好的岁月。这年五月，邓尔雅用鬻印卖字的收入，在香港九龙大埔，买下了一块地，为绿绮台琴筑一个温暖的小巢。三个月之后，小屋建成，邓尔雅命名为“绿绮园”。

绿绮园与绿绮楼，一字之别，都是东莞人为千年古琴的量身定制，也是邓尔雅与张敬修对英雄邝露的敬慕。这个情节，记录在《邓尔雅年表》中：

在香港“新界”大埔购地筑“绿绮园”，贮藏绿绮台琴，以表敬慕邝湛若之高风亮节。八月绿绮园落成。崔师贯来访，作《寻邓尔雅新居，观海雪旧藏绿绮台琴，为赋此解，依梅溪元儿体》。

邓尔雅筑绿绮园，只是为了给绿绮台琴寻找一个安全稳固的住所。那个时候的绿绮古琴，已经丧失了发声的功能，它无法恢复到叶龙文那个时代的状态，让文人雅士在山水之间吟咏抒情。

由于交流困难，聋哑之人，一般深居简出，在不可避免的社交场合，只以手势表达一个人的内心和情感。绿绮园中的绿绮台琴，由于不能歌唱，也只能以沉默的方式深藏不露，它拒绝抛头露面、显露风头。

真正的知音，只有面对一张无弦的哑琴时才能得到检验。绿绮园里的邓尔雅，当他沐浴焚香，虔诚地触摸一张古琴时，总是能够听到《高山》《流水》的声音，千年之前的人物，从琴的深处一个个走出来，与绿绮园的主人相会、神交。

在古琴漫长的历史上，绿绮台绝不是第一张无弦的古琴。

唐代张随的《无弦琴赋》，是笔者读到的关于无弦古琴的最早文字。《无弦琴赋》的主人公，是不为五斗米折腰的西晋伟大诗人陶渊明。

因为没有记载，陶渊明琴桌上的那张琴显然不是名琴；因其淡于功名，只在乡村陇亩间躬耕的布衣，也无力成为名琴的拥有者。陶渊明的古琴没有丝弦，也没有用于音阶标记的徽。每有客人走进篱墙，叩开柴扉，诗人便用家酿招待。酒酣耳热之时，五柳先生每每取过琴来，醉眼蒙眬地虚按一曲。

闭目陶醉的诗人， 早已看出了朋友们的诧异与不解。后来的《晋书》，也认为陶渊明“性不解音”，所谓的无弦空弹，只是故弄玄虚。

笔者在五柳先生的《与子俨等疏》中，找到了驳斥《晋书》的证据：

> 少学琴书，偶爱闲静，开卷有得，便欣然忘食。见树木交荫，时鸟变声，亦复欢然有喜。尝言五六月中，北窗下卧，遇凉风暂至，自谓是羲皇上人。

陶渊明诗中，提及琴处甚多：“息交游闲业，卧起弄书琴”“今日天气佳，清吹与鸣弹”“弱龄寄事外，委怀在琴书”“清琴横床，浊酒半壶”，连《归去来兮辞》中，也有“乐琴书以消忧”的句子。所以，在陶渊明那里，无弦胜过有弦，无声胜过有声，《幽兰》虽然没有声响，却如庭园的花草一样芬芳；《流水》还没有弹奏，却似屋后的小溪潺潺流过。

绿绮台琴弦绝于可园，一张一千四百多年历史的名琴，见过了太多的岁月生死，弹尽了天下所有的琴曲，它的衰败，是器物的宿命。绿绮台弦断之日，便是它的哑声之时。此后的岁月里，名琴化为铁石，只有邓尔雅，在绿绮园的夜深中，能够听到《广陵散》的绝响。

自古至今的琴家名单上，找不到“邓尔雅”这个名字，窃以为，邓尔雅是一个直正懂琴的人，他是绿绮台的知音，他以一介隐士的姿态，深藏在七弦之后。所以，哲人老子说：“大音希声，大象无形。”这句出自《道德经》的千古名言是绿绮台琴最早的注脚，后来李白的“大音自成曲，但奏无弦琴”“抱情时弄月，取意任无弦”，陆龟蒙的“垆中有酒文园会，琴上无弦靖节家”，司空图的“五柳先生自识微，无言共笑手空挥”，苏东坡“若言琴上有琴声，放在匣中何不鸣？若言声在指头上，何不于君指上听？”的诗和欧阳修“若有心自释，无弦可也”的主张，更是为绿绮台与邓尔雅的结缘作了最有力的辩护。

朽而不死

邓尔雅和邝露，都是绿绮台的贵人。遇上一个贵人，是一张名琴的幸运。对于绿绮台琴来说，最好的贵人，并不能保它一生无忧，但可以竭尽全力爱护它，在它遇难之时，奋不顾身。邓尔雅，作为绿绮台琴的贵人，更是在大难来临之时，两次让绿绮台琴化险为夷。那两次危难场面，均记录在《邓尔雅年表》中。

1920年，是绿绮台琴与邓尔雅结缘的第六个年头，没有任何征兆，预示此后绿绮台琴的第一场灾难。杨宝霖先生在《邓尔雅的〈绿绮园诗集〉》一文中有简略记叙："是时粤中政变频繁，尔雅广州寓所遭兵火，书画焚烧殆尽，幸绿绮台琴无恙。1922年，尔雅携眷避地香港。"[①]1920年的兵燹，对于邓尔雅来说，

① 转引自东莞市政协编：《容庚容肇祖学记》，广东人民出版社，2004，第407页。

是一次重大损失，而对于绿绮台琴，则只是一场虚惊，或者一次灾难的预演。杨宝霖先生的记叙虽然简略，却透露了邓尔雅未来行动的某些信息。两年之后，邓尔雅带着家眷离开广州转往香港，躲避乱世，更多的是出于绿绮台琴的安全考虑。

一个将古琴作为自己生命组成部分的人，选择香港避居，当是他视琴如命的必然逻辑。从邓尔雅用象牙缩刻一对绿绮台琴作为女儿嫁妆的行动中，所有人都可以看出绿绮台琴之于他的价值和意义。所以，“1929年，邓尔雅以治印、卖字所得，积资买地于九龙大埔，构小园，名为绿绮园，以中贮绿绮台琴”[1]，就成了一个文人的选择。

邓尔雅用诗表达了他为绿绮台琴建筑暖巢的心情：

宋时庐墓锦为田，累叶犹容近祖先。
堂窄高吟暖岚气，岛荒长物富春天。
剩残山水非生客，勾股梅枝入梦圆。
床左囊琴虽弗御，不妨高举契无弦。

此诗之前还有八句。除了为绿绮台筑室告成纪念之外，邓尔雅还为能够近守安葬于元朗葵涌的祖墓而欣慰。

九十多年过去了，绿绮园成了纸上描述的建筑，后人无法通

① 杨宝霖：《邓尔雅的〈绿绮园诗集〉》，载东莞市政协编《容庚容肇祖学记》，广东人民出版社，2004，第408页。

过实物看到那座寄托了邓尔雅心血的房屋。1937年7月的台风，是一切人工建筑的杀手，绿绮园，不幸葬身在风暴中。从诞生到消失，绿绮园，只在香港大埔存活了六年。

关于1937年台风的威力，没有视频资料记录下那些恐怖的现场，在文献的记载中，邓尔雅的绿绮园屋顶被吹跑，只剩下四堵墙壁，藏书尽毁。在风灾面前，邓尔雅的心碎成了一堆瓦砾，但是，奇迹却也在废墟中出现，他视同性命的绿绮台琴，安然无恙。

“奇迹”，都是无法用语言解释的现象，在幸运面前，邓尔雅没有感恩上帝、佛祖、菩萨、鬼神等通灵的偶像，他认定的只是一张名琴的气节，那是一个抱琴殉国者英魂的护佑。

风灾之后，邓尔雅立即迁居九龙，他要为绿绮台寻找一个更安全的“家”。冥冥之中，他得到了来自邝露的暗示。他用《丁丑七月飓风大步小园藏书被毁感赋》表达了绿绮台琴劫后幸存的庆幸。

绿绮台琴，在邓尔雅心中，已经成了抱琴殉国的抗清英雄邝露的化身。对一个英雄的崇敬，通过一张古琴折射，邓尔雅的高尚之举，同样得到了朋友的尊敬。

曾经在惠州西湖游船上参加过叶龙文召集的岭南名家雅集的丹霞别传寺和尚今释，在聆听过绿绮台声音之后，精心创作并手书了长诗《绿绮台琴歌》。邓尔雅的好友潘至中，在广州的书肆中见到这幅墨宝，知道了绿绮琴藏于邓尔雅处，当即买下长卷。后来邓尔雅来潘至中家中探访，看到《绿绮台琴歌》欣喜不已，当他读到“南社风俊邓先生，求琴飞涕哀虫蚁。莫道无弦曷若弹，望海筑园惟景止”等诗句时，感慨唏嘘。

邝露当年，拥有两琴。在邝露的心爱之物中，绿绮台和南风，是一对同胞兄弟。邝露殉国之后，手足分离，血肉撕裂，邓尔雅能够感受到古琴的疼痛。如今的绿绮台，成了琴的孤儿，再也无人知道南风的生死下落。

绿绮台琴，还有另外一重意义上的亲缘。在所有的琴史文献中，绿绮台还和春雷、秋波、天蠁并列为“岭南四大名琴”。“岭南四大名琴”，在琴的家族中，就是一母所生的同胞手足。邓尔雅在绿绮园寂寞的长夜里与孤独的绿绮台琴沉默相对的时候，常常想起春雷、秋波、天蠁，却不知它们流落在何方。

邓尔雅从未想过，绿绮台和秋波、天蠁，会有团聚的一天。

1940年，广东的一些文化精英，被日本侵略军的战火赶到了香港，许多珍贵文物，也随着它们的主人，来到了这个暂时安全的地方。绿绮台和秋波、天蠁相会的因缘，就在这个时候产生。在中华文化协进会的倡导下，邓尔雅带着心爱的绿绮台琴，参加了在香港大学冯平山图书馆举办的广东文物展览会，绿绮台和秋波、天蠁，一同在这个艺术氛围浓郁的展览馆中相会，接受无数观众惊喜的目光。著名的“岭南四大名琴”，除了春雷缺席之外，其他三琴，在文化的圣殿里，享受了千载难逢的荣耀。而此时的唐代名琴春雷，被张大千带到了万里之外的异国巴西，它缺席了这场古琴的盛会。

古琴，不仅是一种乐器，更是一种由木头、丝弦和精神组成的生命体，爱琴之人，则是它们的天使和护法。只是由于人的寿命短暂，古琴终不免易主更弦，但是它们的故事，总是和人融为一体。

邓尔雅72岁高龄时病逝于香港。在最后的日子里，绿绮台琴静静地陪在他病榻旁边，邓尔雅时时抚摸，依依不舍。他以一种异于常人的方式，与绿绮台琴告别。

五年之后，香港《大公报》举办了一场隆重的广东名家书画展，邓尔雅的儿子将父亲所藏绿绮台琴和今释和尚的书法长卷《绿绮台琴歌》展出，引起了文物界和艺术界的轰动。已经蚀于虫蚁而喑哑多年的绿绮台琴，又一次复活，让人看到了殉国的烈士和英雄的气节。

番薯的历险

- 明朝的饿殍
- 上帝的禁果
- 谁第一个引进番薯
- 陈益的祭品

陈履以一个廉官的面目出现在《廉泉清流》一章之中，二十多年之后，他再次以血缘、亲情方面的角色，出现在番薯的危急时刻。

《凤冈陈氏族谱》卷七《家传·素讷公小传》载："壬午（万历十年，1582年）夏，乃抵家焉。先是邻蠹卢某武断乡曲，公尝排击其恶，卢衔之，瞯公归，摭其事，首白当道，时航海关防严肃，所司逮公下狱，定庵公（陈履，字德基，号定庵）方转部郎，闻报大骇。"这是番薯在中国最早引发的牢狱事件，番薯事件主角陈益（号素讷）生命的惊险，与他的长兄陈履密切相关。

当一个后人为陈益性命担忧的时候，《凤冈陈氏族谱》中的《家传·素讷公小传》出现了化险为夷的一幕："适同谱御史某奉命巡按东粤，诣诉状。抵任，首摘释之。"

布衣陈益将那个神奇之物藏之铜鼓偷带出境的时候，他肯定没有预见到番兵追杀的凶险以及回到家乡之后的牢狱之灾。从清同治八年（1869年）刻本《凤冈陈氏族谱》中读到这段情节的时候，笔者一次次掩卷沉思：如果陈益能够预判到前路中的灾难，他是否会放弃那个梦寐以求的禁物？

假设，不仅仅是后人的好奇，更是历史的诡异和逻辑的歧路。

一介平民的安危生死，在枯黄的纸页中波澜不惊，却让一个四百多年之后的写作者惊心动魄。笔者的忧虑和牵挂，只能在线装的古籍中找到答案。

“饥饿”，这个出现频率极高的词，在明朝的历史上占去了半壁江山，明史中的大量篇幅，都让位于这个笔画并不复杂而且没有歧义的词。广袤的中华大地，没有一处逃出了饥饿的魔掌。“太原大饥，人相食”；“南阳大饥，有母烹其女者”；“浙江大饥，父子、兄弟、夫妻相食”；“自淮而北至南，树皮食尽，发瘗胔以食”；“德州斗米千钱，父子相食，行人断绝。大盗滋矣”等记录，令人不寒而栗。而记载在《南村辍耕录》中的文字，更是让饱食之后用诗歌抒情的文人难以置信。

> 天下兵甲方殷，而淮右之军嗜食人，以小儿为上，或使坐两缸间，外逼以火。或于铁架上生炙。或缚其手足，先用沸汤浇泼，却以竹帚刷去苦皮。或盛夹袋中，入巨锅活煮。或男子止断其双腿，妇女则特剜其两乳，酷毒万状，不可具言。

东莞人陈益，也看见了身边的惨状。“饥饿”这个词，在明朝的版图上，无处可以幸免。崇祯《东莞县志》[①]中，有关东莞饥饿的记录，亦比比皆是。

> 天顺辛巳岁旱，米腾，饥殍载道。
>
> 天道靡常，阴阳不协；朝则风，暮则雨，潦涨为灾；冬无麦，秋无禾，生民缺食。
>
> 次年者，复值阳愆，穑事不作，萑苻乍惊，米价腾涌，石至一金有余，扶携展转，乞丐弥路。
>
> 辛巳之夏，阳德愆候，潦水为灾，广之属郡，大无麦禾，东莞境内，被灾尤甚，民艰之食，羸惫不支，几为饿殍。

陈益虽然是一介布衣，但显然与县志中的饥民无关。《凤冈陈氏族谱》和东莞地方志书中均无陈益家境状况的记录，但其祖父陈志敬和长兄陈履，以明嘉靖官广西左江兵备道按察使司佥事和明隆庆五年进士官至户部郎中的家庭背景，断无衣食之忧。中国历史上的饿殍，都是无名的饿鬼，能够在史籍中留下名字的人，饥饿，绝对不会成为他致命的毒药。

所以，神宗万历八年（1580年），陈益跟随朋友登船开往遥

① ［明］张二果、曾起莘著，杨宝霖点校：［崇祯］《东莞县志》，东莞市人民政府办公室，1995。

远的安南之时，他的脸上，一定没有菜色，送行的亲人和朋友，看到的只是微笑和轻松。

在开往安南的船上，陈益看到了天水一色的景象。大海的辽阔，让人的肉眼看不见远方，更无法看到前程和命运。

陈益的安南之行，毫无目的。“客有泛舟之安南者，公偕往。”①在史料的记载中，那条驶往安南的船，其实是一条运载货物的交通工具，船上的主角，是陈益的朋友。陈益，只是一个搭顺风船的游客。陈益的家乡东莞虎门，后人在叙述先贤安南之行的原因时，还形象地描述了陈益心情不爽，被朋友邀去安南散心的情节，而那个邀约陈益的朋友，是一个去往安南经商的生意人。历史粗疏，没有细节，笔者更愿意相信民间的口头文学，“旅游”，这个如今滥俗的名词，不可能让饥饿的农耕时代的平民承担得起漫长时光消耗的资财。

经商小船上的配角，命运注定了他会成为中国农业史的主角，而那个热心邀请陈益游玩的主人，却被历史遗忘了名字。文史专家杨宝霖先生根据《凤冈陈氏族谱》转述了明朝万历八年（1580年）陈益到达安南之后的情节：素讷公（陈益字德裕，号素讷）和他们一同前往。到了安南，得到安南酋长的礼遇。请入宾馆，每次宴会，常用珍贵的土产叫作“薯”的款待，薯味很

① ［清］陈德心纂修：《凤冈陈氏族谱》卷七《家传·素讷公小传》，清同治八年刻本。

甘美。[1]

在中国漫长的农业史上，这是“薯”的第一次出场。

笔者遍查农史，没有发现任何对“薯”的外形、颜色、大小的描述，历史只是用“味甘美”三个汉字刺激了读者的味觉，让一种食物逃过外在形状颜色的制约而通过味道进入我们的生活。

“薯”，是安南人对一种食物的命名。这种从草的食物，让万历八年的中国平民陈益两眼发光，见到薯的那一刻开始，陈益的魂魄就离开肉体而去，成了薯的俘虏。杨宝霖先生的文字充满了诱惑力：“每宴会，辄飨土产曰薯者，味甘美。公觊其种……”

陈益的安南之行是一次漫长而陌生的异国之旅，幸运的是，遥远的安南用开门见山的方式让一个漂洋过海而来的中国客人直接进入了主题。陈益尝到薯的甜头之后，他的心思便长出藤蔓，他来到了山野里，化身“间谍”，不惜一切手段，刺探薯选种、种植、管理乃至烹调的“绝密情报”。

安南的酋长，历史隐去了他的姓名，也深藏起了故事发生地的名字，一个地方的所有风水，都凝聚在宴会的薯上。

安南，即如今的越南。陈益生活的那个时代，安南为明朝的属国，陈益到达的北部安南，历史上曾是莫氏王朝的天下。莫氏祖先莫登庸为东莞蕉利（今属东莞中堂）人，以武功为武卫都指挥，累封武川侯、仁国公、安兴王，统元六年（1527年）逼恭皇

① 中共东莞市委宣传部主编：《影响中国的东莞人》，广东经济出版社，2014。

禅位，始建莫朝，改元明德。由于属国和血统的关系，陈益和他的朋友受到地方礼遇，所以，“酋长延礼宾馆，每宴会，辄飨土产曰薯者”。

酋长热情好客，每次宴请，他总是劝客人多吃薯，提起这个安南的独有之物，酋长总是眉飞色舞，薯的容易种植、高产和多种用途，在酋长的演说中栩栩如生。陈益是酋长最热心的听众，粗心的酋长，竟然没有从陈益的神情态度中发现密探的蛛丝马迹，更没有想到，他那句“薯是上天赐给安南的礼物，让人间断绝了饥荒”的炫耀，改变了陈益的行踪，并且深刻地影响了他的未来人生。

上帝的禁果

四百多年之后，安南酋长宴席中的薯，演变成了中国人餐桌上最常见、最普通的食物，它的名字，也繁衍了代代子孙。番薯、红薯、朱薯、甜薯、土瓜、地瓜、甘薯等等，都是安南薯派生之后的字号。

对于人类来说，红薯有着救命之恩。一根蔓延的薯藤，牵扯着中国人口的变化。

清朝康熙之前的三千八百多年间，中国人口始终在数千万之间徘徊，除了战乱之外，饥荒是影响人口增长的重要因素。有数据表明，公元前22世纪，中国人口为1355万，西汉初年为5959万，隋朝时人口降至1616万，唐朝、宋朝、明朝洪武年间，中国人口分别为4628万、5800万和6000万。中国人口的直线上升，开始于明朝万历年间番薯的引进。那条人口增长的直线，标列出火箭般蹿升的数字：清朝康熙年间，中国人口突破1亿大关，乾隆二十八年，达到2.04亿，乾隆五十五年和道光十五年，人口迅速发展到3.01亿和4.01亿。

在不足两百年的时间内，中国人口增加了三亿多，人口专家用“爆炸式增长”描绘那条人口增长的直线，在这些数字的背后，笔者看到了番薯的伟大贡献。

没有一种外来的农作物，像卑贱的番薯一样改变中国的人口结构，从一种果腹的食物上升为国家政局的稳定利器。番薯对中国社会的稳定发挥了极大的作用：古代社会的农业经济，基本上是靠天吃饭的经济，一旦遇到了天灾，很容易导致经济危机，进而引发农民起义。在番薯引进中国之前，干旱年里平均每12个州府地区就有一个发生农民起义或暴动，而在番薯引进中国之后，即使干旱年，每40个州府才有一个发生农民起义。主要原因在于番薯对水稻有很强的补充作用。

饥荒之年，番薯不仅有效地安抚了黎明百姓的肠胃，而且进入宫廷，成为皇权的国策。乾隆五十一年（1786年），清朝皇帝向全国颁布诏书：“广栽植甘薯，以为救荒之备。”乾隆皇帝下旨直隶总督刘峨和河南巡抚毕沅等地方官员，大量印发《番薯录》。官员陆耀因为推广番薯有功，被提升为湖南巡抚。皇上又指令福建巡抚雅德将薯苗运往河南，大力推广，圣旨到处，番薯牵藤，绿遍广袤大地，以至康乾盛世，被人用番薯冠名，称为“番薯盛世”。

陈益的心思，在许多个寂静的夜晚，发酵成了一个人心中的计划。在肚皮的严密包裹之下，没有人可以看穿陈益的内心，连邀请陈益同来散心的商人朋友，也没有发现陈益想法的蛛丝马迹。

所有的文献，在记述陈益引进番薯的时候，全部忽略了情节。那些数百年前的故事，其实是最生动的历史，是番薯引进中国最有力的证据，可惜后人无法从古旧的文献中看到最鲜活的画面和场景。即使在东莞，后世的研究者也只有“素讷公很希望得到薯种，于是，不惜重金从安南酋长的下人获薯种……过了些时，素讷公寻得机会，秘密携带薯种和铜鼓回国”的简略描述。

口传文学，往往是历史文献的有效补充。在陈益的家乡虎门，不少文化人随口就能描绘出四百多年前陈益与安南番薯的精彩故事，他们口述的情节和细节，足以同当今的小说媲美。

为了探寻番薯的奥秘，陈益走进了安南的山野，在青翠欲滴的大地上，陈益看到了番薯以藤蔓的姿势在土地上匍匐，看穿了番薯在泥土之下的真实面孔。

离开了酋长的餐桌之后，陈益在山野里不再是客人，安南人怀疑和警惕的目光，确认了他密探和间谍的身份。陈益的中国粤方言口音在安南水土不服，更让他心惊肉跳的是，安南街道上张贴的那张布告。

陈益的生意朋友翻译了布告的内容，白纸上的每一个文字，都让陈益感到了压力，但是，他没有退缩，一个被番薯摄走了魂魄的人没有将布告上禁止携带番薯出境、违禁者斩首的警告放在心上。

经商的朋友办完事后启程，满载货物的商船扬帆之时，却不见了陈益的身影，货船离开了安南的水域，陈益滞留不归却成了回国之人心中的一个谜。

陈益又一次走进了田野土地，他的行踪是笔者破译滞留不归之谜的钥匙。一年之后，陈益摇身变成了一个地道的安南人，他的语言、服装和黝黑的皮肤，彻底消除了他同当地人的区别，而且，陈益用中医方法，用安南山野里的草药，治好了许多人的疾病。安南人将陈益当成了朋友， 教会了他敲击铜鼓，吟唱越音，并且传授了番薯种植、栽培、管理、收获、贮藏乃至烹调的全部秘密。

当安南人以为陈益断绝了思念，从此扎根安南的时候，陈益却在一个夜晚乘着一只木船走了。陈益的出走，完全可以用“悄悄”“偷偷”这些汉字描述，他将秘密藏在铜鼓中，他的铜鼓瞒过了安南海关的火眼金睛，却不料酋长识破了陈益的机心。酋长的大船，以超越陈益小船数倍的速度追赶。陈益拼尽了力气，在大船赶到之前，进入了中国的水域。安南酋长望洋兴叹，他没有想到， 上天赐给安南的番薯，竟然在中国农夫的深重机心中，漂洋过海，去到另一片大陆繁衍子孙。

谁第一个引进番薯

番薯进入中国，其实是安南酋长无力阻挡的命运安排。

明朝万历年间，是中国农业的幸运时期和饥饿的老百姓的幸福年代，番薯先后从安南、吕宋、交趾以秘密的方式悄悄传入，在番薯的历史上，福建长乐人陈振龙、广东吴川人林怀兰，都是冒死的功臣，只不过广东东莞人陈益，捷足先登，比他们更早一步引进。中国农史的功德薄上，陈益的名字排列在陈振龙和林怀兰之前。

用严谨的论文和翔实的史料廓清番薯进入中国的时间真相的是一个名为杨宝霖的东莞人。为了写作《我国引进番薯的最早之人和引种番薯的最早之地》这篇文章，时任华南农业大学副教授的杨先生查阅参考了数百种文献，在对照分析的基础上形成了自己的判断。

《我国引进番薯的最早之人和引种番薯的最早之地》在《农业考古》杂志发表[1]之前，所有的资讯，都认为我国最早引进番薯者为陈振龙或林怀兰。

番薯的原乡，在遥远的中南美洲的墨西哥和哥伦比亚。哥伦布发现美洲新大陆后，番薯逐渐传播到欧洲和东南亚。中国农史学界的共识是，番薯传入我国的时间为明神宗万历年间，但是，关于引进番薯的人物、路径、方式和地点，出现了很大的差异。古籍文献的不同记载，让后世难以判断。

明代何乔远、徐光启，清代周亮工、谈迁、陈鸿，明代陈纪伦等人和光绪《电白县志》、民国《桂平县志》以及清同治刻本《凤冈陈氏族谱》等文献，为番薯提供了一幅纷繁杂乱的图景，没有人可以梳理清历史的一团乱麻。

陈振龙首个引进番薯的观点主要源自清朝陈世元的《金薯传习录》："父振龙历年贸易吕宋，久驻东夷，目睹彼地土产，朱薯被野，生熟可茹，询之夷人，咸称薯有六益八利，功同五谷，乃伊国之宝，民生所赖，但此种禁入中国，未得栽培。纶（陈经纶，陈世元之五世祖）父时思闽省隘山阨海，土瘠民贫。……朱薯功同五谷，利益民生，是以捐资买种，并得岛夷传授法则，由舟而归，犹幸本年五月开棹，七日抵厦。"

这段文字隐去了具体时间，让番薯的面目在进入中国之时就

---

① 杨宝霖：《我国引进番薯的最早之人和引种番薯的最早之地》，《农业考古》1982年第2期。

一片模糊。明代何乔远的《闽书》所称“番薯，万历中闽人得之于外国，瘠土砂砾之地，皆可以种”，也没有指明具体的年分，让总共四十八年的万历处处面目可疑。后人在陈经纶呈送福建巡抚金学曾的《献番薯禀帖》中找到了万历二十一年（1593年）十一月的具体日期。

而林怀兰最早引进番薯的根据则来自光绪十八年（1892年）的《电白县志》：

> 相传番薯出交趾，国人严禁，以种入中国者罪死。吴川人林怀兰善医，薄游交州，医其关将有效，因荐医国王之女，病亦良已。一日，赐食熟番薯，林求生者，怀半截而出，亟辞，归中国。过关，为关将所诘，林以实对，且求私纵焉。关将曰：“今日之事，我食君禄，纵之不忠；然感先生之德，背之不义。”遂投水死。林乃归，种遍于粤。

另外，光绪十四年（1888年）的《吴川县志》，亦有上述记载，两志均以“相传”开头，且没有林怀兰去交趾及回国的时间。历史的疑云，让红薯的真实面目始终漫漶不清。

只有清同治八年（1869年）刻本《凤冈陈氏族谱》卷七《家传·素讷公小传》中，对番薯的引进，标明了具体的年代，描述了真实可信的情节：

> 万历庚辰（万历八年，1580年），客有泛舟之安南者，公偕往，比至，酋长延礼宾馆，每宴会，辄飨土产曰薯者，味甘美。公觊其种，赌于酋奴，获之。地多产异器，造有铜鼓，音清亮，款制工古，公摩挲抚玩弗释，寻购得，未几伺间遁归。酋以夹物出境，麾兵逐捕，会风急帆扬，追莫及。

杨宝霖先生在论证番薯引种年代时，并没有忽视和回避专家的观点。陈树平发表于《中国社会科学》1980年第三期的文章《玉米和番薯在中国传播情况研究》认为，万历四年《云南通志》有临安、姚安、景东、顺宁四府种植红薯的记载，从而推断云南引进番薯，比福建早一二十年，比广东也早七八年。

陈树平先生的观点之所以不被农史学界重视和采纳，是因为其混淆了番薯的概念。杨宝霖先生认为：《云南通志》所载，乃“红薯”，非指明“番薯”。番薯虽有别名曰红薯，但不是只有番薯才有此别名，一些薯蓣科的植物或近于薯类的植物，都会有红薯的称号。现在广东人叫薯蓣科的甜薯（*Dioscorea esculenta*）肉色紫红者为“红薯”。

杨宝霖先生引用了光绪十三年刻本《滇南本草》中的记载：

> 土瓜，味甘平。一本数枝，叶似葫芦，根下结瓜，有赤白二种。……产临安者佳，蓄至二、三年，重至二、三斤一枚者更佳。

杨宝霖先生用严密的逻辑和翔实的资料，还原了云南土瓜的真实面目。云南土瓜，借用了番薯的名字，蒙蔽了世人多年，最终在一个学者的论文中回归。

番薯藤，从来都是猪的美食。番薯藤进入中国民众的餐桌，应该是改革开放之后，人们生活水平提高之后的口味返祖，当人们厌倦了大鱼大肉之后，就会想起荒土里的野菜，想起专门用来喂猪的薯藤。一种食物的美妙味道，常常与经济价值和身份尊卑无关，更多在于人们对它进行重新评价，用味蕾对它进行重新审视。

番薯引进中国，陈益们在功劳簿上的名字，除了时间的排列顺序之外，引入方式也有差异。那些文献记录中的细节，成了刺激食客味觉的酸甜苦辣。

从生长的意义来说，番薯真是一种神奇的植物，番薯的每一个部位，都是繁衍生命的燎原星火。陈益、陈振龙和林怀兰都窥视到了番薯生长、繁殖的全部秘密，所以，他们在引进番薯的时候，各展其能。

明代杰出科学家徐光启在《农政全书》中记载：“有人把番薯藤绞入船上汲水的绳子中，于是，番薯种就秘密渡海，来到中国。”

相似的记载，亦见于清人周亮工的《闽小记》：“中国人截取八九寸长的番薯藤，挟带入小盒中，带回中国。”

清人谈迁，也在《枣林杂俎》中有如下记录：“明神宗万历（1573—1619年）年间，福建人把番薯藤带回家乡。”

而在光绪《电白县志》和同治《凤冈陈氏族谱》中，番薯却是以块茎的形态秘密出境，冒死进入中国。林怀兰收藏的是半截生番薯，陈益则是将完整的番薯藏入铜鼓中。

无论以何种方式来到中国，番薯都没有拒绝中国的水土，不管是断藤，还是完整的茎块，番薯在陌生的土壤中依然生机勃勃，它们没有辜负陈益们的一片苦心。

安南酋长在陈益面前炫耀番薯是上天赐给的礼物的时候，番薯还是餐桌上的神秘之物，更是拥有者掌握的“国家机密”。如今的我们，已经无法看穿万历年间的秘密，也不可能明白低贱的番薯，如何能够成为招待贵客的佳肴。

杨宝霖先生以一个学者的睿智，作出了符合生活逻辑的推断：

> 就安南酋长在宴席间以番薯款待外宾陈益这一点来看，番薯之在安南，当时珍贵可知，可见在万历十年的时候，番薯传入安南，为时极短。如果番薯遍野，岂有以此贱物款待外宾之理？[①]

无论是陈益，还是陈振龙和林怀兰，他们在万历年间的异国，都是在宝藏面前不知道阿里巴巴开门秘诀的羡慕者。那些深知番薯特性的主人，严守秘密，用严刑峻法筑成封锁的铜墙铁

---

① 杨宝霖：《我国引进番薯的最早之人和引种番薯的最早之地》，载《自力斋文史农史论文选集》，广东高等教育出版社，1993，第306—307页。

壁。他们知道，番薯生命力顽强，哪怕一茎短藤、半块番薯流出，都会绿遍异国的大地。

一个人的隐秘心思，从来不会记录在粗疏的历史中。所有的正史、野史，都不会让一种陌生的植物在进入大陆时有一个私下喘息的空间。笔者在搜寻陈益私藏番薯逃生路上的细节时，一无所获。即使描述最详细的家乘——《凤冈陈氏族谱》，也仅仅只有“壬午（万历十年，1582年）夏，乃抵家焉”的语焉不详。

四百多年之后，笔者无法知道陈益秘藏番薯回到东莞北栅家中时的心情，欣喜，紧张，谨慎，甚至担忧与害怕，都复杂地交织在他的情绪中。家乘中“公至自安南也，以薯非等闲物，栽植花坞”的描述，隐隐透露出了陈益小心翼翼的神情状态。只因“非等闲物”，所以陈益才会不露声色地将上天之物“栽植花坞”。对于耕种的土地来说，花坞，只是私人的庭院天地，触手可及，可时时观照，具有较强的私密性。

在笔者的想象中，陈益是在夜深人静之时，悄悄地将那个来之不易的安南番薯，小心翼翼地埋在花坞的泥土里，狗已眠，鸡未鸣，只有朦胧的月光，偷窥到了陈益的心思和行为。

陈益的小心谨慎是有理由的。安南的番薯是否服中国的水土？是否会有不怀好意的人密告官府？陈益每天假装悠闲地看守着那个埋藏着秘密的花坞，心里却紧张得如同十五个吊桶打水。那天，陈益看见那个姓卢的乡人从自家门口经过时鬼鬼祟祟的样子，他就觉得是不祥之兆。

由于历史的粗疏，这个卢姓乡人没有在文献中留下名字，《凤冈陈氏族谱》也只有“邻蠹卢某”的记述。一个卑微到留不下名字的人物，能够让冒死引进番薯的智勇双全者紧张，必定有逻辑的因果。杨宝霖先生在《陈益：中国引进番薯第一人》中用现代汉语准确地演绎了古籍文献：

> 先前邻乡有不务正业的卢某，恃强倚恶，横行乡间，素讷公曾经揭发他的劣迹，卢某心怀旧恨，打探得素讷公从安南回来，就搜集材料，向官府告发素讷公里通外国。[①]

在朱元璋的明王朝，“里通外国”是无人敢于触犯的杀头大罪。洪武年间，朱元璋为了防止海盗滋扰，下令实施严格的海禁政策。禁止中国人赴海外经商，也限制外国商人到中国进行除进贡之外的贸易。“片板不许下海”，“有等奸顽之徒，擅造违式大船，将带违禁货物，前往番国买卖，潜海通贼，同谋结聚，及为向导劫掠良民者，正犯比照已行律处斩，仍枭首示众，全家发边卫充军。其打造前项海船，卖与夷人图利者，比照将应禁军器下海者，因而走泄军情律，为首者处斩，为从者发边充军。”《大明律》颁布的坚硬法规和杀气腾腾的惩处办法，足以让每一

---

① 杨宝霖：《陈益：中国引进番薯第一人》，载《自力斋文史农史论文选集》，广东高等教育出版社，1993，第307页。

个试法者心惊肉跳。

卢某上书官府文书中的每一个文字，都围绕着海禁展开，卢某检举陈益的每一句话，目的都是让陈益人头落地。陈益的七寸掐在了别人的毒手之中。

大祸在陈益的心惊肉跳中不可抗拒地到来。《凤冈陈氏族谱》仅仅用了一句“所司逮公下狱”，就让陈益的命运水落石出了。

大牢中的陈益，对自己的生死已经无能为力，他日思夜想的，就是花坞中的番薯。在历史没有指明的阡陌上，后人依然可以找到危机四伏的羊肠小道。笔者用文学的想象推测，此时的陈益，已经没有了死亡的恐惧，也没有了生死的担忧。在安南的所有日子里，他做过的一切，都是为了私藏引进番薯，在酋长率兵追赶的危急时刻，他肯定想到过“杀头”“死亡”这些血腥的字眼。

“柳暗花明”这个成语，常常让事物或人的命运出现意料之外的转折。陈益命运的走向，也符合这个规律。

陈益的次子燕规以一个求援者的身份紧急赴京，向伯父定庵公陈履报告噩耗。

陈益一介布衣，家世却不寻常。陈益的祖父陈志敬，明世宗嘉靖年间官至广西左江兵备道按察使司佥事。陈益的父亲，虽然未入官场，却也是当地庠生，素有声名。陈益的长兄陈履，明穆宗隆庆五年（1571年）进士，官至户部郎中。陈益下狱之时，长兄正由苏州海防同知升为户部郎中。

“闻报大骇”，是古籍中描绘陈履得知陈益下狱之后的面部表情。人命关天，刻不容缓，陈履立即带上侄儿，找人诉说冤情。

陈益的救命恩人，是一个在所有的史料中均未出场的人物。《凤冈陈氏族谱》用一个“某”字，替代了这个关键之人的姓名。此人的关键之处，在于他正奉旨巡按广东，尚方宝剑，平添了他的分量。陈履凭着他与此人同榜进士的交情，让冤情直达权力，使陈益的生命，出现了转机。

一场蓄谋制造的冤情，直取一个人的性命。笔者相信，四百多年前的那场斗争，一定由许多惊心动魄的情节和细节组成，可惜历史粗疏，不仅省略了诡计和心机，而且也隐去了当事人的面目。《凤冈陈氏族谱》简洁到用一句话，化解了素讷公的牢狱之灾和杀身之祸：

> 定庵公（陈益长兄陈履，字德基，号定庵）闻报大骇。适同谱御史某奉命巡按东粤，诣诉状。抵任，首摘释之。

陈益的祭品

陈益的无罪释放，史料没有平反昭雪之类的描述，也没有诬告者结局的交代。“冤白日”三个平凡的汉字，就是一件冤案的平反和一个故事的大团圆结局。

余悸尚存的陈益，离开大牢，见到儿子燕规的第一句话，当是关于他的番薯。

从遥远的安南冒死引进的番薯，没有辜负陈益的期望。花坞满眼绿色，番薯牵藤，蔓延一地。陈益忘记了大牢中囚禁的痛苦和冤屈，立即掀开薯藤，掘土挖薯。史料中“冤白日，实已蕃滋，掘啖益美，念来自酋，因名‘番薯’云”[①]的文字，当是现

① ［清］陈德心纂修：《凤冈陈氏族谱》卷七《家传·素讷公小传》，清同治八年刻本。

场的真实描述。

陈益蒙冤之时，番薯刚刚入土，出狱之后，藤已燎原，果正成熟，这样想来，番薯的一季，正是它的主人受屈的半年。

陈益的花坞，是番薯进入中国的第一块试验田。它的面积，微不足道，但它的价值和意义，却宽阔无边。

四百多年过去了，沧海桑田，在无边的高楼大厦中，后人已经找不到陈益的旧屋和他的花坞。庆幸的是，陈益用超前的眼光，为番薯的传播安置了新家，为后人留下了历史的蛛丝马迹。

笔者在《凤冈陈氏族谱》“公置莲峰公墓右税地三十五亩。招佃植薯”的记载中找到了小捷山。这块安葬着陈益祖父莲峰公陈志敬的山地，是番薯最早在中国正式种植的地点。花坞试种的成功，给了陈益巨大的信心。有限的花坞已经无法安置番薯的前景，陈益将祖父墓旁的三十五亩地租下，为安南番薯找到了中国的最好温床。

喜高温，耐旱，高产，适宜多种土壤——番薯的这些优点，助其通过陈益找到了最好的生长环境。中国南海边那个名叫虎门的地方，是漂洋过海的番薯在中国落脚的第一站。

小捷山，是一个地图上找不到的地方。如果不是为了番薯，笔者会永远与这个地方无缘。几年前，笔者在虎门热心朋友的帮助下，找到了这块种满了番薯的土地。功臣陈益，已经以一抔黄土的形式陪伴在祖父的身边，坟墓的前面，番薯牵藤，绿满人间，只不过，如今的番薯，已经不是为了果腹，而是为了纪念。

杨宝霖先生是最早来此考证并用论文论证这块土地历史的文

人。20世纪80年代初期，时为华南农业大学副教授的他多次深入陈益家乡虎门公社北栅大队，搜集史料，寻访线索，发现了番薯成为中国独特祭品的依据：“每年祭祀或扫墓，必用红皮番薯为祭品，并写上‘红薯一对，富胜千箱’八字，这是祖宗遗制。”①

中国番薯的滥觞之地，在杨宝霖先生的文字中揭开了面纱，辽阔的中国大地上，番薯遍种，只有陈益知道，那些充饥救命的番薯，都是从小捷山牵去的绿藤。而近在咫尺的东莞，则是最早闻到番薯香味的村庄。屈大均在《广东新语》中说：“篁村、河田甘薯，白、紫二蔗，动连千顷，随其土宜以为货，多致末富。”②

陈益坟前那块种满了番薯的土地，没有留下历史的任何痕迹，如果不是墓表上嘉靖三十六年（1557年）广东香山人黄佐撰写的文字，不会有人想起番薯的来历，更不会有人通过番薯看到陈益的功绩。

笔者来到小捷山那块留下了陈益脚印的番薯地的时候，已经看不到了农耕时代的沃野庄稼，溪流、树木、炊烟、耕牛和农人，都被现代化吞噬干净。在一个远离祭祀的日子，笔者看到了陈益墓前残存的香烛和番薯。笔者明白，陈益家族后人用番薯祭祀先人的传统，依然在祖训中延续和发扬。从虎门回来之后，笔者写下了一段感受：小捷山，被高楼大厦和高速公路挤得瘦弱不

① 杨宝霖：《我国引进番薯的最早之人和引种番薯的最早之地》，载《自力斋文史农史论文选集》，广东高等教育出版社，1993，第311页。

② ［清］屈大均：《广东新语》卷二《地语》，中华书局，1985，第59页。

堪，难以禁风。在传统农业已经成为人们久远记忆的今天，小捷山这片四百多年前的坡地可能是虎门这片繁华之处最后的土地了，农业，它只是以一种纪念和象征的形式孤独地呈现。虽然，虎门人每年都以两个番薯供奉在陈益的墓前，然而土地失去了，农业消失了，春天也无法在农业的枝头美丽绽放。[①]

番薯远涉重洋来到中国，已经有四个世纪的漫长历史。没有一只番薯或薯类制品，在丰盛的餐桌上自我广告那些久远而艰辛的时光岁月。笔者无法穿越时光隧道回到明朝，更不可能回去安南、吕宋、交趾那些番薯的第一现场。追溯番薯的中国史，只能通过人物和器物进行。

先薯祠，道光十四年（1834年）建于福州乌石山。这是福建人为引进番薯的陈振龙和支持推广番薯种植的福建巡抚金学曾立的纪念碑。

坐落在广东电白霞洞的番薯林公庙，则是为了纪念林怀兰从交趾引进番薯而建的家庙。此庙建于乾隆年间，为霞洞副榜崔腾云率当地民众所建。每年番薯收获之时，后人必挑选完整大薯，悬吊于庙内，以此纪念林怀兰。

先薯祠和番薯林公庙，用坚硬的材料，记录了番薯的历史，让功臣的名字永垂不朽。而陈益的家乡，却找不到一处记录先贤

---

① 陈志伟主编，詹谷丰著：《莞草，隐者的地图》，甘肃文化出版社，2011。

事迹的建筑。挖掘浩如烟海的文献史料为我国最早引进番薯之人证明的文史专家杨宝霖先生，无奈叹息说："陈益涉鲸波，渡大海，几为酋长所捕，历尽艰辛，又因此受铁窗之苦，为祖国引进番薯付出了巨大的代价。可惜陈益不仅无祠、庙可资纪念，而且引种番薯的事迹也湮没无闻。"①

三十多年前一个爱乡之人的遗憾，其实也是所有得到过番薯恩惠的异乡人的遗憾。笔者多次到虎门，在小捷山那块中国最早种植番薯的土地上，看不到历史的任何影子，只有陈益和祖父的坟墓，寂寞地处于荒草丛中。2018年10月28日的《东莞时报》上，记者沈汉炎披露了陈益纪念公园筹建的新闻。这份陈益家乡的报纸，没有忘记陈益和番薯，多次通过不同的版面，讲叙番薯的曲折经历，回顾乡贤的伟大贡献。

陈益纪念公园的蓝图，描画在虎门小捷山那块中国最早种植番薯的土地上，古代农业遗址和陈莲峰墓、陈益墓，将在时光中展现番薯的前世与今生。饱食之后抒情的后人，将会在番薯面前，看到一种食物的真相。

---

① 杨宝霖：《我国引进番薯的最早之人和引种番薯的最早之地》，载《自力斋文史农史论文选集》，广东高等教育出版社，1993，第312页。

战火纷飞

- 屯门海战和中英交锋
- 兵家之地
- 鸦片为祸
- 钦差大臣
- 陈连升的战马和关天培的牙齿
- 山河破碎

屯门海战和中英交锋

在岁月的太阳底下，鲜血是最容易风干的物质，但是文字记载的历史，每一个汉字都能够闻到血腥。社会发展、朝代更替过程中的东莞，每一寸土地，都曾经被鲜血浸染，有人头滚落。

在东莞大地上流血的异邦人，都是侵略者。东莞大地上最早出现侵略者的肮脏鲜血，文献记录于明孝宗弘治六年（1493年）。一批被中国人称为番夷的西方殖民者，侵扰东莞守御千户所领地，千户袁光率兵围剿。

葡萄牙人早就觊觎中国口岸和领土。在《皇明祖训》和《大明会典》中，佛郎机（葡萄牙）不属于“朝贡贸易”的国家，正德十二年（1517年）打着“朝贡贸易”的旗号的皮列士和安特拉德率四艘葡船和四艘马来船于8月15日抵达东莞县屯门岛的时候，由于没有葡萄牙政府文书，被地方官吏拒之门外。但是这些西方人藐视中国主权，强行驶入内河，直至广州城下。在朝廷明确“给方物之直，遣还”之后，他们依然赖着不走，并且通过贿赂当朝宦官江彬的手段，得以进京。而退泊屯门的葡萄牙武装船队，竟“占据屯门海澳”，擅自“盖居树栅，恃火铳以自固”。

在万历《广东通志》卷六十九和《明史·佛郎机传》的白纸黑字中，葡萄牙人在广州和东莞进行抢掠活动，“剽劫行旅”，“掠买良民”，用“每一口金钱百文”买进，再贩运出去为奴隶。葡萄牙人的这些罪行，不仅激起了广东人的强烈愤怒，而且也让朝廷官员深为不满。御史丘道隆、何鳌借满剌加国使者到京，请求明朝政府帮助复国的机会，分别上疏，痛陈葡萄牙人在广东为非作歹的行为和“入都者桀骜争长”的事实，主张“令还满剌加疆土，方许朝贡”。

正德十六年（1521年）四月，明武宗病逝，皇太后在群臣众怒汹涌之下杀了宦官江彬，处死了葡萄牙使者，并下诏不许佛郎机进贡。明世宗继位之后，下令驱逐佛郎机人。针对葡萄牙人的负隅顽抗，广东海道副使汪鋐奉命发起了驱逐殖民者的屯门之战。

汪鋐（1466—1536年），号诚斋，徽州婺源人。这个屯门海战的指挥者，被人称为“历史上第一位倡导‘师夷制夷’的军事家，他率先引进、推广西方先进武器‘佛郎机’炮，创造了师夷之长技以驭夷狄的成功战例”。[1]

汪鋐的眼光，看穿了葡萄牙人的用心。他指挥军队，攻击葡

① 谌小灵主编：《东莞古代史》，广东人民出版社，2016，第175页。

萄牙人的船队，但在敌人的军事优势面前，败下阵来。

聪明的汪鋐，制定了新的作战计划。汪鋐调来一批小船，装满油料和柴草，点燃之后，借着风势，朝葡萄牙人的大船冲去。由于葡人船只巨大，调头缓慢，无法躲开火船的进攻，很快燃烧起来。趁葡人大乱之际，汪鋐又派蛙人潜水，将未起火的船只凿沉。在葡人跳海逃命之际，汪鋐率领军士四千余人，船只五十余艘，猛攻葡萄牙船队。葡人大败，趁天黑逃往附近岛屿，天亮之后败往满剌加。屯门一战，收回了被葡人占据的屯门岛。此战，被后人誉为“广东与欧洲人的战争之始，是中国人民反抗西方殖民主义的开端”[①]。

一百一十六年之后，又一场海战在虎门展开。这一次的敌人，是不可一世的英国。贸易，是战争的导火线，这根漫长的引线从崇祯二年（1629年）开始点燃。英国商人梦啻牟率领商船来中国进行贸易，在没有与中国建立贸易关系的情况下，打不开中国市场的梦啻牟只得与葡萄牙占据下的澳门通商，英国货物由澳门佛郎机人（即葡萄牙人）转手给中国人。梦啻牟不忿葡萄牙人的从中盘剥和敲诈勒索，于崇祯十年（1637年）率领五艘商船直接来中国贸易。葡萄牙人不满梦啻牟的另立门户，暗暗在食物中下毒，让四十余人毙命。葡萄牙人的下毒，并未能阻止英国人同中国直接贸易的决心，英商船队，强行驶入虎门。英国商人又用金钱开道，贿赂了广州总兵陈谦、香山参将杨元，并通过翻译李

① 谌小灵主编：《东莞古代史》，广东人民出版社，2016，第175页。

叶荣，将大批英货私运至广州，窝藏在李叶荣和广州人揭邦振家，同时又采购了大批中国特产，由李叶荣转运至英国商船。

驻南头副总兵黎延庆，是一个有现实眼光的官员，他从八十年前葡萄牙人通过经商进而窃取澳门的教训中，看到了英国人的祸心，他告知英国商人：立即驶离中国。英国商人不仅拒绝了中国官员的命令，而且用火铳攻击虎门铳台，劫掠沿江乡村。陈谦、黎廷庆和杨元等人，制定了作战方案，请示两广总督兼广东巡抚熊文灿之后，立即派出官兵堵截围剿，同时修复被英商毁坏的铳台。

对英国人的惩处很快到来。七月初一日，英舰耀武扬威闯入虎门，准备进攻省垣铳台。陈谦、黎延庆调集兵船，在龙穴岛海面拦截开往广州的英舰，同时分防沿海乡村，不许英人登陆。陈谦亲临黄埔、滘洲、雨珠前线检查铳台布防，又差李叶荣晓谕英商，即刻驶出中国领海。英舰回驶至沙角，借口“风色不顺”抛锚。第二天晚上，早有准备的陈谦，派出闽兵四十多人乘五艘兵船，举火进攻英舰，但因风向不对未能成功。陈谦并未罢休，又派兵从山背用火偷袭英人寮房，英人不敢应战，惊惶登船。初五日，广东海道郑覲光往黄埔、滘洲等沿海要冲，分布船只，备齐火药、铁铳，加固桩闸铳台。英商表面上退却，却又于二十日夜晚派英舰四艘，侵入白沙海面，在与明军的对峙中双方各有死伤，英舰退往龙穴外洋。

明朝军队对英商的致命打击是在八月初四，官军在滘洲成功地拦截了英商雇用的船只，捕获英商头目万旦缠、毛直缠和麻道氏三人，查获私运广州销售的乳香、木香一百五十包和银钱一箱，然后将人货交给广州府同知解立敬审理。在万旦缠等人的招供下，官府查得英商与通事李叶荣、广州人揭邦振勾结的事实，并在李叶荣、揭邦振住宅查获木香、乳香、琥珀、乌绒、燕窝、糖、米、酒等一大批货物，又在揭邦振家搜出英商头目二人、英商奴仆二人。

令人不解的是，明朝政府将没收的财物和扣押的英商，转交给了澳门的葡萄牙人处置，只是用“红夷今日误入，姑从宽政，日后不可来”的宣谕，告知澳门头人、英商头目和通事。

屯门海战和中英交锋，突显了虎门的重要性。只有战争，才可以让虎门从地图的符号中走出来，成为广州的门户，成为国家海疆的重要防线。

清代的东莞疆域，在民国《东莞县志》里是东西最长距离为133里，南北最长距离为104里，最西段为万顷沙旧宝安围，最东段为银屏嘴山，最南端为万顷沙尾，最北端为沙头村外沙河。全县面积取长补短约为9266方里。①

清军入粤之后，在广东设立的地方政权组织，分省、道、府、县四级。直到鸦片战争前，广东共有9府、4直隶州、2直隶

① 叶觉迈修，陈伯陶纂：[民国]《东莞县志》卷二《舆地略一·疆域》，民国十六年（1927年）东莞县养和书局铅印本。

厅，辖州县87个（州7个，县80个）。作为广州府领辖下的县，东莞于康熙年间与新安县有过短暂的合并，然而持续时间不长，清廷于康熙五年（1666年）裁新安县归并东莞，后又于康熙八年（1669年）复设新安县。

东莞具有完整的县级建制，正七品的知县之下，设有县丞、主簿等佐贰官和教谕、典吏等属官。设有吏、户、礼、兵、刑、工六房，管辖县内赋役、户籍、诉讼、缉捕、治安、文教、农桑、工商、赈济等事宜。

巡检司是基层的管理机构，清代沿袭了明制，清代东莞设有京山、中堂和缺口镇三处巡检司。三司衙署清初废弃，雍乾时期又重新恢复。

三司衙署的设置和变迁，陈伯陶所编《东莞县志》[①]有具体记载。京山巡检司署最早设置于茶园京山村，废后于水南村借民间祠堂为衙，乾隆十九年（1754年）复建于茶园。中堂巡检司署原置于中堂村，废后于东向村借民祠为之，乾隆十八年（1753年）移驻麻涌建造署衙。缺口镇巡检司署原置于县西南缺口镇，废后于厚街村或城外借民祠为之，雍正九年（1731年）改建于周家村，乾隆九年（1744年）复迁旧址。

清初东莞的行政区划沿用了明制，雍正八年（1730年），全县设有三坊一厢四乡十三都，三坊为阜民坊、桂华坊和登瀛坊，

---

① 叶觉迈修，陈伯陶纂：［民国］《东莞县志》卷十六《建置略一·廨署》，民国十六年（1927年）东莞县养和书局铅印本。

一厢为迎恩厢，四乡即文顺乡（辖一至四都）、归城乡（辖五至八都）、恩德乡（辖九至十二都）、延福乡（辖第十三都）。下统177图、40街巷、356村镇。至乾隆时，东莞各村镇划为捕厅、戎厅、京山司、缺口司、中堂司五属管辖。

东莞是历朝历代的兵家之地，战略地位重要，在行政建制之外，还设置了严密的兵防机构。

顺治三年（1646年），清廷将南海卫所中的指挥使改为卫守备，千户改为卫千总，百户改为卫把总，卫军改为屯丁。清军入关之后，兵力不足，便招降明军或者招募汉人，以绿旗为标志组建绿营兵。绿营兵之外，本来还有八旗兵，由于广东有平南王尚可喜和靖南王两藩镇守，所以撤销了广东的八旗布防，只以绿营兵制为主。提督是绿营的最高武官，清朝初期，广东仅设陆路提督一人，驻惠州府。康熙三年（1664年）的时候，增设了水师提督，驻顺德，但康熙七年（1668年）就被裁撤。嘉庆十五年（1810年），清廷在东莞虎门再次设立水师提督，节制五镇，统辖本标中、左、右、前、后五营及香山协左右营、顺德协左右营、大鹏协左右营、赤溪协左右营、新会协左右营、前山营。

省、镇、协、营、汛，巡抚、提督、参将、游击、都司、守备、千总、把总，标、督标、抚标、提标、镇标等等普通汉字，超越了今人的认知和理解，在康熙年间组成了一道严密的军事防线，虎门作为战略要塞的地位，空前突显。朝廷在全国划分的十一个军事区中，总督为最高长官，区辖一至三个行政省，省的最高军事长官为提督或兼领提督的巡抚；省下分若干镇，镇的长官为总兵；协为镇下的单位，副将为协的长官；协下设营，营的长官为参将、游击、都司或守备；营下设汛，汛的长官为千总、把总或外委千总、把总。总督、巡抚、提督和总兵，都有被称为“标”的直属军队，如督标、抚标、提标、镇标等。

东莞兵防的重要性和战略地位，在清朝呈现出明显上升的态势。《东莞古代史》一书，以时间划线，将此过程分为两个阶段：

（一）东莞营—东莞水师营—水师提标前营

东莞营，原设守备一人，千总一人，把总两人。康熙四年（1665年），隶属新安游击统辖。康熙二十三年（1684年）五月，将博罗归并，改设东莞水师营，驻扎东莞城，分防东莞、博罗水陆地方。乾隆二十二年（1757年），左翼镇总兵，并中右二营游击移驻虎门，东莞水师营改归左翼镇统辖。东莞水师营设有都司、左哨千总各一员，驻扎城内；左哨把总一员，驻扎石龙汛；右哨把总一员，驻扎鱼步炮台，该营配有守兵四百多名，内河快桨船16只、防城炮17位。

东莞水师营分防营汛35处，包括英村汛、篁村汛、万家租汛、榴花汛、峡口汛、油稼里汛、佛子凹汛、大林径汛、乌泥塘汛、小洞塘汛、大冚塘汛、大墩山汛、铁冈汛、塘鹅汛、石龙汛、荔枝汛、缸瓦洲汛、菉兰汛、上南汛、企石汛、低地汛、寮步汛、京山水口汛、鱼步炮台汛。

嘉庆十五年（1810年），虎门设立水师提督，东莞水师营改为水师提标前营。

（二）虎头门营—虎头门协—左翼镇—水师提督

虎头门营，原设参将一人，中军守备一人，千总两人，把总四人。

康熙三年（1664年），改虎头门协，配左右二营，虎头门协设副将一员，驻虎门寨；都司两员，驻南村；守备两员；千总四员，分防南山炮台、麻涌等汛，横档炮台、石基等汛；把总八员，分防大涌口、大汾、凤涌头、亭步、市桥、蚊洲、新造口、黄角口。该协配有守兵2000多名，战船49只。

虎头门协分防水汛有41处，包括虎门、南山、横档、三门、黄茅洲、碧头、大涌口、军铺、杨公洲、梁鸦桥、大汾、白市、到塭、望牛墩、到滘、黄角左口、黄角右口、武山、泗回涌、双冈、亭步、镇口、凤涌头、槎滘、牌楼角、蕉门、白藤滘、市桥、虾窝、深涌、大龙口、石子头、蚊洲、狮子塔、四沙、新造口、地亭、黄佈、滥尾、藤涌、稍潭。

乾隆二十二年（1757年），左翼镇总兵，并中右二营游击移驻虎门，改为外海水师。左翼镇设总兵官一员，中营设游击一员、守备一员、千总两员、把总四员、兵丁861名，右营设游击一员、都司一员、守备一员、千总一员、把总三员、兵丁825名。左翼镇配有内河船36只，外海船6只，虎头门寨炮台铁炮78位，南山三门炮台铁炮100余位，横档炮台铁炮56位。

嘉庆十五年（1810年），两广总督百龄以水陆营务甚繁，海盗猖獗，仅以陆路提督一员难以兼顾水师，奏请增设水师提督一员，驻扎虎门，以重边防。水师提督分中、左、右、前、后五营：将原海口营参将移扎虎门，为水师提标中军参将，兼管中营；将左翼镇左营游击改为水师提标左营游击，仍驻新安县；将左翼镇中营游击改为水师提标右营游击，仍驻虎门；将内河水师东莞营改为水师提标前营，仍驻东莞县；将内河水师新塘营改为水师提标后营，仍驻新塘；中、左、右营为外海水师，前、后营为内河水师。同时，取消了左翼镇，将原在虎门的左翼镇总兵移驻阳江，改为阳江镇总兵，管辖西路水师各营。[①]

---

① 谌小灵主编：《东莞古代史》，广东人民出版社，2016，第274—275页。

鸦片为祸

崇祯十年（1637年）的虎门中英海战，并没有为战争画上句号，更没有让英国人中止对中国市场的垂涎。频繁来华的英国人，多次与东莞发生交涉和冲突。清朝乾隆年间，东莞知县印光任两次处理英国兵船挑衅事件，迫使英舰退出虎门。

许多文献，在叙述乾隆六年（1741年）十一月东莞知县处理英国兵船擅闯海防开进虎门要塞时，只是用以下介绍隐去了历史的生动情节和印光任处理棘手外交难题的智慧：两广总督策楞派东莞知县印光任前去料理，印光任带着翻译乘小舟登上英舰，得知英国与西班牙互相仇杀，俘虏了西班牙商船，准备带回国内，因遇飓风漂入内地，粮尽船破，乞求接济修理，而被俘虏的西班牙人则向印光任号呼乞命。

印光任上任东莞知县之前，已“初署高州石城县，实授广宁，调高要”。[①]印光任每到一地，都勤于吏治，严肃政纪，为百姓做了许多好事。《香山志》中说他到任以后既能捕盗杀虎，为民除害，又能修建学校，设立书院，还大力提拔俊秀新人，深受当地人民赞誉。后人用“足智多谋”评价印光任，皆有具体事例印证。雍正十三年（1735年），贵州苗人造反，直指清廷，印光任献计，神速出兵，以雷霆万钧之势威摄对方，使苗人不战而退。

乾隆六年（1741年），英国兵船“百夫长号”载着英国海军司令安逊，在中国澳门海域截获了一艘西班牙商船，“百夫长号”驶入虎门停泊在狮子洋海面的时候，被文献描绘为“鬈毛狰狞，兵械森严，莞城大震”。[②]东莞守军以为是洋人入侵，知府大惊，仓促间，下令发兵同洋人交战。有人向知府献策，说此事可请印光任决断，他一人可抵精兵十万。知府急召印光任。印光任说，暂时不可用兵，两船上均有夷首，冒然开火，将激化矛盾促使他变。印光印带翻译一人，登上洋船，才知船只遇到风暴暂避虎门的真相。在接下来的沟通中，印光任获悉了更多的情报。“百夫长号”来虎门避险之前，曾攻打吕宋，俘虏三百多人，凯旋时突遭风暴。印光任知道英军粮尽兵乏船损，危机重重，却不露声色，回营之后立即下令，禁止向英船供粮供物，并且隐

---

① ［清］李桓编：《国朝耆献类征初编》卷二百二十八，文友书店，1966。

② ［清］袁枚：《庆远知府印公传》，载王英志编纂校点《袁枚全集新编》，浙江古籍出版社，2015。

匿所有船工。英军粮绝、修船无人，无奈之下，只好叩关，委身求见。印光任提出条件，如将所俘三百多人交与中国，即可供粮、修船，送他们返国。英国人答应了所有条件，将俘虏交与中国。印光任旋将三百多吕宋人尽行放回。朝廷得知此事，乾隆帝大喜，认为印光任有大才，可堪重任，即提擢印光任为肇庆府同知，后又改任首任海防同知。

印光任的功绩，一直延续到了乾隆十年（1745年）。乾隆九年（1744年）的时候，英、法两国为了奥地利王位的继承问题发生了战争。英国派出五艘兵船，开到了中国南海，并于次年六月，俘虏了两艘从马尼拉开出的法国船。在英国人的计划中，航行在广东洋面的三艘法国商船，也是他们俘获的目标。掌握了信息情报的印光任认为，英法交战，必定影响澳门与外界的贸易往来，广东当局根据印光任的建议，调集水师，分布防范，明确警告英国人："若伤法郎人，即将尔国之在黄埔者抵偿；若夺其货，即将汝货之在牙行者抵偿。"英船的撤走，证明了印光任的前瞻眼光。

由于虎门要塞金锁铜关的位置，一直以来，它始终是英国人解不开的一个心结。嘉庆十年（1805年），英国人借口追捕海盗，将四艘兵船停泊于虎门外海，嘉庆十三年（1808年）七月，英国人度路利又以法国入澳门滋扰的理由，将三艘战船泊于十字门外，两个月之后，又将三艘兵船驶入虎门，进泊广州黄埔，此后度路利率兵直抵广州，入馆寄寓，且以禁断买办之名，至十三行夷馆取走积蓄。这无视中国主权的嚣张跋扈，引起了清廷的愤怒。各路官军，云集澳门关闸和前山，重兵备战，英军撤走之后，两广总督吴熊光被撤职查办。亡羊补牢，嘉庆十四年（1809年）十二月，东莞虎门亭步汛增建新埔山炮台，又在蕉门海口排桩沉石，防止外国兵船由虎门进入狮子洋水道。嘉庆十五年（1810年）八月，又增设广东水师驻扎虎门。

两广总督的撤职查办，只是一个开始。在道光十四年（1834年）六月两艘英国兵船不请牌照直接入关，继而驶入内洋，闯虎门、镇远、沙角、横档、大虎等炮台，官兵没有抵御，仅以空炮警告，之后朝廷将水师提督李增阶革职，参将高宜勇遭扣于炮台示众惩罚，总督卢坤革职留任。

对外贸易，是要通过进出口方式，进口自身稀缺资源，出口自身丰富资源而达到资源配置平衡。然而，在非正常的贸易中，在不平等的交易原则下，力量发生倾斜，野蛮就会生长。中英贸易中，鸦片的出现和英国的武力，使商品交易走向了战争。而虎门则成了这场影响中国历史进程的战争的血腥战场。

清朝政府的闭关政策下，广州成了国家唯一的对外通商口岸，但由于当时广州进出口关税比世界各国轻，粤人信守承诺，人身和财产安全有保障等原因，外商认为“在广州做生意比在世界上任何其他地方都更加方便和容易”，[①]加上中国有世界著名

---

① ［英］格林堡著，康成译：《鸦片战争前中英通商史》，商务印书馆，1961，第55页。

的丝绸和茶叶等出口商品，所以18世纪后半叶到鸦片战争前，广东的对外贸易有着较大发展。在自给自足的封建经济主导下，中国的对外贸易一直呈现顺差态势。中国的出口商品，以茶叶、生丝为主，糖、桂皮、樟脑、瓷器、纸类、大黄占比不大。进口商品，则以棉花为主，其次为棉织品、毛织品、大米、香料和铁锡铅金属等。此时的鸦片，还没有出现在进口商品的榜单上。

中英矛盾最早出现在“商欠”、英国蓄意破坏和侵犯中国司法主权和武装侵扰方面。鸦片以国家意志的面目在贸易中出现，最后成为战争的导火索，期间经历了一个量变到质变的过程。

据《简明广东史》记载：“中英间最尖锐的矛盾是英商大量走私输入鸦片。英国为了改变对华贸易逆差的不利环境，找到了一种特殊的商品——鸦片。鸦片最初是作为药品课税输入，数量很少。明末开始有人吸食，鸦片输入才开始增加。1727年，英国向中国输入鸦片200箱。1757年，英国在印度的殖民机构东印度公司占领了印度的鸦片产地孟加拉，强迫农民扩大种植制造鸦片的罂粟。1773年，英属印度政府确定了把大量鸦片运销中国的方针。同年，东印度公司取得了鸦片的专卖权，1797年，又垄断了鸦片的制造权。东印度公司为了对付清朝禁令，表面上不参与对中国鸦片贸易的运输与贩卖，而将它制成的鸦片在印度市场上公开拍卖，由非公司（散商）的船只走私运销中国。此后，输入中国的鸦片迅速增加。尽管清朝政府一再重申禁止鸦片输入，但因清朝官吏受外国鸦片贩子贿赂，以缉私为名，行放纵掩护之实，甚至直接参与走私，故鸦片输入有增无减。1821年，由于清朝政府再次严申鸦片禁令，封锁了走私鸦片的集散地黄埔和澳门，惩办了勾结外国烟贩的行商和澳门的鸦片屯户，外国鸦片贩子便把鸦片贸易从黄浦移往珠江口外十二英里的伶仃洋面，使用固定的趸船装载鸦片，并有外国兵船保护。外国烟贩运来的鸦片先卸在趸船上，然后再通过勾结中国烟贩、官吏所形成的走私网，用'快蟹''扒龙'等快艇武装走私运入广州及沿海各地。据不完全统计，19世纪头二十年内，英商输入中国的鸦片平均每年4000多箱。30年代后逐年激增，至1838—1839年度，高达3.55万箱。此外，美国鸦片贩子也从土耳其运鸦片到广州。"[①]

作为广州对外贸易的主要运输廊道，地处珠江口的东莞深受烟毒侵害。首当其冲的东莞，许多人参与鸦片走私，一些土豪劣绅，开设窑口，雇用快船，直接去外洋的趸船上购买鸦片，然后转手给各地烟馆烟贩，牟取暴利。还有不法之徒，与夷商勾结串通，将烟土夹入货箱，蒙混过关。烟贩与缉私官兵内外勾结、徇私舞弊的现象，亦屡见不鲜。以至广西巡抚梁章钜上书痛陈："其开窑口之人，多系广州府属东莞、香山、新会各县之奸民，其总汇多在虎门、澳门、黄埔一带。"[②]

针对鸦片泛滥，国贫民弱，已经威胁到了朝廷统治的状况，清政府中的一批官员发出了禁止鸦片的声音。林则徐上疏称：

---

① 蒋祖缘、方志钦主编：《简明广东史》，广东人民出版社，2006，第382页。

② 中国第一历史档案馆编：《鸦片战争档案史料（1）》，天津古籍出版社，1992，第324页。

“若犹泄泄视之，是使数十年后，中原几无可以御敌之兵，且无可以充饷之银”，主张禁止鸦片“法当从严”。[①]

鸦毒灾区东莞，亦不乏主张严禁鸦片之人。莞籍监察御史黎攀镠，对家乡鸦片泛滥的形势深恶痛绝，于道光十六年（1836年）上奏朝廷，提出了禁烟三法，被道光皇帝全盘采纳。新的一轮禁烟高潮，从黎攀镠的主张开始，“东莞禁烟第一人”的美誉，从此属于黎攀镠。

黎攀镠于道光十六年（1836年）呈奏道光皇帝的《请严禁鸦片以塞漏卮疏》，早于禁烟名臣黄爵滋的《严塞漏卮以培国本疏》两年。一个目光远大的忠臣，被许球、朱嶟、黄爵滋、林则徐等禁烟官员的名声掩盖了。

黎攀镠上书道光皇帝的禁烟奏疏，是一篇极具分量的长文，此文被他的门生广西按察使秦焕高度评价：“公之文，皆人心所欲言而未能言者乃特言之，又皆治道所当言而不可不言者乃悉言之。”

黎攀镠的名字在《广东历史人物辞典》[②]中出场的时候，只有寥寥数语：“道光三年（1823年）进士。官礼科给事中，要求整治弊政，严禁鸦片。出福建兴泉兵备道，革除陋规，惩治元凶。以江南河库道归家。”

多种文献，都将许球、朱嶟、黄爵滋、林则徐列为禁烟派

① 中山大学历史系中国近代现代史教研组、中山大学历史系中国近代现代史研究室编：《林则徐集·奏稿》中册，中华书局，1965，第601页。

② 管林主编：《广东历史人物辞典》，广东高等教育出版社，2001。

的代表人物，黎攀镠的名字，被有意无意地遗漏，甚至还有研究者，将黄爵滋誉为“在鸦片为害中国最烈之时”，“第一个向道光帝提出严禁鸦片的人”。[①]黎攀镠上疏之时，正是穆彰阿、琦善、许乃济等弛禁派代表人物与严禁派激烈辩论的关键时候。他提前了两年时间，痛陈了鸦片的危害，提出了断外夷趸船、穷汉奸窑口、缉匪徒快蟹的禁烟三法。

① 胡迎建：《黄爵滋著述叙略》，《文献》2000年第一期。

钦差大臣

严禁派与弛禁派的辩论战，在道光皇帝的任命书中暂时告一段落，而湖广总督林则徐以钦差大臣的身份来到虎门，则将禁烟推向了高潮。

林则徐于1839年3月10日到达广州，但是他禁烟的决心，已比他先行到达：若鸦片一日未绝，本大臣一日不回。到达广州之后，林则徐同两广总督邓廷桢、广东水师提督关天培志同道合，商讨制定了一套内外结合的禁烟办法，对内缉拿烟贩，收缴烟土烟枪。一年之内，广东破获烟案数百件，逮捕人犯2200名，收缴鸦片711024两，烟枪75726杆，烟锅726口，惩办了收受贿赂包庇鸦片走私的水师官员蒋大彪、梁恩升、徐广、王振高、保安泰、伦朝光等人。对外谕令外国商人，将趸船上所存鸦片，造具清册，尽数缴官，并出具甘结，声明“嗣后来船永不敢夹带鸦片，如有带来，一经查出，货尽没官，人即正法。”

林则徐的禁烟决心和手段，并没有让英国人臣服。英国驻华商务监督义律，命令所有停泊口外的英国船只开往香港，以避锋芒。3月24日，义律从澳门潜入广州商馆，阻止外商缴烟，又企图引带大鸦片烟贩颠地逃跑。林则徐针锋相对，下令停止中英贸易，派兵封锁商馆，断绝广州商馆与趸船之间的交通联系，撤出被外商雇用的买办和工人。无奈之下，义律改变方法，令英商缴烟，并且表态由英国政府赔偿收缴鸦片的损失，同时又用相同的承诺劝美国商人缴烟，义律的用意，是通过英国政府赔偿英美商人的巨额损失而将贸易上升为国家层面的问题，从而为英国发动战争制造借口。在这个背景之下，英美两国的鸦片商贩，被迫交出鸦片19187箱又2119袋，共2376254斤。

广州禁烟行动迅速之际，东莞禁烟亦是轰轰烈烈。为了杜绝过往船只夹带鸦片，取消了以往单靠行商担保的做法，而是由驻地水师和虎门海关共查联防。对于停泊在外洋的鸦片趸船，围追堵截，同时清查境内的大小窑口，重治鸦片贩卖与吸食。道光十八年（1838年）七月二日，仅在石龙一地，东莞县役就一举端掉了成兴、信隆、巽泰三座窑口，查获烟土1100余斤。

虎门特殊的地理位置，被林则徐看重，他将虎门定为缴烟的重要阵地，亲自来到虎门，调度鸦片收缴。缴烟开始之后，所有驶入沙角的船只，一律停靠码头，进行严格查验，再由驳船将鸦片集中运往镇口提督署。转运过程，全程由文职武备随船押送。

镇口提督署衙内的大小房间，堆满了查缴的鸦片，东莞县又在署衙院内，临时搭建厂棚，附近的民房和庙宇，也被征用作为鸦片贮放的场所，加派重兵严加看守。那些鸦片贩子奉命具结，然后被驱逐出境。那些堆积如山的鸦片，在静静地等待钦差大臣的宣判。

销毁鸦片，是林则徐以朝廷钦差大臣身份向世界的庄严宣告。一身朝服、满身正气、满脸威严的林则徐，站在预先挖好的三个长宽均为十五丈的销烟池边，看着那些切碎了的鸦片，被投入池中，在生石灰和盐卤的作用下，化为渣沫，然后流入大海。中国近代史上最伟大的日子，记载在多种文献中：道光十九年（1839年）6月3日。

销毁数量巨大的鸦片，不是一把火可以完成的任务，所以，出现在《中山大学学报》1985年第2期上陈胜粦的《关于林则徐研究的若干史实补正》一文，将销烟的日期，定在了“6月3日至23日”这个时间段。钦差大臣林则徐，亲率文武官员监督。而在中国第一历史档案馆编辑、天津古籍出版社1992年出版的《鸦片战争档案史料（1）》中，销烟的日期则延迟了两天，销烟池，也由三个变成了两个。“林则徐派人在虎门太平墟的海滩处紧急施工，挖好两个大的销烟池。6月3日，林则徐召集省府官员抵达现场，拉开了虎门销烟的帷幕。销烟池周边布防严密，销烟过程紧张有序：先往池中注水，撒盐成卤，将箱内鸦片逐个切成小瓣，投入池中浸泡，再将整块烧透石灰抛下，待全部销化殆尽，启放池前涵洞，将浊水渣沫排入大海。整个销烟过程历时23天，至6

月25日，共销毁鸦片2376254斤。”[①]

钦差大臣林则徐首次踏上虎门的土地，是道光十九年（1839年）二月二十八日。这个日期，与《广东简明史》中记载林则徐到达广州的日期产生矛盾，这是公历和农历两种纪年方法的差异所致。从二月二十八日至五月十五日，林则徐在虎门停留了七十多天，这段时间内，他视察了虎门的所有防御工事：南山炮台（如今的威远炮台）、下横档炮台、上横档炮台、三门炮台（又名鹅儿炮台）、沙角炮台、新涌炮台、镇远炮台、蕉门炮台、大虎山炮台、大角炮台、巩固南炮台、巩固北炮台、靖远炮台，构成虎门防御工事的木排铁链，是关天培于道光十四年上任广东水师提督之后的创举，林则徐表现了特别的关注，他用文字记录了详情：

> 于横档山前，海面较狭之处，创造粗大铁链，安根两岸，铁链之下，承以木排，木排两端，系以锚缆。有事则横绝中流，无事则分披海岸。如门开合，防堵益严。……其海面自西北移至东南，横宽二百七十余丈，至三百三十余丈不等。所有铁链两道，西北皆安根于武山脚下；其东南则第一道安根于饭箩排之巨石，第二道安根于横档山脚。俱各凿深石槽，以八千斤废炮，横安

① 转引自谌小灵主编：《东莞古代史》，广东人民出版社，2016，第279页。

> 槽底，外加铁箍四道，上扣铁链四条，由四而拼为二，由二而拼为一，中间纽合，两头贯以大铁链八条，用大铁链接扣两边，以便开合。
>
> 其木排则以大木截齐，各长四丈五尺，合四根为一小排，穿以横木二道，又以四小排联成一大排，量宽一丈六长余寸，而底又各夹以横木六道，箍用大小铁箍三十口。第一道，安大排三十六排，大链三百九丈零；第二道，安大排四十四排，大链三百七十二丈。两道排链，相去约九十丈。共配铁锚棕缆二百四十副。并设划船四只，水兵一百二十名，管以把总二员，无事则中间常开，以通出入，如需防堵，则关闭甚速。[①]

查察结果，林则徐甚为满意。他认为“木排箍扎坚固，铁链锻淬精融，开合亦俱得法。其新建炮台，俯临两道排链，正成扼吭之势”。视察当天，林则徐又抵威远炮台，和关天培一起，试演五千斤大炮三位。又至靖远炮台，观西洋铜炮。

3月22日，林则徐与关天培至邓廷桢船中，商讨虎门海防对策，邓廷桢被烟波浩淼的大海和布防了炮台的高地所感染，胸中顿生金锁铜关的豪情，信手写下了《虎门雨泊呈少穆尚书》：

① ［清］林则徐：《林文忠公政书·复奏查察虎门排链炮台折》。

戈船横跨海门东，苍莽坤维积气通。
万里潮生龙穴雨，四周山响虎门风。
长旗拂断垂天翼，飞炮惊回饮涧虹。
谁与沧溟净尘块，直从呼吸见神工。

林则徐的和诗二首，没有即兴，而是借着夜色，深思熟虑之后才落于纸上。《和邓嶰筠前辈廷桢〈虎门即事〉原韵》：

其一

五岭峰回东复东，烟深海国百蛮通。
灵旗一洗招摇焰，画舰双恬舶棹风。
弭节总凭心似水，联樯都负气如虹。
牙璋不动琛航肃，始信神谟协化工。

其二

拜衮人来斗指东，女牛招共客槎通。
消残海气空尘瘴，听彻潮声自雨风。
下濑楼船迟贯月，中流木秭亘长虹。
看公铭勒燕然后，磨盾还推觅句工。

林则徐的诗，萌发在炮火硝烟的间隙里，他的诗兴，无意中与岭南的荔枝接上了缘分。四月初四那天，在查看了木排铁链之后，邓廷桢派人送来了广州的荔枝。荔枝的口味已经在漫长的时光中失传，但它的青色，却留在了林则徐的诗里：

> 蛮洋烟雨暗伶仃，忽捧雕盘颗颗星。
> 十八娘来齐一笑，承恩真及荔枝青。

林则徐第二次来到虎门是七月二十八日，他与邓廷桢巡视香山、澳门之后，夜半才至虎门镇口。林则徐此次前来，是为了备战，三十日那天，他同邓廷桢、关天培和调到虎门的阳江、碣石二镇总兵，商议军情。《林则徐日记》中，有八月六日把省城寓所中人全部移至虎门的记录，“从此间尚须久住”，当天，林则徐观虎门水军列阵操练。八月十五中秋节，林则徐与邓廷桢同船赴沙角，在关天培的水师船上查点近日奉调的兵勇各船册籍，计前后排列兵船火船八十余艘，明月皎洁之时，林则徐携酒肴邀关天培等水师将领，至沙角炮台吟诗赏月。此情此景，被邓廷桢作《月华清》词记录。而林则徐，则作《和邓嶰筠尚书〈沙角眺月〉原韵》回应。

十天之后，关天培母亲九十生辰，林则徐在关天培为母寿而画的《延龄瑞菊图》上题诗，“九旬慈母六旬儿”“起居八座君恩问，旌节江东指日移”等诗句，喜庆中潜藏着战争的残酷和为国捐躯的热血和悲壮。几个月之后，关天培战死，林则徐、邓廷桢被革职。

林则徐在虎门的日子，是战争之前的忙碌，是炮火硝烟之前的宁静。九月初三日，检阅虎门旗营水操，初五日，又与邓廷桢同船至沙角检阅水操。看到水军列队击刺，操练熟悉而整齐，尤其是见水兵上下桅杆，施放枪箭，准确命中，更是心中大喜。九月二十八日早晨，林则徐与邓廷桢亲自审理案件，判处与英军勾结交易鸦片的三个汉奸死刑。当日下午，英国军舰在龙穴岛向中国水师兵船开炮，关天培指挥还击，击中英舰前后桅杆，英兵多人落水之后溃逃。林则徐第二天前往慰问受伤士兵。

林则徐和邓廷桢两人的脚印，频繁印在虎门所有的炮台和炮位上，他们的激励，化作了新安大鹏营的频传捷报，林则徐即作奏稿，驰报清廷。

十一月初四日，林则徐和邓廷桢又一次审理通夷贩卖鸦片的汉奸，判处了匪犯钟亚桂死刑，当天下午，林则徐与邓廷桢、关天培商定了防御计划，完善炮台设施之后，确定了第二天回省城的水上行程。

林则徐两至虎门，将一百七十天的时光，留在了每一个炮台上。

陈连升的战马和关天培的牙齿

由鸦片贸易引发的战争，以国家的名义正式宣布。1839年10月1日，英国政府决定出兵中国。1840年2月，英国内阁任命乔治·懿律和查理·义律分别为对华谈判正、副全权代表，并任命懿律为侵华英军总司令。三个月之后，英国派出军舰16艘，武装汽船4艘，运输船28艘，载炮540门，陆军4000人（后增援至15000人），组成东方远征军，从印度和开普敦等地开赴广东。

林则徐的严密防守，让英军心生忌惮，不敢进犯，于是留下军舰4艘、汽船1艘封锁珠江口，主力北上，在进攻厦门不胜之后，于7月5日攻陷定海，8月到达天津大沽口。

主力北上之后，封锁珠江口的英军主动挑起战争，于8月9日突然袭击并占领关闸炮台，轰毁炮台界墙等设施，又钉塞炮台大炮的火门，然后搬走数门大炮。林则徐于8月31日主动出击，水师追赶英舰至矾石洋上，双方展开激战。水师奋勇，开炮将英舰“架历”号头鼻击坏，英军纷纷落海，在其他赶来的英舰救援下，受伤的“架历”号狼狈逃窜。

在北上英军的威胁下，道光皇帝采取了妥协策略，为了换取英军“迎棹南还”，授权直隶总督琦善与英方交涉，表示林则徐查禁烟土“措置失当”，要“重治其罪”，“定能代申冤抑”。[1]因为北方港口即将封冻，加上军中疾疫流行，英军于9月返回南方。道光皇帝认为琦善退敌有功，封他为钦差大臣，署两广总督，到广州继续与英军谈判，同时下令将林则徐、邓廷桢撤职。

11月29日到达广州之后，琦善一反林则徐之所为，在重用汉奸鲍鹏与英军谈判的同时，遣散林则徐募集的全部水勇，拔除横档前后的水底暗桩。琦善的求降和广州防务的松弛，并没有让义律的野心止步。在义律的指使下，英军发起了向沙角、大角炮台的武力进攻。

英军进攻沙角的前两天，沙角附近农村举办赛神活动，许多英兵登岸观看。因为琦善的命令，凡在海口登岸的英人，我方不得截击。沙角炮台守将见状长叹：“夷能登岸，即能越山，咫尺已及我台后。”这个富有作战经验的军人知道，战争即将打响，己方难有胜算。

防守沙角、大角炮台的清军，各有600人，而进攻沙角炮台

---

① 齐思和等整理：《筹办夷务始末》（道光朝），中华书局，1964，第392页。

的英军，有战舰3艘，轮船4艘，登陆作战的英军1461人，汉奸数百；进攻大角的英军有军舰4艘，登陆作战的英军和汉奸数百，总兵力大大超过防守的清军。

正月十五日上午八时，英军在登陆信号的指挥下，首先进攻大角。在二十余艘军舰的火炮滥炸之后，二千余英军越后山进攻。敌军从被轰塌的围墙缺口处攻入台背，守台官兵奋勇抗敌，歼英军二三百人。最后因弹药耗尽，炮台失守。守台千总黎志安，负伤之下，仍指挥士兵将可用大炮推入海中，不使敌人运走。

大角失守之后，英军转攻沙角。战争开始之时，陈连升不想千总张清龄陪死："观汝才气，可大用，何不留汝身图他日报效乎？"但张清龄拒绝逃生，誓与同死。陈连升亦不忍身旁侍亲的儿子陈举鹏受连累，想用"我久不食肉，汝往太平墟市之"的理由支开儿子，陈举鹏内心明白，却不忍独自求生。他和张清龄一起，坚持到死。

进攻沙角炮台的英军，探知了陈连升的用兵部署，先攻西台。沙角炮台，原来驻有重兵，已被琦善撤走。英军从穿鼻湾登陆之后，架竹梯从后山偷袭，被后山埋设的地雷炸死百余人。陈连升下令发炮，奈何省局下发的火药掺杂炭屑，力弱。药尽之后，陈连升挥刀迎敌，短兵相接，连杀英军二三十人，不幸中炮身亡。陈举鹏守台南海岸，在英军的前后夹击之下，挥戟杀敌，袍皆染血，亦战死。守台六百官兵，无一人投降，无一人生还。

陈连升死后，毫无人性的英军仍不解恨，继续用乱刀砍他的遗体。他们也没有放过陈举鹏，用刀剖开他的胸腹。东莞人的愤怒，聚集在何仁山的《陈都督父子挽诗》上：

迄今原祸始，致寇咎谁职？
长城既自坏，天险势逾逼。
痛彼食肉人，安居环棨戟。
闻敌畏如虎，鸟兽散纷释。
士气久不扬，何以固垒壁。
嗟公谋勇全，反使陷锋镝。
忠魂殁不散，贼在臣能击。
试看虎门潮，汹涌余怒击。

陈连升殉国之后，遗下坐骑一匹，这匹黄骝烈马，在东莞人张焕元的《义马记》中被还原："自首至尾修八尺九寸，蹄高四尺五寸，耳尖，目方，怒则有光。"

忠臣义马的故事，正史、野史均有一致的记载。陈连升战死之后，黄骝马站在主人的遗体旁垂泪。每当英国人靠近，它便侧目怒视，以蹄踢之。英国人强行骑它，则翻腾跳跃甩动，必致骑者坠地。黄骝马被英军掳到香港之后，它拒食英人提供的草料，刀砍亦不从，整日面北嘶鸣。华人围视，指为陈连升之马，则泪水涔涔。若言带它回家，则摇尾相随。英国人不肯放返，致骨瘦如柴，绝食而死。

忠臣和义马的事迹，被后人奉祀于虎门寨的关忠节祠。同治元年（1862年），虎门调署水师提标中军参将郑耀祥和调署水师提标右营游击赖建猷立节马图碑于关忠节祠之内。陈连升的黄骝节马，昂首立于节马图碑之上，它前左足提起，栩栩如生。碑的后段，刻有跋文和《节马诗》。

大角、沙角炮台失陷之后，靖远、威远炮台就成了英军进攻的下一个目标。两军尚未开战，关天培就知道，战争胜负的决定权，已不在自己一边。靖远炮台守军250名，威远炮台守军418名，加上其他炮台的守军，难以抵抗拥有10艘战舰，其中3艘配有74门炮，连同各种运输舰共18艘以及登陆作战的陆军、炮兵、工兵、舰上水兵、海员的强大英军，于是多次派人要求琦善增兵支援，均遭拒绝。

道光十九年（1839年）九月二十八日的穿鼻洋水战中，这个被人称为“则徐倚天培如左右手”的水师提督，就上演过以弱胜强的战例。英国兵船“吐密”和“华伦”开炮之后，关天培立即命令开炮还击，并指挥后船，全力进攻。关天培身先士卒，挺立桅前，拔腰刀督阵，厉声大喝：后退者立斩。即使敌人的炮弹击中桅杆，关天培手部受伤，血染征袍，仍然持刀屹立。战斗的关键时刻，关天培取来银锭，置于案上，大呼，有击中夷船一炮者，立刻赏银两锭！这个战争场景，《林文忠公政书》有具体描述：“关天培督令弁兵，对准连轰数炮，将其‘头鼻’打断，船头之人，纷纷滚跌入海。水师提标左营游击麦廷章，督率弁兵，连轰两炮，击破该船后楼，夷人亦随炮落海，左右舱口，间有打穿，‘华伦’船不甚向前，未致受创。接仗一时之久，‘吐密’船上，帆斜旗落，且御且逃，‘华伦’亦随遁去。”

林则徐时代的海战，关天培是胜利者，琦善的拒绝增援，让关天培看到的都是失败、死亡。在进不能战，退不能守，藩篱尽撤，孤立无援之际，关天培作了最后的努力，面对琦善的拒绝，关天培痛哭不行，琦善怒，说："不到炮台，是畏死，即以军法从事。"

琦善的妥协投降政策，漫延成了军中流行的恶疫。士兵们畏死，观望不前，阵前索资，关天培无奈，将自己的衣物典当，发给每人2元，兵卒们才勉强留守。

在敌强我弱、孤立无援的处境下，关天培知道前景凶多吉少，他将几颗脱落了数年而精心保存的牙齿和一套陈旧的水师提督官服，小心翼翼地装入一个木匣，郑重地交给儿子。黄利平的《关天培》一书，描述了关天培殉国之前的最后一次尽孝：

> 沙角、大角战后，关天培做好了尽忠疆场、马革裹尸的准备。但想到自己今后不能再尽孝于老母，尽忠于皇上，就将自己脱落的几颗牙齿和几套旧官服放在一个匣子里，叫儿子带回老家。表示自己准备为国捐躯。如自己战死疆场不能返乡，则牙齿代表身体是父母所生，可以慰老母相思之苦；官服是皇帝所赐，可以由儿子在节日代表自己叩谢皇恩。在战斗中，当英军潮水般涌入炮台的危急时刻，关天培又急忙委派家丁将他的广东水师提督官防印信送走，了却了最后的心愿，决心以死报国。
>
> 靖远炮台，是关天培的殉国之地。在英军激烈的

进攻中，关天培与麦廷章并力死战，自卯（晨五六时）至未（下午一二时）的搏杀中，关天培受伤十余处，鲜血淋漓，浸透衣甲。危急之时，有亲随背负他撤退，关天培誓死不走，挥刀阻止。仆人孙长庆，是危难之时被关天培委以转移官防印信的家丁，他热泪长流，牵扯住关天培的衣角，欲与主人共存亡。关天培拔刀在手，大喊："吾上负天恩，下负老母，死犹晚，汝不去，吾斩汝矣！"孙长庆大哭离去，在半山处回望主人最后一眼，他交完大印之后回到靖远，看到的只是关天培焦烂的遗体和不可思议的一幕：英国军舰"伯兰汉号"鸣放礼炮，向这位战死的清军高级将领致敬。拥有强盗和绅士双重身份的英国人说："向一个勇敢的仇敌表示尊敬。"英军指挥义律说："作为一个勇敢的人，公正的说法是，提督的举止配得上他的地位。"①

① 黄利平：《关天培》，广东人民出版社，2008，第95—96页。

百年之后的另一场战争，又一次让东莞大地上弹痕累累，苦难深重，只不过与鸦片战争相比，侵略者换成了中国的近邻。这是一场陆地上的全面战争，它的旷日持久，没有人可以预见。

日本南支派遣军从广东惠阳大亚湾登陆，是1938年10月12日。由于华南守军疏于防备，登陆日军因而长驱直入，十天之内占领了广州。

处于广州和香港之间的东莞，广九铁路横贯其中，因此战略地位非常重要。占领广州和香港之后，日军将广九铁路和广州、香港两大城市作为交通运输大动脉和中转站，以此支撑其在中国大陆和太平洋战场的作战。

东莞的沦陷，以日军占领莞城为标志，所有的文献资料，均以1938年11月20日作为沦陷的开始。日军对东莞的进攻，于上午开始，日军出动了步兵、骑兵和炮兵五六百人，从莞龙公路和莞太公路两个方向朝莞城进犯。日军的进攻，在县城南门外的禾仓岭、狗牙岭和步步高三处地方遭到了东莞县抗日民众自卫团的阻击。日军出动了三架飞机轰炸，又用小钢炮向中方阵地射击。激战数小时之后，抗日民众自卫团主动撤退，晚上十点，日军占领县城。

日军占领东莞县城之前，中日两国军队就有过激烈交锋。其中的一处战场，正是当年关天培、陈连升的殉国之地。日军以海军的优势封锁了珠江口岸，用侦察、骚扰和炮击的手段，企图截断广州与香港的联系。1938年9月13日，日本军舰炮击大鹏湾，第二天早晨，4艘日舰，自伶仃洋驶向虎门，攻击虎门炮台，虎门要塞各炮台和空军还击，激战48分钟，击沉日舰一艘，其余舰艇仓皇逃走。中国“海周”舰中弹受创，官兵有伤亡。

东莞的抗日，早在县城沦陷之前就已开始。当年2月，东莞成立了全县学联及工人抗敌同志会。3月初，广东民众抗日自卫团第四区统率委员会成立，统率东莞、增城、宝安三县的抗日自卫团，抗日名将蒋光鼐等人担任委员，部分中共党员也加入其中，组建两个政治工作队，宣传抗日。

日军在大亚湾登陆之后，东莞迅速组建了东莞抗日模范壮丁队和东莞常备壮丁队，这两支抗日武装，在石碣附近东江河畔的峡口，用落后的劣质武器，伏击了渡河的日军。这场被称为“榴花战斗”的战事，是一场精心策划的伏击。占领石龙之后的日军，准备进犯东莞县城，由于石龙铁路大桥已经被炸断，日军只能用木船横渡东江。参加战斗的东莞常备壮丁队第一中队、第二中队和模范壮丁队第一小队，在东江沿岸的西湖、京山、茶山、鳌峙塘一带布防。峡口离东莞县城十里左右，由龙、虎、狮、龟等几个小山岗组成，地势险要，易守难攻。山顶上有榴花塔。

战斗打响的那天早晨，伏击的模范壮丁队老战士通过望远镜发现了渡河的日军，一百多支步枪，在敌船靠近时一齐开火。战斗从早到晚，即使用小钢炮掩护，日军也始终未能渡过东江。

士气大振的抗日战士，后来组织了一支50人左右的队伍，主动过江，到石碣刘屋村伏击日军。在刘屋抗日自卫队的配合下，在一片竹林里打响了伏击战。此战以胜利告终，但抗日战士有22人牺牲。

日军对东莞的进攻，早在登陆之前就已经开始。日军以飞机轰炸的手段，对东莞的公路和大的集镇轮番轰炸。登陆之后，东莞古镇石龙，成为轰炸的重点目标。10月17日上午九时，日军出动九架飞机，对石龙狂轰滥炸，十多间店铺被毁，百余民众死伤。两天之后，日军占领了石龙。

日军轰炸石龙古镇的前几天，有居民看见一个行迹可疑的和尚，通过从他身上搜出的地图，才发现这是一个化装后的日军特务。国民党军队撤离石龙时，炸毁了铁路南桥。东莞沦陷之后，日本驻军石龙，经常在西湖、京山一带扫荡，烧毁民房700多间，杀死村民52人，强奸妇女50余人。由于有人在京山渡口袭击了茶山的日军，几天之后，日军便疯狂报复，在京山村烧杀掳掠，枪杀村民24人，烧毁民房54间，劫掠大量粮食、牲畜，砍伐树木。11月9日至12日，广东民众抗日自卫团第四区统率委员会副主任王若周指挥横沥、南社、常平、茶山等乡自卫团数千人，分别在莞龙公路、广九铁路、莞太公路沿线设伏，截击三路进犯东莞县城的日军，击毙日军百余人。经过四天激战，终将日军击溃，成功收复南社。六天之后，壮丁队于夜间在茶山东岳庙后迎击由石龙、石滩沿京山、西湖进犯的日军300余人，打死日军先头部队10余人，缴枪10余支。19日，茶山自卫团殷仲铭率队伍迎战再次进犯茶山的日军200余人，双方互有伤亡。当天，县常备壮丁队、抗日模范壮丁队、县政府政警队和茶山团队袁敬义部，分别截击从茶山、峡口、石碣三路向东莞县城进犯的800多日军，激烈战斗至下午四时，击毙击伤日军铃多木少佐以下官兵百余人，抗日团队亦伤亡60余人。

东莞县城沦陷之后，县政府隐避于石马。受到抗日军民阻击的日军展开疯狂报复，日军所到之处烧杀抢掠、无恶不作。日军在城外振华路一带枪杀逃难民众200余人，又在城内各处纵火，商铺被抢劫一空。明生中学游泳池内，堆满了被杀害的平民尸体。为了逃难，民众纷纷逃入礼贤会在普济医院开设的难民营，由于日本与德国的同盟关系，日军不敢擅闯医院，一些难民生命得以保护。

1938年12月22日的《星岛日报》，有一则记录日军暴行的新闻："本月十五早有敌兵五名，乘慕教士外出之际，竟入院掳去妇女十二人，至深夜五人放回外，余均不知下落。至东莞伪维持会委员长张某照甘为走狗，认贼作父，每日带领敌兵到处抢劫，并替敌征集粮食，及供给妇女，以供敌兽作乐。本月十六某教士会与敌交涉勿再蹂躏难民。翌日敌竟冒教士名义发出告示，劝告县民返城居住及照常营业，奈民众多拒绝不为所诱骗。现莞城除地痞奸徒外，均无良善。”

东莞抗战史上的百花洞战斗发生在1941年6月10日。骄横的日军，错误地以为大岭山百花洞是抗日游击队的活动中心，集中了莞城、太平、桥头的日军400多人，在大队长长濑的率领下，兵分两路，趁着夜色向百花洞合围。轻敌，是骄横的恶果，是失败和死亡的前奏。当日军被掌握了准确情报的东莞抗日游击队分割包围在百花洞与大环之间的山沟里时，才猛然想起救命的通信联络工具：无线电台。

突围无望的日军，放飞军鸽，向驻石龙日军求援，军鸽半途被大沙抗日自卫队准确击落，日军的求援报告和作战地图，成了游击队的战利品。第二天，救援日军出动了飞机，空投弹药和食品，大部分落在游击队的阵地上。战斗持续到第二天下午，接到命令的广州、莞城和石龙的日军，出动步兵、骑兵一千多人，前来救援。百花洞战斗，继续了两天两夜，击毙了日酋长濑大队长，击死击伤日军五六十人，缴获长短枪十余支，弹药辎重一大批和战马数匹。百花洞一战，日军自认为是“进军华南以来最丢脸的一仗”。

八十二年后，笔者在大岭山图书馆的东江纵队活动陈列馆里，见到了那部被轻敌日军遗忘在驻地的无线电台。这部成为东江纵队战利品的电台，不再响起发报时清脆悦耳的嘀嘀之声。日军的溃败，成为电台永远的沉默。

侵华日军在东莞的暴行，当得起“罄竹难书“这个成语的形容。《日军侵莞暴行录》一文，从狂轰滥作、实行“三光”政策和奸淫掳掠三个方面，罗列了日军在东莞制造的罪恶。①发生在道滘的“六一一”惨案，至今让人不敢回首。

关于“六一一”惨案的起因，所有文献一致认为土匪刘发如是事件的导火索。惨案的幸存者叶松辉在回忆中，将国民党东莞地方团警卫中队长刘发如，定性为“恶霸”、“日伪军的幕后指挥”、“不发一枪，任由日军长驱直入”的罪人。②而在《东莞抗日实录》的《大事记》中，则有中性、不带情感的记录：“12月1日，刘发如、何煜坤两部分夜袭莞城日军，激战两个小时后撤离。此战，击毙日军30余人，缴机枪2挺、步枪20余支。”“12月11日，刘发如率部抗击从莞城、新塘再次进犯的日军。”③

点燃事件导火索的，是刘发如的弟弟刘培手下一个绰号为“牛皮林”的人，他们与闯入道滘的日军遭遇，为了掩护刘培逃跑，牛皮林开枪打死了一个日军。恼羞成怒的日军，开始了惨绝人寰的报复。侵略军把六百多名妇女小孩赶入祠堂，强奸施暴，

---

① 陈立平、张瑞平：《日军侵莞暴行录》，载中共东莞市委党史研究室编《东莞抗日实录》，中共党史出版社，2006，第798—800页。

② 叶松辉：《亲历道滘“六一一”惨案》，载中共东莞市委党史研究室编《东莞抗日实录》，中共党史出版社，2006，第236—238页。

③ 中共东莞市委党史研究室编：《东莞抗日实录》之《大事记》，中共党史出版社，2006。

将五六百名男人逼入卢宅的一个狭小房间，施放芥子毒气，致四十八人死亡。全村共有二百六十多人死于日军的暴行之下。牛皮林落入敌手之后，受尽折磨，始终不屈，尽显勇士风范。惨案事发当天为农历闰六月十一日，历史用“六一一”命名了这一事件。八年之后，国民政府在暴行原址建“六一一”亭，悼念死难民众。抗日名将蒋光鼐亲笔题写亭名。薛岳、余汉谋、张达、李扬敬、徐景唐、王光海、王若周、罗瑶、张我东等一大批民国军政要人纷纷题词刻碑。

日本投降前夕，出现了一架日机因故障迫降的事件。由于迫降地点靠近东莞县桥头，致使有的文献出现了“一架日本飞机因故障在桥头潼湖降落”的讹误。有关日本军用飞机迫降的信息，最权威可靠的当属东江纵队发布的《在惠阳迫降敌机一架的情况报告》。这份文字简洁的报告，确定迫降时间为1945年2月26日20时15分，地点为惠阳潼湖。敌机迫降之后，机上12人分头逃窜，陆军大佐安田利喜雄等9人逃往东莞县企石方向，另有3名日军逃往东莞樟木头。由于天黑和时间差，东江纵队第二支队第二天派出张苞小队和黄球小队追击。安田利喜雄大佐等9人在企石大墩圩附近河涌被击毙，缴获机枪2挺、短枪2支、长剑3把以及军用物资重要文件一批。小队长黄球在追击战中牺牲。

东莞的抗战，与伟大的抗日战争同步。早在1931年，当九一八事变的消息传到东莞的时候，东莞中学学生和莞城各小学的教师们就在东莞中山公园集会，冒雨游行示威，抗议日本帝国主义的侵略。随后，东莞中学成立抗日救国会，学生组织宣传队，分赴水乡和常平等地，宣传抗日。

为抗战作出杰出贡献的东莞人士，多为军人，他们的爱国热情，跨越党派、政治的鸿沟，在民族大义和国家生死存亡面前，展现了和张家玉等"东莞五忠"一样的精神风骨。1932年，东莞人蒋光鼐以国民革命军第十九路军总指挥身份，指挥了震惊中外的一·二八淞沪抗战，成为时代英雄。

在九一八事变和一·二八淞沪抗战的影响下，东莞有志青年，纷纷寻求救国救民道路，谢阳光等一批青年先后赴上海寻找共产党组织，在上海加入中国共产主义青年团。1937年秋天，李任之、王匡、陈越平、丁农、田心、谢阳光、蔡子培等数十名东莞青年奔赴延安。

十四年漫长的抗日战争，在党组织的领导下，依靠东莞一县之土和一县之力，创建了抗日根据地，开辟了敌后战场，王作尧等一大批仁人志士从东莞走出，在抗日战争中发挥了积极作用。《东莞抗日实录》[①]一书，列举了最有代表性的一批东莞人士，记录了他们的贡献。他们中包括：指挥一·二八淞沪抗战的十九路军总指挥蒋光鼐和十九路军中的一批东莞籍官兵，参加了抗击日军的第三次长沙会战的第九战区长官司令部机要室少将主任林绍棠；参与指挥粤北会战的第十二集团军副司令徐景唐、张达；

---

① 中共东莞市委党史研究室编：《东莞抗日实录》，中共党史出版社，2006。

为中国抗战外交作出了贡献，参与起草《开罗宣言》，参与制定联合国宪章的国民政府外交部长和代理行政院长王宠惠；抗战初期任全国妇女慰劳抗战将士总会委员、妇女指导委员会战地服务组组长陈逸云；配合薛岳将军部署后方，为保卫长沙作出了贡献的湖南省政府代理主席李扬敬；以及奔赴延安投身抗日斗争的莫富图（丁农）、谢阳光、蔡子培、杨建培、田心、王匡、李任之等人。他们都为抗战作出了贡献。

潮涌江海

- 朱执信遇难
- 孙中山与东莞
- 暗杀与阴谋

朱执信遇难

以鸦片战争为标志，历史确定了东莞“中国近代史开篇之地”的地位，而虎门，则是中国近代史开篇的第一行文字，战争与血腥，组成了虎门近代史的主旋律。

近代史上，将鲜血洒在虎门的，有跟随孙中山组建中华革命党，任中华革命军广东司令长官的朱执信。民国九年（1920年）9月，朱执信从香港来到虎门，调解桂军与虎门民军的矛盾，不幸在冲突中牺牲。孙中山在上海惊闻噩耗，痛哭流涕，对身边的同志说：“这是革命的最大损失，今后党内像朱执信这样果敢精明的人，已经不多了。”

当天与朱执信同时来到虎门的，还有曾任虎门要塞司令的东莞人何振和朱执信的卫士杨安。何振与杨安两人同时遇险，却大难不死。在他们两个人的回忆中，朱执信死于乱枪，并未指认具体的凶手。倒是徐直公和李朗如、陆满的两篇文章，明确了凶手。徐直公的《朱执信先生之死》一文说：

> 广州光复后，陈炯明当上了广东省省长，命当时省长公署政务厅长古应芬召见何振，追询朱执信殉难的经过。何振将情况陈述了一番，古应芬偏信外间所传邱渭南勾结莫荣新接受巨贿谋杀朱执信之说，痛斥何振有意歪曲事实。后来终于扣留了两个虎门炮台的军官作为凶手，押往朱执信墓前枪毙，事前吩咐何振作证，何振始终支吾其词，不敢肯定，使古应芬大为不满。从此何振投闲置散，终生不被录用。[①]

李朗如、陆满的文章，则毫不含糊地将凶手锁定在一个名叫龚金的人身上：

> 朱执信刚到目的地，台兵的连长龚金就立即向民军方面射击，造成混乱状态，也就乘机把朱执信杀害了。但随朱执信前往的何振等则安然无事。
>
> 谋杀朱执信的凶手龚金从虎门逃到香港后，邱渭南就安置他为广泰来司理，但他从此以后过着赌饮嫖荡

① 徐直公：《朱执信先生之死》，载《虎门文史》第一辑，广东人民出版社，2013，第280页。

> 吹的腐化堕落生活。……他在陆佰金、梁德公两人面前时发怨言，并夸耀自己杀朱执信的经过情况和为邱渭南立功而没有一些好处等牢骚。因此陆佰金、梁德公（两位是联义社的社员）就找访陆满商量，如何再取得更多的证据来为朱执信报仇，为革命除大害。陆佰金、梁德公、陆满经过详细研究办法后，就决定请他到香港石塘咀楼饮花酌，以便在茶前酒后的谈笑间进行深入的探听他的真实。然后设法诱他到广州逮捕。……他乘船来广州，到码头登岸后，我们就将他逮捕起来，再经过审讯，而让他供认杀害朱执信的经过情形后，就将他押赴朱执信墓前枪毙，达到了为朱执信复仇的目的。[①]

朱执信的殉难，最悲痛的虎门人当数蒋光鼐。

朱执信奉孙中山命令到香港中环海边东京酒店设立讨伐盘踞广东的桂系军阀办事处的时候，他第一个想到的助手，便是熟悉粤港两地情况，有军事经验而又忠诚可靠的虎门人蒋光鼐。

在朱执信的鼓励下，蒋光鼐征得陈炯明的同意，离开军队，跟随朱执信去了香港。随后，蒋光鼐以“操江”号缉私舰舰长的身份，自由地来往于香港和广州。朱执信决定去虎门调解虎门要塞驻军与邓钧的民军冲突的时候，没有听从蒋光鼐的劝阻和要求

---

① 李朗如、陆满：《朱执信牺牲于虎门要塞忆述》，载《虎门文史》第一辑，广东人民出版社，2013，第282—283页。

跟随保护的建议，他让蒋光鼐速去阳江，与统率四营肇军的陈铭枢联系，令其速速开往虎门。

蒋光鼐奉命去了阳江，心里却有一种不祥的预感。果然，他在从阳江返回的路上，得知了朱执信遇难的噩耗。

十一年之后，担任了十九路军总指挥，官至上将的蒋光鼐，回到虎门，筹集款项，在朱执信遇难的地方，建起了纪念碑。国民党元老胡汉民，为朱执信纪念碑撰写了碑文："执信先生以名世异才为国牺牲，天下惜之。……先生文章事业所在不朽，何待金石。惟此为先生成仁之地，尤动人感慕之忱……"

孙中山与东莞

孙中山来东莞，没有一次与“先代故乡”这个具有血缘传承性质的名词产生关联。东莞长安上沙村，在被称作长沙或者沙溪的时代，是孙中山的始祖、二世、三世、四世祖居住的地方。在国民党中央党史委员会的考证结论中，孙中山近祖的祖籍是东莞。1948年，孙科为东莞上沙孙氏家族题词：国父先代故乡。

孙中山第一次踏上东莞的土地，是在民国十二年（1923年）。他的足迹，远非《东莞市志》的《大事记》中“以大元帅名义，亲自督军讨伐陈炯明，大本营曾设在石龙，先后多次到石龙布置和指挥作战”[①]那么单一。

---

① 东莞市地方志编纂委员会编：《东莞市志》，广东人民出版社，1995，第13页。

1922年6月，陈炯明叛变，炮轰总统府，孙中山被迫离开广州去上海。1923年1月收复广州之后，孙中山将全部精力用来肃清陈炯明在东江一带的势力，统一广东，为下一步的北伐统一中国作准备。在这样的背景下，孙中山于5月30日率领蒋介石、杨希闵等重要军事人员来到石龙，设立进攻陈炯明军队的大本营，而将广州大本营变由胡汉民代理。在进攻惠州的战斗中，孙中山亲临督战，亲自发炮轰击惠州城，又从广州运来鱼雷，从虎门拆运15星大炮前来助阵。

孙中山再次到达虎门的时间，距离上一次近得只有四个多月。10月21日，孙中山偕同夫人宋庆龄和鲍罗廷等数名苏联顾问，以及广州大本营的高级官员喻毓西、黄惠龙、黄昌穀、马晓、陈箇民等，分别乘坐“江固号”炮艇、“大南洋”轮船，从广州出发驶往虎门，巡视虎门要塞的各座炮台和海防要隘，为第二次东征筹划。

虎门要塞司令廖湘芸，率领国民党虎门分区主任何洲泉、何鸿慈以及虎门要塞驻军的各级军官、当地士绅贤达等一众人马，手持彩旗，在威远炮台列队迎候。离船上岸之后，廖湘芸引导登山，直上威远山顶。在威远炮台视察之后，孙中山立刻来到上、下横档岛检阅守台官兵，观看他们的试炮表演。直到黄昏临近，孙中山和夫人才返回“大南洋” 轮船用膳。当天晚上，孙中山不顾疲劳，在船上接见了虎门部分国民党党员。

第二天的巡视，孙中山依然兴致勃勃，精神饱满，虎门要塞的大小炮台，因为大元帅的到来而略有紧张气氛。在青山头，孙中山在山顶一尊24星的大炮面前停住脚步，对这门射程超远、火力强大的大炮产生了浓厚的兴趣。

当天下午的太平墟和虎门寨巡视，让虎门民众近距离地看到了孙中山的风采。《孙中山巡视虎门》一文，描述了一个细节：

> 据长居当地的老人，今年已92岁的黄生说，孙中山到太平时，自己已经8岁，记得当天上午从码头一直沿猪仔街（今执信路）到虎门寨的路上都布满了军队，街道两旁的市民只准在屋里，不准走出屋外，孙中山没走过之前，士兵是背朝民居商铺而面向街道，但当孙中山开始进街的时候，士兵手握着枪，背向街道，紧张地监视屋里市民的动静，生怕出了什么问题。他还记得，当时孙中山坐的轿子是四人抬的绿绒轿。他对沿途欢迎的人不时揭帽回礼。[①]

到了虎门要塞司令部，孙中山便下轿步行，登上大人山的山顶。在一览无遗的山头上，孙中山通过望远镜，眺望了辽阔的珠江出海口和四周的关隘。下山之后，孙中山来到了国民党虎门分区，准备在那里稍事休息。然而，孙中山的休息打算，被那些热情的党部工作人员打破了，他们提出了请孙中山讲解三民主义

---

① 陈梓英：《孙中山巡视虎门》，载《虎门文史》第一辑，广东人民出版社，2013，第287—288页。

的请求。孙中山没有推辞，他很快站上临时准备的讲台，开始讲三民主义与中国的主题。孙中山没有准备，也没有讲稿，但他的侃侃而谈，让每一个在场的人佩服不已。“孙中山在演讲时勉励每个国民党员要做‘三民主义’的践行者，要为实现‘三民主义’而奋斗，要无愧于国民党员资格。孙中山的演讲时而风趣幽默，时而雄辩滔滔，时而话语激昂，时而语重心长，不时赢来阵阵掌声。”①

演讲之后，孙中山回到了停泊在太平水域的舰船上，驶往沙角炮台。

沙角炮台，是孙中山巡视虎门的最后一站。孙中山的脚步，走遍了沙角的九大炮台，广东海防司令陈策，此时出现在陪同的人员中。这个后来的海军部次长兼广州江防司令，在1937年9月14日的虎门海战中，重创日本海军，威风凛凛，大长了中国军队的气势。在检阅炮台官兵的战术演练之后，孙中山抑制不住欣喜的笑容，他命令金库长黄昌穀，颁发大洋，奖赏炮台官兵。离开沙角炮台之后，孙中山又马不停蹄地到蕉门港和大虎、小虎各炮台巡视，傍晚时分才回到沙角。当晚九时，孙中山和随同人员分乘“江固号”舰和“大南洋”轮船返回广州，次日凌晨一点到达大元帅府。

大元帅之后，作为军人的蒋介石和周恩来，也与东莞结下了

---

① 陈梓英：《孙中山巡视虎门》，载《虎门文史》第一辑，广东人民出版社，2013，第288页。

不解之缘。

蒋介石与东莞的联系，首先由地理位置决定。黄埔军校，坐落在长洲，它与虎门，是前后相连的两大要塞。虎门、莞城和石龙等地，都驻有黄埔军校的学生，由黄埔军校教导团扩编的教导师（第二十师），也驻扎于东莞，作为黄埔军校校长的蒋介石，自然而然地来往于黄埔、虎门两地。

《东莞市志》的《大事记》记录蒋介石首次来东莞的时间是民国十四年（1925年）："2月3日，蒋介石、周恩来抵虎门，5日，抵莞城。6日，周恩来出席东莞商务分会举行的'欢迎东征军大会'，并发表演说。当晚又在市民联欢大会上发表演说。"[①]《大事记》的记录，简单直截，省去了细节。

在东征联军的战斗序列中，开往虎门的是东征军右路军。右路军的张民达师和许济旅比蒋介石的黄埔军校教导团提前一天出发，从广州燕塘沿广九路向石龙进军。蒋介石一部2日由黄埔出发，水陆并进，周恩来和苏联顾问加仑及本部人员，均在队中，3日到达虎门之后，驻扎太平墟内的方家祠。

2月4日，征东军王若周旅进攻并占领东莞县城，为2月5日的蒋介石、周恩来和校部行营由虎门乘船到达莞城，驻县公署创造了有利条件。

孙中山没有现身东莞，远在北京的他，用电报勉励东征将

① 东莞市地方志编纂委员会编：《东莞市志》，广东人民出版社，1995，第14页。

士："大病少苏，闻东江将战，复添系念，望诸兄努力破敌，以安内而立威信于外，引领南望，不尽欲言。"

第二次东征，开始于1925年10月，滇军任左路，桂军任中路，粤军和黄埔军校教导团依然为右路。东莞的位置，尤其是古镇石龙，依然被蒋介石、周恩来等人看重。

蒋介石以黄埔军校校长、东征军总指挥的身份到达石龙，是10月6日晚上八时，石龙组织了大批群众到火车站欢迎，总指挥部设在棉花街国民党石龙市党部，蒋介石下榻在石龙商务分会。第二天，宣传总队各分队在石龙市内演讲，散发传单，张贴标语。

意外出现在第二天，蒋介石总指挥阅兵之后返回住所，途中被凶手狙击。刺杀者开了三枪，两枪未中，一枪击中蒋介石足部，仅仅擦破皮肤。刺客逃跑未遂，被蒋介石的卫队击伤就擒。文献在故事情节处刹车，仅仅用"供名陈随，前粤军3师团长，否认受人指使"了结。[①]

蒋介石的遇刺，似乎没有掀起波澜，东征行动，依然按计划进行。8日下午二时，石龙各团体在石龙公园举行盛大的欢迎东征军大会。石龙第三区党部第一区分部、第二区分部、商会、民团局、市党部、石龙区党部、油烛工会、车衣工会、县立第九国民学校、石龙农民协会、第二区党部、石龙市教职员联合会、石龙米面协进工会、理发工会、革履工会、茶酒楼工会等团体数千

① 钟启河编著：《孙大元帅东征暨国民革命军东征纪事》，广东人民出版社，2007，第112页。

人出席大会。东征军在会上散发了《东征军第一军政治部敬告石龙各界同胞书》，阐明东征的目的是为了打倒陈炯明，救东江人民于水火之中，还要为统一广东进而统一中国努力。声明中“不拉夫，不筹饷，不强占民房”等三个口号，获得了民众的好感和支持。石龙市的竹器工人，当即将300架长竹梯献给了东征军。在此后的惠州攻城战斗中，这些竹梯发挥了重要作用。

周恩来总政治部主任的会场演讲，获得了热烈的掌声：

> 革命军两次经过石龙，均不能与石龙父老谈话，这是第三次，今日能与诸父老见面，机会可谓难得，革命军前次打陈炯明，后又回师广州，肃清杨刘。八月二十日，反革命派见势不佳，就用最下流的手段，刺杀廖党代表。我们于最后乃将党内一切反革命派，胡毅生、梁鸿楷、魏邦平、郑润琦、莫雄等肃清，破获熊克武勾结陈炯明作乱之阴谋。我们这次东征，完全是为人民幸福而来，人民应与革命军联合起来，如同兄弟一样互相亲爱，互相提携，将敌人早日打倒才是。[1]

在欢迎大会现场，有一个化名为“铁血余生”的宪兵营党代表，他在东征日记中，记录了一个军人的石龙印象：

---

① 钟启河编著：《孙大元帅东征暨国民革命军东征纪事》，广东人民出版社，2007，第173页。

石龙市，地虽镇乡，但于市之繁华，商品之丰富，民智之开通，风俗人情等，均与广州无少差异。彼商民等，见我军举动异常文明，交易概用现金，采买尤其公道，因之敬爱之心油然而生，如是大开市面，广陈物品，其商品畅销之旺，较之平时增加数倍；由此亦可知革命军，每到一处，对于地方人民，必欲尽力造成幸福。[①]

① 钟启河编著：《孙大元帅东征暨国民革命军东征纪事》，广东人民出版社，2007，第219页。

暗杀与阴谋

廖仲恺遇刺，是国民党历史上的重大事件。事件的影响，通过“轰动广州城，20多万人自发为他送葬，泪洒羊城，史上罕见”这些描述，可见一斑。

廖仲恺暗杀事件，有两个东莞人，深陷其中，成为遇难者和见证人。

廖仲恺遇刺的那天是1925年8月20日。上午八点多钟，廖仲恺与夫人何香凝在卫士的陪同下，从东山寓所乘车前往中央党部参加国民党中央执行委员会会议。路上，廖仲恺夫妇巧遇了从小北天宫路出来的国民党中央监察委员、《民国时报》社长陈秋霖。陈秋霖也是去广九大马路惠州会馆的国民党中央党部机关参加会议，所以廖仲恺便请他坐车同往。这个被孙中山称为“陈秋霖一枝笔，胜过十万大军”的著名报人，在香港办《新闻报》时就同廖仲恺夫妇交往，既是忘年之交，也是通家之好。

东莞人陈秋霖没有想到，几分钟之后，廖仲恺将会倒在刺客的枪下，而自己，则无意中成为一场阴谋的殉葬者。

在惠州会馆门口，两人同时下车，陈秋霖偕同廖仲恺步上台阶。因为碰到了妇女部的刘家桐，何香凝便停住脚步，同她攀谈起来。就在此时，两个埋伏在此的刺客，从旁边闪出，朝廖仲恺射击。枪响之时，会馆内又跳出两个持枪人，向廖仲恺开枪。廖仲恺中弹倒地之后，被陈秋霖俯身抱起，不料凶手又朝陈秋霖开枪，子弹击中了他的腰部。看见陈秋霖抱着受伤的廖仲恺，会馆里的人闻声出来帮忙，大家把廖仲恺抬上汽车，陈秋霖突然感到体力不支，才发觉自己受伤。送医之时，陈秋霖仍旧不解，他对扶他的人说："唉，为什么行刺廖先生？"汽车到达东山医院的时候，陈秋霖已经昏迷。由于伤重，身中四弹的廖仲恺送医途中便已停止了呼吸，陈秋霖则于两天之后死亡。

另外一个东莞人林直勉的出场，是在廖仲恺遇刺后的第三天。粤军第三军军长李福林，带着一个证人，向由汪精卫、许崇智和蒋介石三人组成的廖案特别委员会举报，称8月初在文华堂亲见亲听朱卓文和林直勉坐在一起，口口声声说非杀掉廖仲恺不可。廖案特别委员会决定拘捕朱卓文和林直勉。执行逮捕的是黄埔军校政治部主任、军法处处长周恩来。因为认识林直勉，铁路职工李甫当了周恩来的向导。"（周恩来）带着我和四个武装的军校学生，步行到东山的一家公馆。入门后，他指着一个男人，问我：'他是谁？'我说：'是林直勉。'他又问：'你没认错人吧？’我答：‘没有，一点也没有错，他就是林直勉。’于是周恩来立即叫那四个军校学生把林直勉带走了。”[①]

廖仲恺刺杀案，至今的主流结论，依然与林直勉有关：“根据调查与审讯，证明刺杀廖仲恺的主使是朱卓文、胡毅生、魏邦平、梁鸿楷、林直勉等人，胡汉民、许崇智涉嫌。”[②]

林直勉于1910年经胡汉民介绍加入同盟会。同盟会南方支部成立的时候，会址就设在林家。同盟会办《中国日报》《时事画报》缺乏资金，林直勉倾囊相助。广东新军起义时，他更是变卖家产，资助革命，这些举动，被别人誉为“毁家报国”。林直勉参与组织抗击龙济光率部入粤和在日本协助孙中山组织中华革命党的行动，深得孙中山赏识，所以，1917年，孙中山在广州任海陆军大元帅的时候，便选拔林直勉担任秘书，1921年4月孙中山上任非常大总统的时候，林直勉又任秘书兼两广电政监督。陈炯明炮轰总统府的危急关头，林直勉是掩护孙中山脱险，护送他登上永丰舰的主要人物。

林直勉对孙中山的忠诚和对革命的贡献，并不能洗刷他在廖仲恺被刺案中的嫌疑，他毕竟说过“廖仲恺非杀不可”的话。幸运的是，廖仲恺刺杀案当时查办的最后结论，澄清了他的嫌疑。

---

① 曾庆榴：《被囚上横档炮台的林直勉》，载《虎门文史》第三辑，广东人民出版社，2015，第273页。

② 曾庆榴：《被囚上横档炮台的林直勉》，载《虎门文史》第三辑，广东人民出版社，2015，第271页。

廖仲恺遇刺的时候，还有一个东莞人在场。这个名叫何曼叔的《民国日报》记者，1925年由廖仲恺介绍参加国民党，追随廖仲恺推行孙中山制定的“联俄、联共、扶助农工”的三大政策，在《民国日报》任记者时，思想受陈秋霖、陈树人等国民党左派人士的影响。廖仲恺惨遭暗杀时，何曼叔乘坐后一辆车，幸运地躲过了凶手的子弹。

陈炯明炮轰总统府的危急时刻，以秘书身份保护孙中山撤退的林直勉，是临危不乱的功臣之一。他和另外两个东莞人蒋光鼐、叶汝寿一起，见证了历史紧张惊险的一幕。

急于北伐的孙中山，将所有军队全部调往前线，连总统府卫队一营，也被派往战场，六七十人的总统府卫队，成为保卫总统的仅剩力量。

反对北伐的陈炯明，除了保留了陆军总长一职外，用辞去北伐所有职务，表明了他的态度。陈炯明还指使叶举，以第八区善后处处长的名义，擅自进驻和控制了空虚的广州市区。叶举的部下，胁迫电报总局为他们架设专线，由于叶举架设军用电话超出常态，引起了身为电政监督的林直勉的警惕和怀疑。

林直勉的怀疑很快得到了证实。1922年6月16日晚，值守夜班的林直勉突然听见了枪声。他立即找廖仲恺商量应变。忠厚正直的廖仲恺不相信陈炯明另有企图，林直勉只好找到任警卫二团团副兼营长的东莞人蒋光鼐。蒋光鼐立即派出侦探，得知了陈炯明的计划：围攻总统府，在叛乱中杀害孙中山，嫁祸于一两个下级军官作替罪羊，然后通电全国，由陈炯明主持孙中山治丧，夺取政权。

林直勉没有想到的是，听了报告之后的孙中山，不肯离开危机四伏的观音山住所粤秀楼，他对陈炯明还存有善良的愿望。然而，凌晨三时的枪声，彻底打破了孙中山的预期，叶举率部属四千人，炮击和围攻总统府。林直勉让孙中山穿上白大褂，以自己母亲患急病为由，通过了叛军设置的多道岗哨，成功登上永丰舰脱险。

孙中山在林直勉的护送下离开观音山的时候，蒋光鼐和数十名卫兵，依托一道矮墙，抵挡叛军的进攻，直到孙中山安全离开。

围攻总统府的战斗打响之前，总统府金库长叶汝寿奉命赶至南堤的中央银行，和行长程天斗一起，将数十箱纸钞转移到安全地方，随即返回总统府，帮助孙夫人宋庆龄将各种印章和现金装入手提箱，在警卫营的掩护下，辗转登上永丰舰，随后同孙中山一起，乘轮船赴上海。1925年3月12日，孙中山病逝于北京，叶汝寿悲痛欲绝，立即辞去金库长职务，北上守灵。孙中山移灵南京紫金山中山陵，叶汝寿偕妻子从此守陵，过着暮鼓晨钟的生活。九一八事变之后，叶汝寿不满蒋介石的不抵抗政策，在孙中山陵前痛哭一场，携妻子返回东莞大朗，回乡后拾牛粪度日，后因患病无钱就医去世。

因为《东莞旬刊》和醒天梦剧社的原因，林直勉的名字，经常和李文甫、黄侠毅、莫纪彭志同道合，并列在文献中。黄侠毅在莫纪彭的文章中出场的时候，只是一些普通介绍，最后却引出“刎颈之交”的高潮：“黄侠毅生长于广东东莞县之石龙市附近一乡名黄家山，原名焰辉号夔侯，在党籍题名侠毅，后以此知名于世。初黄家山里人甲曾受业于袁厚常馆师者，为介绍而认识莫纪彭。得其助，进东莞师范学校肄业四年，为东莞师范毕业生。再由此认识石龙人李文甫、林直勉，四人遂结为刎颈之交。”[①]

黄侠毅、莫纪彭、林直勉、李文甫四人的刎颈之交，缘于革命，缘于时代的滚滚洪流。“其时总理（即孙中山）倡导民族革命，胜义名言普及于海内外。宣传机关报最有力者，为《东京民报》及香港《中国日报》。刊行有《天讨》《黄帝魂》《劳动军》等书，流布甚广。四人者爱读禁书禁报，受其刺激殊深。热血沸腾于中藏不可复自抑制，已发愿为民族革命效死力矣。于石龙莞城两地，常借托社会事件，登坛演说，为唤醒民众之事。”

革命时代的热血青年，敢想敢干。《东莞旬刊》，不久问世，民族主义和革命宣传，成为《东莞旬刊》的主旋律，但同时也为当局不容，被县令查禁。织染传习所、振武神社和醒天梦剧社，都是四个人宣传革命、开展革命行动的组织团体。醒天梦剧社排练了取材于东莞历史的《熊飞起义》《袁崇焕督师》《张家玉会师》等戏剧，在莞城和四乡演出，反响热烈，深受欢迎。孙中山得知此事，特派黄鲁逸来东莞，邀请剧社去香港演出。

醒天梦剧社的历史剧，由东莞而至省城，由省城而至香港。演出盛况，被描述为“招请者无虚日。观众在场咸接耳咄咄讶

---

① 莫纪彭：《黄侠毅》，载中共东莞市委宣传部、东莞市文学艺术界联合会编《东莞人物丛书·东莞现代人物》，广东教育出版社，2008，第310页。

诧不已。党先进冯自由、谭民三、黄世仲等则大为惊赞，交口称甚善。”

演出完毕，莫纪彭去中国日报社拜访冯自由，冯自由介绍他加入同盟会。莫纪彭非常高兴，又当了一回二传手，他介绍了李文甫和林直勉，让四个人的志同道合，又上升了一个高度。随后，东莞人张孟荣、叶心泉、陈哲梅、张志林等十余人，都在莫纪彭的引领下加入了同盟会。

同盟会南方支部初始，革命势力微薄，经费短缺，连胡汉民都在困难面前低头，“自知无望，且无以奉行总理托付之使命，将有美洲之行离去香港矣”。困难时刻，林直勉毁家报党，变卖家产，换来二万元，充作党产，林直勉的义举，感染了其他同志。张孟荣和张伯和兄弟，为了帮醒天梦剧社筹措经费，精心导演了一出苦肉计。

张氏兄弟在家人的目光中，乘船进省城，他们在经过绿林李福林的民军地面时，“遭到绑架”。几天之后，张氏兄弟的家人，收到了一只耳朵、几节手指以及一封信。信上让张家筹足三千银元，否则撕票。接到耳朵、手指和信件的张父，惊吓过度，卧床不起。张氏兄弟的苦肉计，收到了效果，赎金到了，人质平安回家。

结束语：回到1276

从“不食周粟”升华的“生不食元粟，死不葬元土”的誓言，从南宋李用开始，超越了清白守节上升到了民族气节和爱国主义的高度，一直延续了千年。编录《东莞诗录》以绵延东莞文脉的爱国诗人张其淦，引用了先贤李用的事迹，分析了历代遗民的清者精神。

从遗民的心态出发，总会有人认为“自夷齐之后，遗民‘不食周粟’的标准在不断降低，在时势使然的情况下，夷齐的时代，连首阳薇蕨也算是‘周粟’，这在后世是不可能做到的——那还不如直接殉节。后世的遗民也许会以各种行为表示其不合作的立场，例如陶渊明之不书刘宋年号，郑所南之画兰不画土等等，终究不如夷齐之彻底”。[①]

① 汪梦川：《名山宝藏，诗人心史——张其淦及其诗初探》，载东莞市政协编《张其淦纪念文集》，广东经济出版社，2019，第84页。

历朝历代，遗民众多，恒河沙数，即使以伯夷、叔齐作为标杆，李用的行为，也可谓最为彻底，一个离开了国土的人，从温和不合作上升为对抗，从拒食新朝的粟米到不葬身新朝的土地，这样的决绝，无人出李用其右。

1276年（德祐二年），是理学家李用鼓动女婿起兵抗元，自己浮海东洋的起点，这是“生不食元粟，死不葬元土”的遗民精神的升华，也是这句话的句号。

东莞作为一个县的历史，远远久于其作为一个地级市的豪华时光；东莞作为一个县的版图，远远大于其作为一个地级市的范围。在漫长的岁月和复杂多变的版图中，东莞先贤们创造的伟业和城市进程中的重大事变，却是恒久不变的历史，是一座城市的荣耀和光芒。这座城市的历史记忆，就是它全部的宏大叙事。

清光绪二十年（1894年）进士张其淦，曾作对联，挂于北京的东莞会馆新馆：孤忠曾督蓟辽师，问前朝，柱石何人，赫赫大将军，足显山川聚灵秀；伟烈尤思东莞伯，愿后辈，风霜炼骨，茫茫新世界，好凭时势造英雄。这副为东莞会馆所作的对联，无意中成了东莞历史的写照。

一座城市的历史，既有它的前世，也有它的今生，更有它的未来。人类社会的发展，是一座城市最直观的变化和进步。除了历史的波澜起伏，山河大地的变迁，文化风俗的传承和英雄、平民创造的伟大进程，给笔者感受最深的是版图变化。一个庞大的区域，在不同朝代的建制中，不断割裂而缩小，但它顽强的生存能力，似乎具有断肢再生的功能。自“珠三角之父”开始的东莞社会，在漫长的时光中，不畏战争、天灾人祸和无法抗拒的逆流，创造了一座城市政治、经济、军事、人文、教育、建设的奇迹。一本城市传记，无法写尽它的苦难和艰辛，光荣和辉煌。东莞用千年历史熔铸的精神，已经成为血液、肌肤和骨头，支撑起一座地级城市的不朽传奇。

未来的展望，不是一本具有严格时间段限制的城市传记的责任，在笔者有限的视野中，我们唯一能够预见的是，东莞的城市精神，是支撑一座光荣城市不朽的动力，也是一千万市民，用“英雄”这个词，为东莞加冕的理由。

屈大均在《广东文征·东莞诗集序》中解读东莞时说：“广东居天下之南，而东莞为广东之东，东者日之所始，其人之文明宜居天下之先，反居天下之后，盖有所以为先也；水随日者也，日之所始，则为水之所终，水之所终，则为日之所始。东莞南当大小虎门，五岭之水所归，三江之水所汇，汪洋万里，极于沃焦。祝融之宫阙，浮沉其际。每当夜半潮鸡争鸣，有初日大径十余丈，从风涛涌出，光射扶胥，此广东人之所受以文明者也，而东莞辄先得之。”今人则用“解读奇迹和延续奇迹，必须在历史链条和现时代的交叉中寻找答案。在东莞精彩纷呈的历史和现实面前，更为强力冲击我们神经的，则是探寻东莞更为精彩未来可能路径的冲动”，[①]为认识东莞提供了注释。

---

① 黄树森主编：《东莞九章》，花城出版社，2008。

参考书目

1．［明］吴中修，［明］卢祥纂：［天顺］《重刻卢中丞东莞旧志》，《东莞历史文献丛书》，广东人民出版社，2017。

2．［明］张二果、曾起莘著，杨宝霖点校：［崇祯］《东莞县志》，东莞市人民政府办公室，1995。

3．［清］郭文炳修：［康熙］《东莞县志》。

4．［清］邓廷喆、陈之遇纂：［雍正］《东莞县志》。

5．［清］彭人杰等修，［清］黄时沛等纂：［嘉庆］《东莞县志》。

6．叶觉迈修，陈伯陶纂：［民国］《东莞县志》。

7．［明］黄佐撰：［嘉靖］《广东通志》。

8．［明］郭棐撰：［万历］《广东通志》。

9．［元］陈大震、吕桂孙撰，广州市地方志编纂委员会办公室编：《元大德南海志残本（附辑佚）》，广东人民出版社，1991。

10．李君明编：《东莞文人年表》，广东人民出版社，2015。

11．谌小灵主编：《东莞古代史》，广东人民出版社，2016。

12．管林主编：《广东历史人物辞典》，广东高等教育出版社，2001。

13．中共东莞市委宣传部、东莞市文学艺术界联合会编：《东莞人物丛书·东莞历史人物》，广东教育出版社，2008。

14．东莞市地方志编纂委员会编：《东莞市志》，广东人民出版社，1995。

15．莞城千年文化编辑委员会编：《莞城千年文化》，中国大百科全书出版社，2006。

16．广东省东莞市地名委员会编：《广东省东莞市地名志》，广东高等教育出版社，1987。

17．［清］屈大均：《广东新语》，中华书局，1985。

18．［明］何崇祖撰：《庐江郡何氏家记》，江苏广陵古籍刻印社，1987。

19．［清］张廷玉等撰：《明史》，中华书局，1974。

20．中研院历史语言研究所校印：《明实录·明太祖实录》，中华书局，2016。

21．九龙真逸（陈伯陶）著，罗志欢、郑丽华点校：《明季东莞五忠传》，广东人民出版社，2013。

22．中共东莞市委宣传部主编：《影响中国的东莞人》，广东经济出版社，2014。

23．蒋祖缘、方志钦主编：《简明广东史》，广东人民出版社，2006。

24．东莞市林业局编：《东莞古树名木神韵》，岭南美术出版社，2021。

25．东莞城市历史文化特色与价值研究课题组编著：《东莞城市历史文化特色与价值研究》，上海古籍出版社，2015。

26．广东省文物局等编：《东莞蚝岗遗址博物馆》，岭南美术出版社，2007。

27．莫树材：《小城故事》，四川民族出版社，1997。

28．东莞展览馆、中山大学历史系编：《珠江三角洲盐业史料汇编——盐业、城市与地方社会发展》，广东人民出版社，2012。

29．东莞市政协、暨南大学历史系主编：《明清时期珠江三角洲区域史研究》，广东人民出版社，2011。

30．［宋］欧阳修撰：《新五代史》，中华书局，1974。

31．［明］陶宗仪编纂:《说郛》，上海古籍出版社，2018。

32．［宋］方信孺撰：《宛委别藏·南海百咏》，江苏古籍出版社，1988。

33．东莞图书馆编:《名人笔下的东莞》，人民日报出版社，2010。

34．广东省文物考古研究所编：《广东古塔》，广东省地图出版社，1999。

35．周松芳：《汤显祖的岭南行》，南方日报出版社，2016。

36．［宋］赵必瑑撰：《秋晓赵先生覆瓿集》，《东莞历史文献丛书》，广东人民出版社，2017。

37．钱锺书：《宋诗选注》，人民文学出版社，1958。

38．［清］屈大均撰：《翁山文钞》,《清代诗文集汇编》，上海古籍出版社，2010。

39．［明］祁顺撰：《巽川祁先生文集》，《东莞历史文献丛书》，广东人民出版社，2017。

40.［明］黄佐:《广州人物传》，广东高等教育出版社，1991。

41.［清］张其淦辑:《东莞诗录》,《东莞历史文献丛书》，广东人民出版社，2017。

42.［明］邓云霄撰：《漱玉斋文集》,《东莞历史文献丛书》，广东人民出版社，2017。

43. 杨宝霖编：《东莞诗词俗曲研究》，东莞诗词学会印行，2002。

44. 莞城图书馆编：《尚书》（季刊），2011—2023。

45.［清］钱谦益撰，张德信、韩志远点校：《国初群雄事略》，中华书局，2021。

46.［明］明太祖敕录，王天有、张何清点校：《逆臣录》，北京大学出版社，1991。

47. 黎东方:《黎东方讲史·细说明朝》,上海人民出版社，2019。

48.［明］罗亨信撰，香权根整理：《罗亨信集》，上海古籍出版社，2011。

49. 王元林、彭劲松著，东莞市袁崇焕纪念园、暨南大学考古与文化遗产研究所编：《袁崇焕与东莞》，广东人民出版社，2016。

50.［明］沈国元撰：《两朝从信录》，台湾华文书局印行，1968。

51.［明］夏允彝撰:《幸存录》,台湾银行经济研究室，1968。

52.［朝鲜］李肯翊撰:《燃藜室记述》,广陵书社，2019。

53.［清］王先谦撰：《东华录 东华续录》，上海古籍出版社，2008。

54. ［明］王在晋撰：《三朝辽事实录》，全国图书馆文献缩微复制中心，2002。

55. ［明］程更生撰：《漩声纪》，见［清］佚名《袁督师事迹》，载《广州大典》，广州出版社，2008。

56. ［明］余大成撰：《剖肝录》，见［清］佚名《袁督师事迹》，载《广州大典》，广州出版社，2008。

57. ［明］周文郁撰：《边事小纪》，江苏广陵古籍刻印社，1987。

58. ［清］赵尔巽撰：《清史稿》，中华书局，1977。

59. ［清］希福、鄂尔泰等撰：《清实录·太祖实录》，中华书局，2008。

60. ［清］潘楳元撰：《广州乡贤传》，载《广州大典》，广州出版社，2008。

61. ［清］阮元修、陈昌齐等纂：［道光］《广东通志》，《广东历代方志集成》，岭南美术出版社，2008。

62. ［明］张家玉撰，杨宝霖点校：《张家玉集》，广东高等教育出版社，1992。

63. ［清］计六奇撰：《明季南略》，中华书局，1984。

64. ［明］苏国祐撰：《易箦遗言》，载陈伯陶纂《胜朝粤东遗民录 宋东莞遗民录》，上海古籍出版社，2011。

65. ［清］张岱撰：《石匮书 石匮书后集》，上海古籍出版社，2008。

66. 张磊：《张家玉抗清》，中国文联出版社，2014。

67. ［明］钱士馨等：《甲申传信录》，文津出版社，2020。

68. 东莞群众艺术馆编：《东莞木鱼书》，大众文艺出版社，2006。

69. 薛汕校订：《花笺记》，文化艺术出版社，1985。

70. 梁培炽辑校、标点：《花笺记会校会评本》，暨南大学出版社，1998。

71. ［清］邓淳编：《岭南丛述》，《东莞历史文献丛书》，广东人民出版社，2017。

72. ［明］陈履撰：《悬榻斋集》，广东教育出版社，2005。

73. ［清］蔡召华：《笏山记》，上海广智书局，1908。

74. 罗志欢：《伦明评传》，广东人民出版社，2014。

75. 陈莉：《邓尔雅评传》，广东人民出版社，2017。

76. 陈贤波：《陈建评传》，广东人民出版社，2014。

77. 祝勇：《故宫的隐秘角落》，中信出版社，2016。

78. 苏精：《近代藏书三十家》，中华书局，2009。

79. ［清］震钧：《天咫偶闻》，北京古籍出版社，1982。

80. 广东省政协文史资料研究委员会编：《淞沪烽火：十九路军“一·二八”淞沪抗战纪实》，广东人民出版社，1991。

81. 郭保林：《谔谔国士傅斯年》，作家出版社，2016。

82. ［清］怀荫布修，［清］黄任、郭赓武纂：[乾隆]《泉州府志》，《中国地方志集成·福建府县志辑》，上海书店出版社，2000。

83.［清］金鋐、郭开极纂：[康熙]《福建通志》，《中国地方志集成·福建省志辑》，凤凰出版社，2011。

84.［明］郭棐撰：《粤大记》，广东人民出版社，2014。

85.吴怀祺主编，向燕南著：《中国史学思想通史·明代卷》，黄山书社，2002。

86.［明］林光撰：《南川冰蘗全集》，中国文史出版社，2004。

87.周銮书：《庐山史话》，上海人民出版社，1981。

88.［清］李黼平：《李黼平集》，广东人民出版社，2020。

89.叶曙明：《广州传》，广东人民出版社，2020。

90.［明］陈琏著，杨宝霖辑佚：《琴轩集》，东莞市厚街镇桥头村民委员会，2000。

91. 陈创业编著:《宝安燕川陈氏族谱》,1995,宝安档案馆藏。

92.叶曙明：《中山传》，广东人民出版社，2022。

93.［清］徐松辑：《宋会要辑稿》，中华书局，2006。

94.［明］王圻编撰：《续文献通考》，上海古籍出版社，1988。

95.张铁文：《东莞风情录》，广东人民出版社，2015。

96.杨宝霖主编，邓进滔整理：《邓锡祯诗集　邓蓉镜诗文集　邓寄芳诗集》，上海古籍出版社，2011。

97.田根胜、阎江主编：《历史的风采：东莞历史文化的弘扬》，广东高等教育出版社，2008。

98.梁方仲编：《中国历代户口、田地、田赋统计》，上海人民出版社，1980。

99．东莞市政协编：《东莞风俗叙述与研究》，广东人民出版社，2008。

100．杨宝霖：《自力斋文史农史论文选集》，广东高等教育出版社，1993。

101．［清］张潮编:《昭代丛书》，上海古籍出版社，1990。

102．杨宝霖编著：《东莞可园张氏家族诗文集》，广东人民出版社，2008。

103．王红星主编:《东莞可园》,华南理工大学出版社，2011。

104．东莞市可园博物馆编：《印象可园》，广东人民出版社，2014。

105．殷伟：《中国琴史演义》，云南人民出版社，2001。

106．莫尚德：《广东古琴史话》，载广州市政协文史资料研究委员会编《广州文史资料》，广东人民出版社，1986。

107．东莞市政协编：《容庚容肇祖学记》，广东人民出版社，2004。

108．［清］陈德心纂修:《凤冈陈氏族谱》，清同治八年刻本。

109．陈志伟主编，詹谷丰著：《莞草，隐者的地图》，甘肃文化出版社，2011。

110．［清］李桓编:《国朝耆献类征初编》，文友书店，1966。

111．［清］袁枚：《庆远知府印公传》，载王英志编纂校点《袁枚全集新编》，浙江古籍出版社，2015。

112．［英］格林堡著，康成译：《鸦片战争前中英通商史》，商务印书馆，1961。

113．中国第一历史档案馆编：《鸦片战争档案史料（1）》，天津古籍出版社，1992。

114．中山大学历史系中国近代现代史教研组、中山大学历史系中国近代现代史研究室编：《林则徐集·奏稿》，中华书局，1965。

115．齐思和等整理：《筹办夷务始末》（道光朝），中华书局，1964。

116．黄利平：《关天培》，广东人民出版社，2008。

117．中共东莞市委党史研究室编：《东莞抗日实录》，中共党史出版社，2006。

118．钟启河编著：《孙大元帅东征暨国民革命军东征纪事》，广东人民出版社，2007。

119．中共东莞市委宣传部、东莞市文学艺术界联合会编：《东莞人物丛书·东莞现代人物》，广东教育出版社，2008。

120．东莞市政协编：《张其淦纪念文集》，广东经济出版社，2019。

121．吴国富编纂：《新纂白鹿洞书院志》，江西人民出版社，2015。

122．东莞市文化局、东莞市文档管理委员会编：《东莞文物图册》，中国建筑工业出版社，2005。

123．刘松泰：《香市溯源》，岭南美术出版社，2010。

124．黄树森主编：《东莞九章》，花城出版社，2008。

125．虎门镇人民政府编：《虎门文史》第一辑，广东人民出版社，2013。

126．虎门镇人民政府编：《虎门文史》第二辑，广东人民出版社，2015。

127．虎门镇人民政府编：《虎门文史》第三辑，广东人民出版社，2015。